ϕ2058 A

MISSION ARCHÉOLOGIQUE FRANÇAISE

AU CAIRE

TOME PREMIER

LES MOMIES ROYALES DE DÉIR EL-BAHARÎ

PAR

G. MASPERO.

I. — LA DÉCOUVERTE ET L'INVENTAIRE.

Pendant l'été de 1871,[1] un Arabe de Gournah, en quête d'antiquités, découvrit une tombe remplie de cercueils empilés confusément l'un sur l'autre. La plupart étaient couverts de cartouches et portaient l'uræus au front. Les fouilleurs de Thèbes savent depuis longtemps que ce sont là marques de dignité royale : le nôtre connaissait trop bien son métier pour ne pas deviner au premier coup d'œil que le hasard lui avait livré un plein souterrain de Pharaons. Jamais pareille chose ne s'était vue de mémoire d'homme ; mais la trouvaille, si précieuse qu'elle fût, ne laissait pas que d'être difficile à exploiter. Les cercueils étaient nombreux et lourds : ce n'eût pas été trop d'une douzaine d'ouvriers pour les remuer. On n'avait accès aux chambres funéraires que par un puits profond : il fallait, pour les vider de leur précieux contenu, installer au-dessus de l'ouverture béante un appareil de poutres et de cordes impossible à dissimuler. On aurait dû mettre les voisins dans la confidence, partager le trésor avec eux, encore n'était-on pas certain qu'un des associés, mécontent de son lot, n'allât pas tout révéler au moudîr de la province ou au directeur des fouilles. L'Arabe se résigna à ne

---

1. C'est la date qui m'a été indiquée à différentes reprises par Mohammed Abderrassoul et par ses deux frères, Ahmed Abderrassoul et Soliman.

pas tirer un parti immédiat de l'aubaine qui lui était échue. Deux de ses frères et un de ses fils l'aidèrent à démailloter quelques momies, à enlever deux ou trois couffes de figurines funéraires, des scarabées, des canopes, des Osiris en bois peint, une demi-douzaine de papyrus, une collection d'objets aisés à emporter et à cacher. Ils descendirent trois fois en dix ans au fond de leur cachette : c'était de nuit, pour quelques heures seulement, et les mesures étaient si bien prises que personne autour d'eux ne soupçonna l'importance de la découverte. Chaque hiver, ils vendaient aux voyageurs quelque chose du butin qu'ils avaient rapporté de ces expéditions : ils attendaient, pour disposer du reste, qu'un savant, envoyé en mission par son gouvernement, vînt à Thèbes, ou un touriste assez riche pour acheter les rois en bloc et obtenir le laisser-passer de la douane égyptienne.

Cependant, une partie des objets dont ils avaient réussi à se débarrasser était parvenue jusqu'en Europe. Dès 1874, quelques figurines, assez grossières de travail, mais revêtues d'un charmant émail bleu, avaient fait leur apparition sur le marché de Paris. Celles que je vis alors n'avaient point de nom royal, mais un simple prénom Khopirkhârî (𓇳𓆣𓂝), que deux Pharaons au moins se sont attribué successivement. Le plus ancien est Ousirtasen II de la XIIe dynastie, le plus moderne Pinot'mou de la XXIe : je me rejetai sur ce dernier, faute de mieux, et d'autres indices prouvèrent bientôt que ce n'était pas sans raison. Au printemps de 1876, un officier général anglais du nom de CAMPBELL me montrait le Rituel hiératique du grand-prêtre d'Amon Pinot'mou (pl. I), qu'il s'était procuré à Thèbes pour la somme de quatre cents livres sterling. En 1877, M. DE SAULCY me remettait les photographies d'un long papyrus ayant appartenu à la reine Not'mit, (𓏏𓐍𓏏𓅓) ou (𓏏𓐍𓏏𓅓), et dont la fin est aujourd'hui au Louvre, le commencement en Angleterre et en Bavière[1] : l'original était, disait-on, entre les mains d'un drogman syrien qui l'avait acquis à Louxor.[2] MARIETTE avait déjà acheté à Suez un papyrus de même provenance, copié pour le compte d'une

---

1. Au témoignage de LAUTH (*Augsburger Allgemeine Zeitung*, 1882, p. 658, n° 45) la collection Mook, acquise par le musée de Munich, renfermerait un fragment du Rituel de Not'mit, comprenant tout ou partie du chapitre XVII.

2. Sur ce papyrus et sur la reine Not'mit, voir NAVILLE, *Trois reines de la XXIe dynastie*, dans la *Zeitschrift*, 1878, p. 29—32.

reine Tiouhathor Hontoouï (☐).¹ En 1878, ROGERS-BEY exposait à Paris une tablette en bois sur laquelle était écrit un texte des plus curieux : le dieu Amon y rendait un décret en faveur des figurines funéraires déposées avec le corps d'une princesse Nsikhonsou, ☐.² Bref, dès 1878, je pouvais affirmer que les Arabes avaient découvert un ou plusieurs hypogées appartenant au groupe encore inconnu des tombes royales de la XXIᵉ dynastie.³ En rechercher l'emplacement fut, sinon le principal, du moins l'un des principaux objets du voyage que j'entrepris dans la Haute-Égypte aux mois de mars et d'avril 1881. Je n'avais pas la prétention de retrouver, par des sondages opérés méthodiquement, ou par des fouilles personnelles, le point précis d'où sortaient tous les objets révélateurs : la tâche était bien autrement difficile. Il s'agissait d'arracher aux fellahs, par la ruse ou par la force, le secret qu'ils avaient fidèlement gardé jusqu'alors. Une longue enquête, menée patiemment auprès des acquéreurs et des touristes européens, m'avait enseigné un fait important : les principaux vendeurs des antiquités royales étaient un certain Abderrassoul Ahmed, son frère Mohammed Abderrassoul de Shéïkh Abd-el-Gournah, et Moustapha Agha Ayat, agent consulaire d'Angleterre, de Belgique et de Russie à Louxor. M'attaquer à ce dernier n'était pas chose aisée : couvert qu'il était de l'immunité diplomatique, il échappait à toutes les poursuites. Après quelques jours d'hésitation, je me décidai à procéder vigoureusement contre les frères Abderrassoul. Le 4 avril, j'envoyai au chef de la police de Louxor l'ordre d'arrêter Abderrassoul Ahmed, et je demandai par télégramme à DAOUD PACHA, moudîr de Qénéh, ainsi qu'au Ministère des Travaux Publics, l'autorisation d'ouvrir une enquête immédiate contre les principaux habitants du village de Shéïkh Abd-el-Gournah. Abderrassoul Ahmed, saisi par deux gendarmes, au moment où il revenait d'une course dans la montagne, fut amené à bord de mon bateau. Comme je ne parlais pas encore couramment l'arabe, je le fis interroger en ma présence, d'abord par M. ÉMILE BRUGSCH, alors conservateur-adjoint du Musée de Boulaq, ensuite par M. DE

---

1. Publié par MARIETTE, *Papyrus de Boulaq*, t. III, pl. XII—XXI.
2. Publiée par MASPERO, *Sur une tablette appartenant à M. Rogers*, dans le *Recueil*, t. II, p. 13—18. La tablette a été acquise par M. PIERRET sur ma recommandation et se trouve aujourd'hui au musée du Louvre.
3. *Recueil*, t. II, p. 13—14.

Rochemonteix, sous-administrateur de la Commission des Domaines de l'État, qui voulut bien me prêter le secours de son expérience et me servir d'interprète. Abderrassoul Ahmed nia tous les faits que je lui imputais au témoignage unanime des voyageurs, et qui tombaient directement sous le coup de la loi ottomane, fouilles clandestines, vente non autorisée de papyrus et de statuettes funéraires, bris de cercueils et d'objets d'art ou de curiosité appartenant à l'État égyptien. J'acceptai l'offre qu'il me fit de fouiller sa maison, moins dans l'espoir d'y trouver quelque dépôt compromettant, que pour lui fournir l'occasion de se raviser et d'entrer en composition avec nous. Douceur, menaces, offres d'argent, rien ne réussit, et, le 6 avril, l'ordre étant arrivé de commencer officiellement l'enquête, j'expédiai le prisonnier et l'un de ses frères, Hussëin-Ahmed, à Qénéh, où le moudîr les réclamait pour instruire leur procès.

L'affaire fut menée rondement.[1] Les interrogations et les débats, conduits par les magistrats de la Moudîriyéh, en présence de notre délégué, l'officier-inspecteur de Dendérah, Ali Effendi Habib, eurent pour unique résultat de provoquer de nombreux témoignages favorables à l'accusé. Les notables et les maires de Gournah affirmèrent, à plusieurs reprises, sous la foi du serment, qu'Abderrassoul Ahmed était l'homme le plus loyal et le plus désintéressé du pays, qu'il n'avait jamais fouillé et ne fouillerait jamais, qu'il était incapable de détourner le moindre objet d'antiquité, à plus forte raison de violer une tombe royale. On remarqua l'insistance avec laquelle Abderrassoul Ahmed proclama qu'il était le serviteur de Moustapha Agha Ayat, et qu'il vivait dans la maison de ce personnage. Il croyait qu'en faisant profession de domesticité à l'égard d'un agent consulaire, il bénéficiait des privilèges attachés à la fonction diplomatique et devenait en quelque sorte protégé belge, russe et britannique. Moustapha Agha l'avait entretenu soigneusement dans cette erreur, lui et tous ses compères; il leur avait persuadé qu'en se couvrant de sa personne, ils seraient inviolables aux agents des administrations indigènes, et, grâce à cet artifice, il avait réussi à concentrer entre ses mains tout le commerce d'antiquités de la plaine thébaine. Abderrassoul Ahmed fut mis en liberté provisoire, sous garantie de deux de ses amis, Ahmed Serour et Ismaïl Sayid Nagîb. Il rentra chez lui, vers le milieu de mai, avec le

---

1. Toutes les pièces officielles de l'enquête, en langues arabe et française, sont déposées aux archives du Musée de Boulaq.

brevet d'honnêteté immaculée que lui avaient décerné les notables de Gournah. Mais son arrestation, les deux mois d'emprisonnement qu'il avait subis, la vigueur avec laquelle l'enquête avait été conduite par DAOUD PACHA, avaient montré clairement l'impuissance de Moustapha Agha à protéger ses associés les plus fidèles : on savait de plus que je comptais revenir à Thèbes pendant l'hiver et que j'étais résolu à recommencer l'affaire de mon côté, tandis que la Moudîriyéh reprendrait les opérations du sien. Quelques dénonciations timides arrivèrent au Musée, quelques renseignements nouveaux nous parvinrent de l'étranger, et, ce qui valait mieux, la discorde se mit dans la famille d'Abderrassoul : les uns croyaient le danger passé sans retour et l'administration du Musée battue, les autres estimaient qu'il serait plus prudent de s'entendre avec elle et de lui livrer le secret. En même temps, Abderrassoul Ahmed prétendait que la communauté lui devait un dédommagement pour les mois de prison qu'il avait endurés, et réclamait la moitié du trésor pour lui seul, au lieu du cinquième dont il s'était contenté jusqu'alors : si l'on refusait de faire droit à sa demande, il menaçait d'aller tout dire à la direction des fouilles. Après un mois de discussions et de querelles, l'aîné des frères, Mohammed Abderrassoul, voyant qu'une trahison des siens était imminente, résolut de la devancer. Il se rendit secrètement à Qénéh, le 25 juin, et annonça au moudîr qu'il connaissait l'emplacement si longuement et si inutilement cherché.[1] DAOUD PACHA en référa aussitôt au Ministère de l'Intérieur, qui transmit la dépêche au Khédîve. Le Khédîve, à qui j'avais parlé de l'affaire à mon retour de la Haute-Égypte, reconnut sans peine l'importance de cette déclaration, et demanda aussitôt quelques détails précis. Un second télégramme arriva le lendemain, dont les termes ne laissaient subsister aucun doute sur l'importance de la découverte. «En vérifiant le lieu découvert à Gournah, le 25 juin courant, »nous l'avons, disait DAOUD PACHA, trouvé long et contenant plus de trente sar- »cophages et beaucoup d'autres objets comme statuettes, marbres, etc., et la plu- »part des sarcophages sont couverts par les inscriptions. Les images de serpents

---

1. Tous les renseignements que je donne sur ces querelles de famille m'ont été fournis, pendant les années qui suivirent, par différentes personnes résidant à Louxor, à Karnak, à Gournah et à Erment, entre autres par EYOUB EFFENDI, alors agent du télégraphe égyptien, ALI-BEY, mouffattiche de la Daÿrah Saniéh pour le taftiche d'Erment, ALI-MOURAD, agent consulaire des États-Unis, SAMUEL, curé catholique de Neggadéh, etc. Ils m'ont été confirmés par les frères Abderrassoul.

»et les ornements qu'on voit dans ce lieu prouvent qu'il est un lieu royal. On »ne peut pas compter toutes les pièces antiques existant dans ce lieu, sans les »faire sortir du souterrain.»[1] Le conservateur, Vassalli-Bey, était en congé. Des considérations d'ordre privé m'avaient rappelé en Europe. Je venais de partir, en laissant au conservateur-adjoint, M. Émile Brugsch, les instructions et les pouvoirs nécessaires pour agir. Le 27 juin, au reçu du second télégramme, le Khédîve lui intima l'ordre d'aller à Thèbes en compagnie de MM. Thadeos Matafian, nommé depuis inspecteur de la circonscription des pyramides, Ahmed Effendi Kamal, secrétaire-interprète du Musée, et Mohammed Abdessalam, pilote du bateau Le Menshiéh, attaché au service des fouilles.[2] La petite commission se mit en route le vendredi 1er juillet, au soir. En arrivant à Qénéh le lundi 4, dans l'après-midi, une surprise l'attendait : Daoud Pacha avait reçu en dépôt de Mohammed Abderrassoul plusieurs objets précieux, entre autres, les quatre canopes de la reine Ahmas Nofritari et trois papyrus funéraires de la reine Mâkerî, de la reine Isimkhobiou, de la princesse Nsikhonsou. Le début était de nature à encourager nos agents. Pour assurer l'heureuse issue de l'opération délicate qui allait commencer, Daoud Pacha mit à leur disposition son wêkîl, Mohammed-Bey el-Bédaoui, et plusieurs autres employés de la Moudîriyéh, dont le zèle et la vigilance leur rendirent des services signalés.

Le mercredi 6, MM. Mohammed-Bey, Émile Brugsch, Ahmed Effendi Kamal et Thadeos Matafian furent conduits par Mohammed Abderrassoul à l'entrée du caveau funéraire. L'ingénieur égyptien qui l'a disposé jadis avait pris ses précautions de la manière la plus habile : jamais cachette ne fut mieux dissimulée. La chaîne de collines qui sépare en cet endroit le Bab el-Molouk de la plaine thé-

---

1. Traduction de la dépêche officielle de Daoud Pacha, dans une lettre d'Ahmed Effendi Kamal, secrétaire-interprète du Musée, en date du 28 juin 1881.

2. Lettre de M. Émile Brugsch, en date du 29 juin 1881. «Voilà une affaire très importante et »d'une nature réelle. On a envoyé au vice-roi une dépêche chiffrée, lui annonçant la découverte d'un »tombeau à Thèbes, contenant une trentaine de cercueils et une quantité d'autres objets. J'ai reçu »l'ordre de me rendre à Gournah pour faire le rapport et ramener les objets. Demain matin je pars »pour Siout, accompagné de Kamal Effendi, notre secrétaire, et du réïs de notre bateau. Il y a un »Arabe là-bas qui a désigné le tombeau au moudîr de Kénéh, qui a mis tout de suite une garde pour »empêcher tout vol. Peut-être aurons-nous notre Pinotem?! Je vous enverrai, aussitôt que j'aurai »vérifié le tombeau, un télégramme à Paris..... Quelle bonne chance pour Abderrassoul!»

baine, forme, entre l'Assassîf et la Vallée des Reines, une série de cirques naturels, séparés l'un de l'autre par des contreforts, dont l'épaisseur varie entre quatre-vingts et deux cents mètres. Celui d'entre eux qui s'ouvre au sud du vallon de Déir el-Baharî présente un aspect particulier (pl. II). La paroi du fond est divisée en trois gradins superposés, de hauteur inégale, et dont le plus bas sert d'appui à de longs talus d'éboulis couverts de sable jaune. Elle est d'un calcaire limoneux, noirâtre, coupé et recoupé par de minces lamelles d'un calcaire blanc analogue à la belle pierre de Tourah : je ne saurais mieux comparer l'aspect qu'elle présente qu'à celui de la pâte feuilletée. La pierre, desséchée et cuite au soleil de plusieurs milliers d'années, a perdu toute consistance. Elle s'émiette au moindre attouchement : en moins de vingt minutes j'en ai détruit près d'un demi-mètre cube à la main, sans couteau ni instrument d'aucune sorte. C'était un défaut grave : aussi les ingénieurs négligèrent-ils d'abord cette partie de la nécropole. Quelques sondages, pratiqués sur l'étroite corniche qui sépare l'étage inférieur de l'étage moyen, leur montrèrent qu'il n'y avait aucune sécurité à percer des puits et des galeries dans une matière aussi friable.[1] Ils n'entre-

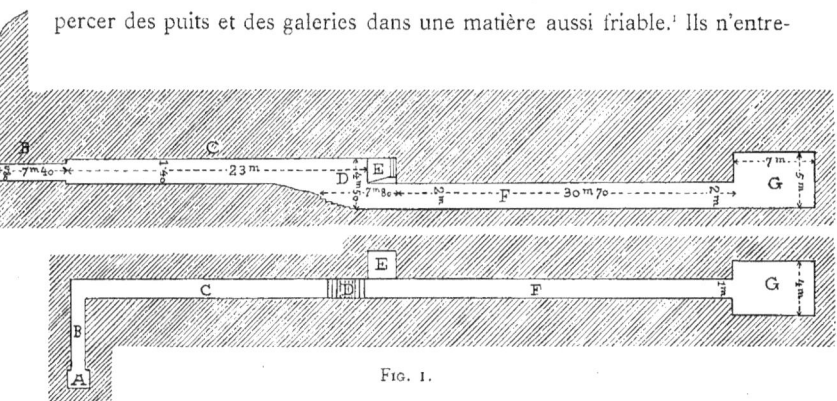

Fig. 1.

prirent sérieusement d'y travailler que vers la fin de la XXe dynastie, quand la place commença à manquer partout ailleurs. La tombe où les momies royales ont si longtemps reposé fut creusée au nord-ouest du cirque, vers l'endroit où le contrefort se détache qui le sépare du vallon de Déir el-Baharî (fig. 1). Le puits a

1. J'ai ouvert une trentaine environ de ces puits d'essai, aux mois de janvier, février et mars 1882. Un seul descendait à cinq mètres environ : les autres n'avaient guères que un ou deux mètres de profondeur.

12^m environ de profondeur sur 2^m de largeur. Au fond dans la paroi ouest, on pratiqua l'entrée d'un couloir qui mesure $1^m 40$ de large sur $0^m 80$ de haut dans son état actuel. La baie était formée jadis par des battants en bois qui ont disparu : après chaque cérémonie on les assurait au moyen de grosses pastilles d'argile sur lesquelles les gardiens de la nécropole apposaient leur cachet d'office. Après un trajet de $7^m 50$, le couloir tourne brusquement vers le nord et court pendant près de 60^m, sans conserver partout les mêmes dimensions : en certains endroits, il atteint 2^m de large, en d'autres il n'a plus que $1^m 30$. Vers le milieu, cinq marches grossièrement taillées accusent un changement de niveau sensible, et, sur le côté droit, une sorte de niche inachevée, profonde de 3^m, montre qu'on a songé à changer une fois de plus la direction de la galerie. Celle-ci débouche enfin dans une sorte de chambre oblongue, irrégulière, d'environ 8^m. Tout était rempli de sarcophages en bois, de momies, d'objets funèbres. Un cercueil blanc et jaune, au nom de Nibsni, barrait le couloir à $0^m 60$ au plus de l'entrée. Un peu plus loin, un coffre massif, celui de Soqnounrî Tiouâqen, dont la forme rappelait le style de la XVIIe dynastie, puis la reine Tiouhathor Honttoouï, puis Séti Ier. A côté, sur une litière de fleurs séchées, des boîtes à statuettes funéraires, des canopes, des vases à libation en bronze, et, tout au fond, dans l'angle que forme le couloir en se redressant vers le nord, le dais en cuir historié de la reine Isimkhobiou, plié et chiffonné comme un objet sans valeur, qu'un prêtre pressé de sortir aurait jeté négligemment dans un coin. Le long du grand corridor, même encombrement et même désordre : il fallait s'avancer en rampant, sans savoir où l'on posait les mains et les genoux. Les cercueils, entrevus rapidement à la lueur d'une bougie, portaient des noms historiques, Amenhotpou Ier, Thoutmos II, dans la niche près de l'escalier, Ahmos Ier et son fils Siamon, la reine Ahhotpou, Ahmas-Nofritari, le Pinot'mou que nous avions tant cherché, et d'autres. Dans la chambre du fond, le pêle-mêle était au comble, mais on reconnaissait à première vue la prédominance du style propre à la XXe et à la XXIe dynastie. Le succès dépassait toute espérance : où je m'étais attendu à rencontrer deux ou trois roitelets obscurs, les fellahs avaient déterré des familles entières de Pharaons. Et quels Pharaons! les plus illustres peut-être qui aient régné sur l'Égypte, ceux qui la délivrèrent des Pasteurs, Soqnounrî et Ahmos Ier, les conquérants de la Syrie et de l'Éthiopie, Thoutmos III, Séti Ier, Ramsès II enfin, le Sésostris des Grecs, le seul de tous dont la postérité ait gardé le souvenir.

Les frères Abderrassoul avaient si bien gardé leur secret que les habitants de Louxor et de Gournah furent aussi surpris que les Européens par le nombre et l'importance des momies. Déjà leur imagination s'échauffait : ils parlaient de caisses remplies d'or, de colliers en diamants et en rubis, de talismans. Il fallait agir vite, si l'on ne voulait pas s'exposer à des tentatives de vol ou peut-être même à des attaques à main armée.[1] Deux cents Arabes furent vite rassemblés par les soins du wêkîl de la Moudîriyéh, et se mirent à l'œuvre. Le bateau du Musée, mandé en hâte, n'était pas encore là, mais on avait sous la main le réïs MOHAMMED ABDESSALAM, sur lequel on pouvait compter. Il s'installa dans le puits même et se chargea d'en extraire le contenu : MM. ÉMILE BRUGSCH et AHMED EFFENDI KAMAL recevaient les objets au fur et à mesure qu'ils sortaient de terre, les faisaient descendre au pied de la colline et ranger côte à côte, sans ralentir un instant la surveillance. Quarante-huit heures d'un travail énergique suffirent à tout exhumer, mais la tâche n'était qu'à moitié terminée. Il fallait mener le convoi, à travers la plaine de Thèbes et au-delà de la rivière, jusqu'à Louxor. La plupart des cercueils, soulevés à grand' peine par douze ou seize hommes, exigèrent sept ou huit heures de transport entre la montagne et la berge; on se figurera aisément ce que dut être ce voyage par la poussière et la chaleur de juillet. La quantité des menus objets était si considérable, que plusieurs des gens auxquels on les avait confiés tentèrent d'en détourner une partie, espérant qu'on ne s'apercevrait de rien. Mais le wêkîl de la Moudîriyéh avait l'œil ouvert sur eux : quelques mesures énergiques amenèrent une prompte restitution, et tout ce qui avait été volé reparut, à l'exception d'un panier qui renfermait une cinquantaine de figurines d'émail bleu. Enfin, le 11 au soir, momies, cercueils, mobilier, étaient à Louxor, dûment enveloppés de nattes et de toiles. Trois jours après, le *Menshiéh* arrivait : le temps de charger et il repartait pour Boulaq à toute vapeur, avec son fret de rois. Le puits, fermé légèrement, fut dégagé une seconde fois vers

---

1. J'ai appris depuis, par le témoignage d'un prêtre de Neggadéh, que les shéïkhs d'un village voisin de Karnak avaient entamé des pourparlers avec une bande d'Ababdéhs pour franchir le Nil pendant la nuit et attaquer nos ouvriers. La promptitude avec laquelle MM. BRUGSCH, MOHAMMED-BEY et AHMED EFFENDI KAMAL procédèrent à l'enlèvement des momies déjoua ce complot.

le mois de janvier 1882 : M. Émile Brugsch-Bey, un photographe américain, M. Edward L. Wilson, et son aide, Mohammed Abderrassoul et moi, nous y descendîmes pour faire une dernière exploration.[1] Nous ramassâmes encore dans le couloir des guirlandes de fleurs, des fruits de palmier doum, des lambeaux d'étoffe et quelques morceaux de figurines brisées. La chambre du fond fut l'objet d'un examen minutieux : communiquait-elle avec l'autre versant de la montagne

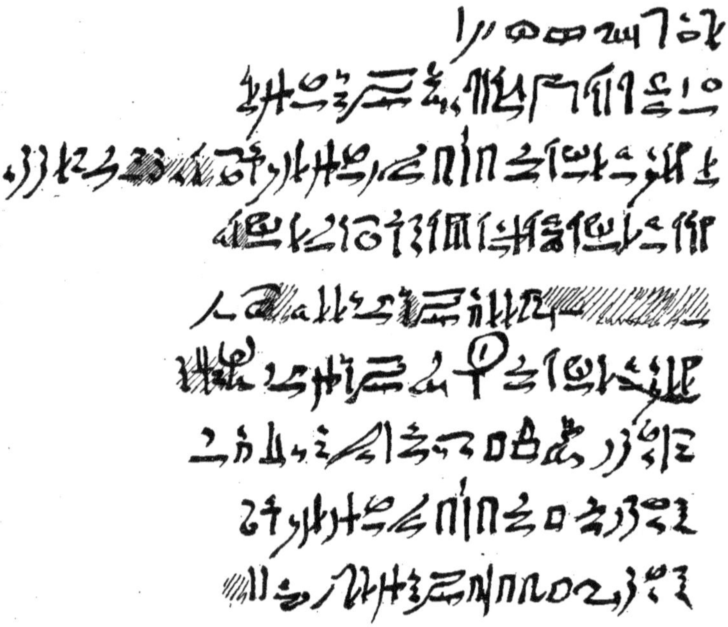

Fig. 2.

par une galerie qui débouchait dans la Vallée des Rois, peut-être dans le tombeau de Séti Ier dont le dernier couloir n'a jamais été entièrement déblayé? Je n'y découvris aucune issue, et mes compagnons ne furent pas plus heureux que moi : il demeure acquis au débat que l'on avait accès au tombeau par le puits et par le puits seulement. Je copiai, au fond du puits, sur les jambages de la porte,

[1]. Le récit de cette descente a été publié dans la revue américaine illustrée *The Century*, T. XXXIV, May 1887, p. 1—10, *Finding Pharaoh*, par M. Wilson.

trois inscriptions tracées à l'encre noire, une à droite, deux à gauche.¹ Celle de droite (fig. 2), qui est la plus ancienne, date de l'an V d'un roi inconnu.

«L'an V, le quatrième mois de Shomou, le 21, — jour où fut ensevelie la su-
»périeure des favorites, Nsikhonsou, — par le Père divin d'Amon, intendant du
»double trésor, Zodoukhonsouaoufônkh [fils de ?] Païnot'mou (?), — le Prophète
»d'Amonrâ, roi des dieux, Onkhfniamen, — [fils du ?] ...... Nsipaï ......, le
»Père divin d'Amon, intendant des chanceliers (?), Nsisoupkashoutiou, — les qua-
»rante (?) porte-sceaux qui sont préposés au double trésor de cette nécropole,
»— les porte-sceaux de l'intendant du double trésor Zodoukhonsouaoufônkh, —
»les deux (?) porte-sceaux du scribe du double trésor, Nsisou ......»

La lecture de cette inscription me suggéra l'idée de rechercher si je ne trouverais pas, dans le sable et parmi les fragments de pierre qui encombraient le fond du puits, les débris au moins des scellés que les trois dernières classes de personnages mentionnés avaient dû apposer sur la porte à diverses reprises. Une fouille de quelques minutes ramena au jour une vingtaine environ de pains de terre sigillaire qui portaient des traces de caractères empreints sur une face. Ces fragments, étudiés à loisir nous ont rendu les restes de plusieurs sceaux commençant par les signes et des exemplaires complets d'un autre sceau qui appartenait probable- ment aux employés chargés de veiller sur la partie septentrionale de la nécropole. Le voilà de grandeur presque

---

1. L'analyse de ces inscriptions a été donnée dans les *Notes sur divers points de grammaire et d'histoire*, § XXX, *Zeitschrift*, 1882, p. 134—135.

naturelle (fig. 3), et je laisse à plus habile le soin de l'interpréter entièrement. Les deux inscriptions écrites sur le jambage de gauche ne forment en réalité qu'un seul texte, postérieur de onze ans au premier. Le scribe en avait déjà tracé deux lignes tout au haut de la paroi quand il s'aperçut qu'il avait mal pris ses mesures et que la place lui manquerait en cet endroit pour raconter ce qu'il avait à dire (fig. 4). Il interrompit brusquement et recommença son travail un peu plus bas, dans de meilleures conditions (fig. 5).

Fig. 3.

«L'an XVI, le quatrième mois de Pirit, le 20, — jour où fut enseveli défunt »le premier prophète d'Amonrâ, roi des dieux, etc., Païnot'mou, — par le père

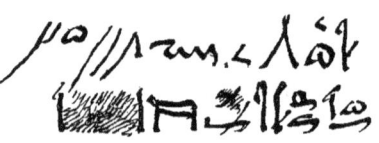

Fig. 4.

»divin d'Amon, intendant du double »trésor Zodoukhonsouaoufônkh, le père »divin d'Amon, scribe des chanceliers, »ingénieur en chef, Nsisoupâkashou- »tiou, le . . . . . d'Amon . . . . . ., le père »divin d'Amon Ounnofri, le scribe royal »de la nécropole, Bokou, le chef-manœuvre Petouhor, le chef-manœuvre Pnebto, »le père divin d'Amon, supérieur des écritures, Petou . . . . . .»

1. Les deux signes hiératiques insérés derrière le mot paraissent être une marque d'abréviation qui répond à notre *etc.*

Tandis que les personnages descendus dans la tombe pour y déposer la momie remontaient l'un après l'autre, un des scribes, pour charmer les ennuis de ce séjour prolongé, écrivit ces procès-verbaux, analogues par la rédaction à ceux qu'on traçait sur le linge ou sur le cercueil des momies à chaque visite nouvelle. Nous verrons plus loin qui sont Nsikhonsou et Pinot'mou. Le texte des inscriptions est des plus intéressants au point de vue paléographique : il renferme des formes très rapides et qui sont déjà identiques aux formes démotiques. C'est un document de plus qu'il faut joindre à ceux que nous possédons déjà sur les origines de la dernière écriture cursive des Égyptiens.

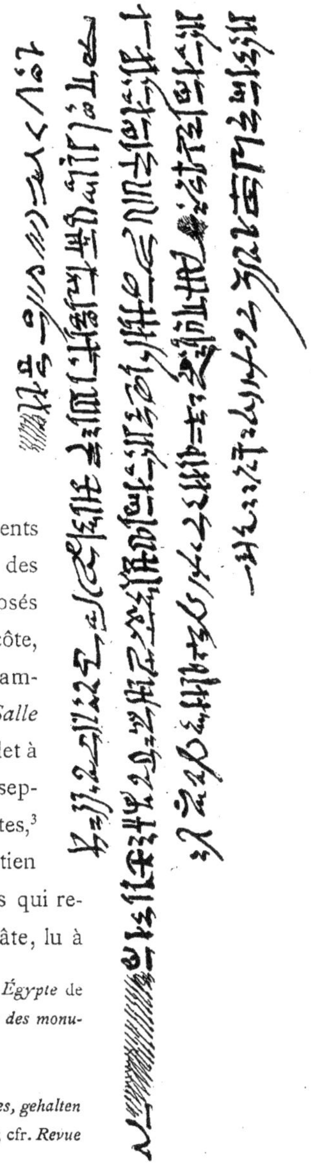

Ce n'était pas assez d'avoir retiré les rois de l'oubli où ils gisaient : il fallait les loger convenablement, et le musée, déjà trop étroit pour le nombre de monuments qu'il renfermait, ne pouvait les recevoir. La plupart des objets mobiliers, les figurines, les papyrus furent déposés dans les magasins : les momies furent placées côte à côte, partie dans la Salle du Centre, partie dans une petite chambre qui n'existe plus aujourd'hui et qu'on appelait la *Salle des Bijoux*.[1] La découverte, annoncée dès la fin de juillet à l'Académie des Inscriptions et Belles-Lettres,[2] puis le 15 septembre, à Berlin au Congrès international des Orientalistes,[3] avait fait trop de bruit pour que le gouvernement égyptien ne se crût pas obligé de donner un logis aux Pharaons qui reparaissaient si inopinément. Un rapport, rédigé à la hâte, lu à

Fig. 5.

---

1. On en verra l'emplacement sur le plan publié dans le *Guide en Égypte* de BÄDEKER (1877, p. 375). La description en est dans MARIETTE, *Notice des monuments* (5ᵉ édit. 1876, p. 84).

2. *Comptes-Rendus*, 4ᵉ Série, T. IX, séance du 22 juillet 1881.

3. *Verhandlungen des fünften internationalen Orientalisten-Congresses, gehalten zu Berlin im September 1881*, 2. Theil. *Afrikanische Section*, p. 12—24; cfr. *Revue égyptologique*, t. II, p. 344—346.

l'Institut Égyptien,[1] le 18 novembre 1881, et publié avec vingt photographies des objets principaux,[2] décida le conseil des ministres à ordonner l'agrandissement du Musée. Dès la fin de novembre, le ministre des Travaux Publics, ISMAIL-PACHA EYYOUB, avança les fonds nécessaires pour construire des salles nouvelles, grandes et bien éclairées. Quelques mois plus tard, en avril 1882, son successeur, MAHMOUD-PACHA FAHMY, commanda douze vitrines afin de mettre les momies les plus intéressantes à l'abri de l'air et de la lumière. Les massacres d'Alexandrie et la guerre qui les suivit n'interrompirent point le cours des travaux. La partie neuve du Musée fut inaugurée dans les derniers jours d'octobre 1882; tous les rois s'y trouvèrent réunis dans une même chambre,[3] les plus favorisés en vitrines, les autres sur des tréteaux de bois blanc. Deux grandes armoires, empruntées à la maison du directeur, reçurent quelques papyrus, des canopes, des pièces d'offrande, des spécimens de figurines funéraires.[4] Ce premier arrangement était, malgré tout, d'aspect assez misérable : les années 1883, 1884 et 1885 furent employées à l'améliorer. La tâche était lourde, car, malgré la bonne volonté de M. SCOTT MONCRIEFF, sous-secrétaire d'État, le Ministère des Travaux Publics ne pouvait nous venir en aide. A force de patience et d'économie, je réussis pourtant à faire fabriquer par nos deux menuisiers, MM. LIEBERKNECHT et MOHAMMED ISA, les armoires, les vitrines, les étagères dont on avait besoin : au mois d'avril 1886, toutes les momies étaient sous verre, à l'abri des intempéries et de la curiosité des visiteurs. J'avais tardé jusqu'alors à les démailloter. J'étais convaincu que cette opération devait présenter des avantages pour la science, qu'elle nous fournirait des renseignements sur l'âge, l'apparence, la constitution des souverains, peut-être des inscriptions ou des procès-verbaux qui nous permettraient de constater définitivement l'identité de chacune d'elles,

1. *Bulletin de l'Institut Égyptien*, 1881, p. 180.

2. *La trouvaille de Déir el-Baharî. Vingt photographies*, par M. E. BRUGSCH, conservateur-adjoint du Musée de Boulaq, texte par G. MASPERO, directeur général des Musées d'Égypte, Le Caire, MOURÈS, 1881, in-4°, 36 p. Depuis lors, une seconde livraison de photographies a été publiée par M. BRUGSCH. Le texte a été réimprimé dans le *Bulletin de l'Institut Égyptien*, 1881, p. 129—169; tirage à part sous le titre *La trouvaille de Déir el-Baharî*, Le Caire, J. BARBIER, 1883, in-8°, 43 p. La plus grande partie de ce rapport est reproduite textuellement dans le présent mémoire.

3. La *Salle des momies royales* est marquée *H* sur le plan du musée que j'ai publié en tête du *Guide du visiteur*, 1883.

4. C'est ce premier arrangement qui est décrit dans le *Guide du visiteur*, p. 314—351.

peut-être des bijoux et des papyrus : néanmoins je ne voulais rien risquer avant d'avoir complété le mobilier. Une seule momie d'odeur suspecte avait été déroulée par mon ordre en 1883 : c'était celle de la reine Mashonttimihou, dont le corps était enveloppé dans un grand linceul écrit.[1] Ce n'était pas la seule qu'on eut examinée. Dès les premières semaines de l'arrivée à Boulaq, M. Émile Brugsch n'avait pu résister au désir de voir à nu la face de l'une d'elles, et avait ouvert, sans ordre et pendant mon absence, la momie de Thoutmos III : elle avait été déjà fouillée par les Arabes, et les traits en étaient défigurés. Vers le mois de septembre 1885, la momie de la reine Nofritari, que la mauvaise odeur m'avait obligé à reléguer dans les magasins, fut dépouillée par M. Brugsch, sans ordre et pendant mon absence, et le corps enterré provisoirement, car il menaçait de tomber en putréfaction. La momie de Soqnounrî, celle d'un prince anonyme enfermé dans une gaîne blanche, exhalaient des senteurs étranges et paraissaient être en voie de décomposition. Ces accidents, qu'il m'était impossible de prévenir, me décidèrent enfin à faire moi-même, avec soin et à loisir, ce qui avait été fait jusqu'alors rapidement et sans précautions suffisantes. Le développement commença le 1er juin 1886, par la momie de Ramsès II, sur l'ordre et en présence du Khédîve. Le lointain successeur des Pharaons avait convoqué à la cérémonie tout ce que le Caire comptait alors de hauts personnages et de savants, les deux commissaires du Sultan et de la reine d'Angleterre, Moukhtar-Pacha Ghazi et H. Drummond Wolf, Nubar-Pacha, le conseil des ministres au grand complet, le consul-général de Russie, M. de Khitrowo, des médecins, des archéologues, des artistes. Les péripéties de l'opération furent consignées dans un procès-verbal spécial, que le Khédîve daigna signer.[2] Après Ramsès II, ce fut le tour de Ramsès III, puis celui de Séti Ier et de Soqnounrî,[3] puis celui d'Ahmos et des grands-prêtres d'Amon. Chaque corps fut examiné, mesuré aussi

---

1. *Notes sur quelques points de grammaire et d'histoire*, § XLII, dans la *Zeitschrift*, 1883, p. 77.
2. Le procès-verbal, lu à l'Institut dans la séance du 18 juin 1886, a été publié dans la *Revue archéol.*, numéro de juillet-août 1886, dans les *Comptes-rendus de l'Académie des Inscriptions et Belles-Lettres*, 1886, p. 294—301, et dans le *Bulletin de l'Institut Égyptien*, 1886, p. 252—260. L'original, signé de la main du Khédîve, est aujourd'hui déposé aux archives de l'Institut de France.
3. Ce second procès-verbal a été publié dans *The American Journal of Archæology and of the History of the Fine Arts*, t. II, p. 331—333, et dans le *Recueil de travaux relatifs à la philologie et à l'archéologie égyptiennes*, t. VIII, p. 179—181.

exactement que possible, par M. Bouriant, par le Dr Fouquet, par M. Insinger, par mon frère et par moi; les mesures, prises par deux d'entre nous, étaient vérifiées par deux autres, puis consignées sur les feuilles préparées à cet usage par le laboratoire d'anthropologie du Muséum d'Histoire Naturelle de Paris. Un chimiste distingué, M. Mathey, analysa pour nous les substances et les tissus recueillis sur les cadavres.[1] Enfin l'illustre Dr Schweinfurth nous prêta le concours de sa science et de son habileté sans rivales pour préparer les fleurs et les graines, en reconnaître l'espèce, les décrire, en un mot, pour en composer un herbier, le plus vieux qu'il y ait au monde. Un mois entier, celui de juin 1886, fut consacré à ces travaux. Aujourd'hui tous les Pharaons, à l'exception d'Amenhotpou Ier et de quelques sujets secondaires auxquels je n'ai point touché, ont été déshabillés, étudiés, puis rhabillés de manière à figurer décemment dans le musée. Ils se partagent en deux groupes bien distincts. Je mettrai dans le premier une vingtaine environ de cercueils, refaits ou brisés pour la plupart, où l'on reconnaît de prime abord le style de la XVIIIe et de la XIXe dynastie. Tous les cercueils du second groupe sont uniformes d'aspect et portent le cachet de la XXe dynastie.

Cercueils du premier groupe.

1° Cercueil du roi Soqnounrî III Tiouâqen de la XVIIe dynastie.

Il est trapu, lourd, recouvert d'une couche de stuc blanc jadis doré; l'or ne s'est conservé que sur une partie de la poitrine et de la légende. La tête et la coiffure sont peintes en jaune, l'uræus dorée est au front. Une bande verticale d'hiéroglyphes descend de la poitrine aux pieds et se termine sous le talon. C'est un proscynème à Phtah-Sokar-Osiris, maître de Mendès et d'Abydos, pour qu'ils donnent (sic) les rations journalières au roi Soqnounrî Tiouâqen, aimé d'Osiris et de sa neuvaine divine. Les caractères, d'abord tracés hardiment à l'encre noire, ont été retouchés maladroitement à la pointe mousse, après la dorure, et sont déformés en plus d'un endroit. Le n'est point la marque du 𓏏, mais l'équivalent du signe, déterminatif du verbe. Le a presque la figure d'un

---

1. La seule partie des recherches de M. Mathey qui ait été publiée se trouve dans le *Bulletin de l'Institut Égyptien*, 1886, p. 186—195, *Notice sur une momie anonyme de Déir el-Bahari*.

⸺ un peu pointu, si bien qu'on serait tenté de lire *Sotnounrî Tiouâten*, si l'on ne connaissait point d'autre part la forme réelle du nom.[1]

La momie, non déroulée, mesurait environ $1^m 85$ de long. Elle fut ouverte, le 9 juin 1886, dans la Salle copte.[2] Deux grands linceuls en toile grossière, mal attachés, la revêtaient des pieds à la tête, puis on rencontra quelques pièces de linge négligemment roulées et des tampons de chiffons, maintenus par des bandelettes, le tout gras au toucher et pénétré d'une odeur fétide. Ces premières enveloppes une fois levées, il nous resta entre les mains une sorte de fuseau d'étoffe, long d'environ $1^m 82$ et tellement mince qu'il semblait impossible qu'un corps humain pût y trouver place. Les deux dernières couches de toile étaient collées par les parfums et adhéraient à la peau : on les fendit au couteau et le corps entier parut au jour. La tête était renversée en arrière et inclinée sur la gauche, de longues mèches de cheveux cachaient à demi une large blessure irrégulière, à bords nets, haute d'environ $0^m 011$ et longue de $0^m 036$, ouverte à travers l'os frontal, près de l'orbite droit, à $0^m 014$ au-dessus de l'arcade sourcilière, à $0^m 025$ de la ligne médiane du front. La cloison extérieure de l'orbite a été défoncée de ce côté : une large plaque d'une matière blanchâtre très finement granulée entoure la plaie et paraît n'être qu'une masse de cervelle épandue. Les lèvres sont rétractées au point de former un anneau presque rond, à travers lequel sortaient les dents de devant et les gencives : la langue était prise et mordue entre les dents (pl. III). Un examen minutieux révéla l'existence de deux autres plaies. L'une, infligée par une massue ou par une hache d'armes, avait entamé la joue gauche sur une longueur de $0^m 03$ et brisé la mâchoire inférieure : les grosses dents sont à découvert, et l'on retrouve encore des esquilles dans la plaie. L'autre, dissimulée par les cheveux, est béante au sommet de la tête, un peu au-dessus de l'ouverture du front : un coup de hache, dirigé de haut en bas, avait détaché un énorme copeau d'os, et produit, dans la boîte du crâne, une longue fente, par laquelle une partie du cerveau avait dû s'écouler. La position et l'aspect des bles-

---

1. M. WIEDEMANN s'y est laissé tromper. Il admet l'existence d'un Pharaon de la XVIIᵉ dynastie qui se serait appelé Râsqenen II, Aâten ou Taāaten (*Geschichte Aegyptens*, t. I, p. 301).

2. Le procès-verbal a été publié dans *The American Journal of Archæology*, t. II, p. 331—332, et le *Recueil de Travaux relatifs à l'Archéologie et à la Philologie égyptiennes et assyriennes*, 1886, p. 179—180.

sures permettent de rétablir d'une manière presque certaine la scène finale de la vie du roi. Tiouâqen, atteint à la mâchoire, tombe étourdi; les ennemis se précipitent sur lui, et deux coups, portés tandis qu'il est à terre, l'un avec une hache au sommet du crâne, l'autre avec une lance ou une dague au-dessus de l'œil, l'achèvent presque aussitôt. Nous savions qu'il avait fait la guerre aux Pasteurs : nous ne savions pas qu'il fût mort sur le champ de bataille. Les Égyptiens sortirent vainqueurs du combat qui s'engagea autour de leur chef, puisqu'ils réussirent à le relever et à l'emporter. Le corps, momifié rapidement sur place, fut expédié à Thèbes, où il reçut la sépulture. Ces détails nous expliquent et le spectacle terrifiant qu'il présente et les irrégularités qu'on remarque dans l'embaumement. La poitrine et les côtes, serrées à outrance par des gens pressés, se sont brisées et ne forment plus qu'un paquet de débris noirâtres, au milieu duquel les vertèbres sont éparses. Le bassin est en pièces, les bras et les jambes sont désarticulés. La décomposition avait dû commencer déjà au moment où les embaumeurs se mirent à l'œuvre. La momie, préparée à la hâte, n'a pas bien résisté aux influences destructrices du dehors, les vers en ont percé l'enveloppe; les larves de nécrophores ont laissé leur coque dans l'espace compris entre le corps et le bras, ainsi que dans les tresses de cheveux. Tiouâqen avait environ quarante ans quand il succomba. Il était grand, élancé, d'une vigueur remarquable, à en juger par ce qui reste des muscles de l'épaule et du thorax. Il avait la tête petite et allongée en tonneau, bien garnie de cheveux noirs, minces, ronds, risés en grosses mèches, l'œil était long et enfoncé, le nez droit et large à la racine, les pommettes proéminentes, la mâchoire forte, la bouche moyenne, un peu avancée, garnie de dents saines et d'un bel émail. L'oreille a disparu et l'on voit quelques traces à peine de barbe et de moustache : Tiouâqen s'était rasé le matin même de la bataille. Tout compte fait, il devait ressembler singulièrement aux Barabras d'aujourd'hui, et appartenir à une race moins mélangée d'éléments étrangers que celle des Ramsès.

Les mensurations ont été faites à deux reprises : une première fois, au moment même de l'ouverture, par MM. Bouriant, Grébaut, Insinger, Maspéro, une seconde fois, quelques heures plus tard par MM. Bouriant et Fouquet. L'état du corps n'a point permis de les exécuter avec toute l'exactitude désirable, malgré le soin que nous y avons apporté; je les donne donc sous réserves :

Diamètre antéro-postéro-maximum (Dr Fouquet) . . . . 0^{m}195
» transverse maximum (Dr Fouquet) . . . . 0^{m}123
» frontal minimum . . . . 0^{m}095
» biauriculaire (n'a pu être pris à cause de l'empâtement
des bandelettes) . . . . ?
» bizygomatique . . . . 0^{m}120
» angulaire de la mâchoire . . . . 0^{m}070
Longueur du bras (gauche) . . . . 0^{m}320

Observations.

CHEVEUX : minces, ronds, frisés, presque crépus, noirs de nature, mais légèrement roussis par l'embaumement. — Longueur moyenne des mèches, 0^{m}115. La tête était bien garnie, le front un peu haut.

DENTS : l'écartement des lèvres et la plaie de la joue ont permis de constater que la dentition était complète. Les dents sont légèrement inclinées en avant et mesurent : 1° à la rangée supérieure, les incisives 0^{m}01 de long, les canines 0^{m}007, les petites molaires visibles environ 0^{m}005 ; 2° à la rangée inférieure, 0^{m}007, 0^{m}008 et 0^{m}005 respectivement. Elles sont légèrement jaunâtres et en partie fendues dans le sens de la longueur, déchaussées, et ce qu'on aperçoit de la racine est d'une teinte bleuâtre : une légère couche de tartre s'est déposée à la base et dans les canelures. Les incisives sont finement dentelées, les canines usées en biseau, les molaires usées parallèlement l'une à l'autre.

NEZ : droit, assez large à la racine.

BOUCHE : peu fendue, la lèvre devait être mince, car elle est réduite à une sorte d'ourlet presque imperceptible.

OREILLES : si mutilées qu'on les retrouve à peine.

Les os des bras et du buste sont presque entièrement dénudés de leurs parties molles. Grâce à cet accident, le Dr Fouquet a pu constater que la cavité oléocranienne de l'humérus gauche est perforée, tandis que celle de l'humérus droit est fermée par une mince couche de matière osseuse translucide.[1]

---

1. Voir à l'*Appendice,* le rapport du Dr Fouquet.

2° Cercueil de la dame Râï [hieroglyphs], nourrice de la reine Nofritari. Il est à fond vert, garni de bandes jaunes. Sur la face intérieure du couvercle est tracée une prière à la déesse Nouit en l'honneur de Râï [hieroglyphs] var. [hieroglyphs]. D'autres légendes inscrites, à l'intérieur près de la tête et des pieds, à l'extérieur sur les deux parois latérales, répètent le nom de la nourrice Râï.[1]

La momie de la dame Râï a disparu. Elle a été remplacée dès l'antiquité par celle d'une reine dont le nom offre quelques difficultés de lecture. Il est tracé sur le maillot, à la hauteur de la poitrine, en hiératique cursif (fig. 6). La teinte

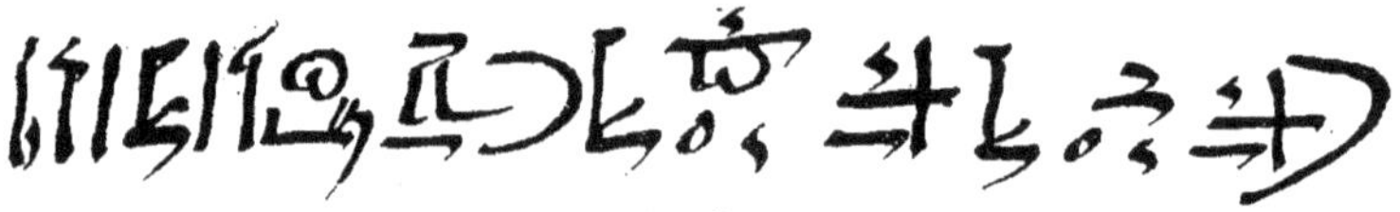

FIG. 6.

noirâtre du linge ne nous a point permis de prendre une photographie satisfaisante de cette courte légende : la copie que j'en donne est très suffisamment exacte. Les signes qui suivent [sign] sont peu distincts : l'encre n'avait presque point mordu sur le linge et n'a laissé qu'une trace très faible. Après un examen minutieux j'avais cru reconnaître les deux caractères reproduits plus haut; mais le nom reparaît dans deux autres textes. La reine qui le portait eut, comme nous verrons, l'honneur de recueillir dans sa tombe les corps de Ramsès Ier, de Séti Ier et de Ramsès II : elle est citée dans les procès-verbaux consignés sur le cercueil de ces princes. Les deux signes douteux ont là une forme plus ramassée que celle qu'on voit sur le linceul; ils sont d'ailleurs accompagnés d'un groupe additionnel qui est évidemment un déterminatif [sign] puisqu'il peut tomber sans modifier en rien le nom de la personne. Cela donné, si l'on compare notre groupe à celui qu'on emploie pour écrire, à partir de cette époque, le nom du dieu Nil, on verra combien ils sont semblables l'un à l'autre. Je ne doute point que mes yeux n'aient été trompés par la faiblesse des traits, par le peu de relief

---

[1]. C'est par erreur que dans la *Trouvaille*, p. 10, et dans le *Guide du Visiteur*, p. 313—314, le cercueil de la dame Râï est décrit comme étant peint en blanc et garni de légendes en bleu. Une distraction en classant mes fiches m'a fait attribuer à la dame Râï ce qui appartenait à un autre personnage.

que garde une encre pâle sur un tissu jauni, par l'aspect tremblotant que le grain de l'étoffe prête aux signes, et je lis 𓇋, c'est-à-dire 𓇋𓇋𓇋𓈘, le Nil. La reine s'appelait 𓄿𓇋𓈘 ou plutôt 𓄿𓇋𓇋𓇋𓈘 Anhâpou, et j'aurai l'occasion de montrer que ce nom n'est peut-être pas tout-à-fait inconnu.

La momie, longue d'environ 1ᵐ 85, portait encore au cou une guirlande de fleurs. Elle fut déroulée, le 20 juin 1886, en présence et avec le concours de MM. BOURIANT, BARSANTI, BRUGSCH-BEY, FOUQUET, GRÉBAUT, INSINGER, et soumise à un examen des plus minutieux. Elle était entourée de linges poudreux, gras au toucher, semblables à ceux qui entouraient les restes de Tiouâqen. Des paquets de cheveux tressés étaient intercalés sous les premières bandelettes. Le corps, mis à nu, fut trouvé en bon état. Les mensurations donnèrent le résultat suivant :

Diamètre ant.-postérieur maximum	. . . .	0ᵐ 185
» transverse maximum	. . . .	0ᵐ 156
» frontal minimum	. . . .	0ᵐ 116
» biauriculaire	. . . .	0ᵐ 126
» bizygomatique	. . . .	0ᵐ 130
» angulaire de la mâchoire	. . . . . .	0ᵐ 102
Longueur de la clavicule	. . . .	0ᵐ 164
Diamètre des épaules { biacromiale	. . . . . .	0ᵐ 336
{ bihumérale	. . . .	0ᵐ 360
» du bassin	. . . .	0ᵐ 215
Distance des seins entre les deux mamelons	. .	0ᵐ 184
Longueur du bras	. . . .	0ᵐ 310
» de l'avant-bras	. . . .	0ᵐ 250
» de la main	. . . .	0ᵐ 184
» de la cuisse	. . . .	0ᵐ 420
» de la jambe	. . . .	0ᵐ 390
» du pied	. . . .	0ᵐ 190
» post-malléolaire	. . . .	0ᵐ 055
FACE. — Longueur du nez	. . . .	0ᵐ 056
Largeur du nez	. . . .	0ᵐ 039

Distance { bi-orbitaire externe 0ᵐ108
interorbitaire 0ᵐ030
Largeur de la bouche 0ᵐ051

La face est bien conservée, et les traits sont aisément reconnaissables. Le front est bas et un peu fuyant : le nez, droit, se rattache en ligne droite au front. La bouche est de taille moyenne, bordée de lèvres assez développées. Les oreilles sont grandes, minces, bien détachées du crâne, mais garnies d'un ourlet à peine sensible. Les pendants ont été arrachés dans l'antiquité, sans précaution, et le lobe est déchiré. Les cheveux sont fins, minces, légèrement ondulés à la racine, longs et nattés en une multitude de petites tresses additionnées de cheveux postiches. Ils ne recouvrent pas entièrement le crâne : la partie supérieure du frontal de gauche est dénudée presque jusqu'à la suture pariéto-occipitale. La peau y est décollée, parsemée de traces de papules, et forme au centre une saillie d'un travers de doigt, comme s'il y avait eu là quelque tumeur. Au-dessus de la tempe droite, second décollement de 0ᵐ04 de large sur 0ᵐ05 de long environ, mais les cheveux n'ont point disparu : ils sont seulement plus fins, moins fournis, et l'épiderme est exfolié. Au moment de la mort, la chevelure était remplie de lentes dont les traces sont encore visibles. Le front était cerclé d'un bandeau à deux rangs, en métal et en pierres précieuses, qui a été volé dès les temps anciens, mais qui a laissé des sillons d'incrustation nets et profonds : il occupait tout l'espace compris entre les cheveux et l'arcade sourcilière. Les sourcils sont très longs, très drus, d'un ton châtain foncé. Les paupières, énormes, étaient garnies de beaux cils recourbés et très épais à la paupière supérieure : ces caractères sont sensibles surtout à la paupière droite qui a moins souffert que la gauche. Les dents, saines, bien plantées, annoncent une quarantaine d'années. Le menton descendait à triple étage.

Le cou est élancé, les épaules tombent bien. La poitrine, grasse et large, avait des mamelles petites, peu développées, bas placées : à l'état actuel, la pointe en est entre la septième et la huitième côte. Celle de gauche est aplatie, celle de droite est prise entre les bandelettes. Le ventre est spacieux; l'ombilic, très apparent, faisait saillie. Le pubis est encore garni de longs poils frisés, châtain foncé, comme ceux qui ont été trouvés sous les premières couches de linge. On remarque, au niveau des bulbes pileux, de petites taches blanchâtres, indice de grande saleté ou de maladie de peau : au niveau des deux fosses iliaques, vergetures très apparentes. La distance de l'ombilic au pubis est de $0^m 18$; celle de l'ombilic à la fourchette sternale de $0^m 38$. Les organes génitaux sont ouverts et n'étaient remplis ni de chiffons, ni, comme c'est le cas ailleurs, d'une pâte noirâtre mêlée de natron et de résine. On distingue parfaitement les petites lèvres, le capuchon et l'emplacement du clitoris. La vulve est largement fendue ($0^m 07$ de la fourchette au capuchon). A gauche, la grande lèvre est brisée; à droite, elle est conservée et ombragée, sur le bord externe, de poils d'environ $0^m 09$ ou $0^m 10$. L'orifice du canal de l'urèthre est des plus visibles. La paroi vaginale est en bon état, et les plis transversaux n'ont pas disparu : une déchirure (post mortem?), située un peu à droite à $0^m 03$ en arrière de la fourchette, établit une communication entre le vagin et le rectum : au-delà et à $0^m 08$ de profondeur, le toucher révèle l'existence d'un corps de la grosseur du doigt qui semble être l'utérus.

Les bras et les jambes étaient très velus. Sur la cuisse gauche, on observe des stigmates disposés par groupes semblables à ceux que laisse le lichen. Le pied est cambré, et chacun des doigts a été emmaillotté à part. Le deuxième orteil recouvre le premier, mais ce n'est probablement qu'un effet des manipulations de l'embaumement. Le deuxième et le troisième sont séparés par un intervalle de $0^m 01$. Le cinquième est très écarté du quatrième. Les ongles, fort soignés, étaient teints au henné comme ceux des mains.

La reine avait la peau blanche. Elle était obèse en santé; mais il est probable qu'elle a dû faire une longue maladie et maigrir peu à peu, car la peau flottait au moment de la momification et s'est affaissée partout en plis nombreux. C'est pour cela, je pense, qu'elle n'a pas été épilée comme la plupart des momies féminines que nous possédons.

En résumé, son type rappelle exactement celui des Berbérines ou des belles fellahines du Saïd, chez lesquelles le sang nubien prédomine.

3º Cercueil en bois d'Ahmos Ier (pl. IV, *a*). Il reproduit les contours généraux du corps. Fond jaune : la chevelure, les ornements, les traits du visage relevés de bleu. Barbe postiche au menton. Longueur $1^m 80$. Sur la poitrine, un pectoral montrant les deux cartouches du roi ⟨⟩ ⟨⟩ et la figure du dieu Amon-Râ.

La momie, enveloppée, avait 1ᵐ 67 de longueur. Elle portait au cou une guirlande de jolies fleurs roses de *Delphinium orientale*, qui fut remise au Dʳ Schweinfurth pour être préparée : sur le maillot, à la hauteur de la poitrine, et en hiératique, la légende ⟨⟩. Elle fut ouverte, le 9 juin 1886. Le linceul extérieur et deux couches de bandelettes enlevés, on trouva, sur une pièce d'étoffe tendue en travers de la poitrine, une inscription (fig. 7) qui con-

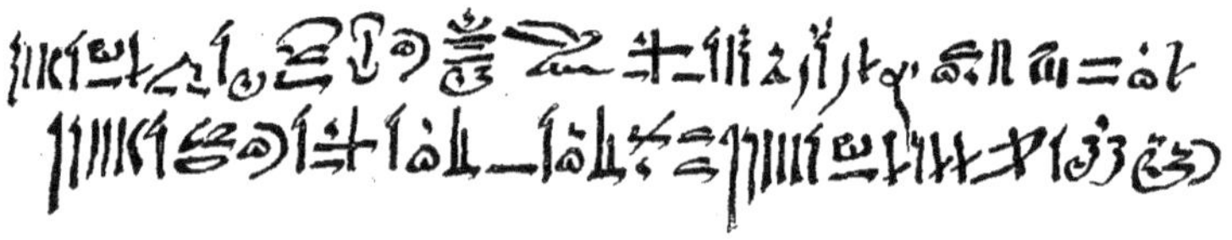

Fig. 7.

firme l'indication fournie par les cartouches tracés sur le cercueil : ⟨⟩

«L'an VIII, le troisième mois de Pirit, le 29. — La Majesté du roi Khopirkhârî» sotpenamen, Païnotmou Miamoun, alla pour donner une place au défunt roi »Nebpehtirî.» Le texte ne dit pas qu'on *renouvela le maillot* du roi, et, en effet, le linge qui entoure le corps et la façon dont les bandes sont disposées ne rappellent en rien le linge et la disposition des momies comtemporaines de la XXᵉ dynastie ou remaniées à cette époque. Une bandelette, placée presque sur la peau, montre d'ailleurs, tracé à l'encre, le cartouche ⟨⟩ du fils et successeur d'Ahmos, par ordre de qui la momie fut préparée. Cercueil et maillot, Ahmos nous offre donc un type précieux de ce qu'était l'art de l'embaumement dans les premiers temps de la XVIIIᵉ dynastie. Les étoffes employées étaient généralement grossières, jaunâtres, découpées en bandes assez larges. Le lacis des bandelettes était interrompu d'espace en espace par la présence d'une pièce de toile, étendue à plat dans le sens de la longueur. Le corps même était enseveli dans un linceul, noué au-dessous des pieds et au-dessus de la tête. Le tout forme une couche assez mince de cinq ou six centimètres d'épaisseur.

La momie ne fut pas mesurée; certaines parties du linceul adhéraient à la peau, et n'auraient pu être détachées qu'avec des précautions longues et minutieuses. Le haut de la poitrine fut seul mis à jour : la musculature y est assez développée et accuse une grande vigueur. La tête, allongée d'avant en arrière, est petite en proportion du corps. Elle donne l'idée d'un homme sain et vigoureux, âgé au plus d'une cinquantaine d'années. La chevelure est épaisse, ondoyante, comme celle de Tiouâqen, à qui Ahmos m'a paru ressembler d'une manière notable. La face, recouverte d'un masque de goudron que M. Barsanti détacha au ciseau, est d'une conservation médiocre. Les paupières et une partie des cartilages du nez ont été enlevés dans l'antiquité. Le front est étroit, les pommettes sont proéminentes et la saillie en est encore exagérée par la mutilation des paupières et du nez. La bouche est assez fine, armée de dents solides, le menton vigoureux. La teinte générale de la peau est d'un jaune sale et terreux. J'espère que M. Grébaut réussira à dégager le corps et à le mesurer : Ahmos Ier est le chef de la XVIIIe dynastie, et il y aurait profit pour l'histoire à déterminer, plus exactement que je n'ai pu le faire, le type auquel il appartenait.

4° Cercueil gigantesque de la reine Nofritari, fabriqué avec des épaisseurs d'étoffe superposées et imprégnées de stuc (pl. V, *a*). Il ne se compose pas d'une cuve et d'un couvercle comme les sarcophages ordinaires; le bas du corps forme gaîne, et le buste s'enlève d'une seule pièce, comme s'il s'agissait d'un étui. Il est peint en jaune, mais la perruque, les traits du visage, et les colliers sont relevés de bleu. Le proscynème usuel, gravé en une seule bande verticale, de la poitrine aux pieds, donne le nom et la légende de la 〈hiéroglyphes〉. L'aspect général du monument rappelle celui des piliers osiriens qui décorent la cour de Médinet-Habou, à la coiffure près. Il mesure 3^{m}17 de longueur, sans les plumes qui surmontaient la tête et qui sont brisées, 0^{m}87 de largeur aux coudes, et 0^{m}55 d'épaisseur à la poitrine. Quatre canopes en albâtre, hauts de 0^{m}27 et 0^{m}30, tous les quatre à tête humaine, complétaient l'appareil : la reine y est qualifiée 〈hiéroglyphes〉. Le sarcophage renfermait une momie d'assez mauvaise apparence, et un cercueil plus petit, calé par des tampons de toile, où gisait une momie très soignée. On trouva parmi les chiffons un lambeau d'étoffe qui sera décrit plus tard, et sur lequel était dessiné un portrait de Ramsès III. Nous crûmes tous que la momie sans caisse avait été introduite dans le cercueil quand on transporta les corps à la cachette, et que l'autre momie représentait la reine Nofritari.[1] La première momie fut donc reléguée dans les magasins, où elle acheva de se corrompre et répandit bientôt une telle odeur qu'il devint nécessaire de s'en débarrasser. M. ÉMILE BRUGSCH-BEY l'ouvrit, au mois de septembre 1885, pendant mon absence. On reconnut qu'elle était emmaillotée avec soin, mais le cadavre fut à peine exposé à l'air qu'il tomba littéralement en putréfaction et se mit à suinter un pus noirâtre d'une puanteur insupportable. On constata que c'était une femme d'âge mur et de taille moyenne, appartenant à la race blanche. Les bandelettes ne portaient aucune trace d'écriture. C'était probablement la momie de Nofritari.

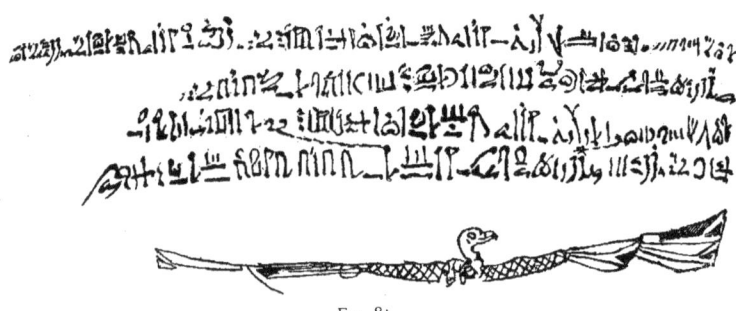

FIG. 8.

5° Cercueil d'Amenhotpou Ier, à fond blanc, bande d'hiéroglyphes verticale, coupée à angle droit de trois bandes d'écriture horizontales; tête jaune, coiffure noire, uræus en bois peinte de couleurs vives (pl. IV, b). La bande verticale contient le proscynème ordinaire à Osiris-Onnofris dans l'Amentit en faveur de , dont le nom présente une variante nouvelle AMENHOTPOUF NI KIMIT «Ammon se joint à l'Égypte». Sur la poitrine, à l'encre noire, un vautour aux ailes déployées et deux inscrip-

---

[1]. Il est dit dans *La Trouvaille*, p. 11, que le nom de la princesse est tracé à l'encre en hiératique sur le maillot : c'est une erreur d'impression. Le paragraphe qui contient cette mention se rapporte à la reine Miritamon; il a été transporté du haut au bas de la page. Le premier rapport sur *La Trouvaille* dut être rédigé et imprimé en trois semaines pour raisons administratives : cette précipitation explique les fautes qu'on y trouve en assez grand nombre.

tions datées, de deux lignes chacune. Les voici, d'après une photographie de M. ÉMILE BRUGSCH - BEY (fig. 8). La première est du pontificat de Pinotmou, fils de Piônkh : [hieroglyphs]

[hieroglyphs] «L'an VI, le quatrième mois de Pirit, le 7, ce jour-là le premier »prophète d'Amonrâ, roi des dieux, Païnot'mou, fils du premier prophète d'Amon »Païnot'mou, fils de Piônkh, alla restaurer le maillot du roi T'esarkerî, fils du Soleil »Amenhotpou, v. s. f., par l'intermédiaire de l'intendant du double trésor, Paï- »........»[1] La seconde inscription est du temps de Masaharti : [hieroglyphs]

[hieroglyphs]. «L'an XVI, le quatrième mois de Pirit, le 11, le premier »prophète d'Amonrâ, roi des dieux, Masaharti, fils du roi Païnot'mou, alla re- »nouveler le maillot de ce dieu, par l'intermédiaire du scribe du double trésor, »scribe du temple Penamon, fils de Soutimos (?).»

La momie mesure 1^{m}65 de longueur. Elle est revêtue d'une toile orange, maintenue par des bandes de toile ordinaire. Elle porte un masque en bois et en carton peint, identique au masque du cercueil. Elle est couverte de la tête aux pieds de guirlandes de fleurs rouges, jaunes et bleues, parmi lesquelles le Dr SCHWEINFURTH a reconnu le *Delphinium orientale*, la *Sesbania ægyptiaca*, l'*Acacia Nilotica*, le *Carthamus tinctorius*. Une guêpe, attirée par l'odeur, était entrée dans le cercueil : enfermée par hasard, elle s'y est conservée intacte et nous a fourni un exemple probablement unique d'une momie de guêpe. Il aurait été désirable de déshabiller Amenhotpou comme les autres rois : les deux restaurations dont il a été l'objet ont dû laisser des traces dans le maillot, probablement une ou plusieurs inscriptions en hiératique, mentionnant des dates nouvelles. Toutefois l'aspect que la momie présente actuellement sous ses guirlandes est si joli que j'ai éprouvé quelque scrupule à la dérouler, tandis qu'elle est encore dans sa nouveauté.

1. Dans *La Trouvaille*, p. 22, l'inscription d'Amenhotpou a été attribuée à Thoutmos II et réciproquement.

6° Cercueil du prince Siamon. Il est identique de facture à celui du roi Ahmos Ier et sort évidemment du même atelier, mais il est un peu plus petit et ne porte point de barbe au menton. Sur les pieds, la légende en hiéroglyphes relevés de bleu:

La momie est d'un enfant : enveloppée, elle mesurait 0^m 90 de longueur. Sur la face extérieure du maillot, à l'endroit de la poitrine, on lisait en hiératique la légende . Elle fut ouverte le 29 juin. Les premiers tours de bandelette enlevés, on trouva, sur une bande d'étoffe, une seconde inscription (fig. 9), également en hiératique, de la même main qui a tracé l'inscription d'Ahmos Ier. La formule en est un peu plus abrégée : le scribe n'a pas jugé

Fig. 9.

à propos de répéter ici le nom du roi Païnot'mou. «L'an VIII, le troisième mois de »Pirit, le 29, Sa Majesté alla donner une place au fils royal Siamon.» 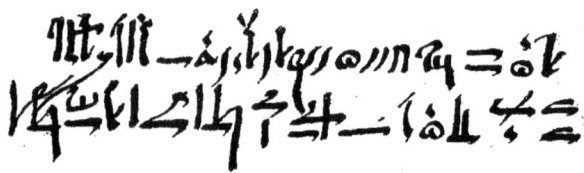. La momie avait été fouillée dans l'antiquité et le corps mis en pièces : quand on la refit, on ne se donna pas la peine de reconstituer le squelette, mais on entassa les ossements pêle-mêle, sans autre souci que d'en former un paquet oblong.

7° Petit cercueil de la princesse Sitamon : masque humain, bois peint en blanc, simulant le calcaire, pas d'inscription. Momie d'enfant, trop longue pour sa largeur, et portant sur la poitrine, en écriture hiératique, la légende «La fille royale Sitamon». A l'intérieur, sous une mince couche de bandelettes, on sent, au lieu du cadavre momifié, un paquet de *djérids* surmonté d'un crâne d'enfant, le tout ayant 1^m 20 de longueur ou à peu près. Cette fausse momie est si curieuse et d'une physionomie si singulière que je n'ai point voulu la défaire. Il aurait été pourtant intéressant de savoir si elle renferme une inscription hiératique analogue à celle du prince Siamon.

8° Cercueil d'homme endommagé, à fond blanc, avec bandes bleues et jaunes, coiffure bleue. Il avait appartenu au [hieroglyphs], qui est qualifié ailleurs de [hieroglyphs]. D'après certaines analogies que ce cercueil présente avec celui de la dame Râï, je serai porté à croire que Sonou était le mari ou le fils de Râï, et que la reine dont il était majordome n'est autre que Nofritari.

Le cercueil fut attribué plus tard à la princesse Miritamon. La momie, longue de 1ᵐ69, est enveloppée d'un linge assez grossier de teinte jaunâtre; sur la poitrine, en écriture hiératique, une légende d'une ligne (fig. 10), qui ne laisse subsister

Fig. 10.

aucun doute sur l'identité de la personne. C'est bien la momie de la [hieroglyphs] «Royale fille, royale sœur Miritamon». Elle fut démaillotée le 30 juin. Les bandelettes ne portaient aucune inscription, à l'exception d'un morceau d'étoffe rose sur lequel était écrit la mention [hieroglyphs] en hiéroglyphes cursifs; mais le linceul dans lequel le corps était roulé était chargé, sur toute sa longueur, de textes disposés en colonnes verticales. Ils sont en hiéroglyphes cursifs, comme ceux qu'on lit sur les cercueils en bois du Moyen-Empire et des premiers temps de la XVIIIᵉ dynastie. La toile est malheureusement très friable et tombe en lambeaux à la moindre pression. Un examen sommaire me permit d'y reconnaître une édition du Livre des Morts, de même style que celle qui enveloppait la momie de la reine Mashonttimihou; mais, chose singulière, au lieu d'être consacré à la princesse, l'exemplaire est dédié [hieroglyphs] (sic)  [hieroglyphs] au «prince Mon-»touhotpou, fils du chef des Royaux Dix, Hapou, né de la dame Pouɪ». Diverses hypothèses sont possibles pour expliquer ce fait. 1° La princesse Miritamon est appelée *Royale fille, royale sœur*, mais non *Royale épouse*. C'est peut-être qu'elle avait épousé un simple particulier. En ce cas Montouhotpou pourrait être son mari : elle serait morte avant lui et aurait été ensevelie dans le linceul préparé pour lui. 2° La momie de Miritamon, dévalisée par les voleurs, aurait été restaurée secrètement et enveloppée dans un linceul appartenant à une autre momie. 3° La momie de la princesse aurait été détruite, et les gardiens, pour dissimuler ce malheur, auraient pris une momie plus ancienne qu'ils auraient emmaillotée et sur laquelle ils auraient inscrit le nom de Miritamon. L'examen du cadavre me porte à considérer cette troisième hypothèse comme plus vraisemblable que les autres. En effet, quand on eut ouvert le linceul, on se trouva en présence d'une momie à moitié dépouillée de ses bandelettes, et d'un aspect particulier. Elle a la tête penchée sur l'épaule droite, la mâchoire pendante, la bouche béante et tirée vers la droite. La poitrine est soulevée violemment, les épaules sont contractées, les bras se jettent en avant d'un geste raide, les mains se tordent, la jambe droite s'enlace autour de la gauche, les pieds sont crispés : le corps entier est comme agité des derniers mouvements de l'agonie. Est-ce là un fait accidentel, ou bien devons-nous croire, qu'au moment où le personnage a été préparé pour la tombe, l'usage n'avait pas encore prévalu de disposer toujours les cadavres dans une attitude de repos : on momifiait les gens comme la mort les prenait. Les tombes du Moyen-Empire que j'ai ouvertes à Gébéléïn, en 1886, nous donnent à cet égard des renseignements précieux. Les quatre cercueils intacts qu'elles nous ont rendus contenaient des momies fort semblables à la momie qui nous occupe. Elles étaient, elles aussi, dans l'attitude où l'agonie les avait laissées, la tête inclinée, la bouche béante, les mains contractées, les jambes ramenées l'une sur l'autre.[1] Ajoutez à cela d'autres indices, la légèreté du corps, la facilité avec laquelle la peau se brise ou se détache en écailles, le décharnement du crâne; la momie, qui ressemble tant aux momies de Gébéléïn, n'a presque point de ressemblance avec celles d'Ahmos Ier, de la reine Anhâpou, de Soqnounrî. Ce serait plutôt une momie de la XIIe ou de la XIIIe dynastie, que les gardiens auraient enlevée de son tombeau pour remplacer la momie perdue de la reine Miritamon.

9° Cercueil de femme brisé aux pieds, mauvais style de la XXe dynastie. Le nom a été effacé avec soin, et c'est au plus si l'on peut distinguer le titre *Chanteuse d'Amon*. La momie qui l'occupait à l'origine n'existe plus : elle a été remplacée par une autre momie, longue de 1^{m}58, enveloppée de guir-

---

1. G. Maspero, *Rapport sur les fouilles et travaux exécutés en Égypte pendant l'hiver de 1885—1886* dans le *Bulletin de l'Institut Égyptien*, 1886, p. 210.

landes, et qui porte sur la poitrine, le nom et les titres (fig. 11) de la Royale fille, royale sœur, royale épouse principale Sitka, [hieroglyphs] : la syllabe finale *mos* a été passée par le scribe. Cette

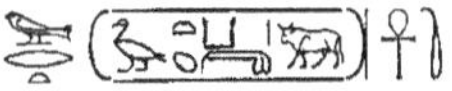

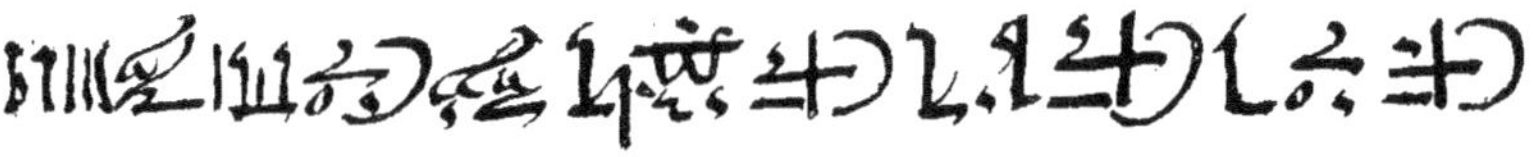

Fig. 11.

momie fut examinée, le 19 juin, en présence de MM. Bouriant, É. Brugsch-Bey, Grébaut, Insinger. Le linceul extérieur enlevé, je découvris, sur la seconde enveloppe, un procès-verbal (fig. 12), tracé à l'encre noire en écriture hiératique,

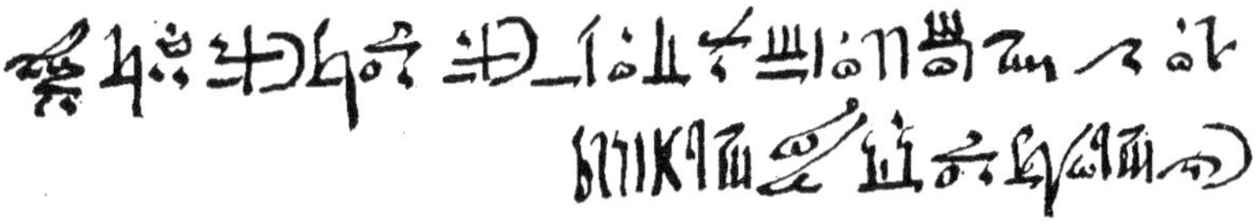

Fig. 12.

à la hauteur de la poitrine. Le prince dont la huitième année y est mentionnée n'est pas nommé : l'écriture, la rédaction et surtout l'orthographe [hieroglyph] au lieu de [hieroglyph] ne permettent guères de douter qu'il soit de la main du même scribe à qui nous devons les procès-verbaux d'Ahmos Ier et de Siamon, par suite que le prince alors régnant ne soit le roi Païnot'mou. [hieroglyphs] «L'an VII, »le 4e mois de Shaït, le 8, — ce jour, on donna une place à la Royale fille, royale »épouse principale, Ahmas Sitkamos.»

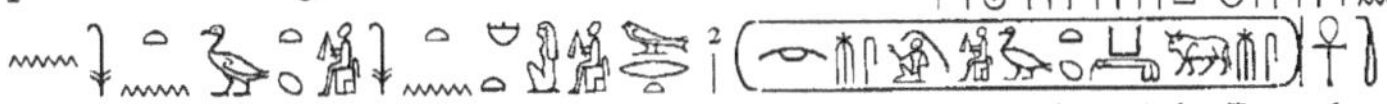

La momie avait été violée dans l'antiquité, puis refaite avec les mêmes linges qui avaient servi au premier maillot. Mise à nu, on constata qu'elle avait dû être très richement ornée, presque aussi richement peut-être que celle de la reine Ahhotpou Ière, dont les bijoux sont au Musée de Boulaq. Elle avait probablement un diadème dans les cheveux; en le lui arrachant, les voleurs brisèrent l'os occipital et une partie des temporaux du côté droit. Elle avait au cou un collier ouoskhit à quatre rangs, dont les perles et les émaux s'incrustèrent dans la peau encore flexible sous la pression des bandelettes : elle ne l'a plus. Elle avait aux bras et aux chevilles des anneaux en or et en pierres fines : ils ont été détachés à coups de couteau ou de hachette, on distingue encore les entailles que l'arme a produites, et une partie de la malléole gauche a disparu. Les doigts de la main droite ont été cassés et emportés avec les bagues qui les couvraient.

La princesse Sitkamos était de bonne taille (1^m 665). Elle avait le front petit, le nez droit et mince, les dents très blanches, assez grandes. L'émail est à peine usé et la couronne n'apparaît pas encore : on peut juger à l'état des incisives qu'elle était âgée d'environ trente ans. La mâchoire inférieure est dégarnie, mais c'est probablement par contre-coup du choc qui a défoncé le crâne. Les oreilles sont petites, bien ourlées; le trou en est percé très haut, un peu au-dessus de la ligne de l'œil, en face de la racine du nez, comme c'est le cas sur les statues égyptiennes. Les cheveux étaient châtain foncé, d'une nuance commune aujourd'hui en Égypte, très fins, ondulés, assez courts : ils ne dépassent pas 0^m 35, et descendent plus bas d'environ 0^m 03 sur le côté droit qu'ils ne font du côté gauche. Le sommet de la tête et les tempes sont dégarnis, sans doute par suite des mauvais traitements que la momie a subis : le front est couvert.

Les épaules ont été remontées à la hauteur du menton, pendant l'embaumement. La poitrine était spacieuse, très grasse, comme, du reste, le corps entier : la peau retombe en larges plis qui s'imbriquent, pour ainsi dire, les uns sur les autres, principalement au voisinage des articulations de l'épaule et du bras, du coude, de la hanche et du genou. Le sein a été écrasé : il était fort, mais ne pendait pas, car la pointe n'en descend qu'entre la sixième et la septième côte. Le ventre est ample. Les parties génitales, qui s'ouvraient largement, ont été remplies de goudron : le pourtour de la vulve est épilé avec soin, comme aussi l'aisselle et le reste du corps. La jambe est droite, et le tibia n'a pas fléchi. Le pied est bien fait, sans grande cambrure, le bout des doigts un peu arrondi en forme de champignon. Les mains sont petites et soignées : les doigts s'allongent en fuseau, les ongles, teints de henné, sont coupés très court et le bourrelet en dépasse le bout. La peau était blanche.

Taille, du sommet du crâne à la plante des pieds . . . . 1^m 665
» du menton . . . . 1^m 440
» de l'articulation de l'épaule (les épaules ont été relevées pendant l'embaumement à la hauteur du menton) . 1^m 440

Taille, de la hanche à la plante des pieds 0ᵐ945
Diamètre ant.-post. max. (l'occiput a été enlevé) . . . . ?
» transverse max. 0ᵐ152
» frontal minimum (impossible à prendre : une portion
épaisse du linceul est restée collée à la peau) . . . ?
» biauriculaire 0ᵐ140
» bizygomatique 0ᵐ128
» angulaire de la mâchoire 0ᵐ120
» des épaules 0ᵐ343
» du bassin 0ᵐ255
» des hanches 0ᵐ268
Circonférence horizontale de la tête (l'occiput a disparu) . . . ?
» des épaules 0ᵐ800
» à la hauteur des seins 0ᵐ630
» aux hanches 0ᵐ660
Longueur du bras 0ᵐ310
» de l'avant-bras 0ᵐ240
» de la main 0ᵐ185
» de la cuisse 0ᵐ360
» de la jambe 0ᵐ380
» du pied 0ᵐ220
» post-malléolaire 0ᵐ042
Face. Longueur du nez 0ᵐ057
Largeur du nez 0ᵐ034
Distance biorbitaire externe 0ᵐ100
» inter-orbitaire 0ᵐ024

Les mesures, prises par M. Insinger et par moi, ont été vérifiées ensuite par M. Bouriant et par le Dʳ Fouquet.

10° Cercueil blanc, de forme humaine, sans inscription. La momie est du même type que les momies des princesses déjà décrites de la XVIIIᵉ dynastie. Sur la poitrine est tracé, en hiératique (fig. 13), le nom de la fille royale, sœur royale, épouse royale Honttimihou,

La momie avait été mouillée par accident, pendant la traversée de Louqsor au Caire, et les toiles qui la recouvraient commençaient à pourrir. Elle fut dé-

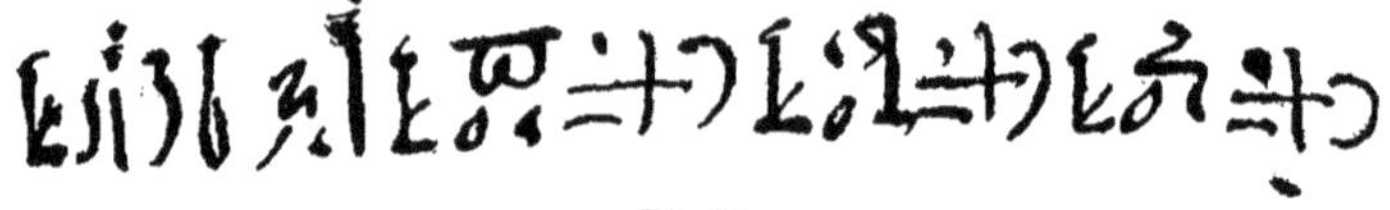

FIG. 13.

roulée, en décembre 1882, par MM. Vassalli-Bey, Émile Brugsch-Bey et par moi. Elle n'avait pas été violée dans l'antiquité, et le maillot d'origine était encore en place. Le corps était roulé dans une toile de près de six mètres de long, renfermant tout ou partie du *Livre des Morts*. La généalogie y est indiquée de la sorte :  , «la fille royale Ahmos, surnommée »Honttimihou», et  , «la fille »royale Honttimihou, née de la fille royale Tinthapi».[1] Les cheveux avaient été coupés et les tresses cachées dans l'épaisseur du maillot. Sur la poitrine, un paquet assez gros renfermait une masse de natron blanc, pulvérulent, très caustique, qui enveloppait le cœur de la princesse. La momie était noire, assez mal préparée, mais en bon état de conservation.

11° Cercueil de bois, à enduit blanc, brisé anciennement, puis grossièrement restauré. L'inscription, d'abord gravée sur fond bleu, au nom de la royale fille, royale sœur Mashonttimihou  et remplie de stuc bleu, a été refaite à l'encre par l'un des scribes chargés de la restauration. La momie, décorée de guirlandes, est fausse comme celle de la princesse Sitamon.[2] Elle a été fouillée par les Arabes, et on en distingue les éléments à travers les trous pratiqués dans le maillot. Un morceau de cercueil à vernis jaune, de la XX° dynastie, accompagné d'un manche de miroir et de quelques autres menus objets, tient lieu de corps : un paquet de chiffons simule la tête, un paquet de chiffons les pieds.

12° Cercueil gigantesque (pl. V*b*), semblable à celui de la reine Nofritari,[3] et formé par des épaisseurs d'étoffe superposées, tendues sur un châssis en bois

---

1. Cette petite notice a déjà été publiée dans la *Zeitschrift*, 1883, p. 77. — 2. Voir plus haut, p. 538. — 3. Voir plus haut, p. 535.

léger et fortement imprégnées de stuc. La perruque, les traits du visage, le collier et le filet jeté sur les épaules, sont relevés de bleu; le reste est peint en jaune. La gaîne porte, en une bande verticale, le proscynème ordinaire en faveur de la 〈hiéroglyphes〉 fille royale, sœur royale, épouse principale associée à la couronne, mère royale Ahhotpou.

La momie qu'il renfermait, et qu'on croyait être celle de la reine, fut ouverte le 27 juin 1886. Les légendes et les objets qu'elle contenait ne permettent pas de douter qu'elle ne représentât le roi Pinot'mou. Le cercueil d'Ahhotpou nous a donc trompé comme celui de Nofritari. Mais alors, une question se pose : où est la momie d'Ahhotpou? Je me suis demandé si nous ne devions pas la retrouver dans celle qui fut découverte à Drah abou'l Neggah, en 1859, et dont les bijoux sont aujourd'hui le plus riche ornement du Musée de Boulaq. Le corps et le cercueil interne auraient été enlevés, puis cachés en attendant le partage, les voleurs pris et mis à mort, avant d'avoir pu compléter leur œuvre. Le grand cercueil, laissé dans le tombeau, aurait été transporté dans la cachette avec celui de Nofritari, pour recevoir un corps, celui de Thoutmos Ier, que Pinot'mou avait dépouillé, ou celui de Ramsès Ier; c'est dans l'une de ces opérations que la momie de Pinot'mou aurait hérité du cercueil resté vide. Cet échafaudage de conjectures est fort ingénieux, mais les faits le renversent complétement. Le cercueil de 1859 est trop haut et trop large pour entrer dans celui de 1881 : ils ont donc appartenu à deux reines différentes, dont l'une est, comme nous le verrons, plus loin, la petite-fille de l'autre.

13° Cercueil en bois, usurpé par le roi Pinot'mou, puis recouvert d'or et d'émaux qui ont été enlevés, en partie dès l'antiquité. Il appartenait à Thoutmos Ier, dont le prénom 〈hiéroglyphes〉 paraît par endroits. J'aurai occasion de montrer que nous possédons probablement la momie de ce roi.

14° Cercueil à fond blanc, peint en jaune, de même style que le cercueil d'Amenhotpou Ier, mais ayant appartenu à Thoutmos II. Le nom se lit dans la bande médiale d'hiéroglyphes : 〈hiéroglyphes (sic) (sic)〉. Sur la poitrine de la momie, on voit l'inscription suivante, en hiératique (fig. 14) assez cursif : 〈hiératique〉

«L'an VI, le troisième mois de Pirit, le sept, — ce jour là, s'en alla le premier prophète d'Amonrasonthîr, Pinot'mou, fils du premier prophète d'Amon, Piônkh, le Grand intendant du double trésor Pinofirho(?) pour restaurer la momie du roi Aânri *(sic)*, v. s. f.» Cette inscription est identique à celle qu'on lit sur le cercueil d'Amenhotpou et que j'ai donnée plus haut, seulement, au lieu d'attribuer à Pinot'mou la qualité de «fils du premier prophète d'Amon Pinot'mou, fils de Piônkh», elle l'appelle simplement Pinot'mou, fils de Piônkh[1] : de plus, le cartouche est écrit Ra-aa-n, et le signe Khopir a été passé par le scribe.

La momie était décorée de guirlandes et avait $1^m 77$ de long. Développée, le 1er juillet, on reconnut qu'elle avait été violée dans l'antiquité, comme presque toutes les momies du premier groupe, puis refaite avec les débris de son maillot primitif : elle ne contenait aucune autre inscription que celle qu'on lisait sur le linceul extérieur. Elle fut mesurée, après mon départ, le 8 juillet, par M. Grébaut et par le Dr Fouquet.

Taille du sommet du crâne à la plante des pieds	$1^m 750$
» du menton	$1^m 520$
» de l'articulation de l'épaule (les épaules ont été remontées par les opérations de l'embaumement)	$1^m 530$
» de la hanche	$1^m 200$
Diamètre ant.-post. max.	$0^m 197$
» transverse max.	$0^m 150$
» frontal minimum	$0^m 103$
» biauriculaire	$0^m 136$
» bizygomatique	$0^m 125$

[1]. Je rappelle que, dans *La Trouvaille*, p. 22, l'inscription de Thoutmos II a été attribuée à Amenhotpou et réciproquement.

Diamètre angulaire de la mâchoire	0ᵐ 096
Circonférence horizontale de la tête	0ᵐ 575
Longueur du bras	0ᵐ 540
» de l'avant-bras	0ᵐ 290
» de la main	0ᵐ 215
» de la cuisse	0ᵐ 420
» de la jambe	0ᵐ 390
» du pied	0ᵐ 235
» post-malléolaire	0ᵐ 055

Le corps avait souffert des mauvais traitements dont il avait été l'objet dans les temps anciens. Il avait été dépouillé de ses bijoux à coups de couteau ou de hache : les épaules, le bassin, les hanches sont fracturés, la poitrine défoncée. Thoutmos II ne devait pas avoir de beaucoup dépassé la trentaine quand il mourut, à en juger par l'aspect de ses dents. Il avait la peau blanche, mais couverte de stigmates, comme la reine Anhâpou, et avait perdu une partie de sa chevelure, probablement des suites de la maladie dont il était atteint. Le sommet de la tête est presque entièrement dénudé : l'occiput et les tempes sont garnis d'une couronne de cheveux châtain-clair, de moyenne grosseur, légèrement ondulés, longs de 0ᵐ 09 à 0ᵐ 15. La tête est petite, allongée, le front bas, étroit, le nez déformé (c'est par les narines que la cervelle a été extraite), la bouche assez grande, les dents blanches et en bon état (pl. VII a et pl. VIII a). Le corps, très réduit par l'embaumement et très mutilé, ne donne pas, comme celui de Tiouâqen ou d'Ahmos, par exemple, l'idée d'une grande force musculaire. Les parties génitales sont bien conservées, et le prépuce est intact : Thoutmos II n'était pas circoncis.

15° Cercueil jadis peint et doré, mais défiguré par les voleurs : l'intérieur est enduit d'une couche de bitume qui rend les légendes presque illisibles. On distingue pourtant, à la face intérieure du couvercle, et au fond de la cuve, deux bandes d'hiéroglyphes, contenant les discours accoutumés de Nouit et de Sibou au roi Thoutmos III. La momie, enveloppée, mesurait 1ᵐ 55 de long. Dépouillée dans l'antiquité, puis brisée en trois, elle avait été refaite, probablement dans le même temps que les autres momies de la XVIIIᵉ dynastie. Comme les morceaux ballottaient, les restaurateurs lui avaient mis, en guise d'éclisses, quatre petites rames de bois peintes en blanc, une au-dehors, trois au-dedans du maillot, qui donnèrent quelque solidité à l'ensemble (pl. VIa). M. Émile Brugsch-Bey l'ouvrit, pendant les derniers jours de juillet 1881, en présence de MM. Lefébure, Bouriant et Loret, alors directeur et élèves de la Mission Française du Caire. La momie était dans un état déplorable; les morceaux, mis bout à bout, mesuraient 1 m 60 de longueur. Le linceul, déchiré en trois lambeaux, était couvert de textes funéraires, *Livre des Morts* et *Litanies du Soleil* : M. Naville les a collationnés et en a tiré des variantes utiles pour sa belle édition du *Livre des Morts*.[1] Le titre est ainsi conçu, en une seule colonne verticale : [hieroglyphs] etc. C'est, comme on voit, le fils et successeur de Thoutmos III, Amenhotpou II, qui a fait écrire pour son père cet exemplaire du *Livre des Morts* et des *Litanies du Soleil*. Au courant du texte, on rencontre à plusieurs reprises, l'indication suivante [hieroglyphs] ou [hieroglyphs], qui nous donne le nom de la mère de Thoutmos III, Isit.[2]

16° Un cercueil en forme de momie, sans barbe et peint en blanc de manière à imiter le calcaire. La momie était emmaillottée à la façon des momies de la XVIIIe dynastie, et semblait intacte : elle était cousue dans une peau de mouton à laine blanche, et accompagnée de deux cannes à pomme en roseaux tressés. Elle exhalait une odeur infecte. Le 30 juin 1886, elle fut remise entre les mains du Dr Fouquet. L'opération du déroulement dura deux jours entiers et fournit les résultats les plus inattendus. Je renvoie pour les détails techniques aux deux rapports que MM. Fouquet et Mathey ont bien voulu m'adresser.[3] Un premier linceul, puis un épais lacis de bandelettes, puis une couche de natron blanchâtre, chargé de graisse humaine, onctueux au toucher, fétide, légèrement caustique; un second maillot, un second lit de natron et le cadavre. Il n'avait pas été ouvert, et les viscères qu'on avait coutume d'extraire de la poitrine et du

---

1. Naville, *Das ägyptische Todtenbuch*, Einleitung, p. 76—78. — 2. Cf. *Zeitschrift*, 1882, p. 132. — 3. Voir l'Appendice, n° V. Le rapport du Dr Fouquet a été publié dans le *Bulletin de la Société d'Anthropologie*, 1886, t. IX (3e série), p. 579—583; celui de M. Mathey dans le *Bulletin de l'Institut Égyptien*, 1886, p. 186—195.

ventre, sont encore en leur place. Les matières préservatrices n'avaient pas été injectées, ni introduites dans le corps : on les avait réparties à la surface de la peau, avec une habileté qui trahit une longue expérience de ce genre de travail. La momie était d'un jeune homme (pl. IX) : tous ceux qui l'ont vue ont supposé sur le champ que le prince qu'elle représentait avait été empoisonné. La contraction du ventre et de l'estomac, le mouvement désespéré par lequel la tête se rejette en arrière, l'expression de douleur atroce qui est répandue sur la face ne peuvent guères s'expliquer que par cette hypothèse. Les bras et les jambes avaient été tordus par la souffrance : on les ramena et on les maintint par de fortes ligatures. Le cercueil et le linceul ne portent aucune inscription.

Taille du sommet de la tête à la plante des pieds . . $1^m 750$
» du menton (le cou est tendu et la tête portée en arrière) . . . . $1^m 585$
» de l'articulation de l'épaule . . . . $1^m 320$
» de la hanche . . . . $1^m 020$
» de l'ombilic . . . . $1^m 070$
Diamètre ant.-post. max. de la tête . . . . $0^m 190$
» transverse max. . . . . $0^m 143$
» frontal minimum . . . . $0^m 095$
» biauriculaire . . . . $0^m 130$
» bizygomatique . . . . $0^m 118$
» angulaire de la mâchoire . . . . $0^m 110$
» des épaules { bihumérale . . . . $0^m 305$
biacromiale . . . . $0^m 310$
» du bassin . . . . $0^m 235$
» des hanches . . . . $0^m 284$
Distance du nombril au pubis . . . . $0^m 167$
Circonférence horizontale de la tête . . . . $0^m 555$
» des épaules . . . . $0^m 790$
» à la taille . . . . $0^m 630$
» aux hanches . . . . $0^m 720$
» au bassin . . . . $0^m 693$

Longueur du bras		0^m310
» de l'avant-bras		0^m280
» de la main		0^m185
» de la cuisse		0^m410
» de la jambe		0^m400
» du pied		0^m220
» post-malléolaire		0^m055
» du nez		0^m065
Distance	biorbitaire externe	0^m104
	inter-orbitaire	0^m028
Largeur de la bouche		0^m055

La tête est renversée en arrière, la mâchoire inférieure tirée vers la gauche; la commissure gauche de la bouche est relevée, la droite abaissée. Les cheveux, blond cendré, ondulés, cylindriques, sont divisés en petites mèches tressées à trois brins, et ne dépassent pas vingt centimètres de longueur. Ils sont plantés bas sur les tempes, dru sur le sommet de la tête et à l'occiput : le front est légèrement découvert. Les sourcils sont réguliers, bien fournis. Le nez est long, fin, busqué, légèrement écrasé par la pression des bandelettes; des poils blonds sortent des narines. La bouche est grande, la lèvre mince, la langue visible encore. Les dents sont petites, saines, blanches, droites en bas, légèrement inclinées en avant à la mâchoire supérieure. Les deux dents de sagesse manquent à la mâchoire inférieure : elles ne pointaient pas encore au moment de la mort, et l'état du râtelier indique vingt-trois ou vingt-quatre ans. Les oreilles, de taille moyenne, ont le lobe percé : deux petites boucles en or, de la forme la plus commune, étaient encore en place et ont été déposées au Musée. La barbe, naissante à peine, était blonde.

Les muscles du cou font saillie; le peaussier surtout est très accentué. Le diaphragme et le creux épigastrique sont fortement contractés : l'estomac forme une petite bosse. Les parties génitales sont bien conservées, quoique la verge ait été violemment comprimée dans les bandelettes; le gland est nu et porte à la base des traces de circoncision. Le pubis et les bourses sont couverts de longs poils follets. Le fondement est rompu, le périnée effondré, et l'on aurait pu croire à première vue que le sujet avait été empalé; mais l'examen a permis de reconnaître que la déchirure n'avait pas atteint les parties profondes et qu'elle est probablement le fait des embaumeurs. Aucune incision n'a été pratiquée au corps et les viscères sont encore en place.

Les jambes sont raidies. Les pieds, cambrés naturellement, sont tordus en dedans, du côté de la ligne médiale; les tendons en sont contractés énergiquement, les orteils légèrement infléchis. Tous les indices relevés tendent à établir la mort par un poison convulsant.

17° Débris d'un cercueil à fond jaune, dont le couvercle seul est intact. Sur le pied, le nom du premier possesseur a été effacé, puis remplacé, en hiéroglyphes, par le nom de ⟨◯⟩; sur la main droite, le même nom est tracé à l'encre, en hiératique : . La cuve est brisée. Nous en possédons quelques fragments, et, dans le nombre, un morceau détaché à la scie sur la panse d'un second cercueil, qui porte à l'encre une longue inscription hiératique mutilée, et se rapporte au roi Ramsès Ier (pl. X). Le texte en est si incomplet qu'on n'en pourrait rien tirer, si le même procès-verbal ne se retrouvait, presque dans les mêmes termes, sur les cercueils de Séti Ier et de Ramsès II. Grâce à cette heureuse circonstance, je l'ai rétabli entièrement dans ses parties principales :

«[L'an XVI, le quatrième mois de Shaït, le 13, du] roi Siamon, [jour où l'on
»emporta le roi Men]pehti[rî] hors du [monument du roi Menmârî]-Sîti-Mînephtah,
»pour [l'introduire au] tumulus de la reine Anhâpou qui est en la [grande nécro-
»pole où le roi Amen]hotpou repose en paix : — par l'intermédiaire du prophète
»d'Amon-[Râ, roi] des dieux, Onkhfniamen, fils de Boki, du père divin d'Amon[râ,
»roi] des dieux, troisième prophète de Khonsoumoïs, Nofîrhotpou, du scribe
»directeur des travaux [du temple d'Amon-Râ], roi des dieux, domestique du
»temple [de Ousîrmârî sotpenrî] dans la ville d'Amon, préposé aux chanceliers
»de la nécropole, Mi[rithotî, du scribe] ingénieur en chef Nsipkashoutii, fils de
»Bakkhonsou . . . .» Nous verrons plus loin la fin de la formule : ce qui en est
donné ici suffit pour montrer que la momie de Ramsès Ier fut soumise aux mêmes
vicissitudes que celle de Séti Ier.

Ces débris de bois étaient placés à côté du cercueil de Thoutmos Ier, dans le
voisinage d'un cadavre entièrement nu. C'était un homme de grande taille, à la
chevelure courte, aux membres vigoureux. La peau était entièrement noire, les
traits un peu endommagés, la conservation parfaite partout ailleurs. Un trait
prouvera l'habileté avec lequel le corps avait été préparé. Dans un des nombreux transports qu'il eut à subir, il fut laissé seul, vers midi, au moment de la
sieste : deux heures plus tard, les ouvriers, en revenant au travail, reconnurent
avec épouvante que, pendant leur absence, un des bras, auparavant allongé le
long des flancs, s'était relevé à angle droit avec la poitrine et semblait les mena-
cer. Après enquête, on constata que ce mouvement mystérieux était dû à une
cause toute naturelle. La place où le cadavre gisait, en pleine ombre avant midi,
était, de midi et demi à une heure, effleurée par le soleil. Le bras, touché par les
rayons lumineux, s'était échauffé et contracté sous leur influence : ce ne fut pas
sans peine qu'on le ramena à sa position primitive. Je suis tenté de croire que le
hasard seul n'avait pas amené cette momie auprès des fragments qui portent le
nom de Ramsès Ier, mais qu'elle appartient à Ramsès Ier lui-même. Restaurée au
moment où elle fut retirée du Bab el Molouk et enfermée dans des cercueils en
mauvais état, ces cercueils furent brisés probablement dans les voyages divers
qu'ils eurent à subir, et le corps, dépouillé par les gens qui fermèrent la cachette,
fut jeté à la place où nous l'avons retrouvé.

18° Grand cercueil blanc, dont les pieds ont été brisés. Les traits sont relevés de noir, les yeux sont incrustés en émail noir et blanc (pl. XI*a*). Sur la poitrine, à l'encre, les deux cartouches [cartouche] et [cartouche] posés verticalement sur le signe [signe] de l'or. Au-dessous, trois inscriptions en hiératique (pl. XII), dont voici la transcription et la traduction. La première débute par une date de Hrihor, grand-prêtre :

[hiéroglyphes]

«L'an VI, le deuxième mois de Shaït, le 7, jour où le comte [nomarque,] premier
»prophète d'Amon-Râ, roi des dieux, Hrihor, vint renouveler le maillot du roi
»Menmàri, fils du Soleil, Siti Miriphtah, par l'entremise de l'ingénieur Hiniamen-
»ponà, et de l'apprenti Pràpaiouatf.» Dans la seconde, Hrihor est devenu roi :

[hiéroglyphes]

«L'an XVI, le quatrième mois de Pirit, le 13 du roi Sia-
»mon, jour d'apporter le roi Menmàri Siti Minephtah, hors de son tombeau pour
»le faire entrer dans le tumulus de la reine Anhàpou qui est à la grande nécro-

»pole, — par l'entremise du prophète d'Amon-râ, roi des dieux Onkhfniamen, fils
»de Boki, du père divin d'Amon-Râ, roi des dieux, troisième prophète de Khon-
»soumoïs Nofirhotpou, du scribe directeur des travaux du temple d'Amon-Râ,
»roi des dieux, domestique du temple d'Ousirmâri sotpenri dans Thèbes, inten-
»dant de la nécropole Mirithoti, du scribe ingénieur en chef Nsipkashoutii. Après
»que leur mère, la supérieure de la demeure du Grand, eut dit : «Ce qui était
»en bon état, en ma garde, n'a souffert aucun dommage quand on les transporta
»hors de ce tombeau où ils étaient», on les fit entrer en ce tumulus de la reine
»Anhâpou qui est en la grande nécropole où Amenhotpou repose en paix.» La
troisième inscription est d'un siècle postérieure aux deux autres :

«L'an X, le quatrième mois de Pirit, le 20, jour où l'on introduisit le roi en sa
»place, pour le faire reposer dans la demeure d'éternité où repose Amenhotpou,
»— par l'entremise du père divin d'Amon, préposé au double trésor, Zadkhon-
»sou Efonkh, du père divin d'Amon . . . ., du père divin d'Amon,
»troisième prophète de Khonsou . . . .» Le nom du principal personnage, le seul lisible, est identique à celui d'un des personnages qui figurent à
l'entrée du caveau de Déir-el-Baharî : c'est donc au dernier Pinot'mou qu'on
doit rapporter le troisième procès-verbal.

La momie intacte avait 1^m 75 de long : elle était enveloppée d'une forte toile
jaunâtre et ne portait aucune inscription apparente. Elle fut ouverte le 9 juin 1886,
et fournit matière à plusieurs observations importantes.[1] Le maillot était en
grande partie le maillot original, mais remis en ordre sous la XXIe dynastie :
après avoir enlevé six épaisseurs de bandelettes, on trouva, sur une grande pièce
de toile, une inscription (fig. 14) qui nous donne une date nouvelle, mais sans nom
de prince : . «L'an VII,
»le deuxième mois de Pirit, le 6, jour d'emmailloter le roi Menmari.» Deux lam-

---

[1]. Le procès-verbal a été publié dans *The American Journal of Archæology*, 1886, t. III, p. 331 à 333, et dans le *Recueil de Travaux*, t. VIII, p. 179—181.

beaux de bandelette, découverts peu après, entre la pièce de toile écrite et le corps, précisent un peu le renseignement. On y lit, tracée à l'encre en une seule

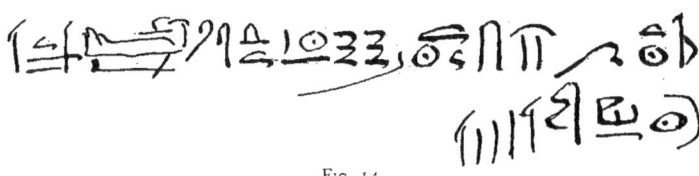

Fig. 14.

colonne verticale, sur l'un, la légende : «Linge fabriqué par le premier prophète d'Amonrâ, roi des »dieux Pinot'mou, fils de Piônkh, à son père Khonsou, en l'an X»; sur l'autre, la légende : «Linge fabriqué par le pre-»mier prophète d'Amonrâ, Menkhopirrî, pour son père Amon, l'an VI». Le rapprochement des deux dates est significatif : c'est avec une bandelette tissée en l'an VI, par ordre de Menkhopirrî, qu'on restaure la momie en l'an VII. Les deux dates de l'an VI et de l'an VII tombent donc dans le règne du Pharaon qui régnait à Tanis, tandis que Menkhopirrî était grand-prêtre d'Amon à Thèbes.

Le corps est d'une conservation admirable. La tête empâtée de goudron, puis dégagée par M. Barsanti, est presque d'un vivant (pl. XIII). Les mesures, prises par M. Bouriant et par moi, ont été vérifiées par le Dr Fouquet.

Taille du sommet de la tête à la plante des pieds.	1^{m}665
» du menton	1^{m}466
» de l'articulation de l'épaule	1^{m}428
» de la hanche à la plante des pieds	0^{m}885
Diamètre ant.-post. maximum de la tête	0^{m}185
» transversal maximum	0^{m}131
» frontal minimum	entre 0^{m}104 et 0^{m}105
» biauriculaire	0^{m}136
» bizygomatique	0^{m}126
» angulaire de la mâchoire	entre 0^{m}102 et 0^{m}103
» des épaules	0^{m}375
» du bassin	0^{m}255

Circonférence horizontale de la tête	. . . .	0ᵐ535
Longueur du bras	. . . .	0ᵐ380
» de l'avant-bras	. . . .	0ᵐ310
» de la main	. . . .	0ᵐ210
» de la cuisse	. . . .	0ᵐ450
» de la jambe	. . . .	0ᵐ410
» du pied	. . . .	0ᵐ210
» post-malléolaire	. . . .	0ᵐ070
» du nez	. . . .	0ᵐ055
Largeur du nez	. . . .	0ᵐ030
Distance { bi-orbitaire externe	. . . .	0ᵐ110
interorbitaire	. . . .	entre 0ᵐ030 et 0ᵐ031
Largeur de la bouche	. . . .	0ᵐ061

Les cheveux et la barbe sont rasés entièrement; les sourcils, blancs au moment de la mort, ont été noircis par le goudron, et atteignent de 0ᵐ007 à 0ᵐ008 de longueur. Le nez, légèrement aquilin, est fin et délicat. La bouche longue et garnie de lèvres minces était remplie d'une pâte noirâtre qui ne laissait apercevoir que les deux canines de droite et de gauche de la mâchoire supérieure. Les oreilles rondes, petites, sont placées haut, loin de l'œil : le lobe en est percé, mais les pendants qui les ornaient ont été enlevés dans l'antiquité par les voleurs. Le corps est décharné et bien conservé, sauf à l'ombilic qui a été défoncé pendant la momification. Les parties génitales ont été enlevées au ras du pubis, avec un instrument tranchant, et embaumées à part, sans doute pour être mises dans une statuette d'Osiris en bois doré.

19° Cercueil en bois, en forme de statue osirienne : les yeux sont peints de manière à imiter l'émail, les traits rehaussés de noir, les mains tiennent le sceptre ⸢ et le fléau ⋀ (pl. XI*b*). Sur la poitrine, à l'encre, les cartouches ⬚⬚ de Ramsès II.[1] Le style du monument et les détails de l'orthographe nous repor-

---

[1]. Au début, le style de l'écriture et le travail du cercueil m'avaient déterminé à reconnaître dans ce roi le prétendu Ramsès XII (cf. *Sur la cachette découverte à Déir el-Baharî*, dans les *Abhandlungen des fünften Orientalisten-Congresses*, p. 19). Dans *La Trouvaille*, p. 14, j'avais déjà corrigé cette er-

ent à la XXᵉ dynastie. Le cercueil primitif avait été détruit et un des successeurs de Ramsès III, probablement Hrihor, en fit tailler un nouveau, celui que nous possédons. Deux inscriptions hiératiques ont été écrites, à l'encre, sur la poitrine. La plus ancienne (fig. 15) a été effacée à l'éponge, puis surchargée. Le début en est encore visible en partie, et nous donne heureusement la date du procès-

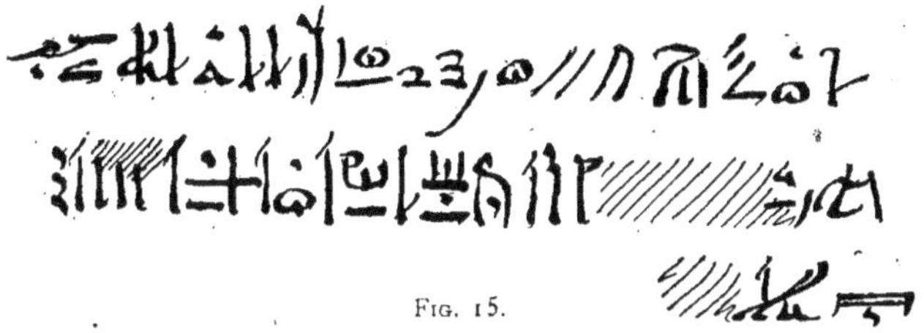

Fig. 15.

verbal. Toutes les parties essentielles du protocole sont de lecture certaine : «L'an VI, le troisième mois de Pirit, le 15, jour où alla ..... le premier pro-»phète d'Amonrâ, roi des dieux, Hrihor.» La date nous reporte à la même époque que la première inscription tracée sur le cercueil de Séti Iᵉʳ. Le texte (fig. 16) écrit en surcharge est identique au second texte de Séti. Il renferme de moins le nom du roi Siamon, mais l'année, le mois et le jour du mois sont les mêmes.

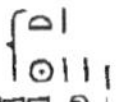

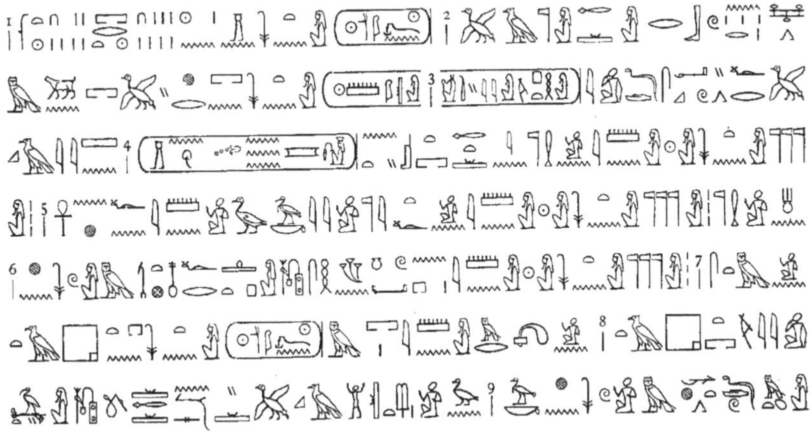

reur. M. Wiedemann a repris ma première identification pour son compte (*Geschichte Aegyptens*, t. II, p. 521—524).

Fig. 16.

». «L'an XVI, le quatrième »mois de Pirit, le 17, jour d'ap- »porter le dieu grand hors de ce »tombeau du roi Menmari Siti »Minephtah pour le faire entrer »dans le tumulus de la reine An- »hapou qui est à la grande nécro- »pole, — par l'entremise du pro- »phète d'Amonrâ, roi des dieux, »Onkhfniamon, fils de Boki, du père »divin d'Amonrâ, roi des dieux, »troisième prophète de Khonsou- »moïs Nofirhotpou, du scribe di- »recteur des travaux du temple »d'Amonrâ, roi des dieux, do- »mestique du temple d'Ousirmari »sotpenri dans Thèbes, intendant »des chanceliers de la nécropole »Mirithoti, du scribe ingénieur en »chef Nsipkashoutiou. Après que »leur mère, la supérieure de la »demeure du Grand eût dit : «Ce qui était en bon état en ma garde, n'a souffert »aucun dommage, quand on les transporta hors de ce tombeau où ils étaient,» »on les fit entrer au tumulus de la princesse Anhâpou qui est au grand quartier

»de la nécropole où le roi Amenhotpou repose en paix.» Le troisième procès-verbal (fig. 17) n'est point placé sous le second, comme c'est le cas sur le cercueil de Séti I*er*; il est tracé près le rebord extérieur du couvercle, sur la partie qui correspond au sommet de la tête.¹ Le scribe, gêné dans ses mouvements par la position incommode qu'il était obligé de prendre et par la courbure du bois sur lequel il écrivait, s'est dépêché d'achever la rédaction de l'acte : les dernières

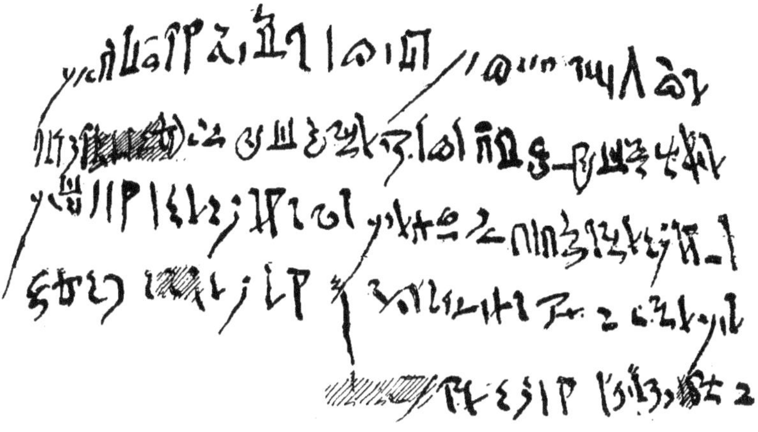

Fig. 17.

lignes sont presque illisibles :

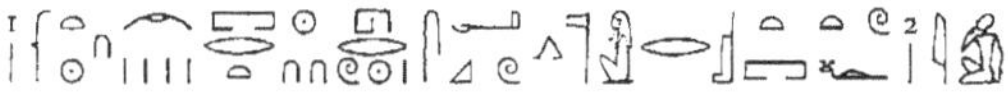

«L'an X, le quatrième mois de Pirit, le 20, jour où l'on introduisit le roi en sa

---

1. Le cliché inséré dans le texte a été calqué sur une photographie d'Émile Brugsch-Bey, ainsi que le suivant (fig. 18). La déformation des lignes est due à la projection sur une surface plane des caractères tracés sur les parties courbes du cercueil.

»place pour le faire reposer dans la demeure d'éternité où repose en vie, santé,
»force AMENHOTPOU, l'image d'Amon, par l'entremise du père divin d'Amon, in-
»tendant du double trésor ZADKHONSOUEFONKH, du père divin d'Amon, troisième
»prophète AFNIAMEN, fils de NSISOUPKASHOUTIOU, du père divin d'Amon OUONNOFRI,
»fils de MONTOUMOIS(?), du père divin d'Amon ......» Au mois d'octobre 1881,
j'eus la curiosité de soulever légèrement une partie des bandages qui paraissait
être mal attachée, et je trouvai sur la poitrine une nouvelle inscription (fig. 18), qui
nous ramène au pontificat de Pinot'mou Ier, fils de Piônkh, petit-fils de Hrihor.

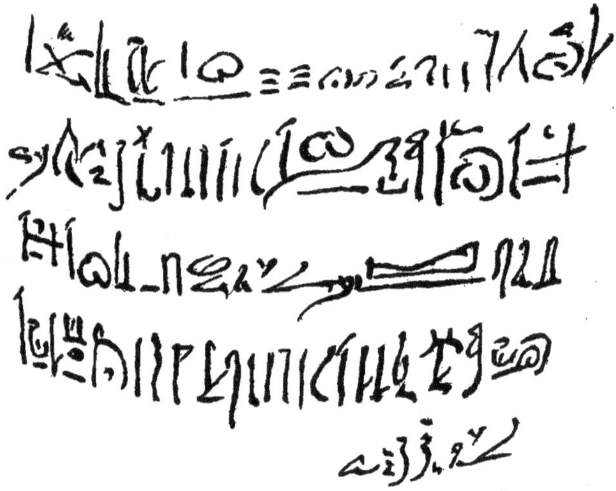

FIG. 18.

«L'an XVII, le troisième mois de Pirit, le 6, jour d'apporter
»l'Osiris, roi OUSIRMARI-SOTPENRI, et de renouveler son maillot dans le tombeau
»de l'Osiris, roi MENMÂRI SITI, par l'entremise du premier prophète d'Amon PI-
»NOT'MOU.»

Le 1er juin 1886, sur l'ordre et en présence du Khédîve, la momie de Ramsès II fut ouverte solennellement. Le linceul écrit une fois enlevé, on découvrit successivement une bande d'étoffe, large d'environ vingt centimètres, enroulée autour du corps, puis un second linceul cousu et maintenu, d'espace en espace, par des rubans étroits, puis deux épaisseurs de bandelettes et une pièce de toile fine tendue de la tête aux pieds. Une image de la déesse Nouit, d'environ un mètre, y est dessinée en couleur rouge et noire, ainsi que le prescrivait le rituel. Une bande nouvelle était placée sous cet amulette, puis une couche de pièces de toile pliées en carré et maculées par la matière bitumineuse dont les embaumeurs s'étaient servis. Cette dernière enveloppe écartée, Ramsès II apparut (pl. XIV). Il fut mesuré le 6 juin par le Dr Fouquet, par MM. Bouriant, Insinger, et par moi.

Taille du sommet de la tête à la plante des pieds		1^{m}720
» du menton		1^{m}515
» de l'articulation de l'épaule		1^{m}464
» de la hanche		0^{m}940
» de l'ombilic		1^{m}050
Diamètre ant.-post.-maximum de la tête		0^{m}183
» transverse maximum		0^{m}136
» frontal minimum		0^{m}092
» biauriculaire		0^{m}118
» bizygomatique		0^{m}133
» angulaire de la mâchoire		0^{m}098
» des épaules { bihuméral		0^{m}381
biacromial		0^{m}317
» des hanches		0^{m}308
» du bassin		0^{m}276
Circonférence horizontale de la tête		0^{m}535
» des épaules		0^{m}892
» à la hauteur des seins		0^{m}770
» à la taille (déformée : le ventre a été gonflé par la momification)		0^{m}690
» aux hanches		0^{m}787

Longueur du bras 0ᵐ330
    »   de l'avant-bras 0ᵐ260
    »   de la main (la main étant repliée, la mesure a été prise en deux fois, et le chiffre total résulte de l'addition des deux chiffres partiels) 0ᵐ223
    »   de la cuisse 0ᵐ458
    »   de la jambe 0ᵐ388
    »   du pied (peu exacte, à cause des bandelettes) entre 0ᵐ257 et 0ᵐ258
    »   post.-malléolaire 0ᵐ070
Longueur de la face du sommet au menton 0ᵐ2232
    »   du nez 0ᵐ067
Largeur du nez 0ᵐ032
Distance { biorbit. ext. prise sur la crête de l'orbite 0ᵐ105
              inter-orbitaire 0ᵐ0213
Largeur de la bouche d'une commissure à l'autre, au compas d'épaisseur 0ᵐ059
Contour de la bouche, pris au ruban métrique 0ᵐ09

La tête est allongée, petite, par rapport au corps (pl. XV—XVI). Le sommet du crâne est entièrement dénudé. Les cheveux, rares sur les tempes, s'épaississent à la nuque et forment de véritables mêches droites et lisses, d'environ 0ᵐ09 de longueur[1] : blancs au moment de la mort, ils ont été teints, en jaune clair, par les parfums. Le front est bas, étroit, l'arcade sourcilière saillante, le sourcil blanc et fourni, l'œil petit et rapproché du nez, le nez long, mince, busqué comme le nez des Bourbons, légèrement écrasé au bout par la pression du maillot, la tempe creuse, la pommette proéminente, l'oreille ronde, finement ourlée, écartée de la tête, percée d'un trou comme celle d'une femme pour y accrocher des pendants qui ont été arrachés par les voleurs antiques, la mâchoire forte et puissante, le menton très haut. La bouche, largement fendue, est bordée de lèvres épaisses et charnues; elle était remplie d'une pâte noirâtre, dont une partie, détachée au ciseau, a laissé entrevoir quelques dents très usées et très friables, mais blanches

---

[1]. Le chiffre 0ᵐ05 du procès-verbal publié est une faute d'impression.

et bien entretenues. La moustache et la barbe, peu fournies et rasées avec soin pendant la vie, avaient crû au cours de la dernière maladie ou après la mort; les poils, blancs comme ceux de la chevelure et des sourcils, mais rudes et hérissés, ont une longueur de 0^{m}002 ou 0^{m}003. La peau est d'un jaune terreux, plaquée de noir. En résumé, le masque de la momie donne très suffisamment l'idée de ce qu'était le masque du roi vivant : une expression peu intelligente, peut-être légèrement bestiale, mais de la fierté, de l'obstination, et un air de majesté souveraine qui perce encore sous l'appareil grotesque de l'embaumement. Le reste du corps n'est pas moins bien conservé que la tête, mais la réduction des chairs en a modifié profondément l'aspect extérieur. Le cou n'a plus que le diamètre de la colonne vertébrale. La poitrine est ample, les épaules sont hautes, les bras croisés sur la poitrine, les mains longues, fines et rougies de henné, les ongles très beaux, taillés à la hauteur de la chair et soignés comme ceux d'une petite maîtresse; la plaie par laquelle les embaumeurs avaient ôté les viscères s'ouvre béante au flanc gauche. Les parties génitales ont été enlevées nettement à l'aide d'un instrument tranchant, comme celles de Séti Ier. Les cuisses et les jambes sont décharnées, les pieds longs, minces, un peu plats, frottés de henné comme les mains. Les os sont faibles et fragiles, les muscles sont atrophiés par dégénérescence sénile : Ramsès II devait être presque centenaire lorsqu'il mourut.

20° Momie, d'environ 1^{m}68 de hauteur, enveloppée d'une toile rouge orange, maintenue par des bandes de toile ordinaire (pl. XVII *a*—*b*). Elle ne portait extérieurement aucune inscription, mais on voyait autour de la tête un bandeau d'étoffe couvert de figures mystiques, et destiné à servir d'amulettes. Comme elle était enfermée dans le cercueil de Nofritari, elle passa longtemps pour être la momie de cette reine.[1] Quand on la déroula, le 1er juin 1886, en présence du Khédîve, on aperçut, sur le linceul de toile blanche qui venait immédiatement sous l'enveloppe en toile orange, une inscription hiératique de quatre lignes (fig. 19).

1. Voir plus haut, p. 535—536.

«L'an XIII, le deuxième mois de Shomou, le 27, ce jour là
»allèrent le premier prophète d'Amonrâ, roi des dieux, Pinot'mou, fils du premier

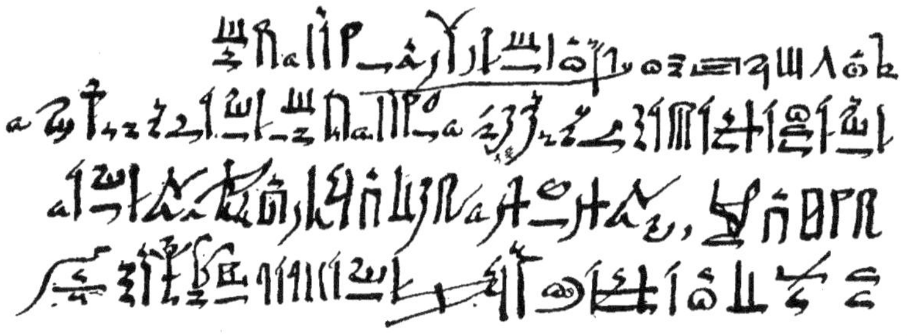

FIG. 19.

»prophète d'Amon Païônkh, le scribe du temple Zasersoukhonsou, le scribe de la
»nécropole Boutehamon, pour consolider et établir à jamais l'Osiris roi Ousirmari
»miamoun.» Un dessin à l'encre noire accompagnait cette inscription. C'est un épervier à tête de bélier qui tient dans ses serres deux flabellum. Ses ailes se replient
au-dessus de sa tête, comme pour former un collier à la momie. Le nom
tracé à l'encre, à droite de la tête, nous apprend que c'est l'image d'Amon, probablement l'Amon «qui forme l'éternité» dont il sera question plus loin. Trois
épaisseurs de bandelettes, sans inscription, succédèrent à ce premier linceul, puis
on fut arrêté par un maillot de canevas cousu et enduit de poix. Cette gaîne fendue à coups de ciseau, de nouvelles couches de linges se firent jour à travers
l'ouverture. Quelques-unes des bandelettes portaient des inscriptions ou des tableaux à l'encre noire. On lit sur l'une d'elles en bordure
, et sur une autre la même formule, avec
la date de l'an X : l'étoffe avec laquelle on rhabilla Ramsès III en l'an XIII, datait
donc du pontificat de Pinot'mou Ier et des ans IX et X du roi Tanite sous lequel
vivait Pinot'mou. Un lambeau d'étoffe nous montre le dieu Amon à tête humaine
 assis sur son trône; une ligne d'hiéro-

glyphes cursifs tracée au-dessous nous apprend que ce linge a été fabriqué et apporté [hieroglyphs] «par la chanteuse d'Amonrâ, roi »des dieux Faitâaitnimout, fille du premier prophète d'Amon Piônkh, à son »maître Amon qui façonne l'éternité dans le temple, pour obtenir de lui la vie, »la santé et la force.» Le fragment trouvé dans le cercueil de Nofritari, est du même type que celui de la fille de Piônkh. Le roi Ramsès III, debout devant un autel, le casque en tête, offre le vin ⚬⚬ à deux dieux à tête humaine, [hieroglyphs] et [hieroglyphs]. La bandelette a été apportée et fabriquée par le chef des blanchisseurs du roi [hieroglyphs], dont la légende est écrite en caractères à demi hiéroglyphiques, à demi hiératiques. Tant de témoignages divers auraient suffi à établir l'identité de la momie : en continuant l'opération, on découvrit une preuve plus décisive encore. Deux pectoraux se dissimulaient sous les replis de l'étoffe, le premier, en bois doré, n'avait que la représentation ordinaire d'Isis et de Nephthys, adorant le soleil, mais l'autre était en or pur, et montrait sur les deux faces Ramsès III, en adoration devant les deux Amon mentionnés plus haut sur la bandelette du chef-blanchisseur. Une dernière gaîne de canevas poissé, un dernier linceul de toile rouge; le corps était en bon état, mais la face était noyée dans une masse compacte de goudron. Ce masque enlevé au ciseau par M. Barsanti, les mesures furent prises, le 6 juin, par MM. Fouquet, Bouriant, Insinger et par moi.

Taille du sommet de la tête à la plante des pieds	1ᵐ683
» du menton	1ᵐ484
» de l'articulation de l'épaule	1ᵐ444
» de la hanche	0ᵐ856
Diamètre ant.-post.-max. de la tête	0ᵐ189
» transverse max.	0ᵐ140
» frontal minimum	0ᵐ099
» biauriculaire	0ᵐ132
» bizygomatique	0ᵐ133
» angulaire de la mâchoire	0ᵐ109

Diamètre des épaules . . . . $0^m 370$
» du bassin . . . . $0^m 289$
» des hanches . . . . $0^m 306$
Circonférence horizontale de la tête . . . . $0^m 540$
» des épaules . . . . $0^m 880$
» à la taille (par-dessus deux ou trois épaisseurs de toile très fine, adhérente à la peau) . $0^m 660$
Circonférence aux hanches . . . . $0^m 756$
Longueur du bras . . . . $0^m 334$
» de l'avant-bras . . . . $0^m 274$
» de la main . . . . $0^m 193$
» de la cuisse . . . . $0^m 433$
» de la jambe . . . . $0^m 366$
» du pied . . . . $0^m 230$
» post.-malléolaire . . . . $0^m 080$
» du nez . . . . $0^m 068$
Largeur du nez . . . . $0^m 042$
Distance { biorbit. ext. . . . . $0^m 094$
         { inter-orbitaire . . . . $0^m 03$
Largeur de la bouche d'une commissure à l'autre . $0^m 081$
Contour de la bouche . . . . $0^m 100$

Les cheveux et la barbe sont ras (pl. XVIII *a*). Le nez, busqué comme celui de Ramsès II, a été légèrement déprimé par les bandelettes. La bouche est mince : cinq dents seulement sont visibles; la première molaire a été usée ou cassée. Les oreilles sont rondes; le tragus en est peu développé et l'ourlet très fort. Le lobe avait été percé, mais les pendants ont été enlevés dès l'antiquité. Les parties génitales ont été tranchées pour être embaumées à part.

21° Chacun des deux cercueils de la princesse Nsikhonsou renfermait une momie, au moment de la découverte, et je fus d'abord tenté de croire que ce dédoublement était le fait des Arabes. Le 11 janvier 1883, je procédai à l'inspection des deux momies avec MM. Vassalli-Bey et Émile Brugsch-Bey.[1] Elles portaient l'une et l'autre des linges au nom de Nsikhonsou, et j'en conclus qu'elles représentaient deux Nsikhonsou, dont l'une aurait été la nièce de l'autre, et qui seraient mortes à quelques mois d'intervalle. La première, inscrite au catalogue sous le n° 5208, fut ouverte en juin 1886, et l'on trouvera consignés plus bas les détails de l'opération. L'autre, enregistrée sous le n° 5209, ne fut pas développée, mais en compulsant mes notes pour la rédaction du présent mémoire, je reconnus aisément qu'elle ne pouvait pas être, comme je l'avais cru, une seconde Nsikhonsou. Lors du premier examen, on avait trouvé sur elle une large pièce de toile fine, au bas de laquelle était tracée à l'encre noire, en gros hiéroglyphes, la légende . Le scribe avait écrit ⅠⅠⅠⅠⅠⅠ *six*, puis les deux premiers traits ont été réunis de manière à ne plus former qu'un : la date se compose donc, en réalité, de quatre barres minces et d'une grosse barre ⅠⅠⅠⅠ▭, ce qui rabaisse le chiffre d'une unité. J'avais d'abord pensé que c'était un fait accidentel : l'étoffe avait bu l'encre et brouillé les signes. Le libellé de l'inscription ne m'a point permis de maintenir cette opinion. Elle signifie littéralement : *Apport qu'a fait la chanteuse en chef d'Amon, prophétesse d'Amon thébain, Nsikhonsou, l'an V*, et commémore le cadeau d'une pièce d'étoffe par cette princesse encore vivante. Or l'inscription découverte à la porte du caveau,[2] et celle de la tablette Rogers,[3] nous prouvent que Nsikhonsou a été enterrée en l'an V : la date de l'an V doit donc figurer sur notre linceul, et non celle de l'an VI, qui est postérieure à la mort de la princesse. Ce point établi, il était difficile de soutenir plus longtemps l'hypothèse des deux Nsikhonsou, et l'on devait se demander si la momie n° 5209 ne représentait pas quelque autre personnage auquel on aurait donné un linceul préparé primitivement pour Nsikhonsou, comme on avait attribué à celle-ci des cercueils fabriqués à l'origine pour Isimkhobiou. N'appartenait-elle point par hasard au grand-prêtre Menkhopirrî dont le corps manque jusqu'à présent à notre collection? M. Grébaut consentit à examiner la momie, le 3 janvier 1888, avec l'aide de M. Daréssy, conservateur-adjoint du musée de Boulaq. Les premiers linges enlevés, il constata l'existence

---

1. Maspero, *Notes*, dans la *Zeitschrift*, 1883, p. 70 sqq.; *Guide du visiteur*, p. 322—323.
2. Voir plus haut, p. 520—521 du présent mémoire.
3. *Recueil de travaux*, t. II, p. 13.

d'une enveloppe plus ancienne, en toile très fine et très usée, tenue en place pour quatre ou cinq bandelettes étroites. Une guirlande de fleurs ceignait la tête. Sur la poitrine, une inscription de deux lignes en écriture hiératique : «Ex-
»pédition faite au temple [hiéroglyphes], en l'an VII, pour emmaillotter le roi RA-KHÂMOÏS
»[hiéroglyphes].» Ce linceul est en si mauvais état que M. GRÉBAUT ne jugea pas qu'il fût prudent de continuer l'opération. La momie était évidemment très mutilée quand on se décida à la restaurer. On sent à travers l'enveloppe qu'elle a le cou rompu et les membres à moitié détachés : elle ne possède ni papyrus, ni ornements d'aucune sorte, et il n'est pas certain que les traits soient assez bien conservés pour qu'on puisse en obtenir une photographie convenable.

Qui est le roi désigné par ce simple surnom? M. GRÉBAUT propose Ramsès IX, qui s'appelle en effet [hiéroglyphes] RAMESSOU KHÂMOÏS MIRRIAMON ; mais on pourrait songer également au dernier des Ramessides, au Ramsès XII contemporain de Hrihor [hiéroglyphes] RAMESSOU KHÂMOÏS MIRRIAMON NOUTIR HIQ ON. Les deux noms sont prolixes, et l'on comprend fort bien qu'un scribe paresseux ou pressé de besogne n'ait pas craint de les abréger, pour n'en garder que la partie essentielle, celle que le peuple avait séparée du reste du protocole, et qui servait à désigner couramment le souverain. Ces abréviations passaient souvent dans l'histoire, comme le prouvent les sobriquets de SESSOURI ou SESOUSTOURI pour Ramsès II, ou de KHÂMOÏS, Χαμοΐς, identique au nom de notre momie, et qu'une des listes dérivées de Manéthon nous fournit pour un souverain encore indéterminé. J'incline à croire que le Khâmoïs, dont on avait enveloppé les débris dans un linceul préparé pour la femme de Pinot'mou II, était le Ramsès allié de plus près à la famille des grands-prêtres, Ramsès XII ; mais c'est là une pure hypothèse. L'endroit où il était déposé, et que le procès-verbal désigne par le mot [hiéroglyphes] HAÏT, le temple, est sans doute identique à [hiéroglyphes] «la demeure d'éternité d'Amenhotpou», qui est mentionnée dans l'une des inscriptions de Ramsès II[1] : notre Ramsès XII aurait donc partagé les destinées des princes de la XIXe dynastie et les aurait suivis dans leurs lamentables voyages à travers la nécropole.

---

1. Voir plus haut, p. 559 du présent mémoire.

Cercueils du second groupe.

Les cercueils du second groupe se partagent à première vue en deux séries, dont la première renferme seulement deux numéros.

1° Double cercueil de beau travail en bois émaillé. Une feuille d'or recouvrait la caisse entière, à l'exception de la coiffure et de quelques détails. Les hiéroglyphes et les parties principales de l'ornementation sont en pierres fines et en pâtes de verre incrustées dans l'or : le tout formait un ensemble d'un éclat et d'une richesse à peine concevables. Par malheur, les cercueils ont été grattés pour enlever l'or, et il ne reste plus que des lambeaux de la décoration primitive (pl. XIX a). Cette profanation date des temps anciens : l'aspect du bois l'indique et le soin avec lequel les voleurs ont respecté les légendes et les représentations divines. Les fellahs modernes se sont contentés de détacher le gros scarabée du pectoral, et deux ou trois petits ornements dont la cicatrice est encore fraîche. L'inscription, en trois lignes, nous apprend que le cercueil était destiné à la reine Not'mit : 〈hiéroglyphes〉.

La momie avait 1ᵐ 65 enveloppée. Elle avait été fouillée par les Arabes, comme le prouvait l'état du maillot, et le papyrus enlevé, puis vendu en trois morceaux.[1] Elle fut développée cependant le 1ᵉʳ juillet 1886, et l'opération mit au jour plusieurs objets remarquables. En premier lieu, le grand linceul en toile bise couvert de scènes funéraires, qu'on trouve presque toujours sur les momies soignées de l'époque des grands-prêtres. Ici, c'est un tableau à l'encre noire, représentant à gauche Osiris 〈hiéroglyphes〉, et derrière lui le bélier sacré, debout sur un étendard 〈hiér.〉, avec la légende 〈hiér.〉, «bélier de l'Est»; à droite la reine debout, agitant deux sistres, et accompagnée de ses titres 〈hiér.〉 〈hiér.〉 ⁽ˢⁱᶜ⁾. L'épervier 〈hiér.〉 plane au-dessus de cette scène. Une bandelette porte le cartouche isolé 〈hiér.〉. Mêlés aux linges, des fragments d'ustensiles de toilette, en marqueterie d'ivoire et de bois teint. D'abord, un pendant de collier 〈hiér.〉, d'un travail admirable : la partie antérieure est décorée de la rosace ordinaire, mais au revers on voit une jeune fille d'un dessin très fin et d'un mouve-

---

1. Cf. p. 512 du présent mémoire.

ment très gracieux. Ensuite, les débris d'une boîte dont d'autres morceaux avaient été recueillis dans la cachette sur le sol où les Arabes les avaient jetés.

Le corps, de conservation médiocre, ne présentait rien de remarquable. J'aurai à décrire plus loin quelques pièces du mobilier funéraire appartenant à la princesse.

2° Le cercueil déjà mentionné de Thoutmos I[er][1] avait été refait sur le même modèle que celui de la reine Not'mit, lorsqu'on le donna au roi Pinot'mou : il a beaucoup souffert, et la cuve n'en est plus aujourd'hui qu'une masse informe de bois noir. La momie, qu'on croyait d'abord avoir appartenu à la reine Ahhotpou,[2] mesurait, avant l'examen, 1^{m}56 de long. Elle fut ouverte le 27 juin 1886. Après avoir détaché l'enveloppe extérieure de toile rouge, on trouva le linceul ordinaire de grosse toile. Un grand Osiris momie y était dessiné à l'encre, avec son nom [hiéroglyphes], et, dans une bande verticale, le long de la gaîne, le souhait [hiéroglyphes]. On ne pouvait douter après cela que le corps caché sous le maillot fût celui du roi Pinot'mou, et les inscriptions tracées sur les linges confirmèrent ce qu'avait appris le premier tableau. Sur une bandelette, à la tête, le cartouche [hiéroglyphes] était écrit avec une encre très pâle. Sur une autre bandelette, aux pieds, le même cartouche était brodé au fil bleu et la légende [hiéroglyphes] était griffonnée à l'encre noire. Sur une troisième, on distinguait [hiéroglyphes] × (sic). Une longue bande, qui portait une légende en grands hiéroglyphes, avait été déchirée au moment de l'embaumement : j'ai réussi à en recouvrer quelques fragments : [hiéroglyphes] (sic) [hiéroglyphes]. La momie avait été ouverte par les Arabes à la hauteur de la poitrine et quelques ornements dérobés. La partie inférieure était intacte, et le roi avait encore entre les jambes son *Livre des Morts* roulé. Pinot'mou était petit, maigre : les mesures n'ont pu être prises, à cause d'un accident arrivé à notre compas métrique, le seul qu'il y eût au Caire, à cette date.

Tous les autres cercueils appartiennent au type bien connu des derniers temps de la XXe dynastie : deux caisses à tête humaine s'emboîtant l'une dans l'autre,

---

1. Cf. p. 545 du présent mémoire.
2. Cf. p. 544—545 du présent mémoire.

immense perruque noire ou bleue, tête et mains dorées ou cuivrées par économie, innombrables représentations au pinceau, engluées d'un épais verni jaune et recouvrant toutes les parois. Les couleurs sont d'une vivacité et d'une conservation qui étonnent, ainsi que les momies. De prime abord, on peut affirmer que presque tous les cercueils ont été fabriqués dans un même atelier, à peu d'années l'un de l'autre.

3° Cercueil du grand-prêtre Masaharti, qui est nommé [hiéroglyphes] ou bien [hiéroglyphes], puis [hiéroglyphes], enfin [hiéroglyphes]. Sur la toile qui recouvre la poitrine, un grand Osiris à l'encre [hiéroglyphes], soutenu par le signe de l'Ouest [hiéroglyphe], muni de bras, et accompagné des mots [hiéroglyphes] qui terminent la légende du dieu : dans l'intérieur du dessin, à la hauteur de la poitrine, en deux lignes, le nom [hiéroglyphes]. La momie non déroulée avait 1^{m}70. Elle fut ouverte le 30 juin 1886, et l'on reconnut, dès le premier instant, qu'elle avait été fouillée par les Arabes. Le maillot était en lambeau, les papyrus disparus, les ornements arrachés : ils ont laissé leur empreinte sur la poitrine et autour du cou. Masaharti était lourd, obèse : sa peau, devenue large et flottante par la fonte de la graisse pendant les manipulations de l'embaumement, s'est plissée et comme craquelée irrégulièrement. La tête épaisse et bouffie ne ressemble en rien à celle de Pinot'mou II (pl. VI b). Les mesures n'ont pu être prises, à cause de l'accident arrivé au compas métrique.

4° Cercueil du grand-prêtre d'Amon Pinot'mou II, [hiéroglyphes], var. [hiéroglyphes] et une fois [hiéroglyphes]. La caisse extérieure est garnie, au long des jambes, d'une feuille de cuivre sur laquelle l'inscription a été estampée.

La momie non développée avait 1^{m}72 de long. Elle fut ouverte le 28 juin 1886 et reconnue intacte. Sous la première enveloppe était tendu un grand linceul orné d'une figure d'Osiris à l'encre noire, mais relevée de couleurs : les mains et la figure sont vertes, le bonnet [hiéroglyphe] jaune est flanqué de deux plumes bleues, le collier et la barbe sont bleus, mais les légendes sont à l'encre rouge. Devant la face de l'Osiris, en une seule colonne verticale, [hieroglyphs]; sur la bande médiane, [hieroglyphs]. Le maillot était disposé exactement comme celui de Ramsès III, avec cette différence que l'une des enveloppes de toile poissée était remplacée par une sorte de natte en halfa très légère, roulée autour du maillot; quelques pièces de toiles pliées en carré étaient entières et frangées aux deux bouts. Les inscriptions, tracées à l'encre noire, nous apprennent que les bandelettes avaient été fabriquées du vivant même de Pinot'mou, [hieroglyphs] à Khonsou en l'an IX, [hieroglyphs] à Amon en l'an VII. D'autres fragments nous fournissent les dates de l'an I, [hieroglyphs], et de l'an III, [hieroglyphs], ou ne donnent aucune date [hieroglyphs]. Une bandelette porte la mention [hieroglyph] *choisie, approuvée*, et une autre la mention [hieroglyph] *très bonne*, à l'encre noire. Différents objets étaient pris dans le maillot : à la hauteur du poignet, le long des bras, deux charmants bracelets, formés d'une torsade en or, enrichie de cornaline et de lapis, et ornée à la fermeture de deux pendants d'or en forme de fleur. Autour du cou étaient rangés, de droite à gauche, un [hieroglyph] et une Hathor en porcelaine verdâtre, un cœur, une tête de serpent en cornaline, un éventail [hieroglyph] en feldspath vert, un Hor assis en lapis-lazuli, un [hieroglyph] et un épervier en or, un cœur en feldspath vert, une colonnette [hieroglyph] en cornaline, le tout de petite taille, mais d'un travail assez fin. Un gros scarabée en serpentine était collé à la naissance du cou, et, sous le scarabée, un épervier aux ailes éployées, en or ou en cuivre doré, s'étalait sur la poitrine. Un papyrus de $2^m 20$ de longueur, contenant plusieurs décrets d'Amon, était allongé sur la poitrine et sur le ventre plié en deux et non roulé : un *Livre des Morts* roulé était entre les jambes. Pinot'mou avait sur lui un véritable trésor, moins riche que celui de la reine Ahhotpou, mais digne encore de figurer à une place d'honneur dans le musée.

5° Cercueils renfermant la momie de [hieroglyphs] Zodphtah-efônkh. L'un d'eux avait appartenu au [hieroglyphs] ou [hieroglyphs] [hieroglyphs] Père divin et troisième prophète d'Amon, Nsishounapit, dont le nom n'a pas été effacé partout. Le couvercle intérieur provient du cercueil d'une dame inconnue, dont le nom et les titres ont été grattés et remplacés par ceux du [hieroglyphs]. Le papyrus funéraire de ce personnage, enlevé par Mohammed Abderrassoul au moment de la découverte, et acheté à Louxor en 1873 par Miss Brocklehurst, a été retrouvé et signalé par Miss Amelia B. Edwards.[1]

La momie mesurait 1ᵐ 77 de longueur. Elle portait sur les épaules, au-dessus du maillot, une paire de bretelles en étoffe rouge, terminées chacune par un bout de cuir estampé au nom du premier prophète d'Amon Aoupout. Aoupout est en adoration devant Amon ityphallique; sous lui, en deux lignes horizontales, de droite à gauche, on lit [hieroglyphs]. La momie fut ouverte le 29 juin 1886. Les linceuls n'avaient reçu aucune décoration. Mais les bandelettes avaient les dédicaces traditionnelles qui sont ici fort importantes. Un morceau d'étoffe, tendu le long des jambes, en avait à lui seul deux, placées bout à bout, en bordure, près de la frange, en une seule colonne verticale d'hiéroglyphes. [hieroglyphs]
[hieroglyphs]
[hieroglyphs]. Une autre bandelette donne une inscription identique sauf pour la date qui est [hieroglyphs] (sic). Une troisième n'est pas complète, puisqu'elle n'a point le nom du grand-prêtre Aoupout [hieroglyphs]
[hieroglyphs], mais nous a conservé pourtant la date de l'an V. Dans l'épaisseur du maillot se dissimulait un insigne formé d'une fleur de lotus, en cuir, à demi épanouie, rattachée par un cordonnet à un bout de collier [hieroglyphs], sur lequel on lisait, en une colonne verticale, les titres de Shashonq Iᵉʳ [hieroglyphs]. Un groupe de trois amulettes, taillés dans une mince fleur d'or et représentant deux serpents [hieroglyphs], [hieroglyphs] et une fleur de lotus [hieroglyph] liés ensemble par un seul cordon, pendait du front sur le nez. Le scarabée du cœur était collé sur la peau, à la naissance du cou, ainsi qu'un pectoral d'argent en forme d'épervier aux ailes déployées. Le papyrus contenant

---

1. Voir dans le *Recueil*, t. IV, 1883, p. 85—87, l'article intitulé : *Relics from the Tombs of the Priest-Kings at Dayr el Baharee*.

les décrets d'Amon était tendu sur la poitrine et sur le ventre; un second papyrus renfermant le Livre de savoir ce qu'il y a dans l'hémisphère inférieur était roulé entre les jambes.

6° Cercueil à fond blanc, face jaune, coiffure bleue, dessins de couleur, ayant appartenu au scribe Nibsoni 〈hiéroglyphes〉, var. 〈hiéroglyphes〉, fils de Phiri et de Tamosou 〈hiéroglyphes〉.

La momie avait 1^{m}78 de long. Elle avait été fouillée par les Arabes, et le visage en était découvert : la conservation en est si parfaite qu'on dirait un homme mort depuis plusieurs jours à peine (pl. XVII b). Elle fut déroulée le 17 juin 1886, et ne fournit aucun document écrit : les Arabes avaient tout enlevé. Les mesures furent prises par le Dr Fouquet, par MM. Bouriant, Insinger et par moi.

Taille du sommet de la tête à la plante des pieds		1^{m}740
»	du menton	1^{m}545
»	de l'articulation de l'épaule	1^{m}480
»	de la hanche	0^{m}940
Diamètre ant.-post. max. de la tête		0^{m}195
»	transverse max.	0^{m}141
»	frontal minimum	0^{m}112
»	biauriculaire	0^{m}129
»	bizygomatique	0^{m}135, vérifié
»	angulaire de la mâchoire	0^{m}107
»	des épaules	0^{m}368
»	du bassin	0^{m}287
»	des hanches	0^{m}296
Circonférence horizontale de la tête (par-dessus la chevelure)		0^{m}550
Longueur du bras		0^{m}350
»	de l'avant-bras	0^{m}280
»	de la main	0^{m}200
»	de la cuisse	0^{m}450
»	de la jambe	0^{m}450

Longueur du pied		$0^m 250$
» post-malléolaire		$0^m 055$
» totale du nez		$0^m 060$
Largeur du nez		$0^m 037$
Distance { biorbitaire externe		$0^m 120$
inter-orbitaire		$0^m 030$
Largeur de la bouche		$0^m 060$

La chevelure est épaisse, séparée en mèches frisées de $0^m 075$ environ; elle est entièrement blanche sur le côté droit, mêlée de filets gris sur la tempe gauche, mais roussie par les parfums. On remarque une plaque de calvitie sur le haut du crâne, à droite, un peu en-dehors de la ligne médiane. Les sourcils sont bien plantés, abondamment fournis, les cils longs et frisottants (long. $0^m 006$). Le nez est légèrement busqué, la bouche garnie de lèvres charnues; la barbe et la moustache étaient blanches, comme les cheveux, et n'avaient pas été rasées depuis trois ou quatre jours au moment de la mort. Les dents sont excellentes; pas une n'est gâtée, mais les tubercules sont effacés à toutes : Nibsoni avait certainement au-dessus de quarante-cinq ans. Les oreilles sont petites, bien ourlées, placées bas : le trou auriculaire est au-dessous de la ligne zygomatique. Le lobe n'est pas percé.

Un amas d'étoffes, adhérant si fort à la peau qu'il eût été dangereux de chercher à le détacher, nous a empêché d'examiner et de mesurer le buste au-dessous des épaules. Le pubis était à découvert; l'on a pu constater que la verge a été amputée, et que les bourses ont été respectées. La jambe est droite. Le pied est fortement cambré; la peau de la plante n'a pas été enlevée.

J'ai supposé jusqu'à présent que le cadavre représentait réellement Nibsoni. Comme Nibsoni était le père d'Honttoouï, femme du roi Pinot'mou, il est possible que sa parenté avec la reine lui ait valu l'honneur d'être placé dans la cachette. Toutefois, ce qui subsiste du maillot rappelle, par la qualité de l'étoffe et par la façon, les procédés de la XVIIIe plutôt que ceux de la XXe dynastie. Le type est celui d'Ahmos Ier et des femmes de sa race : peut-être avons-nous sous le nom de Nibsoni quelque prince de la grande lignée Pharaonique. J'inclinerai, jusqu'à nouvel ordre, à croire qu'il en est ainsi, tout en regrettant que nul lambeau d'inscription ne nous permette de changer cette hypothèse en certitude.

7° Deux cercueils emboîtés l'un dans l'autre. Le grand, à fond vert, jadis doré : on l'a gratté pour prendre l'or, dès l'antiquité, sauf aux endroits où étaient tracées des figures divines. Une inscription verticale, mutilée, en une seule ligne, nous apprend qu'il appartenait à [hiéroglyphes] «une fille royale, femme royale, mère royale du premier prophète d'Amon, mère de la royale épouse principale, prophétesse de Mout, dame d'Ashrou, mère divine de Khonsou l'Enfant, la Grande du temple de Khonsou dans Thèbes», dont le nom effacé en cet endroit, nous est donné par une ligne peinte au fond du cercueil, sur la jupe d'une image de la déesse Nouit : [hiéroglyphes], et par la légende du petit cercueil : [hiéroglyphes].

La momie avait 1^{m}55 de long avant complet développement. Elle fut ouverte le 29 juin, et l'on trouva, à la profondeur voulue, le linceul ordinaire, avec son Osiris à l'encre rouge, et, sur le corps de l'Osiris, en deux colonnes verticales, la légende : [hiéroglyphes]. La momie avait été déjà fouillée, et ses bijoux ainsi que son papyrus enlevés.[1] Divers objets avaient pourtant échappé aux Arabes : dans les cheveux une épingle en écaille de cette forme [signe], au cou une paire de bretelles en cuir estampé, sur lesquelles étaient représentés Amon ityphallique et un personnage en adoration devant lui [hiéroglyphes]

---

1. Cf. plus haut, p. 512—513 du présent mémoire.

[hiéroglyphes], entre les pieds un soulier en cuir. La tête avait été maquillée de manière à rappeler autant que possible l'aspect de la vie. Les rides produites par la momification ont été comblées au moyen d'un enduis épais, la peau a été fardée en ocre et rosée sur les joues, les lèvres sont peintes, des yeux en émail brillent sous les paupières à demi fermées, une grande perruque en crin, frisée à petits étages, encadre la face (pl. XX a).

8° Double cercueil de la reine Mâkerî et de la princesse Moutemhît. Enduit jaune, face dorée d'un très beau caractère, qui reproduit évidemment les traits idéalisés de Mâkerî. Sur le couvercle du plus grand cercueil, deux colonnes d'inscriptions verticales, affrontées, nous apprennent les noms de la reine et de sa fille : [hiéroglyphes] à gauche et [hiéroglyphes]. Sur le plus petit, le nom de la fille a disparu, et on ne lit plus que celui de la mère [hiéroglyphes]. La reine était morte en couches, et l'enfant qu'elle avait mis au monde ne lui avait pas survécu : les deux cadavres furent déposés dans le même cercueil (pl. XIX b). La momie de la mère mesurait 1ᵐ 50 avant le développement, celle de la fille 0ᵐ 42. Elles avaient été fouillées l'une et l'autre par les Arabes. La première ne renfermait plus aucune trace d'ornements ni d'écriture : la seconde n'était qu'un paquet informe. Le papyrus des deux princesses, déposé dans un Osiris en bois, était parmi ceux qu'Abderrassoul avait remis au moudîr de Qénéh.[1]

9° Double cercueil et couvercle de la princesse Isimkhobiou, [hiéroglyphes], var. [hiéroglyphes], var. [hiéroglyphes]. Superbes cercueils à fonds jaune : la tête est un portrait de la princesse Isimkhobiou.

La momie, non développée, mesurait 1ᵐ 62 (pl. VI c). Elle avait été fouillée par les Arabes. Le papyrus, enfermé dans une statuette osirienne, faisait, comme celui de Mâkerî, partie du lot d'objets remis par Abderrassoul au moudîr de Qénéh.

1. Voir plus haut, p. 516 du présent mémoire.

10° Double cercueil ayant appartenu à la chanteuse d'Amon Hâtti, [hieroglyphs], puis appropriés à l'usage de [hieroglyphs] la chanteuse d'Amon Taïouhrit. La tête et les mains, qui étaient probablement dorées, ont disparu.

La momie avait 1ᵐ62 de long. Elle fut ouverte le 29 juin 1886. Le linceul portait, selon l'usage, un grand Osiris [hieroglyphs] dessiné à l'encre, et, dans le corps, la légende [hieroglyphs]. La momie avait été fouillée par les Arabes et était en assez bon état.

10° et 11° Deux cercueils fabriqués primitivement pour la princesse Isimkhobiou. Le nom de cette princesse a été recouvert d'un enduit rouge, sur lequel le nom d'une autre princesse Nsikhonsou a été tracé à la couleur : l'enduit est tombé et la légende primitive a reparu en plusieurs endroits.[1] Les titres communs aux deux femmes sont énumérés tout au long, à la face supérieure du couvercle, en deux colonnes verticales affrontées. [hieroglyphs]

(sic) [hieroglyphs]. J'ai déjà dit qu'au moment où les deux cercueils arrivèrent à Boulaq, ils étaient occupés chacun par une momie et furent classés, l'un sous le n° 5208, l'autre sous le n° 5209. Le n° 5209 renfermait, comme nous l'avons vu, le corps d'un Ramsès qui est probablement Ramsès XII.[2] La momie n° 5208, examinée une première fois, le 11 janvier 1883, en présence de MM. VASSALLI-BEY et EMILE BRUGSCH-BEY, nous montra, sous la première enveloppe, un linceul de canevas grossier, et une figure d'Osiris [hieroglyphs] qui portait en beaux caractères la

---

1. Voir pour ces cercueils les observations consignées aux *Notes sur quelques points de Grammaire et d'Histoire,* dans la *Zeitschrift,* 1883, p. 70 sqq.

2. Voir plus haut, p. 566—568 du présent mémoire.

légende [hieroglyphs]. Le développement ne fut pas poussé plus loin pour le moment : je le repris le 27 juin 1886. La momie n'avait pas été violée par les Arabes. Les linceuls enlevés, on rencontra une sorte de natte analogue à celle qui enveloppait Pinot'mou II, puis un épais maillot de bandelettes disposé avec le plus grand soin. Le corps était d'une bonne conservation : chose curieuse, les yeux et la bouche étaient recouverts d'une pelure d'oignon, découpée de façon à suivre exactement le contour de la partie sur laquelle elle était collée.[1] On ne releva, au cours de l'opération, que deux objets portant légende : une bandelette déchirée en deux, au nom du [hieroglyphs] grand-prêtre Pinot'mou II; un ornement en cuir estampé [hieroglyph], aux titres du [hieroglyphs] premier prophète d'Amon Pinot'mou, fils royal de Psioukhânou Miamoun. C'est pour cette Nsikhonsou que fut rédigé le procès-verbal écrit à l'entrée du tombeau.[2] La tablette Rogers[3] lui appartenait, ainsi qu'une autre tablette, publiée par Birch,[4] une tablette du musée de Boulaq dont j'aurai l'occasion de parler, et un des papyrus remis par Abderrassoul au moudîr de Qénéh. Ses canopes, achetés en Égypte en 1876, par le Duc de Hamilton, sont aujourd'hui en la possession de M. Mac-Callum, et ont été publiés par Miss Amelia B. Edwards.[5]

12° Cercueils d'abord peints et dorés, puis enduits d'une couche de goudron qui permet à peine de lire les nom et titre de la chanteuse d'Amon Nsitanibashrou.

La momie, non déroulée, avait 1^{m}75 de longueur. Elle fut ouverte le 30 juin 1886. On trouva dans l'épaisseur du maillot une paire de bretelles croisées sur la poitrine, dont les quatre bouts en cuir estampé ont la même légende [hieroglyphs] (sic), puis une pièce d'étoffe pliée en quatre, sur laquelle est écrite en bordure une ligne horizontale d'hiéroglyphes, [hieroglyphs]. La figure était fardée et peinte comme celle

---

1. Cf. à ce sujet Schweinfurth, *Sur les dernières trouvailles botaniques*, dans le *Bulletin de l'Institut égyptien*, 1886, p. 427 sqq.
2. Voir plus haut, p. 520—521 du présent mémoire.
3. Voir plus haut, p. 513 du présent mémoire.
4. Birch, dans les *Proceedings of the Society of Biblical Archæology*, 1882—1883, p. 76—80.
5. *Recueil*, t. IV, 1883, p. 80—81. Cf. Birch, dans les *Proceedings of the Society of Biblical Archæology*, 1882—1883, p. 79—80.

de la reine Honttooui. La momie fut mesurée par le Dr Fouquet, le 8 juillet 1886, quelques jours après mon départ d'Égypte.

Taille du sommet de la tête à la plante des pieds . . . $1^m 640$
»   du menton . . . . $1^m 400$
»   de l'articulation de l'épaule (épaules remontées par l'effet de l'embaumement) . . . . $1^m 410$
»   de la hanche . . . . $0^m 850$
»   de l'ombilic . . . . $1^m 000$
Diamètre ant.-post.-max. de la tête . . . . $0^m 190$
»   transverse max. . . . . $0^m 160$
»   frontal minimum . . . . $0^m 107$
»   biauriculaire . . . . $0^m 140$
»   bizygomatique . . . . $0^m 126$
»   angulaire de la mâchoire . . . . $0^m 101$
»   des épaules . . . . $0^m 369$
»   du bassin . . . . $0^m 280$
»   des hanches . . . . $0^m 280$
Circonférence des épaules . . . . $0^m 870$
Circonférence à la hauteur des seins . . . . $0^m 720$
»   aux hanches . . . . $0^m 690$
Longueur du bras . . . . $0^m 300$
»   de l'avant-bras . . . . $0^m 250$
»   de la main . . . . $0^m 180$
»   de la cuisse . . . . $0^m 420$
»   de la jambe . . . . $0^m 370$
»   du pied . . . . $0^m 210$
»   post.-malléolaire . . . . $0^m 050$
»   du nez . . . . $0^m 060$
Largeur du nez . . . . $0^m 030$
Distance { biorbit. ext. . . . . $0^m 105$
         { inter-orbitaire . . . . $0^m 035$
Largeur de la bouche . . . . $0^m 065$

Les cheveux sont châtains, ondulés, plutôt gros que fins : ils ont une longueur moyenne de 0^{m}25. Les sourcils sont plus clairs de ton, assez épais, les cils très abondants : les paupières, longues et tombantes, recouvrent des yeux en émail dont l'iris brun-foncé rappelle probablement la nuance de l'œil vivant. Le nez est busqué, la bouche charnue. Les dents sont bonnes; les incisives de la mâchoire supérieure sont obliques, dirigées en avant, longues de 0^{m}009. Les oreilles, nettement séparées du crâne, ont le lobule étiré et largement ouvert par le poids de lourds pendants, qui ont été retirés au moment de la mort et n'ont pas été remplacés.

L'état de la denture semble indiquer un âge de trente-cinq ou quarante ans.

12° J'ai dit plus haut que le cercueil de Thoutmos Ier contenait, au moment de la découverte, une momie qu'on inscrivit au n° 5238, sous le nom de Pinot'mou.[1] Quand l'examen des corps eut montré que ce roi était représenté par la momie attribuée d'abord à la reine Ahhotpou,[2] j'examinai de nouveau la momie n° 5238 pour voir si les linges qui la couvraient ne renfermaient rien qui nous permît de lui reconstituer un état civil. Elle avait été malheureusement déshabillée, une première fois par les Égyptiens, une seconde fois par les Arabes, et il ne subsistait plus de son maillot que des chiffons sans écriture. Elle était pourtant dans un état de conservation admirable : le corps petit et décharné témoigne d'une vigueur peu commune; la tête est d'un vieillard, à la tête rase, aux traits fins et rusés. Les incisives sont usées, non pas en biseau, mais de façon à présenter une surface plane, comme c'est du reste le cas pour la plupart des momies que j'ai eu l'occasion d'examiner : les Égyptiens, de même que certaines peuplades contemporaines de l'Afrique qui se nourrissent de grain mal moulu, mangeaient en superposant exactement les deux mâchoires, et leurs incisives se correspondaient exactement au lieu de se croiser. Comparant la physionomie de notre anonyme à celle des momies dont le nom nous est connu, je fus frappé bientôt de la ressemblance qu'il présente avec Thoutmos II : photographiés de face (pl. VII) et de profil (pl. VIII), les deux personnages ont une ressemblance indiscutable, seulement Thoutmos II a les traits plus gros et plus mous, le front plus fuyant, la

---

1. Voir p. 545, 570 du présent mémoire.
2. Voir p. 544, 570 du présent mémoire.

physionomie moins intelligente. Je suis porté à en conclure qu'ils étaient fort proches parents, l'un de l'autre, et, comme l'anonyme reposait dans le cercueil de Thoutmos Ier, qu'il était Thoutmos Ier lui-même. Le cercueil avait été attribué à Pinot'mou, au temps où les rois de la XVIIIe dynastie étaient conservés encore dans un des magasins funéraires de la nécropole d'Amenhotpou : quand, un siècle plus tard, les grands-prêtres d'Amon de la XXIIe dynastie, transportèrent usurpateur et usurpé dans la cachette, ils rendirent à Thoutmos le cercueil qui lui avait appartenu et mirent Pinot'mou dans le sarcophage gigantesque d'Ahhotpou. Sans doute, le corps de Thoutmos portait encore quelque inscription qui permettait de le distinguer de ses voisins : déshabillé par les Arabes, il la perdit, et nous en sommes réduits aux conjectures pour lui restituer son état civil.

Je joins à ce groupe quelques cercueils de moindre importance : 1° celui du [hiéroglyphes] dont la famille est représentée sur une des parois latérales de la cuve [hiéroglyphes], [hiéroglyphes], [hiéroglyphes], [hiéroglyphes]; 2° un cercueil de femme peint en bleu, du style de la XVIIIe dynastie, renfermant une momie sans nom; 3° trois cercueils d'hommes, sans couvercle, contenant chacun une momie; 4° une caisse plate, oblongue, peinte en noir, avec une momie; 5° un cercueil d'enfant barbouillé de noir, dont la figure, la coiffure et les bandes d'inscriptions ont été grattées dès les temps anciens; 6° une momie, ou plutôt un cadavre dépouillé de ses bandelettes et roulé dans une natte, celui-là même où je crois reconnaître Ramsès Ier.[1] Tous ces personnages sont évidemment des membres d'une des familles royales qui avaient régné sur Thèbes : dépouillés par les voleurs, on les avait déposés dans des cercueils appartenant à de simples particuliers au moment où l'on constata la profanation dont ils avaient été l'objet, ou lorsqu'on les transporta dans la cachette. Aucune trace d'écriture n'est apparente sur les parties extérieures de leur maillot : peut-être découvrira-t-on au-dessous quelque inscription qui permettra d'établir leur identité. Un cercueil en forme de gazelle contient une momie de gazelle emmaillottée (pl. XXI a). C'est quelque animal favori qui aura été déposé dans le puits avec le corps de la maîtresse à laquelle il appartenait.

---

1. Voir plus haut, p. 552 du présent mémoire.

Voilà le catalogue des momies retrouvées à Déir el-Baharî, et les observations que j'ai relevées au cours des manipulations auxquelles elles ont été soumises. Ce ne fut pas sans quelque sentiment d'inquiétude que je me décidai à les ouvrir durant le dernier mois de mon séjour en Égypte : je ne le fis qu'après avoir constaté que la plupart d'entre elles avaient déjà été violées, soit dans l'antiquité par les Égyptiens eux-mêmes, soit dans les temps modernes par les fellahs. Les résultats obtenus et les documents découverts montrent combien cette opération était nécessaire dans l'intérêt de la science : je n'ai plus aujourd'hui qu'un regret, c'est que les circonstances ne m'aient point permis de l'entreprendre plus tôt. Quelque activité et quelque soin que j'y aie mis, plusieurs des momies n'ont pas été ouvertes, beaucoup n'ont pu être mesurées, et peut-être découvrirait-on encore parmi les bandelettes plus d'un morceau d'étoffe qui nous révélerait un nom et une date nouvelle.

Objets divers provenant de la cachette.

La plupart des cercueils du premier groupe, déménagés pendant un siècle au moins de place en place avant d'arriver à leur demeure dernière, ont perdu l'attirail de vases canopes, de fleurs, d'offrandes, de boîtes, de statuettes dont chaque mort égyptien était abondamment fourni. On ne s'étonnera donc pas, si, de Soqnounrî à Ramsès III, je n'ai pas à signaler beaucoup d'objets qu'on doive attribuer à la XVIIIe, à la XIXe ou à la XXe dynasties. L'énumération de ceux que nous pouvons rattacher avec certitude aux personnages qui firent partie de la grande famille thébaine sera bientôt faite :

1° Quatre canopes au nom de ⸺ Nofritari; couvercle en forme de tête humaine, H. 0^{m}27 et 0^{m}30.

2° Un canope d'albâtre au nom d'Ouapmos ⸺.

3° Un canope au nom d'Ouapouaïtoumos ⸺.

4° Un canope au nom de Siîsi ⸺.

5° Canope en albâtre, haut de 0^{m}30, garni d'un couvercle en bois peint, rouge et bleu; au nom du prince de Koush, Mirimos, ⸺, qui vivait sous Amenhotpou III.

6° Un coffret en sycomore verni et en ébène, haut d'environ 0ᵐ 18 et renfermant un foie ou une rate humaine (pl. XXII, a). L'objet, une fois placé dans l'intérieur, avait été recouvert de bitume chaud qui a débordé sur les parois extérieures. Une des faces porte gravée au trait, sous le signe du ciel ▭, la légende de la reine Hatshopsitou 〈hiéroglyphes〉. Le nom du dieu Amon a été gratté, ce qui paraît bien montrer que le coffret était encore en usage à l'époque où les rois hérétiques proscrivirent le culte du dieu. Je ne pense pas cependant que les débris humains qu'il nous a conservés appartiennent à la reine de la XVIIIᵉ dynastie. Le corps de Hatshopsitou n'était pas dans la cachette. Je crois plutôt qu'on aura profité de la ressemblance de nom entre cette princesse et la reine Mâkerî de la XXIᵉ dynastie, pour donner à celle-ci un coffret qui provenait du tombeau de la première. Ce serait alors une usurpation de plus au compte des grands-prêtres d'Amon et de leurs contemporains.

7° Un coffret en ivoire, en bois rouge et en bronze, qui était en morceaux au moment de la découverte, et qui a été restauré par M. Emile Brugsch-Bey. Il porte les cartouches de Ramsès IX 〈hiéroglyphes〉. Je crois qu'il est venu dans la collection soit avec la momie de Ramsès Khâmoïs, soit avec celle de Notʼmit.

8° Boîte carrée, en forme de coffret, peinte en noir, avec rangées de ♀, de 𓀀 et de 𓏏 en jaune, ayant appartenu à 〈hiéroglyphes〉 Soutimos.

9° Petit cercueil de momie de même style, contenant des linges et un foie humain, ayant appartenu, comme le précédent, à 〈hiéroglyphes〉 Soutimos (pl. XXII, a).

Les momies du second groupe nous ont au contraire fourni un matériel des plus nombreux.

1° En pénétrant dans le tombeau, M. Emile Brugsch-Bey ramassa, à l'entrée du long couloir, un gros paquet de cuir roulé grossièrement, et qui paraissait avoir été déposé là par quelque prêtre égyptien pressé de sortir. En le développant, nous reconnûmes que c'était une des pièces principales du catafalque sous lequel on plaçait le cercueil pendant la cérémonie des funérailles. La partie centrale (p. 585) plus longue que large, se divise en trois bandes d'un cuir bleu-céleste qui a passé au gris-perle. Les deux latérales sont semées d'étoiles, alternative-

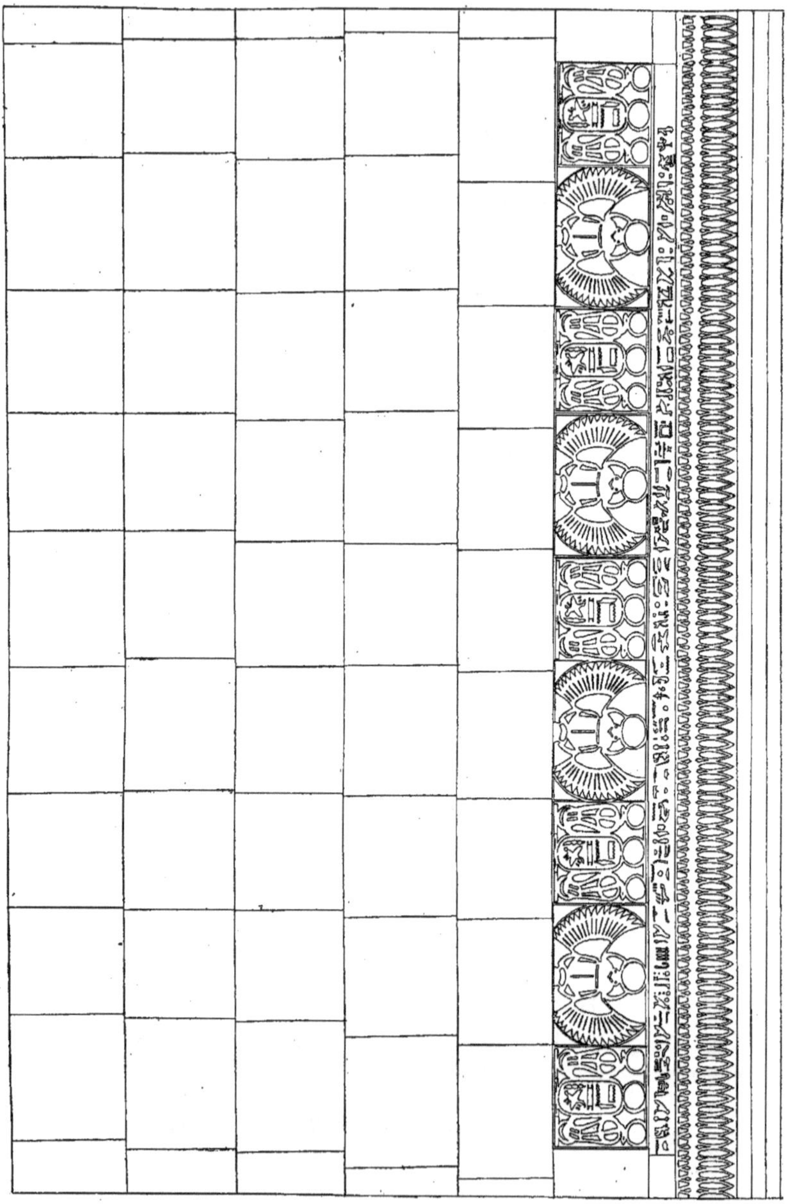

ment jaunes et rouges, disposées sur vingt-quatre rangées de huit étoiles chacune. Sur la bande du milieu s'étagent des vautours, dont les ailes étendues protègent le mort. Chaque vautour est flanqué de deux légendes toujours les mêmes, [hiéroglyphes], et séparé du voisin par une bande d'étoiles jaunes. Quatre pièces, formées de carrés verts et rouges assemblés en damier sans trop de régularité, se rattachent aux quatre côtés. Celles qui pendent sur les côtés longs sont reliées à la centrale par une bordure d'ornements. A droite (p. 586), des scarabées aux ailes éployées alternent avec les cartouches du roi Pinot'mou sous une frise de fers de lance. Entre la frise et les cartouches une ligne d'hiéroglyphes est intercalée : [hiéroglyphes]

[hiéroglyphes]. «Bon repos en sa grande place, comme qui est fumigée de ses myrrhes et » de ses encens, comme qui brille de toute espèce de fleur dont l'odeur est douce » à l'égal de celle du Pounit! Bon repos par le fait de Khonsou, car il est le maître » de Thèbes, qui sauve celui qu'il aime quand il est au Douaout, et qui met les » autres parmi ses approvisionnements, — au double de la fille du premier pro- » phète d'Amon, la principale des chanteuses de Min, d'Hor et d'Isis dans Apou, » Isimkhobiou.» A gauche même décor, mais inscription différente : [hiéroglyphes]

«Bon repos par le fait d'Isis, ta protectrice de membres, pour qu'elle protége tes » membres de tout mal, et qu'elle exerce sur toi sa vertu magique, chaque jour! » Bon repos en joie par le fait de Mout, dame d'Ashrou, dame des provisions, reine » des nourritures, qui vit longtemps grâce à son sceptre [hiéroglyphe], afin qu'elle donne que » tes yeux voient, que tes oreilles entendent, que ta face dure et prospère, au » double de la fille du Premier prophète d'Amon, la principale des chanteuses de » Min, d'Hor et d'Isis d'Apou, Isimkhobiou.» L'un des côtés plus étroits n'a aucun ornement, et les damiers s'y rattachent à la pièce centrale par trois bandes étroites. L'autre côté est décoré d'un motif très compliqué (p. 587). Une touffe de lotus, flanquée de cartouches royaux, occupe le centre; viennent ensuite deux antilopes, agenouillées chacune sur une corbeille, puis deux bouquets de papyrus, enfin deux scarabées semblables à ceux de l'autre bordure. Les deux légendes tracées sous les scarabées répètent le nom de la princesse 𓀀𓏏𓏭𓇋𓈖𓇳𓆣𓏤. La frise en fer de lance court au-dessus. La technique de cet objet est très curieuse. Les hiéroglyphes et les figures étaient découpés dans de larges feuilles de cuir, comme nous faisons nos chiffres et nos lettres dans des plaques en cuivre. On cousait ensuite, sous les vides ainsi ménagés, des lanières de cuir de la couleur qu'on voulait donner aux ornements ou aux caractères, et, pour dissimuler le rapiéçage, on étalait par derrière de longs morceaux de cuir blanc ou jaune clair. Malgré les difficultés d'agencement le résultat est des plus remarquables. La silhouette des gazelles, des scarabées et des fleurs est aussi nette et aussi élégante que si elle était tracée au pinceau sur une muraille ou sur une feuille de papyrus. Le choix des motifs est heureux, la couleur harmonieuse et vive à la fois. J'ajouterai que l'objet semble avoir été formé avec les débris d'un autre dais analogue. La pièce du centre provient probablement du dais de Masaharti, auquel on ajouta plus tard sur les côtés des pièces nouvelles au nom d'Isimkhobiou, quand cette princesse mourut longtemps après son père.

La pièce centrale a environ 2^m 50 sur les grands côtés et 2^m 20 sur les petits côtés. Les pièces latérales ont environ 1^m 60 de hauteur.

2° Sellette à quatre pieds en bronze, portant quatre vases à libations en bronze, (sic) (pl. XXII, b) au nom de 𓂋𓏤𓇋𓈖𓆣𓏤 Isimkhobiou.

3° Une autre sellette à libations, de même matière et de mêmes dimensions, mais brisée et sans inscription.

4° Quatre canopes en albâtre, appartenant à la même princesse 𓇳𓆣𓏤 𓊪𓏤𓇋𓈖𓆣𓏤. Ils diffèrent sensiblement de ceux qu'on rencontre ordinairement. Ce sont en effet des vases d'usage courant, empruntés au mobilier princier, et qu'on a utilisés comme canopes sans même chercher à les appareiller pour la forme et pour la grandeur. Le bitume bouillant dont on les a remplis, après y avoir déposé les viscères, a débordé en longues traînées.

5° Une grande quantité d'objets d'offrandes, déposés dans des vases en terre, ou enfermés dans des paniers, probablement à l'intention de la reine Isimkhobiou. Un immense panier en jonc tressé (pl. XXIII, a) contenait une charge de viande et de volailles desséchées, partie enveloppées de bandelettes, comme s'il se fût agi de momies, partie privées de couverture : une tête de veau, des cuisses de gazelle, des oies, puis des provisions d'autre nature, du pain, des raisins secs et des dattes, des fruits de palmier doum. Deux autres caisses plus petites en feuilles de palmier tressées étaient garnies de la même façon. Une caisse semblable (pl. XXIII, b), mais très fine de travail et presque neuve d'apparence, renferme une perruque de moyenne taille, à mèches courtes, en poil de mouton noir et en cheveux mêlés, identique pour la forme aux perruques qu'on voit sur les monuments thébains. A côté étaient jetées huit ou dix autres perruques frisées, quelques-unes de grandeur énorme (pl. XXII, c). Tous les paniers avaient été fermés puis scellés. Les empreintes du cachet représentent un lion terrassant un prisonnier, et, devant lui, le nom de ⟨⟨⟩⟩ Menkhopirrî dans un cartouche, ou celui de sa femme Isimkhobiou, ce qui semble bien montrer que les offrandes venaient du convoi de cette princesse.

6° Un panier renfermant soixante-dix gobelets en terre émaillée et pâte de verre bleue, verte, jaune, noire jaspée de blanc, quelques-uns ornés d'un semis de feuilles de fougères (pl. XXII, a). Tous les gobelets revêtus d'émail bleu turquois ont le nom de la princesse Nsikhonsou tracé au noir, en deux colonnes verticales, encadrées de traits épais. L'ensemble de la collection remonte donc au Xe siècle avant notre ère, et nous donne un point de repère précieux pour déterminer la date des verreries d'origine égyptienne.

7° Les figurines funéraires sont au nombre de trois mille sept cents. Elles étaient partie répandues sur le sol en tas d'inégale grosseur, partie entassées dans des coffrets. Les coffrets étaient au nombre de vingt au moins, mais douze seulement sont demeurés intacts : les autres sont tombés en morceaux sous la pression des figurines qui les écrasaient et ont laissé échapper leur contenu. Deux d'entre eux appartenaient au grand prêtre Pinot'mou, deux autres au roi Pinot'mou, deux à la reine Mâkerî (pl. XXI, d), deux à la reine Honttoouï (pl. XXI, b), trois au prêtre Zodphtahefònkh, une à la princesse Nsikhonsou. Parmi les débris de coffrets brisés figurent ceux de Nsitanibashrou, Isimkhobiou, Taïouhirit, qu'on pourra recomposer en partie.

Les figurines ont été fabriquées presque toutes sur le même modèle : elles ont été taillées fort hardiment, puis revêtues d'une couche d'émail de deux bleus, qui ont pris à la cuisson une intensité de ton superbe. Les plus jolies sont celles du roi Pinot'mou et de la reine Honttoouï, les plus laides celles de Zodphtahefônkh ; celles de Masaharti n'ont pas été soignées à la cuisson, et l'émail en a été noirci, au moment de la fusion, par les cendres du foyer. Les plus grandes, celles du grand-prêtre Pinot'mou, ne dépassent pas 0^m25, les plus petites, celles de Zodphtahefônkh, descendent parfois jusqu'à 0^m12. Elles présentent beaucoup de variété pour l'aspect et la disposition des légendes. Celles du roi Pinot'mou, des reines Mâkerî et Honttooui, de la princesse Taïouhirit, de Masaharti, forment un premier groupe d'apparence presque identique. Elles n'ont point le chapitre VI du *Livre des Morts* tracé sur le corps, mais simplement l'en-tête [hieroglyphs], suivi du nom de la personne représentée. Les titres varient plus qu'on ne saurait croire. Ainsi le roi Pinot'mou avait douze figurines à la légende [hieroglyphs], deux à la légende [hieroglyphs], une à la légende [hieroglyphs], une à la légende [hieroglyphs] avec le cartouche en blanc, une soixantaine environ à la légende [hieroglyphs] ou [hieroglyphs]. Les figurines de la reine Mâkerî sont plus diverses encore : vingt [hieroglyphs], dix-huit [hieroglyphs], soixante-neuf [hieroglyphs], quatre [hieroglyphs], dix [hieroglyphs], seize [hieroglyphs], quatre [hieroglyphs], cinq [hieroglyphs], une [hieroglyphs], une [hieroglyphs]. De plus, on rencontre quelques figurines qui, au lieu d'avoir forme de momie, représentent le mort en costume de vie, les pieds et les mains libres, et les reins ceints d'un tablier sur lequel est la légende. Un second groupe, formé principalement des statuettes de Pinot'mou III et de Nsikhonsou, porte le chapitre VI en lignes horizontales. L'émail en est aussi beau que celui des précédentes, mais la frite est plus friable et se brise au moindre choc. Isimkhobiou et Nsitanibashrou composent un troisième groupe, très lourd et très barbare d'exécution et d'un émail moins beau : les figurines tantôt portent le texte du chapitre VI en colonnes verticales, tantôt n'ont que le nom et les titres des deux princesses. Enfin Zodphtahefônkh possède un type particulier, où l'émail est d'un bleu moins profond et tourne parfois au vert. Les légendes sont d'une rédaction curieuse : on y lit, au lieu des formules ordinaires, 1° [hieroglyphs] avec les variantes [hieroglyphs], [hieroglyphs], [hieroglyphs], [hieroglyphs] pour le mot de la fin qui, placé tout au bas de la ligne, a dû être le plus écourté par le scribe, 2° [hieroglyphs] [hieroglyphs] avec les variantes [hieroglyphs], [hieroglyphs], [hieroglyphs], [hieroglyphs] et [hieroglyphs], 3° [hieroglyphs]. Dans le premier cas, la figurine dit : «Je suis Zodphtahefônkh, me »voici!» dans le second : «Je suis le serviteur de l'Amenti», «le serviteur du »Touaou», «le serviteur», «ce serviteur»; dans le dernier, elle ne prend pas la parole, mais porte, comme une étiquette, ces mots : «Serviteur d'Osiris».[1] Enfin, quelques statuettes ont l'uræus au front et un titre [hieroglyphs], variantes [hieroglyphs], [hieroglyphs], [hieroglyphs] «chef des dix», qui n'est suivi d'aucun nom.[2] J'ajouterai que les fouilles de 1885 à 1886 ont mis au jour, à l'Assasif, un grand nombre de figurines appartenant à des particuliers de la XXe et de la XXIe dynastie, et si semblables aux nôtres pour l'émail et pour la forme que les fellahs les vendent aux voyageurs comme royales et provenant de Déir el-Baharî.[3]

8° Les boîtes à canopes sont plus rares que les boîtes à figurines funéraires : il y en avait pourtant deux intactes et les débris de deux ou trois autres. La plus belle (pl. I) représentait, selon l'usage, un naos monté sur un traineau : Un chacal en bois noir de bon travail est accroupi sur le couvercle. Les parois sont revêtues de vernis jaune et couvertes de représentations peintes et de légendes au nom de la reine Not'mit. Au moment de la découverte, les quatre compartiments renfermaient outre les canopes une quarantaine de figurines bleues de Pinot'mou et de Nsikhonsou, qui y avaient été déposées soit par un des ouvriers, soit par Abderrassoul ou par un des membres de sa famille.

9° Sept figurines d'Osiris creuses ayant contenu les papyrus du grand-prêtre Pinot'mou, des reines Honttoouî et Not'mit, de Zodphtahefônkh, de la reine Mâkerî, d'Isimkhobiou, de Nsikhonsou. Les quatre premiers ont passé en Europe;[4]

---

1. Cf. Maspero, *Notes sur quelques points de grammaire*, dans la *Zeitschrift*, 1883, p. 68—69.
2. M. Wiedemann, *Geschichte Aegyptens*, t. I, p. 301, lit ce titre Aaten, et y reconnaît le nom du roi mort sur le champ de bataille et qu'il appelle Taâten. Cf. p. 526—527 du présent mémoire.
3. Maspero, *Rapport sur les fouilles et travaux exécutés en Égypte pendant l'hiver de 1885—1886*, dans le *Bulletin de l'Institut égyptien*, 1886, p. 200—201.
4. Pour les trois premiers, voir p. 512—513. Celui de Zodphtahefônkh a été retrouvé par Miss Amelia B. Edwards dans la collection Brocklehurst et publié dans le *Recueil*, t. IV, p. 85—87.

les trois autres sont au musée de Boulaq, ainsi que les papyrus découverts au cours du démaillottement des momies royales. Les fac-simile publiés par Mariette montrent ce que sont ceux de ces papyrus qui contiennent des exemplaires du *Livre des Morts*. Je me contenterai donc de donner ici, comme spécimen, la scène initiale de celui qui appartenait à la reine Mâkerî (pl. XXIV). La reine est assise au premier registre: devant elle, «le champs des offrandes», renfermant des «millions de tous les dons et de tous les produits de l'année», c'est-à-dire les offrandes que lui font au nom de la famille, «le choachyte» qui verse la libation d'eau parfumée, et le *domestique* accroupi. Derrière la reine est debout sa momie, portant le texte du chapitre VI, légende ordinaire des statuettes funéraires. Toute la scène est éclairée par la lampe sacrée plantée derrière le prêtre, et qu'on allumait au moment où on servait au mort le repas funèbre. Au-dessus de la reine, un long discours où elle fait son propre éloge: «Je suis venu à toi, »ô mon Seigneur Osiris, le cœur juste, les mains pures; j'ai été juste dans mes »actions, je n'ai pas péché contre le roi, et il n'y a rien en moi dont les hommes »puissent m'accuser! C'est moi qui suis sans faute, joins-toi à moi, tourne une »face bienveillante vers moi, mon seigneur Osiris, dieu grand qui résides à l'Oc-»cident d'Abydos.» Le registre inférieur représente le transport de la momie de la maison au tombeau. «Les vaches sacrées traînent la barque osirienne, on entre »dans la terre par les mains du roi, on se réunit à la place où l'on sera toujours, »on se joint à la retraite éternelle, on a l'ensevelissement excellent d'Amon dans »Thèbes après la vieillesse, on est déposé en terre dans l'Occident excellent, et »les gardiens de l'Occident transportent les figures-talismans, tandis que le roi »accomplit le rite sacramentel comme on a fait aux ancêtres qui ont existé jus-»qu'à ce jour.» Deux vaches, l'une fauve, l'autre blanche, et quatre hommes traînent en effet la barque sur laquelle repose la morte. Celle-ci est placée sous la surveillance de «l'embaumeur» Anubis, et des «deux jumelles» Isis et Nephthys. La pompe funèbre suit la barque; elle est composée du «choachyte» qui tient l'encensoir et le vase à libation, de «l'embaumeur» qui porte la boîte aux canopes et aux figurines bleues, de la «pleureuse en chef» échevelée et du chœur des «pleureuses». Le dessin de ce tableau est d'une finesse et la couleur d'une harmonie remarquables.

1. Mariette, *Les papyrus du Musée de Boulaq*, t. III, pl. XII—XXI.

Les papyrus-décrets forment une classe de documents dont on n'avait jusqu'à présent que peu d'exemples. Le genre en est connu par certaines stèles en bois peint d'origine thébaine et surtout par la tablette ROGERS, ainsi que par une autre tablette appartenant à M. MAC CALLUM et provenant également de Déir el-Baharî.[1] C'est Amon, le souverain réel de Thèbes sous la domination des grands-prêtres, qui prend la forme de décret pour conférer au mort certains privilèges, valables seulement dans l'autre monde. Des expéditions de ces pièces officielles étaient transcrites sur des tablettes en bois qu'on déposait dans la tombe, ou sur des papyrus qu'on enfermait dans un Osiris (papyrus de Nsikhonsou) ou qu'on étalait le long de la momie sous les bandelettes (papyrus de Pinot'mou II, de Nsitanibashrou). Le moyen le plus simple de donner l'idée exacte de leur contenu est d'en publier quelqu'un. J'ai choisi pour cet objet des décrets en l'honneur de Nsikhonsou que nous possédons à deux exemplaires. C'est d'abord une grande tablette en bois formée de trois ais unis par des chevilles. C'est ensuite un long papyrus écrit au recto et au verso (pl. XXV—XXVII); les lettres sont de belle venue au commencement mais deviennent de plus en plus cursives à mesure qu'on approche de la fin. Ces deux manuscrits nous permettent de reconstituer un texte correct et intelligible. J'ai pris pour base de la présente édition le papyrus: les variantes de la tablette sont placées en note, au bas des pages, sous la lettre B.

Ce dieu auguste, le maître de tous les dieux, Amonrâ, maître de Karnak, chef de Thèbes, l'âme auguste qui fut au commencement, le grand dieu qui vit de vérité, le dieu du premier cycle qui a enfanté les dieux des deux autres cycles,[7]

---

1. *Proceed. of the Soc. of Bibl. Archæol.*, 1883, p. 76—80. — 2. ⎕ tout court, B. — 3. ⏝, B. — 4. — 5. , B. — 6. est passé dans B. — 7. , B. Les deux textes nous ramènent au même sens. Dans les deux le dieu est appelé d'abord, le

et par qui sont tous les dieux, le un unique qui a fait ce qui existe quand la terre a commencé d'être à la création, aux enfantements mystérieux, aux formes innombrables et dont on ne peut savoir l'accroissement;[1] — le type auguste, aimé, redouté, puissant en ses doubles levers,[2] maître de richesse, maître souverain de l'être, tout ce qui est est parce qu'il est,[3] et quand il a commencé d'être, rien n'était que lui; dès la première aube de la création, il était déjà le disque solaire, prince des splendeurs et des radiances, celui dont l'apparition donne vie à tous les humains,[4] et qui, après avoir navigué au firmament, ne tombe point dans l'immobilité [à tout jamais], mais, au matin du jour suivant, ses destins sont stables; vieilli, il se lève jeune le lendemain, et, ayant conquis le temps jusqu'à

Paoutti 〈hiero〉, c'est-à-dire celui qui est le *Paout*, le dieu qui résume en lui la neuvaine des dieux. Comme les dieux sont répartis en trois psitou (neuvaines) ou paout 〈hiero〉, le dieu suprême appartient au premier *Paout*, les résume en lui, et de lui découlent les deux autres *Paout*. Cette idée est exprimée au papyrus par l'expression théologique *le Premier Paoutti qui enfante les deux autres Paoutti*, c'est-à-dire les deux autres dieux complexes qui résument chacun en eux un des deux *paout* subordonnés; elle est expliquée ensuite, sur la tablette B seulement, par une glose en langage courant, « le dieu unique (= *Paoutti* premier) qui se fait luimême en une multitude de dieux (= qui enfante les deux *Paoutti*) ».

1. Le mot 〈hiero〉 est employé pour la montée des eaux du Nil. Le mot-à-mot serait donc : « multiple de formes, *point n'est connue sa crue*», ce qui me paraît signifier que ces formes croissent comme l'eau du Nil, mais sans qu'on connaisse exactement la limite de leur croissance. — 2. *Ses doubles levers*, c'est-à-dire son lever simultané sur les deux régions du monde, sur la terre du Nord et sur la terre du Midi. — 3. Litt. : « maître d'être, est tout être de son être ». — 4. Litt. : « il était le disque, ..., quand il se donne lui-même, vivent tous les hommes ». — 5. L'expression 〈hiero〉 *amener les frontières de . . .* est celle qu'emploient les textes historiques pour exprimer les expéditions

ses limites dernières, il circule au firmament et court au Douaout pour éclairer les deux terres qu'il a créées; — dieu déisant,[1] lorsqu'il se jette lui-même au moule, le ciel et la terre se font en lui; — prince des princes, grand des grands, souverain plus souverain que les dieux, jeune taureau, aux cornes aiguës, qui garde les deux mondes en son grand nom de le temps vient avec sa puissance apportant l'extrême limite de l'éternité;[2] — dieu grand dès qu'il a existé, qui saisit les deux mondes en sa force, puissant en ses deux faces,[3] vieux de naissance, celui qui est en tous les dieux, lion farouche, maître de lancer le mauvais œil, et la flamme contre ses ennemis;[4] — l'Eau primordiale qui se gonfle à son

lointaines des Pharaons surtout vers le Sud, dans le bassin du Nil. Comme je n'ai pu la traduire directement en français, j'en ai donné l'équivalent le plus exact qu'il m'a été possible de trouver pour 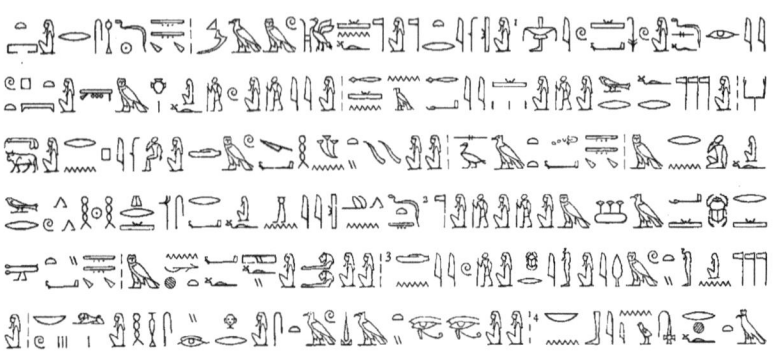, litt. : « ayant amené les frontières de l'éternité ».

1. ⸻ est l'équivalent de ⸻ roi exerçant sa fonction de roi, et doit donc se traduire dieu exerçant sa fonction de dieu, dieu en activité de service, pour employer un terme de latin du moyen-âge, dieu déisant. — 2. Cette phrase, le temps vient, etc., est le grand nom en vertu duquel le taureau Amon garde l'Égypte à tout jamais. — 3. Je crois voir dans cette expression une allusion à la figure ⸻, qui représente deux ⸻ accolés, et signifie l'âme en ses deux jumeaux, les deux lions, c'est-à-dire Shou-Tafnouït, une des formes du dieu cosmique. — 4. Le groupe inusité ⸻ ne me paraît pas être une faute de scribe. Le parallélisme de ⸻, maître des flammes, indique que l'épithète dont ce groupe fait partie désigne une qualité du lion divin funeste à ses ennemis. Cela donné, je la décompose en deux mots ⸻ sti, lancer, jeter et ⸻ les deux yeux ouza, maître de lancer les ouza, c'est-à-dire « qui a le pouvoir de lancer le mauvais œil, qui tue par le regard ». L'action du mauvais œil est exprimée ici par le mot sacré ⸻, et non par le mot ordinaire ⸻, parce qu'il s'agit du dieu suprême dont les deux yeux sont les ⸻.

heure pour vivifier ce qui sort sur son tour,[1] le disque de la lune qui pénètre ciel et terre de ses beautés, le roi labourieux, sans défaillance, dont le cœur est actif du lever au coucher, si bien que les hommes sortent de ses deux yeux divins, les dieux de sa bouche, les provisions sont fabriquées, les provisions naissent, ce qui est est créé; — maître du temps qui parcourt l'éternité, vieillard qui se refait jeune, aux paires d'yeux multiples, aux nombreuses paires d'oreilles, dont l'éclat guide les millions d'êtres, maître de vie, qui donne à qui il lui plaît le circuit de la terre en toute propriété,[2] voyageant, il agit sans catastrophe et il n'est personne qui puisse détruire tout ce qu'il a fait; — lui dont le nom est doux, lui dont l'amour est plaisant, au matin, tous les hommes l'implorent à cause de la grandeur de sa force, très vaillant, tous les dieux sont sous le coup de la terreur qu'il inspire, jeune taureau qui détruit les rebelles, vaillant qui combat contre ses

1. Le mot  (BRUGSCH, Dict. hiér., p. 795) est le plateau du tour à potier. Le Nou, l'eau primordiale est donc identifiée ici à Khnoumou qui a fabriqué les êtres sur son tour. Comparé à l'inondation, elle crée, comparé à Khnoumou, elle crée sur le tour : le tour est ici le disque ou la table carrée de la terre, sur laquelle toutes choses ne viennent que par l'eau. — 2. Litt. : « sous le lieu de sa face ».

ennemis, il est ce dieu par les desseins de qui la terre a commencé, l'âme qui culmine en ses deux ouza, l'être doué d'âme dont l'être est, le mystérieux inconnu; c'est lui le roi qui fait les rois régnants et qui règle les mondes en ses voyages, devant les âmes de qui les dieux et les déesses courbent l'échine à cause de la grande terreur qu'il inspire; allant en avant il a établi ce qui reste derrière lui, et il a commencé les mondes par ses desseins mystérieux; — être inconnu qui se dérobe plus que tous les dieux, qui se fait représenter par le disque solaire, inconnu, qui se cache à ce qui sort de lui, flamme rayonnante, grand en splendeurs, contemplé en son apparence, observé en ce qu'il laisse voir de lui, il n'est point compris, mais à l'aube tous les hommes lui adressent leur prière; splendide en ses doubles levers au milieu de la neuvaine des dieux, il est le souhait de tout dieu; — le Nou vient au souffle des vents du Nord en ce dieu mystérieux, qui fait des décrets pour un million de doubles millions, et dont ses décisions n'échouent point, mais dont les décrets sont bienfaisants, et dont l'activité se manifeste à coup sûr; — il donne la durée, multiplie les années de ses favoris, le protecteur

[hieroglyphic text]

excellent de celui qu'il porte en son cœur, le créateur du temps et de l'éternité[1], le roi des deux Égyptes, Amonrâsonthîrou, maître du ciel, de la terre, de l'eau, des deux montagnes, avec l'être de qui la terre a commencé, qui se grandit, qui s'exalte au-dessus de tous les dieux de la première neuvaine, — A donc décrété Amonrâsonthîrou, le dieu très grand de la création, son grand décret auguste pour déifier Nsikhonsou, la fille de la dame Tahonnouthouti, dans l'Occident et pour la déifier dans la tombe.

I. — Dit Amonrâsonthîrou, le très grand dieu de la création :

1. Litt. : « le *fondeur*, le *modeleur*, du temps et de l'éternité ». — 2. Au lieu de ce long développement, la planchette de Boulaq se contente des trois lignes suivantes : [hieroglyphic text], etc. On notera que le mot [hieroglyph] Nil a ici la même orthographe que j'ai signalée plus haut dans le nom de la reine Anhâpou (cf. p. 530—531). — 3. Litt. : « commence la terre à son être. »

« Je déifie Nsikhonsou, cette fille de Tahounouthouti à l'Occident; je la déifie
» dans le Khrinoutri; je donne qu'elle prenne l'eau d'Occident, je donne qu'elle
» prenne les offrandes au Khrinoutri. Je déifie son âme et son corps au Khrinou-
» tri, et je ne permets point qu'on détruise son âme au Khrinoutri, mais au con-
» traire, je la déifie au Khrinoutri, à l'égal de tout dieu et de toute déesse déifiés,
» à l'égal de toutes choses quelconques[9] déifiées au Khrinoutri, et je donne qu'elle
» prenne tout dieu, toute déesse, toutes choses généralement quelconques déifiées

1. ⸺, B. — 2. ⸺, B. — 3. ⸺, B. — 4. ⸺, B. — 5. ⸺, B. — 6. Si ⸺ ne se trouvait qu'en cet endroit, on pourrait se demander s'il appartient à la phrase qui commence ou à celle qui finit : L'exemple qu'on rencontre plus bas, à la ligne 95, montre qu'il appartient à la phrase qui finit. — 7. ⸺, B. — 8. ⸺. — 9. ⸺, B. Les deux mots ⸺, var. ⸺, qu'on trouve dans les actes judiciaires ou dans les textes rédigés à l'imitation des actes judiciaires, ont fini par former une locution unique employée isolément, parfois avec l'article masculin : répétée deux fois ⸺, ou, avec rapprochement des éléments semblables ⸺ (l. 49), elle prend la valeur augmentative que donne la répétition (cf. ⸺, var. ⸺, ⸺) aux locutions égyptiennes. Le sens s'en déduit aisément du sens de chacun des mots constitutifs, ⸺ *tout ce qui est*, avec une nuance de renchérissement sur le simple ⸺, ce qui m'a décidé à traduire par une formule augmentative, *tout.... généralement quelconque*. La signification emphatique ne dut point tarder à s'affaiblir et ⸺ à devenir un doublet de ⸺, car le copte n'a plus l'équivalent exact *NIB de ce dernier, mais une forme ⲛⲓⲃⲉⲛ, qui me paraît être dérivée de ⸺ par chute de ⸺, ⸺ final. Peut-être cet affaiblissement se produisit-il avec d'autant moins de peine que le composé ⸺ NIBENTI, put passer aisément pour un dérivé de ⸺ NIBET, NIBIT, grâce à la nasalisation de la dentale finale fréquente en égyptien : l'analogie de ⸺, ⸺, par exemple, pouvait faire croire à un ⸺, tiré directement de ⸺ (cette dernière forme assez fréquente sur les monuments éthiopiens). Peut-être aussi le copte ⲛⲓⲙ, qu'on explique d'ordinaire par une substitution directe de ⲙ au ⸺ de ⸺, provient-il de ⲛⲓⲃⲉⲛ, c'est-à-dire de ⸺. — 10. ⸺, B. Le mot ⸺ est l'équivalent du démotique ⸺ si usité dans les contrats (*Zeitschrift*, 1881, p. 118) et du copte ⲛⲕⲁ T., ⲉⲛⲭⲁⲓ M. On *déifiait* ⸺ dans l'autre

»au Khrinoutri; je donne qu'elle prenne au Khrinoutri tout objet de quelque
»nature que ce soit qui est de bonne prise, et je donne qu'on lui fasse tous les
»biens[7] qui appartiennent à l'homme lorsqu'il est en cette forme [nouvelle], pour
»qu'ils appartiennent à Nsikhonsou, soit qu'on prenne l'homme au Khrinoutri,

monde égyptien des personnes comme les dieux, les déesses, les âmes, ou des choses comme les pains d'offrandes, les meubles, les objets à l'usage des personnes divines ou humaines. C'était une conséquence naturelle des théories qui avaient cours sur l'autre vie : une âme divinisée ou héroïsée ne pouvait recevoir de terre que des objets préalablement divinisés ou héroïsés comme elle. Les objets auxquels il est fait allusion ici sont ceux qui ont été nommés explicitement quelques lignes plus haut, « l'eau » et « les offrandes ».

1. , B. — 2. Le scribe de B avait passé une phrase entière de jusqu'à . Il l'a rétablie entre deux signes de renvoi × et ×, au haut de la tablette, avec les variantes que voici : , où le du papyrus est réparti entre et . — 3. , B. — 4. , B. Sur le sens de ce mot, voir BRUGSCH, Dict. H. suppl., p. 77 sqq. — 5. , B. — 6. , B. — 7. , B. Sur la locution , sur sa prononciation, sur sa lecture, voir le remarquable article de M. MAX MÜLLER, Die demotische Præformativpartikel ⲙⲉⲧ, dans le Recueil, t. IX, p. 21 sqq. Le copte qui avait déjà le simple ⲛⲟϥⲣⲉ, T. ⲧ, utilitas, commodum, nous a rendu encore les composés qui répondent à , ⲙⲉⲧⲛⲟϥⲣⲓ, M. ⲛⲓ, Bona, et les composés négatifs ⲙⲛⲧⲁⲧⲛⲟϥⲣⲉ, T. ⲙⲉⲧⲁⲧⲛⲁⲃⲣⲉ, B. ⲧ, inutilitas. — 8. , B. — 9. , B. Peut-être la traduction matérielle figure, forme, conviendrait-elle mieux aux idées égyptiennes que la traduction abstraite condition. De toute manière désigne ici la vie d'outre-tombe. — 10. , ⲁ, est, comme je l'ai montré, il y a une douzaine d'années (Mélanges d'Archéologie, t. II, p. 294, note 2), l'équivalent thébain de à partir de la XXᵉ dynastie : les documents magiques du IIᵉ ou IIIᵉ siècles, après J.-C., et les papyrus écrits dans le dialecte copte d'Akhmîm nous ont révélé l'existence de la préposition ⲁ, à côté de ⲉ, seul connu jusqu'à présent. Les deux manuscrits de notre texte renferment plusieurs variantes de qui seront relevées au fur et à mesure qu'elles se présenteront. Le mot-à-mot de la phrase nous donne donc : « J'accorde qu'on lui fasse tous biens qui deviennent avec l'homme en son devenir en cette condition, pour devenir avec elle ». — 11. , B.

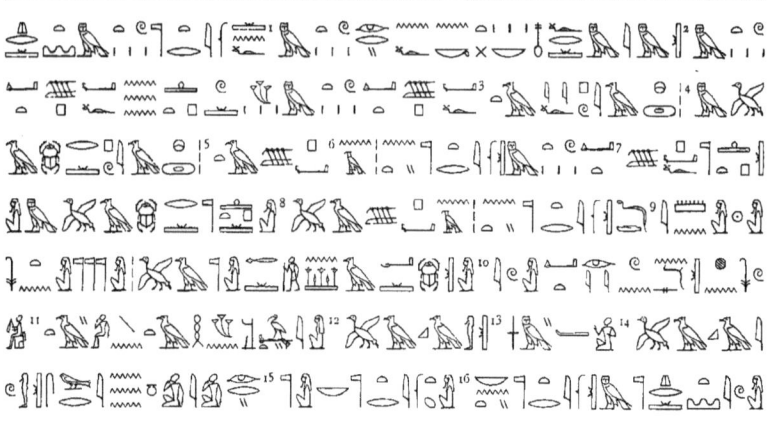

»soit qu'on le déifie, soit qu'on lui fasse tous les bons offices qui sont propres à
»la localité, soit qu'on lui fasse prendre l'eau et les offrandes, soit qu'on lui fasse
»prendre ses gâteaux dans ce qu'il y a de gâteaux que reçoivent ceux qui sont
»déifiés, soit qu'on lui fasse prendre ses liturgies dans ce qu'il y a de liturgies
»que reçoivent ceux qui sont déifiés.[17]»

II. — Dit Amonrâsonthîrou, le très grand dieu de la création :

«Je donne que Nsikhonsou, cette fille de Tahounouthouti ait les mets et les
»boissons qu'ont tout dieu et toute déesse qui sont déifiés au Khrinoutri, je
»donne que Nsikhonsou ait tout bien qui appartient à tout dieu et à toute déesse

1. ▨, B. — 2. ▨, B. — 3. ▨, B aux deux endroits. — 4. ▨, B. — 5. ▨, B. — 6. ▨, B. — 7. ▨ répété par erreur au commencement de la ligne, dans B. — 8. ▨, B aux deux endroits. — 9. ▨, B. — 10. ▨, B. — 11. ▨, B. — 12. ▨, B. — 13. ▨, B. — 14. ▨, B. — 15. ▨, B. ▨ et ▨ sont déjà les mots coptes ⲥⲓⲕⲟⲩⲱⲙ T. B., ⲥⲓⲕⲟⲩⲟⲟⲙ, T. ⲡ, *Cibus, edulium, res comestibilis*, et ⲥⲓⲕⲉⲱ T., πόμα, *potio*. — 16. ▨, B. — 17. La première clause confère à Nsikhonsou le droit de prendre sa ration des provisions de bouche au Khrinoutri, et spécifie la provenance de ces provisions. L'offrande qu'on lui faisait en son nom se divisait en deux portions dont l'une lui était remise, tandis que l'autre restait au pouvoir des dieux à titre de commission. Outre ce revenu personnel, elle avait sa quote-part des sacrifices faits aux dieux et aux mânes en général, sans indication de personne, pendant les fêtes des morts.

»qui sont déifiés au Khrinoutri, et de même qu'à cause de cela je délivrerai
»Pinot'mou mon serviteur de toute prohibition nuisible, de même à cause de
»cela, je ne nuirai à Nsikhonsou d'aucune des façons de nuire qui sont possibles
»au Khrinoutri, mais je donne que sorte son âme et je donne qu'elle entre au
»gré de son cœur sans jamais être repoussée.»

III. — DIT AMONRÂSONTHÎROU, LE TRÈS GRAND DIEU DE LA CRÉATION :

«J'ai observé [10] Nsikhonsou, cette fille de Tahounouthouti, et elle n'a rien fait

1. 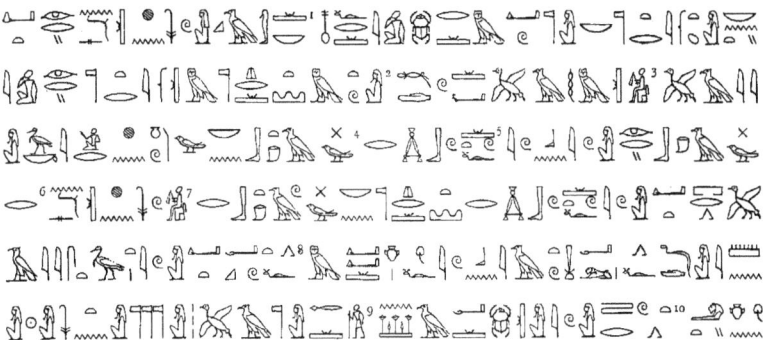, B. Le mot-à-mot donnerait : «J'accorde que *fasse* Nsikhonsou tout mets et toute boisson que *font* tout dieu et toute déesse qui sont déifiés au Khrinoutri; j'accorde que *fasse* Nsikhonsou tout bien, etc.». *faire*, prend souvent dans ces formules le sens de *posséder, avoir.* — 2. La forme subordonnée servait à introduire plus haut l'explication des priviléges compris sous la rubrique générale etc.; ici elle sert à introduire l'explication de ce qui est accordé à Nsikhonsou par la formule un peu vague , etc. Le de ⲉⲧⲙ̄ⲛⲏⲧⲥ se rapporte à ce mot masculin : c'est à cause de cette faveur par lui accordée qu'Amonrâ écartera de Nsikhonsou, comme de Pinot'mou, quand Pinot'mou sera mort, toute chose nuisible, c'est-à-dire, donnera à l'âme de la morte la liberté de circuler à son gré dans l'autre monde sans être arrêtée par aucun être, ni aucun objet qui pourrait lui nuire. — 3. , B. — 4. , B. — 5. , B aux deux endroits. — 6. , B au lieu de . — 7. , B. — 8. , B. — 9. , B. — 10. partout dans B. La locution a été signalée par BRUGSCH (*Dict. H. suppl.*, p. 730), qui en traduit les exemples, , *es schlug sein Herz für seinen Vater*, , *mein Herz schlug für dich*, , *es schlug für mich dein Herz*. La traduction serait

»de mal contre Pinot'mou, le fils d'Isimkhobiou. Je l'ai observée, je n'ai pas
»permis qu'elle songeât à abréger elle-même la vie de Pinot'mou, je n'ai pas
»permis qu'elle fît abréger sa vie par d'autres. Je l'ai observée, et je n'ai pas
»permis qu'elle-même fît contre Pinot'mou aucun des crimes qu'on peut faire
»contre un homme vivant. Je l'ai observée, et je n'ai pas permis qu'elle fît
»faire par d'autres contre lui aucune des actions horribles qu'on peut faire
»contre un homme vivant.»

IV. — Dit Amonrâsonthîrou, le très grand dieu de la création :

«J'ai été cause qu'elle n'a jamais cherché[6] à faire contre Pinot'mou, le fils

plus exacte, je crois, si M. Brugsch avait pris ▭ dans le sens qu'il indique lui-même, *in Windungen durchlaufen, durcheilen* : «il *circule de cœur* à la suite de son père, mon *cœur circule* sous toi, ton *cœur circule* à moi». Le composé ▭, dont le dérivé ne s'est pas retrouvé en copte, signifie *s'intéresser à..., veiller sur..., observer quelqu'un...* littéralement *circuler-de-cœur à...*

1. ▭, B. — 2. Litt. : «Je n'ai pas donné qu'elle (Nsikhonsou) retranchât, diminuât (var. ▭ ▭, B), de la durée de vie de lui (Pinot'mou), je n'ai pas donné qu'elle donnât qu'ils diminuassent dans la durée de vie de lui». — 3. ▭, B. — 4. ▭ ▭, B. Chaque phrase de ce paragraphe est partagée en deux propositions qui se balancent exactement : au ▭ du premier membre, répond ici ▭ ▭, où ▭ doit par conséquent exprimer une idée analogue à celle que rend ▭ répond en effet à ϩⲟⲓ, T. *horrere, pavere*, du simple ϧⲉⲗⲓ, M. ϧⲏⲗⲏ, T. ⲧ, *terror* : «Je n'ai pas fait faire elle faire eux action toute quelconque terrible au cœur d'homme vivant.» — 5. ▭, B. — 6. Litt. : «J'ai donné être point ne fut elle chercha....»

» d'Isimkhobiou aucun maléfice de ces maléfices qui tuent. Je l'ai observée et elle
» n'a fait contre lui nul maléfice, ni aucune chose généralement quelconque de celles
» qui nuisent à l'homme, elle n'en a point fait faire contre lui, par aucun dieu, ni
» aucune déesse déifiés, par aucun esprit mâle, ni aucun esprit femelle déifiés,
» elle n'en a pas fait faire contre lui par n'importe laquelle des classes de gens
» qui jettent toute espèce de sorts, pour que toute sorte de gens ou de choses
» entendent leur voix.[7] Je l'ai observée, tandis qu'elle cherchait pour Pinot'mou

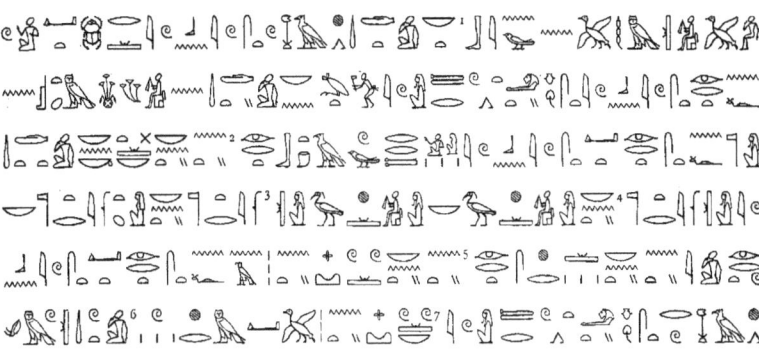

Cette phrase est très embrouillée. Le mot-à-mot donne : « Elle n'a pas fait faire ces choses-là (⸻) comme en plusieurs endroits de notre texte) à lui ceux qui sont toute espèce généralement quelconque faisant des sorts généralement quelconques pour (⸻) être fait ouïe de leur voix à savoir avec ceux de toute espèce. » La difficulté vient en partie de l'expression ⸻, en partie de la nouveauté des idées que ce passage nous révèle. ⸻ signifie littéralement *toute espèce de personnes ou de choses* et s'applique, dans le premier cas, à ceux qui font l'action exprimée par ⸻ dans le second cas, à ceux qui la subissent. ⸻ signifie à proprement parler *faire les plans, les devis de*.... par suite *régler la destinée* de quelqu'un ou de quelque chose (cfr. BRUGSCH, *Dict. H. Suppl.*, p. 1111). La plupart du temps, le mot est pris en bonne part et se dit du roi ou du dieu qui règle le sort d'un homme, d'un peuple ou d'un temple; mais ici, il est pris en mauvaise part, puisqu'Amon fait un mérite à Nsikhonsou de ne pas s'être adressé aux gens qui ⸻. Cela donné, ces gens qui ⸻ comme les dieux et les rois, mais en mal, ne peuvent être que des magiciens ou des sorciers, et leur action est exprimée dans le second membre de phrase : « leur voix est entendue de n'importe qui ». La traduction *jeter des sorts* répond donc exactement tant au sens primitif de ⸻ qu'au sens particulier que ce mot a dans la phrase.

»ce qui lui est bon pendant qu'il est sur terre, et j'ai été cause qu'elle a cherché à
»lui assurer, par tous ses actes, longue durée sur terre, une vie saine, la force, la
»richesse, la vaillance, et j'ai été cause qu'elle a, par tous ses actes, en toute place
»où l'on entend ses paroles, cherché à lui assurer toute sorte de prospérité. J'ai
»été cause qu'elle n'a cherché pour lui aucun maléfice, ni rien de ce qui nuit à
»l'homme, ni rien de ce qui est redoutable, contre Pinot'mou, le fils d'Isimkho-
»biou. J'ai été cause qu'elle n'a cherché aucun maléfice, aucun sortilége, entraî-
»nant la mort, ni aucun maléfice du genre de ceux qui remplissent l'homme
»d'effroi, [par exemple] de ceux qui pouvaient nuire à l'homme ou à la femme,
»amis de Pinot'mou, en remplissant son cœur d'effroi contre eux par la vertu
»du maléfice lancé sur eux. J'ai été cause que les rapports du cœur de Nsikhon-

---

1. La préposition ⌇⌇⌇ est passée dans B. — 2. [hieroglyphs], B. — 3. [hieroglyphs], B. — 4. [hieroglyphs], B. Le mot-à-mot donne : « J'ai fait être [que] fût ([gl]) chercher pour lui longue longue vie étant sur terre, sain, étant fort, riche, vaillant, ce qu'elle a fait. » — 5. [hieroglyphs], B. Le mot-à-mot de la phrase est le même que celui de la phrase précédente, à cela près que le papyrus ajoute devant [gl] le verbe [gl]. — 6. [hieroglyphs], B. Ici, c'est l'opération inverse de celle qui a été mentionnée à propos des sorciers : « dans toutes les places où la voix de Nsikhonsou a été entendue », ç'a été pour prier en faveur de son mari et non pour lui *jeter des sorts*. — 7. [hieroglyphs], B. — 8. [hieroglyphs], B. — 9. [hieroglyphs], B.

[hieroglyphic text]

»sou et de son âme fussent en bon ordre, à savoir que son cœur ne fût pas rejeté
»loin de son âme, que son âme ne fût pas rejetée loin de son cœur, et que son
»cœur lui-même ne fût pas rejeté loin d'elle, bref, que Nsikhonsou ne fût rejetée
»d'aucune sorte de rejet qui peut arriver à quiconque est dans cette condition où
»elle est, étant [comme elle] déifié au Khrinoutrî, de quelque nature qu'il soit, et
»qu'il ne fût fait à Nsikhonsou aucun maléfice du genre de ceux auxquels est

1. [hieroglyphs], B. — 2. [hieroglyphs], B. Ici encore, la phrase est des plus embrouillées. Le mot-à-mot donne : « J'ai fait être qu'elle ne cherchât pas tout maléfice, tout sortilège mor-»tel, tout maléfice de toute espèce faisant avoir peur le cœur contre homme, ils nuisent à homme ou femme »toute cœur à eux Pinot'mou, étant ([hieroglyphs]) son cœur effrayé contre eux du mal qui est avec »eux.» Le relatif [hieroglyphs] au pluriel se rapporte aux [hieroglyphs] maléfices énumérés plus haut. La phrase paraît signifier que Nsikhonsou n'a jeté aucun sortilège pouvant, ou entraîner la mort ou remplir Pinot'mou d'horreur contre les gens qui l'aimaient. — 3. [hieroglyph], B aux deux endroits. — 4. [hieroglyphs], avec le déterminatif [hieroglyph], ne peut signifier que *retourner en arrière . . . .*, *rejeter en arrière . . . .* Il ne se trouve à ma connaissance qu'à la fin des *Maximes d'Ani* : [hieroglyphs] (pl. 23, l. 13). CHABAS (*L'Égyptologie*, t. II, p. 206) et BRUGSCH (*Dict. H. Suppl.*, p. 1294), à sa suite, ont identifié ce verbe avec [hieroglyphs] *briser*, ⲕⲁϣ, ⲕⲱϣ, M. ⲕⲱⲱϣⲉ T. *frangere*, et ont traduit : « Le bois brisé, resté dans »le champ et qu'ont frappé le soleil et l'ombre, l'artiste le recueille, il le redresse, il en fait le fouet »d'un chef.» En tenant compte du déterminatif, il vaut mieux traduire : «Le bois rejeté, le bois de »rebut qu'on a laissé sur le sol, quand le soleil l'a frappé et l'ombre, l'artisan le ramasse et en fait le »fouet d'un chef.» Ce que l'auteur veut exprimer ici c'est qu'entre les mains d'un artisan habile la matière la plus vile devient précieuse. Dans le texte de notre papyrus [hieroglyphs] exprime une nuance de la même idée qui est rendue par [hieroglyphs] au *Livre des Morts*. — 5. [hieroglyphs], B. — 6. [hieroglyphs], B. — 7. [hieroglyphs], B.

»exposé l'homme qui est en cette même condition où elle se trouve ; mais, au
»contraire, [j'ai été cause] que se produisît tout ce qui peut faire plaisir à Nsikhon-
»sou, à savoir que tout ce qui peut arriver de bien, que la longue, longue durée, étant
»sur terre fort, riche, vaillant, tout cela fût pour Pinot'mou, qu'il n'y ait point dimi-
»nution en sa durée de vie, qu'aucun maléfice de quelque sorte que ce soit de ceux
»qui nuisent à un homme ou sont horribles au cœur de l'homme, n'arrive à Pi-
»not'mou, ni n'arrive à ses femmes, ni à ses enfants, ni à ses frères, ni à Atooui,
»ni à Nsitanibashrou, ni à Masaharti, ni à Zaouinofir, les enfants de Nsikhonsou,

1. [hiero], B. — 2. [hiero], B. — 3. [hiero]
[hiero], B. C'est ici, je crois, la phrase la plus embrouillée du morceau. Voici
comment je la comprends mot pour mot : « Qu'il y ait » (la valeur subordonnée de ce membre de
phrase me paraît être indiquée par l'emploi de [hiero] dans la variante de la plaquette B) « cœur bien
»disposé avec elle, à savoir [hiero] le se produire tout bien, durée longue, longue, étant lui (Pinot'mou)
»sur terre, étant lui fort riche, vaillant, à savoir [hiero] ce soit ce qui est » (les deux [hiero] de cette phrase
[hiero] et [hiero] me paraissent équivaloir à [hiero] et [hiero] de
[hiero] et [hiero] que nous avons rencontré plus haut) « avec Pinot'mou, et que
»n'avoir point de retranchement de sa vie, n'être pas exposé à l'action de tout maléfice de toute espèce
»nuisible à l'homme soit à Pinot'mou, et que ces choses là » (le retranchement et les maux qu'on vient
d'énumérer) « ne soient pas avec les personnes de sa famille, ni de la famille de Nsikhonsou, — je fais
»être que tout ce qui est utile à elle de toute sorte, ce qui est salutaire à elle en toute sorte de salut
»qui est avec l'homme qui en cette condition, soit avec elle, à savoir ([hiero]) les biens et la durée de
»vie qui sont avec Pinot'mou et sa famille. » [hiero] me paraît avoir ici le sens du copte ⲉⲙⲧⲟⲛ,
M. ⲙⲧⲟⲛ, T. M. ⲛ, ὑγιεία, salus.

»ni que cela arrive aux frères de Nsikhonsou; j'ai été cause que tout ce qui peut
»lui être utile en quelque manière, tout ce qui peut lui être salutaire en toute
»manière de salut, et qui arrive à l'homme qui est en cette condition, lui arrivât
»à elle, à savoir que toute prospérité, que toute longueur de vie fût bellement,
»bellement à Pinot'mou, ainsi qu'à ses femmes, à ses enfants, à ses frères, aux
»enfants de Nsikhonsou, aux sœurs de Nsikhonsou.

VI. Dit Amonrâsonthîrou, le très grand dieu de la création[8] :

«Toutes choses généralement quelconques, de quelque espèce que ce soit, qui
»sont à l'homme qui se trouve dans la situation où est Nsikhonsou, et grâce aux-
»quelles il est déifié, je donne qu'elles soient à Nsikhonsou, je donne que l'on dise

1. ━━ écrit ━━ ou ━━ dans la suite de B. — 2. ━━, B. — 3. ━━, B. — 4. ━━, B aux deux endroits. — 5. ━━, B. — 6. ━━, B. — 7. ━━, B. — 8. Les soixante-dix *Chants* de Râ me paraissent être analogues, sinon identiques en partie, aux soixante-quinze *Acclamations* poussées chaque soir, au moment du coucher du soleil, et que M. Naville a publiées et traduites dans son bel ouvrage, *La Litanie du Soleil*. C'est là toutefois un point qui demanderait une étude particulière. Ici ces *Chants* servent à prévenir l'anéantissement de l'âme, et c'est pour cela qu'Amon-Râ décerne à Nsikhonsou, par une clause spéciale, la faveur de s'en servir.

»en mon nom les soixante-dix chants de Râ, pour que son âme ne soit pas ané-
»antie au Khrinoutri.

VII. Dit Amonrâsonthîrou, le très grand dieu de la création :

«Toute parole bonne pour Nsikhonsou qui la déifie, qui lui donne de prendre
»l'eau et les offrandes, qui sera prononcée ou qui sera dite devant moi par n'im-
»porte qui, je la lui ferai entièrement, sans en rien omettre. Toute parole bonne
»qui sera dite en ma présence pour Nsikhonsou, je la lui ferai, en toute saison
»déterminée du ciel, lorsque Shou sort si bien qu'aucun maléfice ne l'atteigne
»des maléfices qui peuvent atteindre un homme qui est dans la condition où est
»Nsikhonsou, en toute saison déterminée du ciel, lorsque Shou sort à l'eau avec

»ses armes et que le jour commence au firmament. Toutes paroles mauvaises
»pour un homme qui est dans la condition de Nsikhonsou, qui seront prononcées
»ou qui seront dites par n'importe qui, j'écarterai leur action complétement sans
»en rien omettre, en toute saison déterminée, quand Shou sort à l'eau avec ses
»armes et que le jour commence au firmament.

VIII. Dit Amonrâsonthîr, le très grand dieu de la création :

«J'ai fait dire les soixante-dix chants de Râ en mon nom, et je n'ai pas permis
»qu'on omît pour Nsikhonsou aucun des biens qui appartiennent à l'homme
»qui est dans la condition où Nsikhonsou se trouve; mais j'ai donné qu'elle
»prît les offrandes, pain, bière, eau, parfums, vin, moût, lait, graines (?), et
»j'ai donné qu'elle prît tous les biens, toutes les choses bonnes pour l'individu
»qui est dans la condition où se trouve Nsikhonsou, qui est en faveur auprès de

1. Le membre de phrase [hieroglyphs], B. — 2. B remplace cette phrase par la phrase suivante : [hieroglyphs]. — 3. [hieroglyphs], B. — 4. [hieroglyphs], B. — 5. [hieroglyphs], B.

»moi et qui a été déifié, et j'ai donné qu'elle prît à l'égal de tout dieu et de toute
»déesse tous les biens généralement quelconques que prennent ceux qui ont été
»déifiés au Khrinoutri, et j'ai donné qu'elle prît ses liturgies sur l'ensemble de ce
»qui est aux dieux.»

IX. Dit Amonrâsonthîrou, le très grand dieu de la création[1] :

«Si cette parole, par laquelle on a fait don d'offrande du Pays d'Ialou et d'un
»champ du Pays d'Ialou, n'est pas de ces paroles qui sont bonnes pour l'homme
»qui est en cette condition où se trouve Nsikhonsou et qu'elle ne s'accomplisse
»point, je ferai don d'offrande du Pays d'Ialou et d'un champ du Pays d'Ialou à
»Nsikhonsou la fille de Tahonouthouti, au moment où se produira ce qui est
»bon pour elle en ce genre, et cela n'entraînera aucune diminution, non vrai-
»ment, de ce qui est bon pour elle en ce genre.»

X. Dit Amonrâsonthîrou, le très grand dieu de la création :

---

1. Le dieu prévoit le cas où, présentant à la morte l'offrande qui lui revient au pays d'Ialou, on n'aurait pas employé les formules exactes : il promet de lui donner quand même ce qu'on demande pour elle, sans en rien rabattre. — 2. Forme de ⲙⲛⲁⲧⲉ plus rapprochée du copte que celle que j'ai indiquée, p. 610, note 3. — 3. Employé ici comme ⲛⲉ en copte. Cf. *Zeitschrift*, 1877, p. 110—113.

«Tous biens dont on a dit en ma présence, à savoir : «Elle les a faits Nsikhon-
»sou, la fille de Tahonouthouti,» je les lui fais, et ils ne [lui] seront pas diminués,
»non vraiment, et ils ne [lui] seront pris nullement, et il n'y sera rien retranché,
»de nouveau, en toute saison déterminée du ciel, quand Shou sort, mais au
»contraire elle les recevra remplis des prémices de tout ce qui est bon pour elle
»à l'égal de tout homme et de tout dieu, qui ont été déifiés, qui sortent, qui en-
»trent, qui vont vers tout lieu qui leur plaît.»

XI. Dit Amonrasonthirou, le très grand dieu de la création :

«Tout bien dont on dit en ma présence à savoir : «Fais ces choses à Pinot'-
»mou, ce fils d'Isimkhobiou, mon serviteur, à ses femmes, à ses enfants, à ses
»frères, à quiconque possède son cœur et pour lesquels son cœur est rempli
»d'effroi, si quelque maléfice leur arrive,» j'envoie mon décret très grand, très

[hieroglyphs]

»auguste en tout lieu, pour qu'on fasse tout bien être avec Pinot'mou, avec ses
»femmes, avec ses enfants, avec ses frères, avec tout individu qui possède son
»cœur; même si on ne venait pas dire : «Qu'on accomplisse le décret d'Amonrâ-
»sonthîrou, le très grand dieu de la création», j'accorde qu'on fasse se produire
»ce qu'a dit ce dieu grand.»[1]

C'est un véritable contrat passé entre le dieu et la morte. Malheureusement, la langue judiciaire de l'Égypte ancienne ne nous est pas assez connue encore dans toute sa précision pour que j'ose espérer avoir tout bien rendu : le sens du document ressort néanmoins avec netteté de ma traduction. Le préambule est des plus curieux pour l'histoire des idées religieuses : il nous montre jusqu'à quel point les théologiens thébains avaient porté la notion de l'unité de dieu et comment ils la conciliaient avec l'existence des divinités autres qu'Amon. Les différents articles confirment une fois de plus les idées que nous avait inspirées l'étude sur la nature de l'âme, sur la conception de l'autre vie, sur le genre des objets qu'on croyait être nécessaires au mort. Nsikhonsou reçoit de quoi manger et boire, sans parler d'une petite propriété dans les champs d'Ialou, elle est à l'abri des maléfices et des dangers surnaturels : Amon déclare expressément qu'elle doit cette félicité à la bonne conduite dont elle a fait preuve vis-à-vis de son mari. Le jugement est fortement motivé, et doit reproduire avec fidélité le libellé des arrêts rendus par Pharaon et par ses juges : constatons une fois de plus que les usages de l'autre monde sont la copie de ce qui se passait sur notre terre.

1. Dans cette dernière clause, le dieu prévoit le cas où on négligerait de prononcer la formule exécutoire en son nom, et s'engage, vis-à-vis de Nsikhonsou, à faire tout ce qui peut lui être utile, quand même toutes les formalités légales n'auraient pas été accomplies.

II. — DES MOMIES ENTERRÉES A DÉIR EL-BAHARÎ QUI APPARTIENNENT AUX XVIIᵉ—XXᵉ DYNASTIES.

Le classement historique des personnages découverts à Déir el-Baharî n'est pas sans présenter beaucoup de difficultés. Plusieurs d'entre eux ou bien étaient inconnus auparavant, ou bien apparaissaient à peine sur quelques monuments. J'ai déjà essayé de les remettre chacun à sa place,[1] mais c'était quelques semaines après la découverte, et plus d'une erreur s'est glissée dans mon travail. J'ai eu, depuis lors, le temps et l'occasion de les interroger un à un, et cette enquête approfondie m'a obligé à revenir sur beaucoup d'identifications que j'avais cru pouvoir admettre comme probables. Je ne donne point toutes celles que je propose aujourd'hui comme étant définitives : je crois pourtant qu'il n'est pas inutile de les publier, ne fût-ce que pour provoquer la discussion.

Les momies des XVIIᵉ—XXᵉ dynasties se prêtent à l'étude plus aisément que celles du second. Une fois qu'on a nommé Ramsès Iᵉʳ, Séti Iᵉʳ, Ramsès II, Ramsès III, Ramsès XII, on n'a besoin de rien ajouter. L'admirable conservation des cadavres de Séti Iᵉʳ et de Ramsès II nous permet de constater une fois de plus la fidélité avec laquelle les artistes égyptiens reproduisaient sur les monuments les portraits de leurs rois : on n'a qu'à mettre côte à côte la photographie de la momie et celle d'un bas-relief ou d'une statue pour s'en convaincre sur le champ.[2] La physionomie des deux souverains répond assez bien à ce que les documents écrits nous apprenaient de leur caractère et de leur règne : Séti est plus fin et plus intelligent, Ramsès plus hautain et plus énergique.[3] De même pour Soq-

---

[1]. Maspero, *La Trouvaille de Déir el-Baharî*, p. 14—15, *Guide du visiteur au Musée de Boulaq*, p. 348.

[2]. C'est ce que M. Ed. Meyer a fait fort bien dans sa *Geschichte Aegyptens*, p. 294—295 pour Ramsès II.

[3]. M. G. Rawlinson, ou son collaborateur M. Arthur Gilman (*Ancient Egypt*, p. 251—252), n'est point de cet avis. «The physiognomies of Seti I and Ramesses II, as represented on the sculptures, »offer a contrast. Seti's face is thoroughly African, strong, fierce, prognathous, with depressed nose, »thick lips, and a heavy chin. The face of Ramesses is Asiatic. He has a good forehead, a large, well-»formed, slightly aquiline nose, a well-shaped mouth, with lips that are not too full, a small delicate

nounrî, pour Ahmos Ier, pour Amenhotpou Ier, pour Thoutmos Ier, Thoutmos II, Thoutmos III. La difficulté ne commence que lorsqu'on en arrive aux princesses. Les problèmes que chacune d'elles soulève se compliquent et admettent parfois plusieurs solutions possibles. La cachette de Déir el-Baharî nous a rendu, en effet, les restes de cinq générations successives :

     SOQNOUNRI-TIOUÀQEN
     NIBPEHTIRI-AHMOS Ier
     ZOSARKERI-AMENHOTPOU Ier
     AKHOPIRKERI-THOUTMOS Ier

AKHOPIRNIRI THOUTMOS II   MENKHOPIRRI THOUTMOS III

Une seule des reines dont nous possédons la momie ou le cercueil a une place assurée dans la série, Ahmos-Nofritari, femme d'Ahmos et mère d'Amenhotpou. Les autres n'ont pas encore de poste fixe et réclament un examen sérieux.

J'ai déjà rappelé que plusieurs d'entre elles se retrouvent sur deux tableaux découverts, au commencement du siècle, dans le cimetière de Thèbes, à Gournét-Mourrai.[1] Les domestiques de la nécropole ⟨hieroglyphs⟩ se partageaient les

---

»chin, and an eye that is thoughtful and pensive. We may conclude that Seti was of true Egyptian »race, with perhaps an admixture of more southern blood; while Ramesses, born of a Semitic mother, »inherited through her Asiatic characteristics, and, though possessing less energy and strength of »character than his father, had a more sensitive temperament, a wide range of taste, and a greater »inclination towards peace and tranquillity.« Après avoir cité en note la découverte de la momie de Seti Ier, et reproduit les termes du procès-verbal, d'après la traduction publiée dans le *Times* du 23 juillet 1886, M. RAWLINSON ajoute : «It may perhaps be doubted whether the shrunken mummy, »3300 years old, is better evidence of the living reality than the contemporary sculptures.» Je ne sais d'après quel monument M. RAWLINSON se croit autorisé à déclarer que la mère de Ramsès II était une Sémite. Son jugement sur le caractère des deux rois a été inspiré par les portraits qu'il en reproduit (p. 250—251) probablement d'après LEPSIUS, et qui ne reproduisent que très médiocrement et le bas-relief de Karnak et la statue de Turin auxquels ils sont empruntés. De bonnes photographies d'Abydos ou de Karnak, comparées à la photographie prise directement sur le cadavre, convaincront, j'en suis certain, M. RAWLINSON que les sculptures contemporaines sont d'accord avec la momie «vieille de trois mille trois cents ans».

1. MASPERO, *La Trouvaille de Déir el-Baharî*, p. 26—27.

LES MOMIES ROYALES DE DÉIR EL-BAHARÎ. 617

soins de surveillance et de culte qu'exigeaient les tombes royales placées sous leur direction. D'eux d'entre eux, Anhourkhâou et Khâbokhnit, se sont représentés en adoration devant les rois et les princes dont ils avaient plus spécialement la charge. Dans le tombeau d'Anhourkhâou, les rois-dieux sont rangés sur deux lignes, dans l'ordre suivant : 1° ⟨☉⟩ ⟨☐⟩, 2° ⟨☉⟩, 3° la reine ⟨☐⟩, 4° la reine ⟨☐⟩, 5° la reine ⟨☐⟩, 6° le roi ⟨☐⟩, 7° la reine ⟨☐⟩, 8° la reine ⟨☐⟩, 9° la reine ⟨☐⟩, 10° la reine ⟨☐⟩, 11° l'infant ☐ ; sur la seconde ligne, 1° la reine Ahmès Nofritari, dont le cartouche est détruit, mais qui est bien reconnaissable à sa teinte noire; 2° le roi ⟨☐⟩, 3° le roi ⟨☐⟩, 4° le roi ⟨☐⟩, 5° le roi ⟨☐⟩, 6° le prince [☐], 7° le roi ⟨☐⟩, 8° le roi ⟨☐⟩, 9° le roi ⟨☐⟩, derrière lesquels le scribe Houi enregistre l'offrande.[1] La série est plus complète au tombeau de Khâbokhnit. Elle se compose de 1° ☐ ⟨☐⟩ ☐, 2° la reine ☐ ⟨☐⟩ ☐, 3° le roi ☐ ⟨☐⟩ ☐, 4° le roi ☐ ⟨☐⟩ ☐, 5° la reine ☐ ⟨☐⟩ ☐, 6° la ☐ ⟨☐⟩ ☐, 7° la ☐ ⟨☐⟩ ☐, 8° la ☐ ⟨☐⟩ ☐, 9° le ☐ ⟨☐⟩ avec la tresse, 10° la ☐ ⟨☐⟩, 11° la ☐ ⟨☐⟩ ☐, 12° la ☐ ⟨☐⟩ ☐, 13° la ☐ ⟨☐⟩ ☐, 14° le ☐ ☐[2] ☐ ; puis, sur un second registre, on rencontre successivement, 1° le roi ⟨☐⟩ ☐; 2° le roi ☐ ⟨☐⟩ ☐, 3° le roi ☐ ⟨☐⟩ ☐, 4° le roi ⟨☐⟩ ☐, 5° le ☐ ⟨☐⟩ ☐, 6° le ☐ ⟨☐⟩, 7° le ☐ ⟨☐⟩ ☐, 8° le ☐ ⟨☐⟩ ☐, 9° le ☐ ⟨☐⟩ ☐, 10° la ☐ ⟨☐⟩ ☐, 11° la ☐ ⟨☐⟩ ☐, 12° la ☐

1. Cette tombe, signalée par WILKINSON (*Extracts from several hieroglyphical subjects found at Thebes and other parts of Egypt*, p. 28, note), a été publiée par PRISSE D'AVENNES (*Monuments égyptiens*, p. 1, et *Notice sur les antiquités égyptiennes du Musée Britannique*, p. 17 et pl. 1), qui en attribuait la découverte à un de ses compagnons de voyage, M. LLOYD DE BRYNESTYN. Le tableau a été détaché, puis transporté à Berlin et publié par LEPSIUS (*Denkmäler*, III, 2 d, *Königsbuch*, pl. XXI).

2. Le cartouche de ⟨☐⟩ est indiqué par WILKINSON, par CHAMPOLLION et par PRISSE D'AVENNES.

78*

(hieroglyphs), 13° la (hieroglyphs) (hieroglyphs), et d'autres dont les noms et l'image sont détruits.[1] En examinant ces deux monuments, on trouve bientôt qu'ils reproduisent une même série :

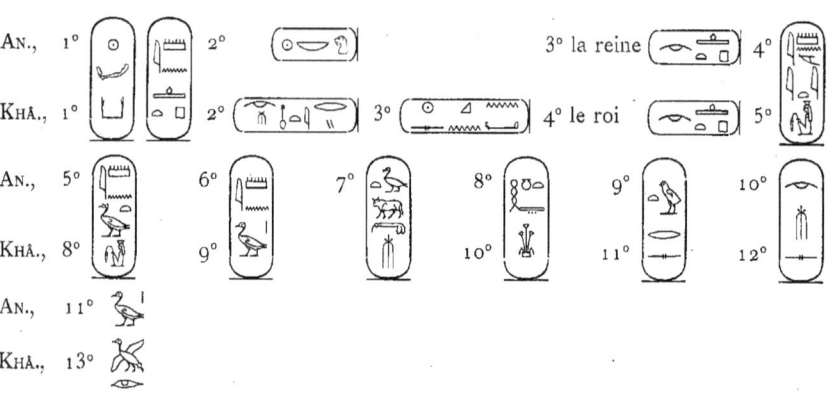

Comme on voit, les deux listes se superposent presque exactement. La première, après Amenhotpou Ier, mentionne immédiatement son prédécesseur Ahmos Ier, qui est au second registre dans la seconde liste. La seconde substitue à Ahmos Ier sa femme Nofritari et son prédécesseur Soqnounrî, qui sont au second registre dans la première. A partir de ce point, la seconde renferme deux noms de reines que la première ne donne pas; elle les intercale entre Miritamon et Sitamon. Pour le reste il y a identité de noms, avec cette singularité que les deux listes ont, avant Miritamon, un même nom Ahhotpou, mais que la première l'applique à une reine, la seconde à un roi. La ressemblance entre les deux listes est telle qu'on ne saurait douter qu'il ne s'agisse du même personnage que l'un des rédacteurs a fait homme, l'autre femme.[2] Si l'on songe que les deux tombes

---

1. Ce tableau a été publié par Burton, *Excerpta Hieroglyphica*, pl. XXXV; Wilkinson, *Extracts from several hieroglyphical subjects*, pl. V, 2; Champollion, *Notices*, t. II, p. 864—867; Prisse, *Monuments égyptiens*, pl. III, p. 1; Lepsius, *Denkmäler*, III, 2 a, *Königsbuch*, pl. XXI—XXII.

2. On dit d'ordinaire que (hieroglyph) est un des noms qui pouvaient s'appliquer aux deux sexes. A priori je ne vois rien d'impossible à ce qu'il en soit ainsi : pourtant, au *Dictionnaire des noms propres* de Lieblein, (hieroglyph) (n°s 572, 654) est toujours un nom féminin. Je ne sais pas si, en dehors du prétendu roi Ahhotpou, on pourrait citer un cas où (hieroglyph) est le nom d'un homme.

appartiennent à la XXᵉ dynastie, comme l'indique la présence du cartouche (◯⟨⟩) de Ramsès IV,[1] on comprendra qu'à cinq ou six siècles de distance, un dessinateur ait pu ne pas y regarder de fort près, et mettre un homme où il aurait fallu une femme. Si, d'autre part, on observe que les reines Ahhotpou paraissent avoir représenté le droit héréditaire et joué un rôle prépondérant dans la transmission du pouvoir au commencement de la XVIIIᵉ dynastie, on admettra, comme je fais, que l'erreur appartient au dessinateur qui a représenté Ahhotpou comme un homme, et qu'il convient de rayer le roi Ahhotpou de la série déjà trop longue des rois d'Égypte[2] et de lire dans les deux listes la reine Ahhotpou, dont le culte était trop important pour être omis. Cette première partie du catalogue renferme donc neuf personnages au moins, dont les noms coïncident avec ceux des personnages ensevelis dans la cachette de Déir el-Baharî. Dans la seconde partie l'accord est moins complet. La table de Anhourkhâou contient, à côté de Soqnounrî et de Nibkhrôourî, des princes comme Akhopirkerî (le ⁓ du cartouche est évidemment une mauvaise transcription du signe hiératique pour ⁓)[3] Thoutmos Iᵉʳ, Ramsès Iᵉʳ, Ramsès IV. Le scribe Khâbokhnit avait plus de tombes princières à surveiller que son confrère, et toutes celles qui lui revenaient appartenaient, à l'exception de l'hypogée de Montouhotpou, aux premiers temps de la XVIIIᵉ dynastie. La plupart de ses clients royaux sont malheureusement étrangers à la trouvaille de Déir el-Baharî.

1. M. Wiedemann (*Aegyptische Geschichte*, p. 303) n'admet pas la présence de Ramsès IV au tombeau de Anhourkhâoui. «Da hier ausser Königen der 17. Dynastie nur ein Mentu-ḥetep und Ramses I. »auftreten, so ist es kaum möglich, diesen König für identisch zu halten mit Ramses IV., welcher den »gleichen Vornamen trug. Es ist vielmehr höchst wahrscheinlich, wenn auch nicht ganz sicher, dass »wir in ihm einen sonst unbekannten Herrscher der 17. Dynastie zu sehen haben werden.» Du moment que M. Wiedemann admet que le (◯⟨⟩) de la tombe est bien Ramsès Iᵉʳ, je ne vois pas pourquoi il se refuse à admettre que (◯⟨⟩) est Ramsès IV : Ramsès Iᵉʳ est tout autant isolé dans la série des rois représentés dans la tombe, et le raisonnement dont se sert M. Wiedemann lui est aussi bien applicable qu'à Ramsès IV. D'autres documents montrent que les *domestiques* étaient contemporains de la XXᵉ dynastie; il n'y a rien d'étonnant à rencontrer dans leur tombe les cartouches de l'un des Ramessides sous lesquels ils vivaient.

2. Il figure entre autres dans Lepsius, *Königsbuch*, pl. XV, n° 223, et dans Wiedemann, *Aegyptische Geschichte*, p. 303. Lepsius se demande pourtant si le roi Ahhotpou n'est pas identique à la reine Ahhotpou.

3. Wiedemann, *Aegyptische Geschichte*, p. 303, met ce prétendu Rânkhopirka parmi les incertains de la XVIIᵉ dynastie. Lepsius (*Königsbuch*, pl. XXII) l'identifie dubitativement avec Thoutmos Iᵉʳ.

Les personnages dont nous possédons le corps sont-ils identiques avec les personnages de même nom qui figurent dans les deux listes, ou bien n'y a-t-il entre eux qu'une synonymie accidentelle? On ne saurait douter que les momies et les cercueils de Soqnounrî, d'Ahmos Ier, d'Amenhotpou Ier, de Thoutmos Ier, d'Ahmas-Nofritari, ne soient le (☉ △ 〜), le (☉ 𓏏), le (☉⌒⊔), le (☉ 𓏏⊔), la (𓏏 𓏤 𓏏), adorés par les deux *domestiques* Anhourkhâou et Khâbokhnit. C'est un premier indice que les momies moins célèbres que nous possédons doivent très probablement être identifiées avec les autres personnages. (𓍹𓏏𓏤𓏏𓍺) Miritamon est embaumée de telle façon qu'on ne peut pas hésiter un moment à la faire contemporaine des momies de Soqnounrî, d'Ahmos et d'Amenhotpou Ier. Elle apparaît, en effet, sur les monuments en compagnie d'Amenhotpou Ier et d'Ahmas-Nofritari.[1] L'appareil funéraire de Honttimihou ressemble trop à celui de Miritamon, pour ne pas indiquer la même époque, comme aussi celui de (𓍹𓏏𓏤𓏏𓍺) Sitkamos. J'avais d'abord hésité à identifier cette princesse avec la Sitkamos des deux listes (𓍹𓏏𓏤𓏏𓍺), à cause de l'orthographe incomplète, Sɪᴛᴋᴀ, de son nom sur le linceul extérieur;[2] la découverte du nom complet, Sɪᴛᴋᴀᴍᴏs, sur le linceul intérieur, dans le procès-verbal rédigé au temps du roi Pinot'-mou Ier,[3] ne laisse subsister aucun doute sur son identité. Pour Siamon et Sit-amon, il y a une objection qui paraît être grave au premier abord. Les deux tableaux de Déir el-Médinéh représentent, sous leur nom, deux adultes, de même taille et de même développement que les rois leurs voisins; au contraire, les momies sont d'enfants en bas âge. Je ne pense point qu'il y ait là de quoi nous arrêter. L'exemple de la petite reine Moutemhît nous prouve qu'on traitait les enfants morts en bas âge comme les adultes, qu'ils avaient le même protocole et les mêmes honneurs. De fait, Siamon était enfermé dans un cercueil presque aussi grand que celui d'Ahmos et aurait pu passer pour un homme fait si l'on n'avait pas eu sa momie. Si maintenant on songe que, dans les tableaux de Déir el-Médinéh, il est question de liturgies, accomplies à cinq ou six siècles

---

1. Ainsi sur le cercueil de Boutehamon, Cʜᴀᴍᴘᴏʟʟɪᴏɴ, *Lettre à M. le Duc de Blacas d'Aulps*, I, p. 27; Sᴄʜɪᴀᴘᴀʀᴇʟʟɪ, *Il libro dei Funerali*, p. 17; Wɪᴇᴅᴇᴍᴀɴɴ, *Tombs of the Nineteenth Dynasty, at Dêr-el-Médinéh (Thebes)*, dans les *Proceedings of the Society of Biblical Archæology*, 1886, p. 231.
2. Mᴀsᴘᴇʀᴏ, *La Trouvaille de Déir el-Baharî*, p. 15.
3. Voir plus haut, p. 540 de ce mémoire.

de distance, que tous les personnages représentés étaient pour leurs prêtres des noms sans histoire, on comprendra fort bien que les dessinateurs, ou ne se soient pas inquiétés de distinguer les adultes des enfants, ou même n'aient point su qu'il y avait des enfants dans la série, et aient représenté tous leurs rois divinisés de même taille et de même âge. Je tiens donc notre Siamon et notre Sitamon pour le Siamon et la Sitamon de Déir el-Médinéh. L'identité des personnes est établie, il faut essayer de ressaisir le lien qui les rattachait l'une à l'autre. Pour Siamon la question n'est pas douteuse. LEPSIUS le considère comme étant fils d'Amenhotpou Ier,[1] parce qu'il le trouve assis derrière ce roi dans la seconde liste de Déir el-Médinéh; mais dans la première, il est derrière Soqnounrî, et pourrait, par conséquent, être considéré comme étant le fils de celui-ci. Pour moi, Siamon est le frère d'Amenhotpou et le fils d'Ahmos.[2] Son cercueil et celui d'Ahmos ont la même forme, la même ornementation, trahissent la même époque.[3] Les deux personnages ont dû mourir à peu d'intervalle l'un de l'autre, et probablement être déposés dans le même tombeau. D'ailleurs Siamon est assez difficile à séparer de Sitamon, à côté de laquelle il figure toujours, et Sitamon est bien la fille de Nofritari et d'Ahmos Ier. Sur une stèle découverte à Karnak, elle fait partie d'un groupe composé d'Amenhotpou Ier, de Nofritari et du ⸻, fils royal Ahmas Sipiri.[4] Ailleurs, elle est à côté d'Amenhotpou et de Miritamon.[5] Son titre est ⸻, c'est-à-dire celui des sœurs de roi considérées par droit comme épouses royales. Toutes ces circonstances réunies montrent qu'elle était sœur et femme ou fiancée d'Amenhotpou Ier, fille d'Ahmas Nofritari et sœur de mère de Sipiri, sœur de père de Miritamon. Si on l'adore plus que son frère Siamon, c'est probablement qu'en sa qualité de fille héritière, elle avait plus d'importance qu'un prince né de quelque concubine. Destinée à son frère Amenhotpou Ier, dès sa naissance, comme toutes ses sœurs nées d'une mère de sang royal, elle mourut trop jeune pour devenir femme et pour laisser une postérité. Elle survécut très certaine-

---

1. LEPSIUS, *Königsbuch*, pl. XXIV, n° 333.
2. MASPERO, *La Trouvaille de Déir el-Baharî*, p. 15; WIEDEMANN, *Aegyptische Geschichte*, p. 311—312, adopte cette opinion.
3. Voir plus haut, p. 538 de ce mémoire.
4. MARIETTE, *Monuments divers*, pl. 89.
5. CHAMPOLLION, *Lettre à M. le Duc de Blacas*, I, p. 27; SCHIAPARELLI, *Il libro dei Funerali*, p. 17.

ment à son père, car elle trône comme reine à côté d'Amenhotpou Ier roi, ce qui n'aurait pas eu lieu, si elle était morte du temps que son mari était simple prince héritier. Nous avons donc jusqu'à présent la généalogie suivante :

```
        X ─────────── Ahmos I{er} ─────── Nofritari
        │                    │                    │
   Siamon   Amenhotpou I{er}        Sitamon   Sipiri
```

Pour comprendre la manière dont plusieurs autres personnages viennent s'ajouter à ce tableau, il faut avoir présent à l'esprit un fait sur lequel j'ai attiré l'attention, il y a quelque temps déjà.[1] La famille d'Ahmos était si nombreuse que les contemporains et les Égyptiens de l'époque postérieure prirent le parti d'ajouter le nom du roi au nom de tous ceux qui en avaient fait partie. On rencontre ⟨hiéroglyphes⟩ et ⟨hiéroglyphes⟩, ⟨hiéroglyphes⟩ et ⟨hiéroglyphes⟩, ⟨hiéroglyphes⟩ et ⟨hiéroglyphes⟩, ⟨hiéroglyphes⟩ et ⟨hiéroglyphes⟩. La question est de savoir si les membres de la famille d'Ahmos sont ses enfants, ses frères, ses sœurs, ses femmes, et certaines circonstances extérieures nous permettent de régler ce point pour plusieurs d'entre eux. Ainsi, dans une tombe de Sheikh Abd el-Qournah, deux Égyptiens font offrande, 1° à la ⟨hiéroglyphes⟩ assise, 2° à la ⟨hiéroglyphes⟩ assise, 3° à la ⟨hiéroglyphes⟩ debout.[2] Une des deux princesses est dite ⟨hiéroglyphes⟩, et l'autre ⟨hiéroglyphes⟩; la nourrice est celle de la fille, et c'est pour cela que ses parents lui rendent les honneurs divins, en compagnie de la mère de sa fille de lait et de cette fille de lait elle-même. Ici, ⟨hiéroglyphes⟩ montre que la reine An...â... est femme d'Ahmos, et ⟨hiéroglyphes⟩ que Honttomihi est fille d'Ahmos. Cette dernière est-elle identique à la princesse ⟨hiéroglyphes⟩ Hont-timihou, dont nous possédons la momie à Boulaq? Son nom signifie *Régente du pays du Nord* et celui de l'autre *Régente des Timihou*. Brugsch a montré que le

---

1. Maspero, *La Trouvaille de Déir el-Baharî*, p. 15. Brugsch, *Geschichte Aegyptens*, p. 259, traduit ce nom «die schöne Genossin des Aahmes»; mais l'analogie des noms Ahmas Miritamon, Ahmas Sitamon, montre que cette traduction serait inexacte, quand même la grammaire se prêterait à une pareille construction. Le nom ⟨hiéroglyphes⟩, où ⟨hiéroglyphes⟩ n'est pas le mot ⟨hiéroglyphes⟩, *compagnon*, qui, se rapportant ici à une femme, aurait le ⟨hiéroglyphe⟩ du féminin, mais une forme pronominale, — est un nom théophore apocopé «sa beauté», formé sur le même modèle que ⟨hiéroglyphes⟩ «leur puissance», ⟨hiéroglyphes⟩ «leur maître», ⟨hiéroglyphes⟩ «celui qui appartient à leur maître».

2. Champollion, *Notices*, t. I, p. 513; Lepsius, *Denkmäler*, III, 8 a.

nom des [hieroglyphs] s'écrit par calembourg [hieroglyphs], parce qu'on les considérait comme habitants du Nord.[1] La confusion de [hieroglyphs] avec [hieroglyphs] était d'autant plus aisée que [hieroglyphs] en composition pouvait sonner TI (cf. la transcription Πτίμυρις de [hieroglyphs] comme] de [hieroglyphs]; les deux noms étaient ramenés de la sorte à une prononciation presque identique Hont-ti-mihit et Hont-timihou. Toutefois, si vraiment Honttomihi est, comme semble l'indiquer le monument de Sheikh Abd el-Gournah, la fille de An....à..., on ne peut l'identifier avec Honttimihou : nous savons, en effet, que celle-ci est fille d'une fille royale Tinthâpi,[2] qui devait être une des épouses secondaires d'Ahmos. Je considérerai donc jusqu'à nouvel ordre [hieroglyphs] comme étant distincte de [hieroglyphs]. De même pour Miritamon. Elle est associée à Sitamon sur le cercueil de Boutehamon, dans des conditions telles qu'on voit qu'elle partagea la condition de celle-ci,[3] c'est-à-dire qu'elle fut la femme réelle ou la fiancée d'Amenhotpou. L'addition de [hieroglyphs] à son nom montre donc ici qu'elle était la fille d'Ahmos : comme elle est associée à Nofritari dans une des tombes de Déir el-Médinéh, on peut admettre avec beaucoup de vraisemblance qu'elle était fille de cette reine et, par conséquent, sœur de père et de mère de son mari Amenhotpou.[4] De même encore pour Sitkamos, ou, comme dit l'inscription de son linceul, [hieroglyphs]. Le seul monument où elle figure en dehors des deux listes de Déir el-Médinéh, une stèle du British Museum, la montre en compagnie de [hieroglyphs] Amenhotpou Ier et de [hieroglyphs], portant elle-même le titre de [hieroglyphs] : l'adjonction de [hieroglyphs] à son nom montre donc qu'elle était fille d'Ahmos, tandis que la position qu'elle occupe sur la stèle montre qu'elle était probablement fille de Nofritari et certainement femme d'Amenhotpou Ier. Pour en finir avec ce qui

---

1. BRUGSCH, *Geographische Inschriften*, t. II, p. 79.
2. Voir plus haut, p. 544 du présent mémoire.
3. CHAMPOLLION, *Lettre à M. le Duc de Blacas*, I, p. 17; LESUEUR, *Chronologie des rois d'Égypte*, pl. II; SCHIAPARELLI, *Il libro dei Funerali*, p. 17.
4. CHAMPOLLION, *Monuments de l'Égypte*, pl. CLIII, 3—4; ROSELLINI, *Monumenti storici*, pl. XXIX, 2—3, t. I, p. 211—212.
5. LEEMANNS, *Lettre à M. François Salvolini sur les monuments égyptiens portant des légendes royales*, p. 49—50; ARUNDELL, BONOMI et BIRCH, *Gallery of antiquities selected from the British Museum*, part I, p. 75, pl. 30, fig. 142; PRISSE D'AVENNES, *Notice sur les antiquités égyptiennes du Musée Britannique*, p. 16—17. La stèle qui porte ce tableau a été découverte à Abydos.

concerne les personnages mentionnés dans la partie des listes de Déir el-Médinéh que nous discutons en ce moment, je dirai que l'Ahhotpou qui est nommée parmi eux n'est pas la reine Ahhotpou II dont nous possédons le cercueil gigantesque, mais sa grand'-mère. Je compléterai donc, comme il suit, le tableau indiqué plus haut:

la reine An...à...	— la reine X — Ahmos — la reine Nofritari —	la royale fille Tinthâpi
la royale fille Honttomihi	le prince Siamon	la royale fille Honttimihou

| Amenhotpou Ier | la reine
Ahhotpou II | la princesse
Sitamon | la reine
Miritamon | la reine
Sitkamos | le prince
Sipiri |

Mais, il n'est pas impossible d'ajouter encore à cette généalogie. Tout mutilé que soit le nom de la mère de Honttomihi, en complétant l'une par l'autre les deux copies de Champollion et de Lepsius, on en arrive à voir qu'il se compose de 𓉢, d'un signe de forme longue, brisé mais étroit, et que Champollion a interprété dans son manuscrit de telle sorte qu'on y reconnaît un 𓈖, d'un signe horizontal, long, où Lepsius a lu ⸺, ce à quoi ne contredit point la leçon de Champollion, et qui occupe le haut de la ligne, si bien qu'on a 𓉢𓈖⸺ : le complément presque nécessaire est ◻𓅱, soit 𓉢𓈖◻𓅱, c'est-à-dire la forme ordinaire du nom écrit sur le linceul et sur les procès-verbaux 𓉢 𓈖 et 𓉢 𓈖𓅱.[1] Les noms en 𓉢 initial sont assez rares, et parmi eux le nom Anhâpi, Anhâpou est assez peu fréquent pour que je n'hésite pas à identifier notre reine Anhâpou de Déir el-Baharî avec la reine Anhâpi, mère de Honttomihi et femme ou concubine d'Ahmos Ier. Enfin, je rattacherai à la même série la dame 𓏠𓆷𓈖𓉢𓈖𓅱 Mashontimihou. Ce qui reste de son maillot et de son cercueil nous révèle l'époque d'Ahmos Ier et d'Amenhotpou Ier. Un petit fait, insignifiant en apparence me porte à reconnaître en elle une fille plutôt qu'une femme d'Ahmos Ier. Nous avons vu plus haut par le rapprochement de Siamon, Sitamon, Miritamon, qu'on aimait à donner aux enfants nés dans le harem, même de différentes femmes, des noms composés d'un même élément plus ou moins légèrement modifié. Or, une des filles d'Ahmos se nommait déjà Honttimihou, une autre Honttomihi : en vertu de cette coutume, une princesse Mashonttimihou n'a dû recevoir l'addition de Mas

---

[1]. Voir plus haut, p. 530—531 du présent mémoire.

que pour la distinguer d'une HONTTIMIHOU existant déjà. Comme cette Honttimihou est fille d'Ahmos Ier, nous pouvons admettre que Mashonttimihou est fille également d'Ahmos Ier : comme elle était en même temps que *royale fille, royale sœur,* mais non *royale épouse,* on peut en conclure qu'elle n'épousa pas son frère Amenhotpou Ier.

Le gros des momies du premier groupe appartient donc à la famille directe d'Ahmos. Un seul de ses prédécesseurs s'y est mêlé, le Soqnounrî qui mourut dans la guerre contre les Hyksos. Quelle était la parenté qui reliait ces deux rois l'un à l'autre? La reine Ahhotpou Ire, dont le cercueil est au Musée de Boulaq, [hieroglyphs],[1] avait sur elle des bijoux appartenant à deux souverains différents, Kamos [hieroglyphs] [hieroglyphs], et Ahmos Ier : la plus grande partie porte le nom de ce dernier. Dans l'une des listes de Déir el-Médinéh, sous sa forme féminine, elle suit immédiatement Ahmos et précède Miritamon,[2] dans l'autre sous sa forme masculine, elle suit Nofritari, puis Soqnounrî et précède encore Miritamon.[3] Quant à Kamos, il est fort loin d'elle, derrière Ahmos, derrière [hieroglyphs] Skhontnibrî et devant les princes [hieroglyphs] Binou et [hieroglyphs] Ouazmos. Une femme placée, comme elle l'est, derrière un homme est, ou sa femme (sœur ou non), ou sa mère, ou plus rarement sa fille. Ahmos Ier et Nofritari avaient une fille du nom d'Ahhotpou, qui épousa son frère Amenhotpou Ier, mais nous avons vu que des raisons purement matérielles nous empêchent de confondre l'Ahhotpou des bijoux et celle de Déir el-Baharî[4] : or l'Ahhotpou des bijoux présente avec celle de Déir el-Médinéh la particularité d'être en rapport direct avec Ahmos et non avec Amenhotpou; donc ces deux Ahhotpou ne sont qu'un seul et même personnage. D'autre part, l'usage était en Égypte pour la petite fille de porter le nom de sa grand'-mère maternelle ou paternelle, non celui de sa mère : il y a donc lieu de présumer que l'Ahhotpou des bijoux n'est pas la mère de la seconde Ahhotpou, mais sa grand'-mère éponyme, et par suite, qu'elle était non pas la femme ou la sœur, mais la mère d'Ahmos. Elle figure derrière Ahmos à Déir el-Médinéh, comme Nofritari figure derrière son fils Amenhot-

---

1. MASPERO, *Guide du visiteur,* p. 320, n° 5202.
2. LEPSIUS, *Denkmäler,* III, 2 d.
3. LEPSIUS, *Denkmäler,* III, 2 a.
4. Voir plus haut, p. 545 du présent mémoire.

pou Ier sur beaucoup de monuments. Cette filiation a été mise hors de doute, par un monument que j'ai eu la chance d'acquérir pour le compte du Musée de Boulaq, et dont j'ai confié la publication à M. Bouriant.[1] C'est une stèle découverte à Edfou au mois de février 1886, et qui provient des montagnes de débris accumulées près du temple antique. Deux reines assises à côté l'une de l'autre, la [hieroglyphs] femme du dieu, épouse royale d'Amon, Ahhotpou, et la [hieroglyphs] femme du roi, sœur du roi Sobkoumsas y reçoivent l'hommage d'un second prophète chargé de l'entretien de l'autel d'Hor d'Edfou, et de son fils Harhotpou. L'inscription raconte la vie de ce personnage d'une façon un peu confuse, mais qui ne manque pas d'intérêt : «Proscynème à Hor »d'Edfou, à Osiris, à Isis, pour qu'ils donnent des rations funéraires au double »de la grande épouse du roi, mère du roi, Ahhotpou, dont le fils est Nibpehtiri, »elle qui m'a institué deuxième prophète chargé de l'entretien de l'autel, portier »du temple, moi le prêtre Ioufi, fils de Aritni, qui dis : «J'ai restauré ce tombeau »de la fille de roi Sobkoumsas lorsqu'on le trouva tombant en mines.» Voici ce »que dit ce prêtre : «O vous qui passez devant cette stèle, je vous dis et je vous »fais entendre les faveurs dont j'ai joui auprès de la grande épouse du roi, Ah- »hotpou.[2] Elle me fit son intendant et m'installa intendant (?) de Sa Majesté, et »elle me donna [comme traitement] sur ses pains, six biscuits, dix galettes, deux »cruches de bière, et une portion de la viande de chaque bœuf, et j'eus à mes »ordres les terrains hauts et les terrains bas. Elle m'accorda encore une autre »faveur : elle me confia tous ses biens dans Edfou pour les régir au compte de »Sa Majesté. Autre faveur de la part de la grande épouse du roi, Ahmos, la ché- »rie du roi Thoutmos Ier. Elle me fit scribe et chancelier du dieu et m'établit »intendant de Sa Majesté et me donna [comme traitement] cent de ses pains, »deux cruches de bière, et la chair pure de tout bœuf, et j'eus à mes ordres »les terrains hauts comme les terrains bas, moi le scribe des champs de Hor »d'Edfou Denrogi.» Le sens de cette biographie est clair, si quelques expressions y sont obscures. Le personnage dit formellement qu'il a été au service de deux reines : l'une Ahhotpou qui était la mère d'Ahmos Ier, l'autre Ahmos qui était la femme de Thoutmos Ier. La première lui avait confié l'administration des biens

---

1. U. Bouriant, *Petits monuments*, dans le *Recueil*, 1887, p. 92 sqq.
2. Ma copie porte [hieroglyphs] au lieu du [hieroglyphs] que donne Bouriant.

qu'elle possédait près d'Edfou ; la seconde le confirma dans son poste, lorsqu'elle reçut l'héritage de son arrière grand'-mère. La façon dont il parle d'Ahmos montre qu'elle était déjà reine au moment où elle lui donna cette marque de confiance, en d'autres termes que la reine Ahhotpou mourut sous le règne de Thoutmos Ier. Comme les deux règnes d'Ahmos et d'Amenhotpou Ier ne représentent pas plus de quarante-cinq ans au maximum, la reine Ahhotpou n'avait pas même besoin d'atteindre une vieillesse bien reculée pour qu'il en fût ainsi : soixante-dix années de vie suffisaient amplement à la conduire jusque dans le règne de son arrière petit-fils. Nous avons d'ailleurs la preuve qu'elle était encore en pleine vigueur en l'an X d'Amenhotpou Ier. Une stèle de Drah abou'l Néggah,[1] aujourd'hui déposée au Musée de Boulaq, nous a conservé le souvenir d'une donation qu'elle fit à l'un des ses officiers. «L'an X, le premier mois de Shomou, »le 1er, du roi Zaserkeri Amenhotpou, aimé d'Osiris; — Don de la mère du roi »au Prince chancelier, Ami unique, préposé à la double maison de l'argent, pré- »posé à la double maison de l'or, majordome en chef de la maison de [la mère » royale] Ahhotpou, Karos : «La royale mère a concédé qu'on te fît faire un tom- »beau à l'escalier du dieu grand, maître d'Abydos [sur lequel] on perpétuerait »[le souvenir] de toutes tes dignités et de toutes les faveurs que tu as reçues, »avec des statues établies dans le temple à la suite [du dieu, couvertes] d'inscrip- »tions dictées à la mère du roi selon ce que tu as fait, par la découverte qu'a »faite l'épouse royale de l'affection qu'elle avait pour le prince, héraut Karos.» Les phrases qui suivent nous montrent d'une façon curieuse la grande place que Karos occupait auprès de sa souveraine. «Il était discret 𓏺𓏺𓏺𓏺𓏺, »sur tous les projets de sa dame ; il portait ses paroles au lion du palais, [c'est-à- »dire à son petit-fils Amenhotpou], trouvait ses discours pour elle, adoucissait les »chagrins et les malheurs 𓏺𓏺 de sa dame par son langage, était vrai, connais- »sait son cœur, et était poli dans son langage pour elle, était le plus respecté dans »le palais de la mère royale, était secret 𓏺𓏺𓏺𓏺 dans la direction du pa- »lais et avait la bouche close sur tout ce qu'il entendait, était le chef des gardiens »de la reine-mère et si vigilant qu'il n'en distinguait plus la nuit du jour.» C'est, comme on voit, le rôle confidentiel que joue le chef des eunuques dans le harem d'une reine-mère de l'Orient moderne. Le témoignage de ces deux monuments

[1]. Publiée par Bouriant, *Petits monuments*, dans le *Recueil*, 1887, p. 94—95.

nouveaux achève donc de prouver ce que les monuments antérieurement connus nous avaient montré : que la reine Ahhotpou Ière était la mère d'Ahmos Ier. Ils nous font connaître de plus qu'après avoir survécu à son mari et à son fils, elle mourut sous le règne de son arrière petit-fils Thoutmos Ier. La princesse Sobkounsas, qui est assise à côté d'elle, était probablement sa fille, morte longtemps avant elle après avoir été soit mariée, soit du moins fiancée à son frère Ahmos comme l'indique la mention ⸺, sœur du roi, à côté du titre ⸺, femme du roi. Elle fut enterrée probablement dans le voisinage d'Edfou, sur les domaines de sa mère : s'il n'en était pas ainsi, on ne comprendrait pas pourquoi un petit fonctionnaire d'Edfou aurait été chargé de son tombeau. On peut se demander si la petite pyramide de Mohammériah, plusieurs fois explorée inutilement, ne marque pas la place où elle est ensevelie.

Du moment qu'Ahhotpou Ière n'est pas la femme d'Ahmos Ier, mais sa mère, il ne nous reste, pour expliquer la place qu'elle occupe derrière Soqnounrî, que la troisième des combinaisons que j'exposais tout à l'heure : elle est sa femme, et trône derrière lui, comme, dans d'autres scènes, Nofritari trône derrière son mari Ahmos Ier. Cela nous entraîne à considérer Soqnounrî comme étant le père d'Ahmos Ier, et cette supposition s'accorde avec ce que nous apprend le seul monument qui nous parle de lui dans des termes explicites. Le chef des nautonniers, Ahmos d'El-Kab, naquit d'un père qui était capitaine de Soqnounrî, et le remplaça dans sa fonction sous Ahmos Ier. Ce dut être tout à fait au début du règne, car les campagnes contre les Hyksos étaient terminées en l'an V, et, en l'an VI, les Égyptiens étaient déjà à Sharouhana dans la Syrie du Sud. Ahmos d'El-Kab était très jeune au moment où il succédait à son père, puisqu'il dit qu'il était petit garçon ⸺ et n'avait point encore de femme[1] : en lui assignant quatorze ans au plus, on ne s'éloignera pas beaucoup de la vérité, car c'est vers quinze ou seize ans que les jeunes gens de bonne famille se marient en Orient. Si donc il y eut un intervalle entre la mort de Soqnounrî sur le champ de bataille et l'avènement d'Ahmos Ier, ce fut un intervalle assez court pour nous permettre sans invraisemblance de faire d'Ahmos Ier le fils de Soqnounrî. Ce n'est point l'opinion généralement admise : depuis MARIETTE, on pense que Kamos

---

1. E. DE ROUGÉ, *Mémoire sur l'inscription du tombeau d'Ahmès*, p. 146 sqq.

était le mari d'Ahhotpou Ière et par suite le père d'Ahmos.[1] Cette hypothèse n'a d'autre raison d'être que la présence des objets au nom de Kamos sur la momie de la reine, et si on examine le rôle effacé que ce prince occupe sur les monuments, on verra qu'elle n'est guère soutenable. En premier lieu, il ne figure que dans un des tableaux de Déir el-Médinéh,[2] tandis que Soqnounrî est représenté sur les deux. Puis, dans la liste qui le nomme, il n'occupe qu'un rang effacé, le dernier parmi les rois, non seulement après Ahmos, mais après Skhontnibrî (☉ 𓉼 ▱), tandis que Soqnounrî est inscrit soit immédiatement derrière Amenhotpou Ier, soit derrière Nibkhrôourî (☉▱) Mentouhotpou de la XIe dynastie, le chef officiel de la grande lignée thébaine. Il fut roi pourtant et non simple prince royal, puisqu'il a le double cartouche et l'uræus au front. Cela dit, il me semble qu'en voyant en lui un frère aîné d'Ahmos qui aurait succédé immédiatement à Soqnounrî, on donne au problème une solution qui tient compte de tous les faits connus jusqu'à présent. S'il n'est pas nommé à El-Kab, c'est que son règne s'intercale entre le moment où Ahmos, fils d'Abina, naît, et celui où il commence sa vie politique. La présence d'un objet à son nom sur la momie d'Ahhotpou Ière s'explique s'il est le fils de cette princesse et de Soqnounrî, et d'autre part, on comprend qu'Ahhotpou Ière, morte au temps de son petit-fils Amenhotpou Ier, ait avec elle un très grand nombre de bijoux portant le cartouche d'Ahmos, dont le règne fut long et prospère. On peut même aller plus loin : nous avons vu qu'une fille de Nofritari et d'Ahmos Ier, femme d'Amenhotpou Ier, s'appelait (𓋴𓏏𓂓𓌳𓋴) Sitkamos, fille de Kamos.[3] Ce nom ainsi formé n'avait-il pas pour objet de rappeler celui de Kamos, et Kamos n'aurait-il pas été le grand-père de Sitkamos, par conséquent le père de Nofritari? Ahmos Ier aurait donc épousé la fille de son frère Kamos, comme plus tard Thoutmos III épousa la fille de son frère Thoutmos II et de sa sœur Hatshopsitou? Il aurait de la sorte réuni en sa personne, et surtout en la personne de son fils, tous les droits héréditaires de la famille.

---

1. Mariette, *Notice des principaux monuments,* 1864, p. 220; Wiedemann, *Aegyptische Geschichte,* p. 302. Le directeur des magasins d'Ahhotpou que M. Wiedemann cite, d'après une statue de Vienne, me paraît appartenir au temps d'Ahhotpou II, femme d'Amenhotpou Ier (Bergmann, *Uebersicht der Sammlung ägyptischer Alterthümer,* 1878, p. 37, n° 78), comme celui que cite Champollion (*Notices,* t. II, p. 543; cf. Wiedemann, *Aegyptische Geschichte,* p. 317).

2. Lepsius, *Denkmäler,* III, 2 a.   3. Voir plus haut, p. 623 de ce mémoire.

Cette classification diffère sensiblement de celle qu'on avait adoptée jusqu'à présent, sur la foi de LEPSIUS.[1] Les monuments sont devenus plus nombreux, depuis le temps où LEPSIUS rédigeait son admirable *Livre des Rois*, et nous ont appris des faits nouveaux. Le prince [hieroglyphs] Sipiri nous fournit un bon exemple des corrections qu'ils ont rendues nécessaires. Les premiers égyptologues, CHAMPOLLION, ROSELLINI,[2] en faisaient sans hésiter un fils d'Amenhotpou Ier, et LEPSIUS avait adopté leur opinion.[3] Les monuments nouveaux comparés aux monuments anciens, nous amènent à l'écarter. Sur la stèle de Karnak, il fait vis-à-vis à Amenhotpou Ier qu'accompagnent Nofritari et Sitamon.[4] Sur celle de Turin, il est encore en société d'Amenhotpou et de Nofritari, puis de Thoutmos Ier et III, et d'Amenhotpou II.[5] Sur le cercueil de Boutehamon, il est avec Amenhotpou Ier, Nofritari, Ahhotpou II, Miritamon, Sitamon.[6] Partout, il va de pair avec les rois ou les reines, ce qui nous force à croire qu'il était non seulement fils de roi, mais fils de reine, et avait eu par conséquent des droits qui primaient ceux des autres enfants royaux. L'adjonction facultative de [hieroglyphs] à son nom nous montre qu'il appartenait à la famille immédiate d'Ahmos. Était-il son fils? La façon dont on le joint toujours à Nofritari et aux enfants d'Ahmos et de Nofritari, Amenhotpou, Miritamon, Ahhotpou II, le prouve surabondamment. Je crois, quant à moi, que c'était un fils aîné d'Ahmos et de Nofritari, héritier légitime du trône, mais mort jeune avant ses parents : son frère de père et de mère, Amenhotpou, hérita de ses droits. Si nous descendons d'une génération, nous voyons le même fait se reproduire pour les enfants de Thoutmos Ier. Les sculptures du tombeau de Pihiri, à El-Kab, avaient révélé l'existence des deux princes, le [hieroglyphs] fils royal Ouazmos, et son frère [hieroglyphs] le fils royal Amen-

---

1. LEPSIUS, *Königsbuch*, p. XXIII—XXV, n°s 315—348.

2. ROSELLINI, *Monumenti storici*, t. III, parte I[a], p. 98 sqq., d'après un tombeau de Gournah où le nom est écrit [hieroglyphs] par erreur du graveur antique (CHAMPOLLION, *Monuments*, t. II, pl. CLXII, ROSELLINI, *Monumenti storici*, pl. 29, 3).

3. LEPSIUS, *Königsbuch*, pl. XXIV, n° 335.

4. MARIETTE, *Monuments divers*, pl. 89.

5. CHAMPOLLION-FIGEAC, *Égypte ancienne*, pl. 67; MASPERO, *Rapport sur une mission en Italie*, dans le *Recueil de travaux*, t. III, p. 113.

6. SCHIAPARELLI, *Il libro dei Funerali*, p. 17—18. Sur une stèle trouvée en 1886 à Drah abou'l Néggah (BOURIANT, *Petits monuments*, dans le *Recueil*, t. IX, p. 93) il reçoit l'hommage d'un chambellan de la *mère royale*, Ahhotpou Ière, sa grand'-mère.

mos.[1] LEPSIUS, trouvant le même [hieroglyphs] Ouazmos mentionné sur les listes de Déir el-Médinéh, en conclut qu'ils étaient les fils d'Ahmos, et les classa parmi les enfants de ce prince.[2] Un fait tout matériel aurait pu lui inspirer des doutes à cet égard. Ahmos d'El-Kab, le chef de la famille, avait vécu jusque sous Thoutmos Ier, et sa fille Kamâ avait épousé un certain Atfrouri, qui avait été, de concert avec son fils Pihiri,[3] le père nourricier de Ouazmos. Atfrouri était donc sur la même ligne de temps qu'Amenhotpou Ier et Thoutmos Ier, et l'on pouvait se demander si Ouazmos et Amenmos, nourris par un contemporain d'Amenhotpou Ier et de Thoutmos Ier, étaient bien les fils d'Ahmos, père d'Amenhotpou Ier, grand-père de Thoutmos Ier. Un monument, découvert il y a quelques années, a prouvé qu'Amenmos était fils de Thoutmos Ier. C'est un fragment de naos, acheté par M. GRÉBAUT à Gizèh et donné par lui au Louvre, à l'époque où il était encore Directeur de la mission française au Caire. L'inscription constate qu'en l'an IV de Thoutmos Ier, le fils royal aîné, généralissime des soldats de son père Amenmos, vint en pompe au Grand Sphynx, [hieroglyphs], etc.[4] Ainsi, en l'an IV de Thoutmos Ier, le nourrisson d'Atfrouri était pourvu d un grand commandement militaire, ce qui ne permet guère de lui donner moins de quinze ans. Son frère Ouazmos était donc comme lui fils de Thoutmos Ier, et d'autres documents, découverts à Thèbes par M. GRÉBAUT au mois de février 1887, confirment cette idée.[5] Une chapelle en briques dont les ruines sont à quelque cent mètres au Sud du Ramesséum, et qui était consacrée à la mémoire des premiers Thoutmos, lui a rendu, entre autres monuments, les débris d'une grande stèle en calcaire contenant un texte fort curieux

---

1. CHAMPOLLION, *Notices*, t. I, p. 651, 653; LEPSIUS, *Denkmäler*, III, pl. 10 b, pl. 11 b; E. et J. DE ROUGÉ, *Inscriptions hiéroglyphiques recueillies en Égypte*, t. IV, pl. CCLXIX.
2. LEPSIUS, *Königsbuch*, pl. XXIII, n°s 318—319.
3. A la planche 10 b, des *Denkmäler*, Pihiri tient l'enfant royal sur ses genoux et porte le titre de [hieroglyphs]; sur la planche 11 b Atfrouri a ce même titre. Nous savons, par le témoignage du *Papyrus d'Orbiney*, que chaque prince recevait à sa naissance non pas *un*, mais *des* nourriciers, hommes et femmes, [hieroglyphs], et des remueuses, [hieroglyphs].
4. GRÉBAUT, *Inscription inédite du règne de Thotmès Ier*, dans le *Recueil*, t. VII, p. 142.
5. M. GRÉBAUT a bien voulu m'envoyer la description de cette chapelle et me permettre de publier les parties d'inscription nécessaires à l'éclaircissement de mon sujet.

qu'il publiera bientôt. Dans le cintre, à gauche, Thoutmos III, debout, offre l'encens ☥ à son père Thoutmos Ier, assis, et au fils de ce dernier [hieroglyphs] «le fils royal authentique, qui l'aime, Ouazmos», debout derrière lui. L'inscription, qui commence à droite de cette scène par cinq lignes verticales, nous donne la date de cet hommage : [hieroglyphs], etc. Le monument est érigé par Snimos [hieroglyphs] qui, en racontant son histoire, nous dit qu'il avait été au palais [hieroglyphs] depuis Thoutmos Ier, et avait exercé auprès d'Ouazmos une fonction dont le nom est malheureusement détruit, mais qui pourrait bien être [hieroglyphs] comme celle d'Atfrouri. La preuve est complète, comme on voit, et Ouazmos, de même qu'Amenmos, doit passer de la famille d'Ahmos Ier à celle de son petit-fils Thoutmos Ier. Aussi bien, puisqu'Amenhotpou Ier et même Thoutmos Ier figurent sur les listes de Déir el-Médinéh, il n'y a rien d'étonnant que des enfants de Thoutmos Ier y aient été inscrits avec leur père : les tableaux de Déir el-Médinéh sont une sorte d'inventaire des momies princières à qui Anhourkhâou et Khâbokhnit devaient les liturgies, et le hasard des fonctions avait réuni dans leur service des personnages d'époque assez différente. En résumé, Ouazmos et Amenmos étaient des frères de Thoutmos II et de Thoutmos III, plus âgés que ces deux derniers et disparus avant leur père. Lequel des deux était l'aîné? Au moment où Pihiri les faisait sculpter dans sa tombe à El-Kab, ils étaient morts l'un et l'autre, car c'est l'offrande funéraire qu'il présente à leur double : [hieroglyphs].[1] Toutefois on ne saurait tirer aucun argument de la préséance qu'il donne à Ouazmos : Ouazmos était son frère de lait à lui, et, par conséquent, avait le premier rang dans la famille. La mention du document publié par M. Grébaut me paraît donc garder toute sa force, et Amenmos est bien l'aîné des fils du roi, non Ouazmos. Est-ce à dire pour cela qu'on doive négliger de tirer parti du rapprochement des deux princes? Si Pihiri les réunit tous deux dans une même adoration, n'est-ce pas probablement qu'il y avait entre Amenmos et Ouazmos un lien de plus que celui qu'il y avait entre eux et leurs autres frères, qu'ils avaient non seulement le même père, mais la même mère? Thoutmos Ier avait certainement autant de femmes

---

1. Champollion, *Notices*, t. I, p. 653; Lepsius, *Denkmäler*, III, 11 b; E. de Rougé, *Monuments recueillis en Égypte*, pl. CCLXIX.

que son grand-père Ahmos Ier, mais nous ne possédons aucun document semblable aux listes de Déir el-Médinéh pour en établir le compte. Lepsius ne lui en connaissait qu'une [hieroglyphs],¹ car la [hieroglyphs] qu'il met à la suite de la reine Ahmos n'était à ses yeux que la mère de Thoutmos Ier, la femme d'Amenhotpou Ier.² La reine Ahmos avait donné à son mari au moins deux enfants, deux filles, dont l'une [hieroglyphs] Nofriou-Khobit, paraît être morte en bas âge,³ et dont l'autre est la célèbre Hatshopsitou.⁴ J'ai déjà eu l'occasion de montrer que toute l'histoire de Thoutmos II et les débuts de celle de Thoutmos III s'expliquent aisément par des différences d'origine maternelle entre les enfants de Thoutmos Ier. Nous savons, en effet, par la découverte de Déir-Baharî que Thoutmos III était le fils d'une simple concubine nommée Isis, et j'avais conjecturé que Thoutmos II lui aussi n'était pas le frère utérin de Hatshopsitou.⁵ Cette supposition a été changée en certitude par une découverte récente. M. Grébaut a trouvé dans la chapelle de Ouazmos une statue en grès, de grandeur naturelle et intacte, sauf un éclat qui a enlevé le bout du nez et la pointe du menton : elle représente une reine, et l'inscription dit que le roi Thoutmos II [hieroglyphs] [hieroglyphs] l'a faite en monument de lui-même à sa mère Moutnofrit.⁶ Moutnofrit n'était pas comme Isis une simple concubine : elle était fille

1. Lepsius, *Königsbuch*, pl. XXIV, n° 340.

2. Tout en lui donnant un numéro spécial (n° 343) il renvoie au n° 327 qui est celui de la femme d'Amenhotpou Ier.

3. Rosellini, *Monumenti storici*, t. I, p. 215—216; Lepsius, *Denkmäler*, III, 8 *b*, et *Königsbuch*, pl. XXIV, n° 342.

4. La filiation est prouvée par l'inscription d'un petit vase qui, après avoir appartenu à la collection Huber et été publié par Brugsch (*Recueil de monuments*, t. I, pl. XXXVI, 4 et p. 49), est entré au Musée de Boulaq et a été publié de nouveau par Mariette (*Monuments divers*, pl. XLVIII, *d* 1). L'inscription dit formellement que cet objet a été dédié par Hatshopsitou à sa mère Ahmos : [hieroglyphs]. La reine Ahmos partage à Déir el-Baharî les honneurs funèbres de sa fille (Lepsius, *Denkmäler*, III, 19 *c*); elle lui est associée dans une tombe thébaine (Lepsius, *Denkmäler*, III, 26 *b*).

5. Maspero, *Notices sur différents points de grammaire et d'histoire*, dans la *Zeitschrift*, 1882, p. 132—133.

6. M. Grébaut a bien voulu m'en communiquer une photographie et m'autoriser à publier la partie de l'inscription qui se rapporte à mon sujet. La reine Moutnofrit était connue depuis une quinzaine d'années. Sa figure était gravée le long de la jambe d'un colosse en grès rouge siliceux, représentant Thoutmos Ier et découvert à Karnak par Mariette (*Karnak*, pl. 38, *b* 1—4 et *Texte*, p. 59—60). Les légendes étaient à moitié effacées [hieroglyphs].

de roi, et, en cette qualité, avait droit au cartouche. Elle ne représentait pas cependant, comme la reine Ahmos, la ligne directe, car son fils Thoutmos II est toujours donné comme tenant le pouvoir, moins de son père Thoutmos Ier que de sa femme Hatshopsitou. On doit donc voir en elle la fille d'une des nombreuses femmes secondaires d'Amenhotpou Ier. Si maintenant on examine les monuments connus, et qu'on essaie d'en tirer ce qu'ils peuvent nous donner pour l'histoire de l'époque, on arrive aux résultats suivants :

1° Thoutmos Ier avait eu au moins six enfants, deux fils dont la mère n'est pas indiquée, Amenmos et Ouazmos, deux filles nées de la reine héritière Ahmos, Nofrioukhobit et Hatshopsitou, un fils qui fut plus tard Thoutmos II, né d'une reine secondaire Moutnofrit, un fils qui fut plus tard Thoutmos III, né de la concubine Isis.

2° Au commencement du règne, en l'an IV, nous trouvons Amenmos, qualifié de fils aîné, et revêtu de pouvoirs et d'honneurs considérables, comme ceux que les rois concédaient à l'héritier présomptif. Son frère, Ouazmos, nous est moins connu; mais l'étendue de la chapelle qui lui est consacrée, la manière dont son frère Thoutmos III le représente à côté de leur père Thoutmos Ier, montrent qu'à un moment déterminé il eut une situation prépondérante à la cour thébaine. Comme il était cadet de famille, cette position ne put lui avoir été accordée qu'après la mort de son frère Amenmos, au moment où, celui-ci disparaissant, il devenait, par droit de naissance, héritier présomptif de la couronne.

3° Le statut personnel des princes égyptiens étant réglé sur la qualité de la mère plus encore que sur celle du père, et les filles de la reine ayant le pas sur les fils des femmes secondaires, comme le prouve l'exemple de Hatshopsitou et de ses deux frères Thoutmos II et III, la position prépondérante d'Amenmos et de Ouazmos ne peut se comprendre que s'ils sont, eux aussi, fils de la reine, et reçoivent d'elle des droits qui priment ceux des filles de la famille. Amenmos et Ouazmos sont donc fils de la reine Ahmos, ce qui nous permet de dresser pour la famille de Thoutmos Ier le tableau suivant :

la reine AHMOS _____ THOUTMOS Ier _____ la reine MOUTNOFRIT __ ISIS

| 1° le prince héritier | 2° le prince | 3° la princesse | 4° la princesse | THOUTMOS II | THOUTMOS III |
| AMENMOS | OUAZMOS | NOFRIOUKHOBIT | HATSHOPSITOU | | |

4° On peut établir l'ordre dans lequel les quatre enfants de la reine Ahmos se succédèrent dans la qualité de prince ou princesse héréditaire. Thoutmos Ier avait dû se marier assez tôt dans le règne de son père Amenhotpou Ier, puisqu'en l'an IV de son propre règne, il avait un fils aîné adolescent. On peut donc considérer qu'Amenmos et Ouazmos étaient déjà nés du vivant d'Amenhotpou Ier et avaient l'aîné entre quinze et vingt ans en l'an IV, puisqu'il remplissait déjà des fonctions publiques, le second une ou deux années de moins. Plus tard, au moment de la fondation de Déir el-Baharî, ils ne sont plus là, mais on voit à leur place une toute petite fille nue qui a le cartouche, l'uræus au front, et le titre de fille royale.[1] Ils sont morts et leurs droits héréditaires ont passé, faute de mâle issu de la même mère, à l'aînée de leurs sœurs de père et de mère, Nofrioukhobit. Plus tard encore, Thoutmos Ier, associe solennellement au trône sa fille Hatshopsitou, née également de la reine Ahmos, lui donne une bannière, un cartouche, bref reconnaît tous ses droits à la couronne.[2] Nofrioukhobit est morte et sa sœur cadette devient héritière à son tour. Elle épousa Thoutmos II, puis, celui-ci étant mort sans laisser d'enfant mâle, elle appela au trône son très jeune frère Thoutmos III, et, comme elle était probablement trop vieille pour l'épouser elle-même, elle lui donna en mariage ses filles 𓏏𓆇𓄿𓈖𓍿𓇋𓆗 Nofriouri[3] et 𓏏𓆇𓄿𓄀𓈖𓅓𓇋𓆗[4] Hatshopsitou II Miritrî; cette dernière devint la mère d'Amenhotpou II.[5] L'examen des monuments relatifs à la famille d'Amenhotpou II et de ses successeurs nous entraînerait trop loin de l'époque où vivaient les personnages ensevelis dans la cachette de Déir el-Baharî. Il me reste d'ailleurs un dernier point à discuter pour établir d'une manière définitive la nature du lien qui rattache Thoutmos Ier à sa femme. La reine Ahmos était-elle fille d'Amenhotpou Ier et d'Ahhotpou II ou bien fille d'une autre femme? La supériorité reconnue de ses enfants sur ceux des autres de femme de Thoutmos Ier suffirait à l'assurer, mais je crois qu'on peut en donner une preuve directe. Le Louvre

---

1. Lepsius, *Denkmäler*, III, 8 *b*.

2. E. de Rougé, *Étude des monuments au massif de Karnak*, dans les *Mélanges d'archéologie égyptienne et assyrienne*, t. I, p. 46—49.

3. Lepsius, *Denkmäler*, III, 38 *a—b*; *Königsbuch*, pl. XXVI, n° 350, 356.

4. Champollion, *Monuments*, t. II, pl. CXCV, 3; Lepsius, *Denkmäler*, III, 25 *i*; *Königsbuch*, pl. XXVI, n° 351.

5. Champollion, *Monuments*, t. II, pl. CLX; Lepsius, *Denkmäler*, III, 62 *b*; *Königsbuch*, n° 356.

possède de longue date une statuette en brèche verte dédiée à une [hieroglyphs] [hieroglyphs].[1] Lepsius a reconnu très justement dans la princesse Ahhotpou de ce monument la femme d'Amenhotpou Ier,[2] mais il n'a pas songé à confronter cette Ahmas-nibitto avec Ahmos, femme de Thoutmos Ier. Il me semble pourtant que le rapprochement s'impose de lui-même. Les rois et reines de cette époque ne se faisaient pas scrupule d'introduire dans leurs cartouches des épithètes laudatives : Amenhotpou Ier devient successivement [hieroglyphs], puis [hieroglyphs], ou [hieroglyphs], ou [hieroglyphs], je ne vois rien d'étonnant à ce que sa fille ait été appelée [hieroglyph] la maîtresse de l'Égypte. En admettant l'identité d'Ahmas-nibitto avec Ahmos, on complétera la série des mariages, incestueux pour nous, qui assuraient la légitimité des souverains de la XVIIIe dynastie. Resterait à savoir si Thoutmos Ier est vraiment le fils d'Ahhotpou II, comme sa femme Ahmos ou bien s'il avait une autre mère. Il se vante, dans l'inscription même où il associe au trône Hatshopsitou, d'avoir été lui-même associé au trône tout enfant.[3] Les expressions qu'il emploie semblent indiquer qu'il avait les mêmes droits que sa fille, c'est-à-dire qu'il était issu comme elle d'une reine héritière : la seule reine héritière que nous connaissions parmi les femmes d'Amenhotpou étant Ahhotpou II, c'est Ahhotpou II qui était la mère de Thoutmos Ier.

Réunissons maintenant ci-contre, en un seul tableau, les données que nous avons acquises à différents degrés de probabilité sur les débuts de la XVIIIe dynastie. On voit, du premier coup d'œil, comment presque toutes nos momies de la dix-huitième dynastie s'y trouvent classées, d'une manière sinon complétement certaine au moins suffisamment vraisemblable. Avant d'en finir avec ce sujet intéressant, il me reste une question à débattre qui n'est pas sans intérêt pour l'histoire de l'époque. On a remarqué depuis longtemps que les mêmes noms se retrouvent tantôt enveloppés, tantôt privés du cartouche, et l'on a cru, moi tout le premier,[4] que cela suffisait pour nous obliger à admettre l'existence

---

1. Pierret, *Catalogue de la salle historique*, p. 9—10, n° 7.
2. Lepsius, *Königsbuch*, pl. XXIII, n° 328.
3. Lepsius, *Denkmäler*, III, 18, l. 13; E. de Rougé, *Étude des monuments du massif de Karnak*, t. I, p. 47.
4. Maspero, *Une enquête judiciaire à Thèbes*, p. 80; Wiedemann, *The king Ahmes-sa-pa-ar*, dans les *Proceedings of the Society of Biblical Archæology*, 1886, p. 270 sqq., et *Aegyptische Geschichte*, p. 302.

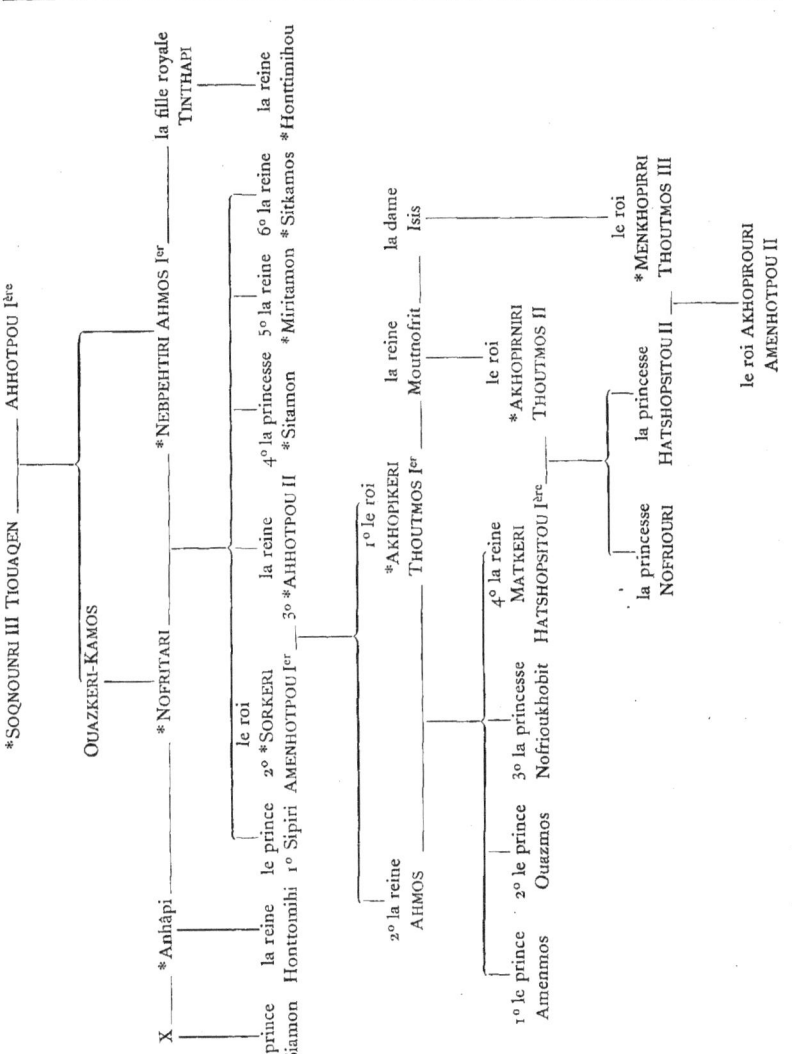

de deux homonymes dont l'un aurait été roi et l'autre n'aurait pas régné. C'est une idée fausse. On ne peut douter que les deux princes Amenmos et Ouazmos du tombeau d'El-Kab ne soient identiques à l'Amenmos et à l'Ouazmos des monuments découverts par Grébaut : à El-Kab, ils n'ont point le cartouche, ils l'ont sur le naos de Gizèh et sur la stèle de Thèbes. Il faut donc rayer de la liste le roi Ahmas Sipiri, et l'identifier, comme Birch,[1] Brugsch,[2] Schiaparelli,[3] ont fait, avec le prince Sipiri. Il faut enfin se garder d'attribuer un règne à tous les princes qui ont le cartouche. C'était l'usage à la fin de la XVIIe et au commencement de la XVIIIe dynastie que d'en gratifier beaucoup de princes et de princesses. L'usage n'était pas loi, puisque, sur certains documents, le cartouche manque, mais il existait et nous devons en tenir compte dans l'appréciation des monuments de cette époque ou qui se rapportent à cette époque. Est-il ancien? On n'en rencontre jusqu'à présent aucune trace sur les monuments de l'Ancien et du Moyen Empire. Les rois seuls y ont le cartouche; si le cartouche apparaît dans le nom d'un particulier, c'est que ce nom renferme le nom ou le prénom d'un roi ⟨hieroglyphs⟩, ⟨hieroglyphs⟩, etc. Nous possédons assez de monuments des anciennes époques pour déclarer que cette règle y était absolue, et que les princes non régnants n'ont commencé à recevoir l'honneur du cartouche qu'après la XIIe, peut-être après la XIIIe dynastie Manéthonienne. Le peu de renseignements que nous possédons jusqu'à ce jour sur les dynasties suivantes nous révèlent une féodalité puissante, mal contenue par des rois trop faibles, et comme, en Égypte, l'histoire a plus de tendance à se répéter qu'ailleurs, je crois qu'on peut juger l'état du pays vers la fin du moyen empire d'après ce qu'il fut entre la XXIIe et la XXVIe dynasties. La stèle de Piônkhi nous le montre divisé en petits états, dont les chefs, pourvus de titres différents, ne prennent point de cartouches s'ils ne se rattachent pas à la famille royale, mais s'ils s'y rattachent reçoivent les titres et le cartouche des Pharaons. Chaque fois que la dynastie régnante s'affaiblissait, la noblesse reprenait le dessus et le régime féodal un moment maîtrisé reparaissait dans toute sa vigueur. L'époque des Pasteurs présenta probablement la même physionomie que les débuts de l'époque saïte : après une période où les rois étrangers dominèrent en maîtres comme les Pharaons indigènes, l'autorité royale s'amoindrit entre leurs mains et la féodalité reparut. La Thébaïde, plus éloignée d'eux, fut la première à leur échapper, et la XVIIe dynastie, refaisant à leurs dépens ce que la XIe avait fait aux dépens des Héracléopolitains,

---

1. Birch, *Étude sur le papyrus Abbott*, p. 16—17, et *Select Papyri*, t. II, p. 4.
2. Brugsch, *Geschichte Aegyptens*, p. 256.
3. Schiaparelli, *Il libro dei Funerali*, p. 17.

leur reconquit peu à peu la plus grande partie de l'Égypte. Qu'il y ait eu là une *guerre de l'indépendance*, je ne le pense pas : ce serait mettre un sentiment tout moderne chez les Égyptiens. Il y eut seulement lutte d'une famille princière siégeant à Thèbes contre une famille princière résidant à Tanis, et je me figure volontiers que les guerres de Soqnounrî et d'Ahmos contre Apopi durent ressembler à celle de Piônkhi contre Tafnakhti, et de Shabaka contre Bocchoris. Les rois de Thèbes groupèrent autour d'eux les autres rois de l'Égypte et en firent leurs vassaux. J'admets volontiers que ces Pharaons Skhontnibrî ( ), Snakhtnirî ( ) qu'on rencontre sur les monuments,[1] sont des rois secondaires du type du roi Namroti et du roi Pefzâbastit qu'on rencontre sur la stèle de Piônkhi : ils vivaient probablement sous Soqnounrî, sous Kamos, sous Ahmos, avec qui ils sont toujours adorés, et représentaient des branches collatérales de la famille royale, régnant sur quelque principauté sous la suzeraineté de la branche aînée, tandis que les grands seigneurs d'El-Kab, par exemple, représentent la noblesse féodale apparentée au roi comme les Tafnakhti, les Harbeksonou, les Pouarma, de la stèle de Piônkhi. Quand ce système, où les fils de rois recevaient en apanage des principautés considérables qu'ils administraient à la façon des autres grands vassaux, fut remplacé par un état de choses plus concentré, on comprend que les fils royaux, pourvus de grands commandements, mais non plus de grandes principautés, aient conservé quelque temps encore les honneurs royaux. Le cartouche est une survivance du temps où le domaine était partagé en apanages pour les fils du Pharaon régnant; il ne disparut qu'avec Thoutmos III, au moment où la royauté toute puissante réduisait les *barons* à n'être plus guère que les grands-officiers de la couronne et concentrait entre ses mains toute l'administration civile, militaire et religieuse du pays.

---

1. E. DE SAULCY, *Étude sur la série des rois inscrits à la salle des ancêtres de Thoutmès III*, pl. II, p. 48, 51 sqq.

III. — DES MOMIES ENTERRÉES A DÉIR EL-BAHARÎ QUI APPARTIENNENT A LA XXIᵉ DYNASTIE.

Les momies de la XXIᵉ dynastie ne sont pas, tant s'en faut, aussi faciles à identifier que celles de la XVIIIᵉ et de la XIXᵉ. La généalogie des grands-prêtres d'Amon, la nature du pouvoir qu'ils exerçaient, les rapports qu'ils entretenaient avec la XXIᵉ dynastie de Manéthon, ont été, dès le début, l'occasion de recherches nombreuses qui n'ont produit que peu de résultats certains, faute d'une quantité suffisante de monuments. CHAMPOLLION et ROSELLINI ne classèrent d'une manière certaine que deux de ces personnages,  Hrihor et Pinot'mou, qu'ils appelèrent Péhor et Pisham. Ils les mirent dans la XXᵉ dynastie,[1] et les distinguèrent de la XXIᵉ, à laquelle ils attribuèrent par erreur Mentouhotpou de la XIᵉ.[2] CHAMPOLLION avait découvert pendant son voyage d'Égypte l'existence de Piônkhi, de Menkhopirrî et du dernier Pinot'mou,[3] mais la maladie, puis la mort, ne lui laissèrent pas le temps de les mettre en leur place, et ROSELLINI n'osa point se prononcer à leur égard. LEPSIUS, le premier, entreprit d'ordonner les renseignements que ses prédécesseurs et lui-même avaient recueillis, et de les accorder avec les données de Manéthon. Dès 1856, il conçut un système d'après lequel les grands-prêtres n'étaient autres que les Pharaons de la dynastie Tanite[4] :

Royale épouse Semet . . . . .    HERHOR SIAMOUN

 PIÂNKH

---

1. CHAMPOLLION, *Lettres à M. le Duc de Blacas d'Aulps, relatives au Musée royal égyptien de Turin, Seconde lettre*, p. 113—114, 124; ROSELLINI, *Monumenti storici*, t. II, p. 52 sqq. et IV, p. 138—145. Dans ce dernier passage, ROSELLINI admet la valeur du signe et lit *Hraïhor* (p. 140—141).

2. CHAMPOLLION, *Lettres à M. le Duc de Blacas*, 2ᵉ, p. 114 sqq.; CHAMPOLLION-FIGEAC, *L'Égypte ancienne*, p. 357. ROSELLINI adopta aveuglement l'opinion du maître, qui était déjà dans le *Précis du système hiéroglyphique*.

3. CHAMPOLLION, *Notices*, t. II, p. 178 sqq., 285.

4. LEPSIUS, *Ueber die XXII. ägyptische Königsdynastie*, pl. I; *Königsbuch*, pl. XLII—XLIII, n° 531 à 566.

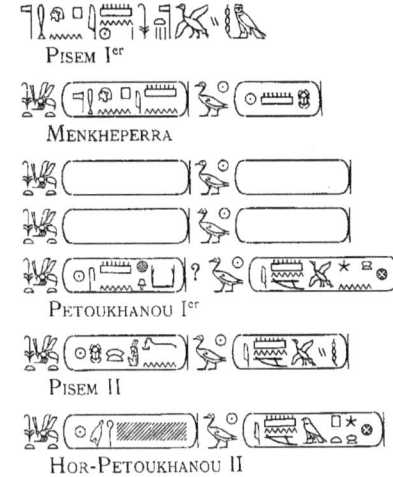

Royale fille Rakamat

Royale fille Honttoti

E. DE ROUGÉ, avec le grand sens qu'il apportait aux recherches d'archéologie, reconnut promptement les points faibles de cette classification, où les rois de Manéthon étaient identifiés pêle-mêle aux souverains thébains. Il assura d'abord la lecture Pinot'mou du mot ,¹ puis il proposa de ranger les noms et les faits d'une manière plus conforme à la vraisemblance historique. Il étudia le développement de la puissance des grands-prêtres d'Amon, et montra que Hrihor usurpa le trône après Ramsès XIII (le Ramsès XII actuel). La postérité de Hrihor domina à Thèbes, parfois avec le titre de grand-prêtre, parfois avec les cartouches royaux, selon le plus ou moins d'énergie de chacun de ses membres, tandis que la XXIᵉ dynastie de Manéthon s'établissait à Tanis, et que deux ou trois Ramsès exerçaient encore, par intervalle, un pouvoir plus nominal que réel.

GRANDS-PRÊTRES :	ROIS :
HER-HOR, grand-prêtre, chef des travaux, chef de l'armée, etc.	Ra-men-ma setep-en-ptah
	RAMSÈS (XIII?) Scha-em-Tama nuter-hik-an, merer-amen

---

1. E. DE ROUGÉ, *Mémoire sur l'inscription du tombeau d'Ahmès*, p. 117, note 1, et *Notices de quelques textes hiéroglyphiques récemment publiés par M. Greene*, p. 33—34, puis, comme LEPSIUS ne s'était pas déclaré convaincu et persistait à lire Pisem (LEPSIUS, *Ueber die XXII. ägyptische Königsdynastie*, p. 263, note 2), il donna les preuves décisives dans son *Étude sur une stèle égyptienne appartenant à la Bibliothèque impériale*, p. 199, note 1.

Grands-prêtres :	Rois :
	Ra-cheper-ma setep-en-ra
Le même, roi des deux régions, père de	Ramsès (XIV?) meri-amen, amen-ḫa-chopesch-w
|	
Pianch	Deux ou trois autres Ramsès dont la
grand-prêtre, père de	place est inconnue.
|	
Pineṭem Ier	Hent-ta et Ra-ka-ma-t (princesses héritières?)
grand-prêtre, titres royaux, d'abord sans cartouches, père de	
|	
Ra-men-cheper	Isi-em-chev (princesse héritière).
grand-prêtre, cartouche royal, père de	
|	
Pineṭem II	La XXIe dynastie (Tanite) aurait été parallèle depuis Pineṭem Ier, ou même depuis Pianch.[1]

Brugsch adopta, dans la première édition de son *Histoire d'Égypte*,[2] un système intermédiaire entre celui de Lepsius et celui de Rougé, plus voisin pourtant du dernier que du premier. Le seul trait original que j'y remarque est une assimilation de l'Osochor de Manéthon avec l'Osorkon d'une statue du Nil conservée au British Museum, ce qui donnerait pour les trois derniers rois la série :

Manéthon :	Les Monuments :
5. Osochor	Osorkon
6. Psinachès	Pseb-en-cha'
7. Psousennès (var. Sousennès)	['Sa'sanq, régent][3]

Les travaux de Rougé avaient épuisé la matière : à moins de monuments nouveaux on ne pouvait aller plus loin qu'il n'était allé. Aussi la question resta en suspens, jusqu'au moment où Brugsch crut avoir démontré que l'Égypte avait

---

1. E. de Rougé, *Étude sur une stèle égyptienne appartenant à la Bibliothèque impériale*, p. 184, 193—205.

2. Brugsch, *Histoire d'Égypte*, p. 210—218; la série de la planche XIV de cet ouvrage reproduit simplement la classification de Lepsius.

3. Brugsch, *Histoire d'Égypte*, p. 221—222.

été, dès la XXIᵉ dynastie, victime d'une conquête assyrienne, et que les rois de la XXIIᵉ dynastie descendaient d'un chef ninivite.[1] Cette théorie ne fit point fortune,[2] mais elle apporta quelques changements au tableau de la maison Tanite :

FAMILLE DE LA XXIᵉ DYNASTIE
(à Thèbes-Tanis).

HIR-HOR, ——— NOTEM,
roi de la Haute et de   reine
la Basse-Égypte
    |
PI-'ANCHI, ——— Thent-amon,
roi de la Haute et de   reine
la Basse-Égypte
    |
MIAMOUN PINOTEM Iᵉʳ, ——— Diouou Hathor Hont taui,
roi de la Haute et de Basse-   reine
Égypte
    |
MIAMOUN PISEBCH'ANOU,   Men-cheper-r'a, ——— Ise-em-cheb
roi   grand-prêtre d'Amon
    | |
MIAMOUN PINOTEM II,   MIAMOUN HOR PISEBCH'AN II,
roi et grand-prêtre d'Amon |
                          Ke-ra'-ma't,
                          princesse

La découverte de Déir el-Baharî fournit, bientôt après, les monuments qui avaient manqué jusqu'alors. Elle ajouta des membres nouveaux à la famille, et détermina d'une manière définitive les rapports de plusieurs des membres anciennement connus. Un premier essai de classement mit côte à côte, en deux colonnes parallèles, la succession des grands-prêtres et celle des rois Tanites[3] :

I. Le grand-prêtre et roi *Hrihor* (an XVI).   Smendès.
II. Le grand-prêtre *Piônkhi*.   Psousennès Iᵉʳ.
III. Le grand-prêtre *Pinot'em Iᵉʳ*.   Nepherchérès.
IV. Le roi *Pinot'em II*.   Aménophis.

1. BRUGSCH, *Geschichte Aegyptens*, p. 643—659.
2. Les raisons qui en rendent l'adoption impossible ont été exposées tout au long dans la *Revue critique*, 1880, t. I, p. 112 sqq.
3. MASPERO, *Sur la cachette découverte à Déir el-Baharî en juillet 1881*, p. 24, et *La Trouvaille de Déir el-Baharî*, p. 30. L'arrangement proposé par NAVILLE (*Inscription historique de Pinodjem III*, p. 19) coïncide à peu près avec celui que j'avais proposé en 1881.

V. Le grand-prêtre *Masaharti*.   Osochor.
VI. Le roi *Menkhoprirî II*.   Psinachès (Psiounkhâ).
VII. Le grand-prêtre *Pinot'em III*.   Psousennès II.

L'affluence des matériaux décida Lepsius à reprendre la question. La liste qu'il publia[1] diffère de toutes celles qui avaient précédé par la place qu'elle assigne à Hrihor. Ce prince est mis d'ordinaire en tête de la dynastie : Lepsius, revenant à d'anciennes préoccupations, le rapprocha d'Osochor et le plaça au milieu de la famille (voyez le tableau généalogique à la p. 645).

Cette classification était bien artificielle. Le dernier égyptologue qui se soit occupé de la question, M. Wiedemann, ne l'accepta pas, et en élabora une nouvelle, un peu confuse par endroits, mais très différente des précédentes. Il en a résumé lui-même la première partie, comme il suit[2] :

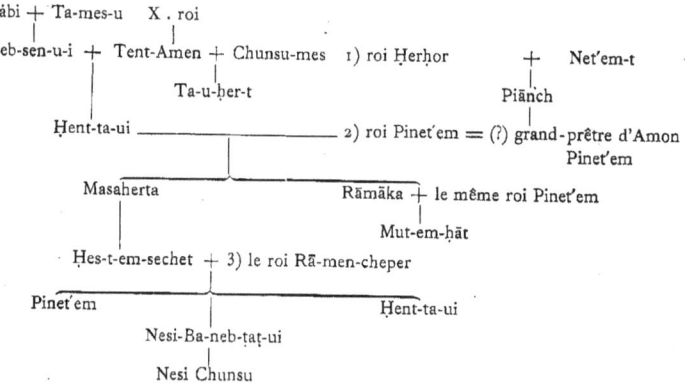

Trois des rois Tanites de Manéthon répondent, suivant lui, aux trois rois de cette série : 1° Smendès qui est Sa-Amen Ḥerḥor, 2° Psusennès qui est un composé de Pinet'em et du Tanite Pa-seb-châ-nen Ier, 3° Nephelcheres qui est Mencheper-râ. Il ne s'explique pas très clairement sur les derniers rois : c'est donc sous toutes réserves que j'établis, comme reproduisant son opinion,[3] la série :

---

1. Lepsius, *Die XXI. manethonische Dynastie*, dans la *Zeitschrift*, 1882, p. 103—117, 151—159. Le tableau que je donne est le tableau de la page 114, avec les corrections de la page 158.
2. Wiedemann, *Aegyptische Geschichte*, p. 528, 529—536, 537—540.
3. Wiedemann, *Aegyptische Geschichte*, p. 536—537, 540—542.

I. 1091. *Si Menθu mī Amen*,　　　　　　　　　　　　(Σμένδης) Σιμένδης　26
(né 2015, roi 1091 à l'âge de 24 ans) règne 26 ans.

Grand-prêtre.
II. 1065. *Psebχaennu mī Amen*,　　　　　　　　(Ψουσέννης) Ψουσαέν- 41
(né 1095, roi 1065 à l'âge de 30 ans) règne 41 ans.　　νης

Grand-prêtre　III. 1024.　[Neferkarā mī Amen],　——— Net'emt　　Νεφερχέρης　　4
Pinet'em Iᵉʳ　Rākamāt.　(né 1070, roi 1024 à
(mort en 1016).　　　　l'âge de 46 ans) règne
　　　　　　　　　　4 ans.

IV. 1020. *Amenemāp mī Amen*,　——— Nebsenuī　('Ἀμένωφις) Ἀμενέμω- 9
(né en 1035, roi en 1020 à l'âge de 15 ans) règne 9 ans.　　φις

Grand-prêtre *Piānχ*　Grand-prêtre
(né en 1056)　V. 1011. *Hirhor si Amen*, ——————— Θent-Amen　('Ὀσοχώρ) Οὐρώρ　6
Grand-prêtre　(né en 1076, roi en 1011 à l'âge de 65 ans) règne 6 ans

VI. 1005. *Pinet'em II mī Amen*, ——————— *Sebt Hathar hont touī*,　(Ψινάχης) Ψινάτης　9
(né en 1036, roi en 1005 à l'âge de 31 ans)　née en 1036.
règne 9 ans.

Grand-prêtre *Masaharθa*　VII. 996. *Hor Psebχaennu mī Amen*, ——————— X . . .　(Ψουσέννης) Ὡρ Ψου- 35
　　　　　　(né en 1014, roi en 996 à l'âge de 18 ans) règne 35 ans.　son épouse　σαέννης

Histemχeb —— Grand-prêtre
　　　　　Rāmenχeper

Θenthont Thoutī —— Nesi Benebded　Grand-prêtre *Pinet'em III*　*Hont touī*　　*Sebt nuter Rākamāt*, —— Osorkon Iᵉʳ de
　　　　　　　　　　　　　　　　　　　princesse héritière　la XXIIᵉ dynastie
Nesi Χensu

2) roi Pa-seb-chānen Ier
|
grand-prêtre Pinet'em 3) roi Amen-em-àpet
4) roi Osochor
5) roi Psinachès (? Pinet'em)
6) roi Pa-seb-chā-nen II

On me pardonnera d'avoir reproduit ces généalogies : je l'ai fait tant pour rendre justice aux travaux de mes devanciers que pour permettre au lecteur de choisir entre leurs solutions et la mienne. Je ne les examinerai pas l'une après l'autre, mais j'en discuterai certaines parties au fur et à mesure des besoins de ma cause.

Je soulèverai contre tous les systèmes, sauf celui de Rougé, une objection de principe. Les auteurs sont partis de cette idée qu'il fallait trouver sur les monuments les noms de la liste de Manéthon; ou bien ils ont torturé les noms égyptiens pour les assimiler aux noms grécisés, ou bien ils ont corrigé les noms grécisés pour les assimiler aux noms égyptiens. Je préfère pour ma part tenir compte et des uns et des autres, les identifier quand les circonstances s'y prêtent, les garder séparés, si je n'obtiens l'identification qu'au moyen d'altérations et de subterfuges. Ce que nous avons de Manéthon n'est pas l'histoire d'Égypte proprement dite : c'est un système sur l'histoire d'Égypte, construit, avec des documents à nous inconnus, de la même manière que MM. Lauth, Lepsius, Lieblein et les chronologistes modernes ont bâti le leur sur les débris de Manéthon et des monuments originaux. Je n'ai pas besoin de dire combien les listes que les compilateurs anciens nous ont transmises nous donnent après tout peu d'idée de ce qu'était l'ouvrage original du vieux prêtre égyptien. Le seul point certain qui me paraisse ressortir de leur étude, c'est que Manéthon s'était astreint à construire une série de dynasties, qu'il présentait comme ayant régné l'une après l'autre sur la vallée du Nil. Sans doute, il n'ignorait pas qu'à certains moments le pays avait été partagé entre nombre de petits princes plus ou moins indépendants, mais il admettait, et probablement l'Égypte entière admettait avec lui, qu'à chaque époque, une seule lignée de rois avait eu la légitimité pour elle, et, par conséquent, avait été ou était censée avoir été suzeraine. Il avait accompli le même travail qu'ont fait nos historiens du XVIe et du XVIIe siècle, quand ils ont établi ce qu'ils ont appelé la dynastie mérovingienne, en éliminant les rois d'Orléans, de Bourgogne, de Neustrie, d'Austrasie, selon les nécessités du moment, afin d'obtenir une série de rois de France. Si Manéthon nous donne, après la XXe dynastie, une XXIe dynastie Tanite, cela ne signifie pas qu'une seule famille de sept rois eut réellement l'autorité sur l'Égypte entière pendant un certain nombre d'années, sans souffrir à côté d'elle ni princes, ni rois indépendants; cela veut dire seulement que les sept rois de cette famille étaient, aux yeux de Manéthon et de ses garants, les seuls rois légitimes qui eussent dominé en Égypte à cette époque, et que les autres rois ou princes étaient considérés comme ayant été soumis à leur autorité. Si donc nous trouvons dans Manéthon une liste de noms, et, sur les monuments, une liste d'autres noms, si les noms que les monuments nous fournissent pour Tanis ou Memphis ne correspondent pas à ceux que les monuments nous fournissent pour Thèbes, je n'essaierai pas de concilier ces éléments divers, je les laisserai chacun à sa place, et j'en conclurai qu'il y avait certains princes à Thèbes, dans le même moment qu'il y en avait d'autres à Memphis ou à Tanis. L'Égypte a été organisée féodalement dès les temps les plus anciens : elle a subi le sort des états féodaux où l'unité dépend exclusivement de la fermeté et des ressources du roi régnant. Sous les Ramsès, gens solides et de main dure, les seigneurs des nomes avaient courbé la tête et s'étaient contentés d'être les officiers du souverain. Sous les Tanites qui n'avaient plus, ce semble, autant de vigueur ni d'autorité, ils relevèrent la tête. Ils se rendirent presque indépendants sous les Bubastites. Tout cela ne constitue pas à proprement parler des dynasties collatérales, puisqu'un seul des rois ou des princes qui vivaient en même temps était censé régner sur les autres, et la fiction de l'unité était maintenue pour les Égyptiens. Pour nous, qui n'avons pour nous guider que le témoignage des monuments, le mieux est de ne pas trop nous attacher aux idées de légitimité qui étaient si chères à l'Égypte, et de laisser séparés les noms et les faits que les monuments nous donnent séparés. La principauté de Thèbes était solidement constituée dès la XIe dynastie. Elle était alors gouvernée par des princes qui, à l'exemple de tous les seigneurs féodaux leurs contemporains, étaient les grands-prêtres nés des dieux et déesses adorés dans leur principauté. Quand les hasards de l'histoire eurent transformé ces simples barons en Pharaons, surtout quand la conquête de l'Asie et de l'Éthiopie eurent fait refluer sur Thèbes les richesses du monde, Amon devint le plus riche peut-être des dieux de l'Égypte. D'autre part, le roi, chef du sacerdote thébain, ne put plus suffire à toutes ses fonctions civiles, militaires et religieuses : le grand-prêtre d'Amon, qui n'avait pas eu d'abord plus d'autorité que les grands-prêtres d'Edfou ou de Dendérah ou des villes secondaires, devint par la force des choses un des plus hauts personnages de l'État. J'ai dit, il y a longtemps, qu'à mes yeux, le règne d'Amenhotpou IV est une tentative de réaction contre la puissance toujours croissante du sacerdoce thébain : le développement, arrêté un moment à peine, reprit de plus belle et aboutit, vers la fin de la XXe dynastie, au couronnement d'un grand-prêtre d'Amon, Hrihor Siamon. Nous n'avons pas la momie de cet usurpateur, mais [hiéroglyphes] Not'mit reposait à Déir el-Baharî, et les opinions qu'on a émises au sujet de cette femme sont assez contradictoires pour m'obliger à examiner scrupuleusement ce que les monuments nous apprennent sur Hrihor. Le cadre de sa vie a été tracé exactement par E. DE ROUGÉ : «il se contente pen- »dant un temps des qualifications qui résument en sa personne l'autorité reli- »gieuse, civile et militaire; mais bientôt après, il prend ouvertement tous les »insignes royaux, et son titre de *grand-prêtre d'Ammon* lui sert de devise pour »remplir son premier cartouche».[1] Il reste à rechercher : 1° s'il avait des droits à la couronne, 2° comment se fit la transition, 3° si l'élévation du grand-prêtre de Thèbes produisit un démembrement de la monarchie égyptienne.

On ne connaît ni le père, ni la mère de Hrihor : il ne les nomme nulle part sur les monuments officiels, et les monuments privés sont muets à leur égard. La seule femme qui soit mentionnée à côté de lui est justement notre Not'mit. Elle est représentée sur le mur de gauche du pronaos du temple de Khonsou, marchant en tête d'une file de princes et de princesses appartenant tous à la famille de Hrihor.[2] La légende qui est devant elle est mutilée, et ce qui en reste se lit dans LEPSIUS : [hiéroglyphes] [hiéroglyphes]. La copie de CHAMPOLLION [hiéroglyphes] et celle de PRISSE [hiéroglyphes], nous permettent de rétablir le nom dans sa forme réelle

---

1. E. DE ROUGÉ, *Étude sur une stèle égyptienne*, p. 197—198.
2. CHAMPOLLION, *Notices*, t. II, p. 228—229; PRISSE. *Monuments*, p. 5 et pl. XXII, 2; LEPSIUS, *Denkmäler*, III, pl. 247 a—b.

Not'mit. Champollion considéra cette reine comme étant la femme de Hrihor et la mère de ses enfants : cette opinion, approuvée par Lepsius[1] et Rougé,[2] eut force de loi jusque vers 1878. A cette époque, Naville, étudiant le papyrus funéraire que le Louvre venait d'acquérir, crut pouvoir établir qu'elle était la mère et non la femme de Hrihor. Il cite le protocole complet : […], puis il ajoute : «Cette inscription présente ce caractère spécial que le nom de Herhor n'est point »renfermé dans un cartouche, tandis que celui de la reine Net'em est inscrit dans »un cartouche qui, il est vrai, est resté incomplet comme cela arrive quelquefois »dans le cours du texte. Cette différence entre ces deux noms me paraît indiquer »que la reine Net'em n'est pas la femme de Herhor, comme cela a été admis »jusqu'à présent, mais sa mère. Si nous examinons le nom de la reine pendant »tout le cours du papyrus, nous voyons que ce n'est que rarement que le nom de »Net'em se trouve seul; presque toujours le cartouche est écrit ainsi […] »la mère royale Net'em; pas une seule fois nous ne voyons apparaître le […] qui »est le titre habituel des femmes de roi.... Le fait que dans un cas seulement »le nom de Herhor se trouve dans un cartouche, et en outre le titre de reine-»mère donné partout à Net'em me paraît prouver que Net'em était reine de son »chef avant Herhor, et qu'elle a transmis le pouvoir royal à son fils. Herhor n'é-»tait donc pas simplement un usurpateur, mais il avait des titres au pouvoir royal »du fait de sa mère.»[3] A partir de ce moment, il fut admis assez généralement que Not'mit n'était pas la femme de Hrihor : les uns se rendirent aux raisons de Naville et pensèrent qu'elle était sa mère,[4] les autres, comme Lepsius, la séparèrent résolument de Hrihor ainsi que son fils Piônkhi.[5] Wiedemann resta fidèle

---

1. Lepsius, *Königsbuch*, pl. XLII, n° 532, où le nom est lu *Semet* . . . . .

2. E. de Rougé, *Étude sur une stèle*, p. 198, où le nom est lu *Netem-Net* «Délices de Neith», d'après la copie fautive de Lepsius.

3. Naville, *Trois reines de la XXIe dynastie*, dans la *Zeitschrift*, 1878, p. 29—30.

4. Maspero, *Sur la cachette trouvée à Déir el-Baharî, en juillet 1881*, p. 24; *La Trouvaille de Déir el-Baharî*, p. 27 sqq.; *Guide du visiteur au Musée de Boulaq*, p. 348—349.

5. Lepsius, *Die XXI. manethonische Dynastie*, dans la *Zeitschrift*, 1882, p. 151—153, 157—158; dans le premier des deux articles publiés sous ce titre, Lepsius admettait encore que Not'mit était femme de Hrihor (*Zeitschrift*, 1882, p. 112—114).

à la tradition ancienne,¹ et l'étude des monuments m'a persuadé qu'il n'a pas tort. Le protocole de Not'mit n'est pas assez complet pour pouvoir servir à une étude des titres qu'on donnait aux femmes et aux filles de grands-prêtres sous les XX⁰ et XIX⁰ dynasties : je les analyserai à propos de Honttoouï et de Nsikhonsou. Mais je puis dire dès à présent que le titre de [hiéroglyphes], *mère royale,* ne prouve rien, en ce qui regarde Hrihor : Not'mit, mère des enfants de Hrihor, était mère royale, quand bien même ces enfants ne sont pas nommés. L'absence du titre [hiéroglyphes], *épouse royale,* serait plus grave, si le tableau du temple de Khonsou ne suppléait fort à propos à cet oubli du papyrus : là, Not'mit est qualifiée [hiéroglyphes]. La question est de savoir à quel roi elle était mariée. CHAMPOLLION ne s'y était pas trompé. La paroi de gauche du pronaos est, dit-il, «cou-»verte de tableaux dans lesquels le Pontife-Roi fait des offrandes à Amon-Râ, »Chons, Mouth, Mandou, Hathor : d'autres figurent des présentations du Roi-»Prêtre à Amon-Râ par des dieux de sa famille. Vers l'angle Nord-Ouest, avant-»dernier registre, une file de figures d'enfants du Grand-prêtre Roi, prenant »tous le titre de [hiéroglyphes]. Aucun des noms n'est lisible. A leur tête marche la »Reine, très reconnaissable à ses titres, sans cartouches : [hiéroglyphes]. »Toutes ces figures sont méconnaissables. Dans les restes des titres de ces princes »on voit qu'ils étaient chargés pour la plupart de divers pontificats. Ces royaux »personnages, ainsi que les figures dans le registre inférieur, sont censés accom-»pagner une procession religieuse dans laquelle figurent les Baris sacrées d'A-»mon-Râ, de Mouth et de Chons qui, quoique le dieu du temple, n'a cependant »que le troisième rang. — Ces Baris se trouvent sur la paroi du fond du pro-»naos, à gauche de la porte, dont elles occupent le dernier registre. — Les re-»gistres supérieurs sont des tableaux d'adoration ou de présentation d'Amensi »(notre Hrihor) aux grandes divinités de Thèbes.»² L'examen des lieux m'a contraint à partager le sentiment de CHAMPOLLION. Tous les tableaux sont d'une seule venue, y compris celui où figure Not'mit et ont été sculptés ensemble : si donc le titre de *fils royaux* que portent les jeunes princes nous montre quel était le lien qui les rattachait à Hrihor, le titre de *royale épouse* que prend Not'mit nous apprend également la nature du lien qui la rattachait à Hrihor.

1. WIEDEMANN, *Aegyptische Geschichte,* p. 530.
2. CHAMPOLLION, *Notices,* t. II, p. 228—229.

Mais si les monuments ne nous donnent aucun renseignement direct sur l'origine de Hrihor, n'est-il pas possible de tirer d'eux une conjecture vraisemblable? Ils nous apprennent qu'avant d'être roi lui-même, il vécut sous Ramsès Khâmoïs Merramon Noutir-hiq-on, qui répond actuellement au nom de Ramsès XII. On s'est demandé pendant longtemps s'il n'avait pas attendu quelque temps encore après la mort de ce Pharaon, et s'il n'avait point laissé régner un ou deux Ramsès obscurs avant de prendre la royauté pour lui-même.[1] Les scènes représentées  dans le temple de Khonsou indiquent nettement qu'il dut succéder directement à Ramsès XII. La salle hypostyle a été décorée, tandis qu'il était encore grand-prêtre, de tableaux où le roi et lui jouent chacun son rôle. Les deux principaux se trouvent à droite et à gauche de la porte qui conduit au sanctuaire des premiers Ramessides de la XX⁰ dynastie. A droite, la grande barque d'Amon arrive, portée par les prêtres et suivie de deux barques plus petites. C'est, dit l'inscription, le dieu qui vient visiter le temple de Khonsou pour voir son fils, ▭. La barque est précédée du Premier prophète d'Amon Hrihor, qui l'encense en marchant à reculons : ▭. Le dieu, sensible à cette politesse, répond au grand-prêtre par le discours suivant : ▭. A gauche de la porte, en pendant à ce premier tableau, on voit la barque d'Ammon et les deux autres barques, posées sur leurs supports en forme de naos. Le grand-prêtre Hrihor leur fait l'offrande de l'encens : ▭. Amon lui dit : ▭. Il me semble difficile de marquer plus étroitement la coëxistence de Ramsès XII et de Hrihor.

---

1. E. DE ROUGÉ, *Étude sur une stèle égyptienne*, p. 193.

C'est Hrihor qui fait l'offrande de l'encens et c'est à Ramsès XII que sont adressés les remerciements du dieu : «O mon fils Ramsès, je vois ce monument que »tu m'as fait, et la récompense en est toute vie, etc.» — «O mon fils chéri Ram- »sès, mon cœur est joyeux, je me réjouis de voir tes monuments, etc.» La manière dont sont disposés les autres tableaux confirme les indications de ces deux-là. Quand le grand-prêtre fait l'offrande, le nom du roi est derrière lui. Par exemple, au troisième tableau analysé par Champollion,[1] on lit au-dessus de Hrihor : [hiéroglyphes] et derrière lui en une seule colonne verticale : [hiéroglyphes], ce qui désigne bien un roi vivant, car on trouve la même formule derrière Ramsès XII dans les trois tableaux voisins où il figure. Les dédicaces du soubassement confirment le témoignage des tableaux. La plus longue commence à droite de la porte qui conduit au sanctuaire et ne finit qu'à la porte qui conduit à la salle hypostyle : [hiéroglyphes]

[hiéroglyphes]. Ici encore, l'inscription parle de monuments qui, faits à Khonsou par le grand-prêtre Hrihor, auraient été également faits au dieu par Ramsès. Les deux inscriptions, qui bordent le soubassement de l'autre moitié de la chambre, sont au nom de Hrihor seul, mais de Hrihor, premier prophète d'Amon. En résumé, l'examen de la salle hypostyle laisse l'idée d'un monument construit par Hrihor et par Ramsès XII contemporains. A dire le vrai, Hrihor y joue un plus grand rôle que Ramsès : c'est un sujet, mais un sujet aussi puissant, sinon plus puissant que le maître.[4]

---

1. Champollion, *Notices*, t. II, p. 236 sqq.; cf. Lepsius, *Denkmäler*, III, pl. 238 a, 247 a, c—d, 248 e.
2. Ici la petite porte qui conduit au sanctuaire.
3. Ici l'inscription revient sur la paroi orientale de la salle hypostyle.
4. Maspero, *Notes sur quelques points de grammaire et d'histoire*, dans la *Zeitschrift*, 1883, p. 75—77.

Si nous sortons dans la cour du pronaos, l'impression change. La porte dans les parties qui n'ont pas été usurpées par Nekhtharhabi, est encore l'œuvre commune de Hrihor et de Ramsès : seulement Hrihor y possède un titre de plus, celui de prince de Koush, [hieroglyphs].¹ La porte une fois franchie, il n'est plus question ni de Ramsès XII, ni d'aucun Ramsès. Les deux parois situées à droite et à gauche ne portent plus que le nom de Hrihor, roi, et dont les cartouches sont enfermés dans un carré surmonté du ciel.

Dans le tableau principal, «au dernier registre, »occupant en largeur la moitié de la paroi,» on aperçoit «une foule de prêtres portant sur leurs »épaules une grande bari du dieu éponyme du »temple, Chons, dont les têtes d'épervier coëffées »[hieroglyph] ornent la proue et la poupe. Le voile du cibô- »tos levé laisse apercevoir le dieu obombré par »deux éperviers à disques, affacés en guise de ché-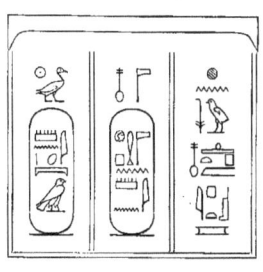
»rubins. Le Pontife-Roi est censé sortir de la porte de la salle hypostyle et venir »au-devant de la bari du dieu qu'il encense. Voici l'inscription sculptée au-dessus »de la bari, contenant le discours et les dons de Chons au grand-prêtre : [hieroglyphs] »² Il n'est plus désormais question d'aucun Ramsès dans le temple de Khonsou : Hrihor et son petit-fils Pinot'mou couvrent tous leurs murs de leurs noms et de leurs portraits. Il me paraît donc résulter bien clairement de cette étude 1° que Hrihor était grand-prêtre en même temps que Ramsès XII était roi; 2° qu'après Ramsès XII aucun Ramsès ne régna plus à Thèbes; 3° que la domination sur Thèbes passa directement des mains de Ramsès XII à celle de Hrihor.

Nous savons par une stèle d'Abydos que Ramses XII régna au moins vingt-

---

1. Champollion, *Notices*, t, II, p. 231—232; Lepsius, *Denkmäler*, III, pl. 248 *b*; Brugsch, *Recueil de monuments*, t. I, pl. XXI.

2. Champollion, *Notices*, t. II, p. 229—231.

sept ans,[1] et par un des procès-verbaux des momies de Seti Ier et de Ramsès II qu'en l'an VI d'un roi innommé, Hrihor était déjà grand-prêtre.[2] Puisqu'il n'y a point de roi entre Ramsès XII et Hrihor-Siamoun, l'an VI du roi anonyme sous lequel Hrihor était grand-prêtre, ne peut être que l'an VI de Ramsès XII ou, tout au plus, du roi qui précéda immédiatement Ramsès XII. Nous pouvons donc dire d'une manière générale que Ramsès XII et Hrihor entrèrent en fonctions à peu près vers le même temps, en d'autres termes, que le grand-prêtre d'Amon en charge sous le prédécesseur immédiat de Ramsès XII est très probablement le prédécesseur immédiat, et, puisque le pontificat était héréditaire dans une même famille, le père de Hrihor. Jusque dans ces derniers temps nous n'aurions rien gagné à poser la question dans ces termes. L'introduction du prétendu Ramsès XII 〰 (◯) 〰 (◯) Sésostris II parmi les Pharaons nous obligeait à supposer un vide d'une quarantaine d'années dans la série des grands-prêtres.[3] Depuis que M. ERMAN l'a rayé de la liste des rois,[4] le vide s'est comblé, ou du moins s'est restreint de telle sorte qu'il ne présente plus un obstacle infranchissable à l'investigation. Comme l'opinion de M. ERMAN n'a pas été admise par tout le monde,[5] on me permettra d'exposer ici ce qui a rapport au prétendu Sésostris II. Il ne nous a été connu réellement que par un seul monument, découvert par CHAMPOLLION dans les ruines d'un petit édifice d'époque romaine, situé au Sud-Est du grand temple de Karnak, puis donné par PRISSE D'AVENNES à la Bibliothèque nationale de Paris,[6] et traduit par BIRCH et ROUGÉ.[7] Je n'ai pas besoin de la

---

1. MARIETTE, *Abydos*, t. III, p. 442, n° 1173; une faute de gravure, corrigée dans le texte imprimé, avait faussé la date sur la reproduction insérée au tome II d'Abydos.

2. Voir plus haut p. 553 et 557.

3. Voir à cet égard, en y introduisant les corrections nécessaires, le tableau dressé par E. DE ROUGÉ, *Étude sur une stèle*, p. 184.

4. ERMAN, *Die Bentreschstele*, dans la *Zeitschrift*, 1882, p. 54—60. Déjà avant lui, FLOIGL avait fait observer que le prétendu Ramsès XII devait être identique à Ramsès II ou à Ramsès III (*Geschichte des semitischen Alterthums*, p. 50), et LEPSIUS avait déclaré qu'il n'était autre que Ramsès II; mais les remarques de FLOIGL avaient passé inaperçues et l'opinion de LEPSIUS était demeurée inédite.

5. WIEDEMANN, *Aegyptische Geschichte*, p. 521, note 9 : « Der Versuch von ERMAN und anderen, » unseren König (Ramses XII) mit Ramses II gleichzusetzen, ist als nicht gelungen zu betrachten.»

6. CHAMPOLLION, *Grammaire*, p. 398—402 sqq. et *Notices*, t. II, p. 280—290; PRISSE, *Monuments*, p. 5 et pl. XXIV; LEDRAIN, *Monuments égyptiens de la Bibliothèque nationale*, pl. 36—44.

7. BIRCH, *Notes upon an egyptian inscription in the Bibliothèque Nationale of Paris, from the « Trans-*

décrire au long : elle porte un texte classique parmi les égyptologues. CHAMPOLLION paraît avoir désigné le souverain sous le nom de Ramsès XIV,[1] ROSELLINI le recula d'un rang et le dénombra Ramsès XV.[2] Ni l'un ni l'autre de ces deux savants ne méconnut la ressemblance extraordinaire qu'il y avait entre ses titres et ceux de Ramsès II; mais ROSELLINI nous apprend pour quels motifs CHAMPOLLION crut pouvoir les distinguer. «On employa, dit-il, dans le prénom une va-
»riante insolite, dans laquelle le *disque* (Phrî), qui est le premier caractère dans
»tous les prénoms, a été placé derrière l'épithète *soutien de vérité*. Et de fait
»une orthographe aussi arbitraire ne pouvait s'excuser que par la nécessité de
»distinguer la personne ... Ce qui achève de lever les derniers doutes c'est la
»présence sur le monument de la figure et du nom de sa femme ⲤⲞⲨⲦⲈⲚ ⲤⲒⲘⲈ
»ⲠϨ-ⲚⲒⲚⲞⲨⲪⲈ, *la royale épouse* RÊNINOFRE, qui diffère du nom des deux femmes
»de l'autre Ramsès Nofre-Ari et Isenofre.» Depuis lors, la distinction a été presque toujours admise, et l'on a même essayé d'attribuer au prétendu Ramsès XII un certain nombre de monuments. Les Apis que MARIETTE a placés sous son règne,[3] le fragment de papyrus hiératique,[4] l'inscription de Karnak,[5] les bas-reliefs

---

actions of the Royal Society of Literature», vol. IV, new series; E. DE ROUGÉ, *Étude sur une stèle égyptienne appartenant à la Bibliothèque Impériale*, extrait du *Journal Asiatique*, 1856—1858.

1. CHAMPOLLION-FIGEAC, *Égypte ancienne*, p. 355, d'après CHAMPOLLION-LE-JEUNE.

2. ROSELLINI, *Monumenti storici*, t. II, p. 47—49. IV, p. 132—135.

3. MARIETTE, *Renseignements sur les soixante-quatre Apis trouvés dans les souterrains du Sérapéum*, dans le *Bulletin archéologique de l'Athénæum français*, 1885, p. 87—88, lui avait attribué les Apis V, VI, VII, VIII et IX de la XXᵉ dynastie. Comme les derniers historiens de l'Égypte, BRUGSCH et WIEDEMANN, ne paraissent pas avoir maintenu cette attribution, je me borne à la mentionner en passant, sans insister sur les raisons qui avaient décidé E. DE ROUGÉ et MARIETTE lui-même à y renoncer.

4. PLEYTE et ROSSI, *Papyrus de Turin*, pl. LXV a, p. 83—84. M. PLEYTE n'a admis que très dubitativement le fait admis comme certain par M. WIEDEMANN : «Nous y rencontrons, dit-il, trois noms »de Pharaons, le premier le nom de *Ra-χpr-ma*, le second de *Ra-usr-ma*, le troisième le surnom du »premier. Si le second nous représente Ramsès XII Miamun II, il existe un rapport entre les deux »princes.» Le papyrus commence par une date du Ramsès qui est censé avoir précédé le prétendu Ramsès XII : je ne comprends pas comment un document d'un Ramsès quelconque peut contenir une allusion à son successeur, plus que je ne comprendrais comment un document du règne de Louis XIV pourrait renfermer une allusion au roi Louis XV. Il est évident que le scribe parlait ici d'un édifice construit par Ramsès II dont il est souvent question dans le papyrus de Turin, et je lirai le texte :

5. MARIETTE, *Karnak*, pl. 39. L'inscription, très mutilée, appartient au grand-prêtre d'Amon Amenhotpou, dont le grand-père Miribastit est nommé. Il y est question à plusieurs reprises de

de Karnak[1] et du château Borély,[2] la tombe de Biban el-Molouq,[3] la momie de Déir el-Baharî[4] que M. WIEDEMANN met à son compte,[5] nous donnent le nom *Ousirmâri-sotpenrî Ramsès-Mîamoun* appliqué à Ramsès II, et rien qu'à lui. En résumé, la stèle de la princesse de Bakhtan est le seul monument qui puisse justifier jusqu'à un certain point l'existence de Ramsès XII, et l'analyse pénétrante de M. ERMAN en a détruit l'autorité. Je ne crois pas qu'il ait raison d'en faire descendre la rédaction jusqu'à l'époque ptolémaïque, j'inclinerai plutôt à en placer la gravure vers la fin de la XXIIᵉ dynastie. Mais, s'il me paraît avoir exagéré un peu l'importance des considérations grammaticales, la critique qu'il fait des titres du roi et de la teneur du récit ne laisse subsister aucun doute. Un faussaire a voulu, pour des motifs qui nous échappent, probablement, comme nous le verrons, pour justifier quelque usurpation de revenus ou d'influence politique, montrer qu'un des grands rois d'Égypte avait autrefois obtenu de Khonsou des faveurs surnaturelles. Le Pharaon choisi a été Ramsès II dont le long règne prêtait à toutes les combinaisons; le pays de Bakhtan est un pays d'Asie, imaginaire il est vrai, mais par cela même d'autant plus aisé à présenter comme le séjour des esprits possesseurs, la reine Nofriourî est à peu près la reine Mânofirrî, fille du prince de Khiti que Ramsès II épousa. Le faussaire voulut évidemment dési-

⟨hieroglyphs⟩ (l. 44 et 22), c'est-à-dire du temple construit à Médinet Habou par Ramsès III, de ⟨hieroglyphs⟩ (l. 3), c'est-à-dire de la chapelle funéraire du roi ⟨hieroglyphs⟩, enfin de l'édifice d'un roi ⟨hieroglyphs⟩. Ce doit être à ce dernier que M. WIEDEMANN songe pour Ramsès II Miamoun II, mais ici encore je ne vois pas comment une inscription du temps de Ramsès IX peut contenir la mention d'un édifice de Ramsès XII.

1. ROSELLINI, *Monumenti storici*, t. IV, p. 135. C'est un monument de Ramsès Nibmârî Miamoun, comme BIRCH l'a déjà remarqué (*Notes upon an egyptian inscription*, p. 8, note 20).

2. NAVILLE, *Le musée égyptien du Château Borély*, p. 8.

3. M. WIEDEMANN ne donne pas le numéro du tombeau qu'il attribue à son Ramsès XII. D'après ce qu'il en dit (*Aegyptische Geschichte*, p. 523) ce doit être le n° 8 de CHAMPOLLION, n° 7 de LEPSIUS, qui appartient réellement à Ramsès II. M. WIEDEMANN suppose ailleurs (p. 461) que cette même tombe appartenait bien à Ramsès II, comme CHAMPOLLION l'avait pensé, mais que Ramsès II avait en outre un second tombeau (ausser dieser Gruft noch eine zweite) creusé près de l'hypogée de Seti Iᵉʳ, dans un emplacement encore inconnu.

4. MASPERO, *Sur la cachette découverte à Déir el-Baharî*, p. 19, où je propose l'identification avec Ramsès XII : cette erreur est déjà corrigée dans *La Trouvaille de Déir el-Baharî*, p. 14.

5. WIEDEMANN, *Aegyptische Geschichte*, p. 521—524.

gner Ramsès II, et il y réussit probablement en son temps : c'est du nôtre seulement que Ramsès XII est né pour encombrer la chronologie égyptienne de son règne à demi-séculaire.

La disparition de Sésostris II, en rapprochant de Nofirkerî le Ramsès sous lequel vivait Hrihor, nous amène à nous demander si ce dernier n'était pas fils de l'Amenhotpou qui était grand-prêtre sous Nofirkerî-Ramsès. La réponse dépend nécessairement du nombre d'années qu'on place entre Ramsès IX et notre Ramsès XII, le dernier des Ramsès qui aient régné sur Thèbes. La tradition actuelle intercale entre eux deux Pharaons : 1º ⊙ le Ramsès X de Lepsius,[1] Brugsch,[2] Lauth,[3] Wiedemann,[4] 2º auquel les mêmes auteurs attribuent le numéro onze.[5] Ce dernier nous est connu par un seul canope, découvert dans la tombe d'un Apis et déposé aujourd'hui au Louvre.[6] C'est un vase en terre émaillée, de couleur bleue, de forme presque cylindrique; il était enfermé dans un autre pot de même couleur, mais consacré par le roi Nofirkerî. Cette disposition suffit à faire rejeter l'arrangement proposé pour Skhânirî par Lepsius et par les auteurs qui l'ont suivi. Les deux vases sont de même forme, de même couleur, de même fabrication, ils ont été trouvés emboîtés l'un dans l'autre : on ne peut les séparer l'un de l'autre ni admettre que Ramsès Skhânirî Mîamoun ait ouvert la tombe d'un Apis mort sous son arrière-prédécesseur pour y faire mettre un canope à son nom. Aussi Mariette pensait-il que Skhânirî précéda Nofirkerî, «puisque ce dernier prince fit exécuter seul le caveau de l'Apis »suivant, et qu'il associa au trône, avant sa mort, son successeur, supposition »qu'autorisent suffisamment les divers exemples de cet usage déjà fournis par »les monuments». E. de Rougé[7] adopta l'hypothèse de Mariette, et j'avoue pour ma part ne pas connaître les motifs qui ont déterminé Lepsius à la rejeter. D'autre

---

1. Lepsius, *Königsbuch*, pl. XL, nº 517.
2. Brugsch, *Geschichte Aegyptens*, p. 636.
3. Lauth, *Aus Aegyptens Vorzeit*, p. 380.
4. Wiedemann, *Aegyptische Geschichte*, p. 520—521.
5. Lepsius, *Königsbuch*, pl. XLI, nº 518.
6. Mariette, *Renseignements*, dans le *Bulletin archéologique*, 1855, p. 87; Pierret, *Catalogue de la salle historique de la galerie égyptienne*, p. 91, nº 375.
7. E. de Rougé, *Étude sur une stèle égyptienne*, p. 192—193, 218.

part, je crois qu'il ne sera pas inutile de rechercher les raisons qui l'ont décidé à mettre Khopirmârî immédiatement après Nofirkerî. Constatons d'abord que nous possédons trois papyrus dont la rédaction est à cheval sur le règne de Ramsès Nofirkerî et de son successeur. Selon un usage malheureusement trop fréquent en Égypte, ils ne daignent pas nommer expressément ce successeur : ils étaient rédigés pour les contemporains qui savaient qui était le souverain régnant, non pour la postérité. L'un d'eux, le papyrus Abbott, dit que l'an XIX de Ramsès Nofirkerî est égal à l'an I.[1] Le papyrus Mayer appartient à la même série que le papyrus Abbott, mais il est daté de l'an I du 〈hiéroglyphes〉, c'est-à-dire du Pharaon alors régnant[2] : celui-ci est en effet, d'après une fiction religieuse fort répandue, son propre prédécesseur renouvelé ou né pour la seconde fois, comme Hor était la reproduction de son père et prédécesseur Osiris. Enfin un papyrus de Turin, qui n'a pas été publié, je crois, renferme le compte de trois pêcheurs attachés à un temple. Sur la même page je trouve la suite de dates : 〈hiéroglyphes〉, puis 〈hiéroglyphes〉 et le 〈hiéroglyphes〉, puis 〈hiéroglyphes〉, qui coïncident si bien avec les données des deux papyrus précédents que je les rattache aux mois qui précédèrent et suivirent immédiatement l'avènement du successeur de Nofirkerî Ramsès. Par malheur rien ne nous permet jusqu'à présent de dire quel est ce Pharaon et si c'est bien Ramsès Khopirmârî ou Menmârî Ramsès. Si l'on examine les documents qui portent le nom de Ramsès Khopirmârî on reconnaît que le règne de ce prince a dû être assez court et fort insignifiant.[3] M. WIEDEMANN[4] lui attribue, outre le papyrus de Liverpool que je viens de citer, un papyrus de Vienne, publié par BRUGSCH,[5] et un papyrus inédit du British Museum. «C'est, dit-il en parlant de ce dernier, une liste de recettes, datée du 16 Mésori »au 11 Méchir de sa première année», et, en effet, BIRCH qui a, le premier, signalé

---

1. *Papyrus Abbott*, verso, l. 1 et 19; cf. CHABAS, *Mélanges égyptologiques*, IIIe série, t. I, p. 150 et MASPERO, *Une enquête judiciaire à Thèbes*, p. 4 et 5, 58—59.

2. GOODWIN, *Notes on unpublished papyri*, dans la *Zeitschrift*, 1873, p. 39—40; *Notes on the Mayer papyrus*, dans la *Zeitschrift*, 1874, p. 61—65.

3. Sa tombe n'a jamais été terminée. Cf. CHAMPOLLION, *Notices*, t. I, p. 441, 803 : le bas-relief de l'entrée a été reproduit dans CHAMPOLLION, *Monuments*, III, pl. CCLXXI, et dans LEPSIUS, *Denkmäler*, III, 239 b.

4. WIEDEMANN, *Aegyptische Geschichte*, p. 520—521.

5. BRUGSCH, *Hieratischer Papyrus zu Wien*, dans la *Zeitschrift*, 1876, p. 1—4.

ce registre, affirme, dans son étude sur le papyrus Abbott, qu'il est daté de l'an I de Ramsès X;[1] mais dans son introduction au second volume des *Select papyri*,[2] il corrige cette erreur et ramène la rédaction de la liste au règne de Ramsès IX. Quant au papyrus de Vienne, il ne porte pas de nom royal et n'a été attribué à Ramsès Khopirmârî qu'à cause de l'expression 〖…〗 qui s'y trouve : mais cette expression appartient au successeur innommé de Ramsès Nofirkerî et ne peut, comme aux papyrus Abbott et Mayer, être appliquée à Khopirmârî Ramsès que si d'autres pièces prouvent que ce Pharaon est réellement le successeur en question. Chose curieuse, aucun des égyptologues contemporains ne paraît connaître le plus important des monuments qui nous soient restés de ce Ramsès, celui qui avait, j'imagine, décidé LEPSIUS à le mettre immédiatement après Nofirkerî. Dans la deuxième de ses lettres sur le musée de Turin, CHAMPOLLION décrit très nettement un registre de comptes, qui semble être identique au registre publié depuis par MM. LIEBLEIN et CHABAS[3] : «Il est question, en effet, dans un »article daté du 25 Pharmouti, d'un certain *Natsi-Amoun, homme appartenant »à la demeure du roi Ramsès-IV-Méiamoun;* un autre article, du 14 Mésori, »parle de *la demeure de Ramsès VI* le Grand (notre Ramsès III), chef de la »XIXe dynastie; son fils et successeur, *Ramsès VII,* est mentionné dans un troi- »sième article, du 26 de Pachôn; enfin sous la date du 22 Paôni, on parle des »prêtres du *Roi Seigneur du monde* SOLEIL BIENFAISANT APPROUVÉ PAR PHRÉ 〖…〗 〖…〗 .... Un »reçu de la même main que le texte du manuscrit, tracé au verso du papyrus »et offrant encore les débris d'une date du règne d'un neuvième Ramsès, dont »le prénom royal exprime les idées SOLEIL PRÉSIDENT DE LA RÉGION INFÉRIEURE AP- »PROUVÉ PAR AMMON, 〖…〗 démontre que ce registre est également posté- »rieur au règne du SOLEIL BIENFAISANT RAMSÈS 〖…〗, mentionné dans l'ar- »ticle du 22 Paôni. Mais une nouvelle circonstance vient encore augmenter la »difficulté qui reste à vaincre pour rapporter ces différents *Ramsès* aux listes »royales de Manéthon, et pour y marquer chronologiquement leur place : c'est »une ligne en très grosse écriture, tracée transversalement sur le *verso* du même

---

1. BIRCH, *Le papyrus Abbott,* dans la *Revue archéologique,* 1re série, t. XVI, p. 257.
2. *Select papyri in the hieratic character,* t. II, p. 7.
3. LIEBLEIN et CHABAS, *Deux papyrus hiératiques du Musée de Turin,* pl. I—IV, p. 1—41.

»registre et contenant un troisième prénom totalement nouveau, avec une indi-
»cation d'années : [hieroglyphs], ⲡⲟⲙⲡⲉ ⲛ̄ ⲛⲉⲧⲏ, etc. *troisième
»année du Roi* Soleil du monde inférieur approuvé par Phré.» Champollion montre
que le registre est un véritable palimpseste, que la mention de Khopirmârî-sot-
pnirî appartient au premier registre, et que, par conséquent, ce prince est antérieur à [cartouche], notre Ramsès IV.[1] Si le texte publié par Lieblein est
vraiment celui que Champollion a décrit, il ne renferme plus qu'une partie des
pages dont il se composait au commencement de notre siècle : les deux passages
importants, ceux où il est question des prêtres de Nofirkerî Ramsès et de l'an III
de Khopirmârî, ont été égarés ou détruits par accident. C'est là une circonstance
fâcheuse; mais cette disparition simultanée me porte à croire qu'ils étaient sur le
même feuillet du manuscrit l'un au recto, l'autre au verso. On voit l'importance
du renseignement : si le cartouche de Khopirmârî est écrit au revers d'un registre
qui contient les noms de Nofirkerî Ramsès, c'est presque certainement que celui-
ci est antérieur à celui-là. Sans doute, il serait précieux d'avoir le manuscrit complet : en attendant que les fragments dispersés s'en retrouvent, je suis obligé
d'admettre le témoignage de Champollion. Je suivrai donc l'opinion de Lepsius
contre celle de Rougé,[2] et je donnerai à Khopirmârî Ramsès le numéro XI entre
Nofirkerî et Menmârî-sotpniphtah; en d'autres termes, je lui attribuerai, comme
font Brugsch et Wiedemann, les dates du prince que les scribes contemporains
intitulaient [hieroglyphs]e, l'an I, et l'an VI. S'il en est ainsi, comme les grandes enquêtes commencées sous Ramsès Nofirkerî ont leur suite naturelle dans l'exa-
men des momies de Séti Ier, Ramsès II et probablement aussi Ramsès Ier fait par
Hrihor en l'an VI,[3] on sera tenté de rapprocher de cette date l'autre date de l'an VI
fournie par le papyrus de Vienne pour certains documents relatifs aux voleurs[4] :
l'attention une fois éveillée sur les scandales qui se passaient dans les tombes, il
était naturel que le grand-prêtre, de qui la nécropole relevait, fît désormais des
inspections régulières pour constater l'état des cadavres royaux. Je crois que le

---

1. Champollion, *Lettre à M. le duc de Blacas, deuxième lettre*, p. 84—85. Pour faciliter l'intelli-
gence du texte, j'y ai introduit les cartouches que Champollion avait rejetés dans les planches.
2. E. de Rougé attribue, avec doute, le numéro XIV à Khopirmârî (*Étude sur une stèle égyptienne*,
p. 184).
3. Voir plus haut p. 551, 553, 557.
4. Brugsch, *Hieratischer Papyrus zu Wien*, dans la *Zeitschrift*, 1876, p. 1—2.

règne de Khopirmârî fut absorbé tout entier par l'arrangement de ces affaires, car il n'a laissé aucune trace sur les monuments. Les grands travaux avaient cessé depuis Ramsès III : l'énergie des souverains qui suivirent immédiatement ce Pharaon s'était concentrée aux Bibân el-Molouk, et la courte durée de leur règne ne leur permettait guère de construire autre chose qu'un tombeau, encore est-il souvent inachevé. A Karnak, Ramsès IV, Ramsès V et les trois fils de Ramsès III qui régnèrent après lui, achevèrent la décoration de quelques colonnes et gravèrent leur nom dans quelques coins où leurs prédécesseurs avaient oublié de placer une inscription. Pour Skhânirî Ramsès, si ce Pharaon a réellement existé et si le nom qui le représente n'est pas un doublet du nom d'un autre Ramsès, nous n'avons même rien de semblable : Karnak et les Bibân el-Molouk sont muets sur son compte. Avec Nofirkerî Ramsès nous constatons une reprise des travaux assez notable. Le grand-prêtre Amenhotpou, dont l'influence est déjà considérable, fait achever la décoration du temple d'Amon, au moins dans la partie du mur qui est tournée vers le Sud, et du côté des pylônes de Thoutmos III : on sent qu'il est à peu près le maître, à la manière dont il se met en scène à côté du roi. La dédication porte la mention de l'an X, et, d'après la teneur de l'inscription, on peut considérer cette date comme l'une des plus importantes dans l'histoire des grands-prêtres : c'est la première fois que nous voyons l'un d'eux agir officiellement comme ministre de Pharaon. Mais les enquêtes relatives aux voleurs de la nécropole entravent et retardent la continuation des travaux : d'ailleurs, le temple d'Amon était presque terminé et il n'y restait plus que des décorations insignifiantes à faire. Aussi le règne de Khopirmârî n'y a-t-il laissé aucune trace sensible. Avec Menmârî Ramsès, les grandes questions judiciaires une fois réglées, le goût des constructions, renaissant à peine sous Nofirkerî Ramsès, se développe rapidement. Le temple de Khonsou était inachevé. Le sanctuaire, construit par Ramsès III, continué par Ramsès IV et V, était debout, mais l'hypostyle, le pronaos, le pylône n'existaient pas encore : Hrihor les bâtit et les décore au nom de son maître, ce qui ne l'empêche pas de déployer son activité partout où il en a l'occasion, au temple de Mout qu'il restaure, comme nous l'apprend une inscription gravée sur un des sphinx : [hieroglyphs][1] à Karnak, à Médinét-Habou. Évidemment ce ne sont là que des indices

1. Rosellini, *Monumenti storici*, t. IV, p. 109.

assez faibles. Tels quels ils me paraissent montrer que Menmârî Ramsès ne régna pas longtemps, qu'il est séparé par quelques années à peine de Nofirkerî Ramsès, par suite, que le grand-prêtre Hrihor peut avoir succédé directement au grand-prêtre Amenhotpou : la mort de ce dernier et l'avènement de son prédécesseur seraient survenus, au plus tôt, entre l'an I et l'an VI de Khopirmârî.

Si cet arrangement est confirmé plus tard par les monuments, comme je l'espère, il aura deux résultats : 1° celui de diminuer la longueur de la XX⁰ dynastie et d'en rapprocher la durée du chiffre que M. Lieblein a indiqué; 2° de nous permettre d'établir la généalogie complète des grands-prêtres d'Amon, depuis le moment de leur élévation jusqu'au moment de leur chute. Réunissant les faits connus jusqu'à présent, nous pouvons dresser provisoirement le tableau suivant :

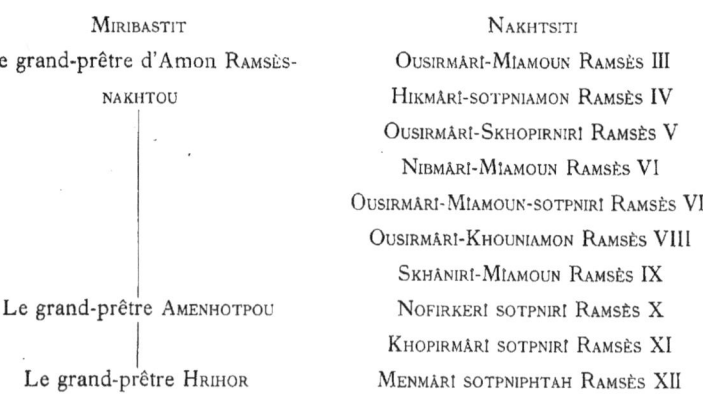

Miribastit	Nakhtsiti
Le grand-prêtre d'Amon Ramsès-nakhtou	Ousirmâri-Miamoun Ramsès III
	Hikmâri-sotpniamon Ramsès IV
	Ousirmâri-Skhopirniri Ramsès V
	Nibmâri-Miamoun Ramsès VI
	Ousirmâri-Miamoun-sotpniri Ramsès VII
	Ousirmâri-Khouniamon Ramsès VIII
	Skhâniri-Miamoun Ramsès IX
Le grand-prêtre Amenhotpou	Nofirkeri sotpniri Ramsès X
	Khopirmâri sotpniri Ramsès XI
Le grand-prêtre Hrihor	Menmâri sotpniphtah Ramsès XII

Les synchronismes que suppose la première partie de ce tableau sont certains : Ramsès-nakhtou, grand-prêtre d'Amon, est déjà mentionné dans une inscription de l'an III de Ramsès IV,[1] la filiation de Ramsès-nakhtou et d'Amenhotpou est donnée à plusieurs reprises, ainsi que la coïncidence d'Amenhotpou et de Nofirkerî Ramsès.[2] Il reste à montrer que Ramsès-nakhtou a pu être grand-prêtre de Ramsès III à Ramsès IX, sous six ou huit rois. On a toujours admis que les successeurs immédiats de Ramsès III avaient eu des règnes fort courts, mais je ne

---

1. Lepsius, *Denkmäler*, III, pl. 219 e.
2. Lepsius, *Denkmäler*, III, 257 a, b, e; Mariette, *Karnak*, pl. 40.

me souviens pas qu'aucun égyptologue ait mis en œuvre les documents que nous possédons pour en fixer la longueur. CHAMPOLLION avait observé qu'un registre de Turin portait une suite de dates, allant de l'an I à l'an VI du roi [cartouche] qu'il appelait Ramsès X, puis passant de l'an VI à l'an I de Pharaon [cartouche]; il en avait conclu très justement que le changement de dates marquait le changement de règne.[1] Cette donnée n'a pas été généralement admise, partie parce qu'on lit peu CHAMPOLLION aujourd'hui, partie parce que M. PLEYTE a cru retrouver dans d'autres registres des dates de Ramsès IV supérieures à l'an VI. La première serait de l'an XI,[2] et, en effet, le fac-similé semble donner le signe pour dix ∩ suivi du signe pour un, mais un examen rapide prouve que cette indication n'est pas exacte. Le document renferme deux dates, dont la première est certainement de l'an II : [hiéroglyphes],[3] PLEYTE transcrit la seconde : *ren-pi-t XI abt II š ḥru 29*. Le nom de la saison est le même [hiéroglyphe] dans ce second cas que dans le premier, le chiffre du jour 29 fait suite au chiffre du jour 28; le mois et l'année diffèrent, mais le rapprochement des saisons et des jours avait déjà excité mes soupçons, sans parler de la singularité qu'il y avait à rencontrer sur un manuscrit tout entier de la même main, deux dates aussi éloignées que celle de l'an II et celle de l'an XI sans dates intermédiaires. J'avais donc pensé qu'il fallait corriger [hiéroglyphes], et c'est, en effet, la leçon que j'ai vue bien clairement sur l'original en 1880. Le chiffre des mois [hiéroglyphe] est très net et la ligne qui, sur le fac-similé, donne l'illusion du ∩ est un trait de liaison entre les deux unités. L'an XI est donc à rayer du règne de Ramsès IV. Il en est de même de l'an XVIII[4] : le nom se lit [cartouche] sur le papyrus (pl. LXI, 1, l. 2) et n'appartient pas à Ramsès IV, mais à Ramsès III, dont le temple est cité en cet endroit. Il n'y a donc aucune raison d'appliquer à Ramsès IV la date de l'an XVIII,[5] et il me paraît résulter de cet examen que rien parmi les monuments

---

1. CHAMPOLLION, *Lettre à M. le duc de Blacas, deuxième lettre*, p. 95—96, pl. XV, n° 22. Cette donnée a été contestée pour la première fois par LESUEUR, *Chronologie des rois d'Égypte*, p. 202—203, pl. III.
2. PLEYTE et ROSSI, *Papyrus de Turin*, p. 67, pl. XLIX—L, et p. 105—106, date acceptée par M. WIEDEMANN, *Aegyptische Geschichte*, p. 512.
3. Les numéros du mois et des chiffres, un peu indistincts dans la copie de ROSSI (pl. XLIX, l. 1), sont très nets dans la copie de CHAMPOLLION, *Deuxième lettre à M. le duc de Blacas*, pl. XIV, n° 21.
4. PLEYTE et ROSSI, *Papyrus de Turin*, p. 78, pl. LXI.
5. Il n'est pas nécessaire non plus de rapporter cette date au règne de Ramsès III, comme fait

connus ne nous autorise à rejeter le témoignage du registre qui arrête à l'an VI la longueur totale du règne de Ramsès IV. D'autre part, on sait par le papyrus Harris et par le papyrus Mallet que les premières années de Ramsès IV coïncident aux dernières de Ramsès III, et que l'an I du fils répond à l'an XXXII du père.[1] Pour Ramsès V nous ne connaissons qu'une date, celle de l'an IV sur un Ostracon du Musée de Turin[2] : ce prince a donc régné au moins quatre ans. Aucun des trois fils de Ramsès III qui vinrent après Ramsès V ne nous a laissé de date, et j'ai déjà dit que le règne de Ramsès Skhânirî dut être insignifiant. Un papyrus de Turin[3] contient une série de notes appartenant à deux règnes successifs : à la page I, l. 2, nous sommes en l'an VII {☉||| ⌒ ⎯⎯ ☉ / ☉ ||| | | ▨▨ |||||}, à la page II, l. 3, nous passons en l'an {⌒ / ☉ | ▨▨ ☉ |||||||}.[4] Le nom du roi manque, mais c'est évidemment d'un Ramesside qu'il s'agit, sans que je puisse dire lequel. Si l'on doit y reconnaître un des fils de Ramsès III, la série des Ramessides de Ramsès III à Ramsès Nofirkerî nous donne les chiffres suivants, défalcation faite des années de règne communes :

RAMSÈS III . . . . 32 ans
RAMSÈS IV . . . . 6 ans
RAMSÈS V . . . . 4 + X ans
X . . . . 7 ans

Il est certain que quatre frères et un cousin se succédant directement, l'aîné d'entre eux assez âgé pour avoir été associé par Ramsès III à la couronne pendant deux ans, n'ont pas dû rester longtemps sur le trône. En prêtant une moyenne de huit années à chacun de ceux dont nous n'avons aucune date, nous dépassons déjà les chiffres que les papyrus de Turin nous font connaître pour deux des règnes de cette époque. Nous aurons donc :

M. WIEDEMANN, *Aegyptische Geschichte*, p. 508 : la mention du *temple* d'un roi, dans les circonstances où le *temple de Ramsès III* est introduit, marque plutôt un règne postérieur, probablement ici le règne de Nofirkerî Ramsès.

1. MASPERO, *Le papyrus Mallet*, pl. I, l. 3, dans le *Recueil*, t. I, p. 47 et 53—54; BIRCH, *Fac-simile of an Egyptian Papyrus, etc.*, pl. I et LXXIX.

2. MASPERO, *Rapport sur une mission en Italie*, dans le *Recueil*, t. II, p. 117 sqq.

3. PLEYTE et ROSSI, *Papyrus de Turin*, p. 102, pl. LXXII.

4. PLEYTE (p. 102) lit *l'an II, le 18;* le second trait de son chiffre || est le sigle de ⌒, comme on peut s'en assurer en regardant le fac-simile de Rossi. Le nom de la saison n'est pas lisible.

Ramsès IV	6 ans
Ramsès V	8 ans dont quatre certains
Ramsès VI	8 ans
Ramsès VII	8 ans
Ramsès VIII[1]	8 ans
Ramsès skhânirî IX	règne éphémère (1 an?)[2]

soit, en forçant les chiffres, une quarantaine d'années au maximum entre l'avènement de Ramsès IV et celui de Nofirkerî Ramsès X. Si on ajoute à ce nombre les dix-neuf ans de Nofirkerî, on obtiendra environ une soixantaine d'années qu'il faudra partager entre les deux grands-prêtres Ramsès-nakhtou et Amenhotpou. Trente années en moyenne pour chacun d'eux ne font pas une durée de pontificat exagérée. Si maintenant de Nofirkerî Ramsès à l'avènement comme roi de Hrihor nous opérons un calcul analogue, nous aurons, en admettant que Khopirmârî Ramsès s'intercale entre Nofirkerî et Menmârî :

Khopirmârî Ramsès XI	8 ans[3]
Menmârî Ramsès XII	30 ans dont 27 certains,

soit, de Ramsès X à la mort de Ramsès XII, 38 ans, dont une partie doit revenir au père de Hrihor, Amenhotpou. En donnant à celui-ci une moitié des huit années de Ramsès XI, il reste pour Hrihor 34 années de pontificat, et, si on admet qu'il avait 25 ans à la mort de son père, un peu moins de 60 ans de vie au moment où il devint roi. Ces calculs auxquels je me suis livré à l'imitation de Lepsius n'ont aucune certitude dans le détail : ils prouvent seulement qu'on n'a pas besoin d'intercaler entre Amenhotpou et Hrihor un premier prophète

---

1. Les sept années de règne que M. Wiedemann (*Aegyptische Geschichte*, p. 517) serait disposé à lui accorder reviennent à Minephtah : le cartouche est, en effet, très nettement Binirî Miamoun, comme a lu M. Pleyte (*Papyrus de Turin*, pl. VII sqq., p. 17 sqq.) et non Ra-chou-Amen-meri.

2. Je confonds sous la même rubrique Skhâniri Ramsès et Mitoumou-Miamoun, dont Brugsch a trouvé les cartouches sur un bloc de pierre, près d'Héliopolis (*Reiseberichte aus Aegypten*, p. 51, *Geschichte Aegyptens*, p. 625) : si les deux personnages sont distincts l'un de l'autre et s'ils ont réellement exercé l'autorité, leur règne n'a pu avoir longue durée.

3. Le roi qui régna sept ans d'après le papyrus de Turin cité plus haut (p. 664), me paraît être Khopirmârî Ramsès : mais il serait trop long d'indiquer ici quelles raisons je crois avoir de penser de la sorte, et je préfère donner à ce roi, comme aux autres, le chiffre rond 8.

d'Amon encore inconnu, puisque la carrière que je suppose à Hrihor avant son exaltation au trône rentre dans les données normales d'une vie humaine.

Le développement politique de la prêtrise d'Amon avait été soudain et rapide. Les grands-prêtres du temps de la XIXᵉ dynastie, ceux du moins que nous connaissons, Ounnofri et Baknikhonsou sous Ramsès II, Româ et Roï, sous les Pharaons suivants, n'ont que des titres religieux ou quelques-uns des titres civils qui se rattachent à la position de grand-prêtre du dieu le plus puissant de l'Égypte. Baknikhonsou est [hieroglyphs],[1] ou bien [hieroglyphs], ou encore [hieroglyphs].[2] Ounnofri son successeur n'est que [hieroglyphs].[3] Roï, qui vivait sous Mîneptah, possède un protocole plus complet : [hieroglyphs], auquel il joint [hieroglyphs].[4] Son fils Româ, qui florissait au temps de Séti II, ajoute à ces titres ceux de [hieroglyphs], et nous apprend en partie quel avait été le *cursus honorum* de Roï : avant d'arriver à la dignité suprême il avait passé, comme Baknikhonsou, par les degrés de [hieroglyphs] et [hieroglyphs]. Româ lui-même se contente d'être [hieroglyphs].[5] En résumé, les titres de ces premiers prophètes se rapportent surtout au temple d'Amon : ils ont le commandement des troupes levées sur les fiefs du temple, la disposition du trésor et des revenus du temple, la direction de tous les travaux que le roi entreprend dans Thèbes. On voit pourtant qu'ils pouvaient déjà aspirer à la suprématie religieuse et se faire proclamer *chefs des prophètes de tous les dieux maîtres du midi et du Nord*. Ces fonctions étaient très importantes, et l'on s'étonne que les rois n'aient pas songé à en revêtir leurs fils. En y réfléchissant, on voit qu'ils jugeaient probablement que leur présence à Thèbes était

---

1. Champollion, *Notices*, t. II, p. 538, notice du tombeau de Baknikhonsou.

2. Dévéria, *Monument biographique de Bakenkhonsou*, p. 15 sqq.

3. Vassali, *Di alcuni Monumenti del Museo Egizio di Napoli*, p. 25—26, pl. IV *b*; Brugsch, *Geschichte Aegyptens*, p. 541.

4. Lepsius, *Denkmäler*, III; 200 *a*; *Königsbuch*, pl. XXXVI, n° 483.

5. Lepsius, *Denkmäler*, III, 237 *c*; *Königsbuch*, n° 482; cf. Stern, *Ein Hymnus auf Amon-Râ*, dans la *Zeitschrift*, 1873, p. 74—76. J'ai corrigé dans toutes ces inscriptions les erreurs de copies.

un contrepoids suffisant à l'autorité pontificale, car, à Memphis, l'autre capitale de l'Égypte, mais qui n'était pas le domaine originel de la famille, le grand-prêtre de Phtah était le plus souvent un fils de roi : ainsi Khâmoïs sous Ramsès II. Les premiers grands-prêtres que nous connaissons ne paraissent pas avoir appartenu à la même famille : Baknikhonsou et Ounnofri sont entièrement étrangers l'un à l'autre. Leur charge était probablement élective, sauf confirmation du choix des prêtres par le Pharaon régnant.[1] L'exemple de Roï et de Româ montre que le pontificat d'Amon pouvait dès lors être héréditaire de père en fils ; peut-être les grands-prêtres de la XX⁰ dynastie se rattachaient-ils à ceux de la XIX⁰. Il faut croire pourtant qu'ils ne s'y rattachaient pas directement, car le père de Ramsès-nakhtou, Miribastit, est nommé très distinctement ⸻ ou ⸻.[2] C'était probablement, comme l'indiquent ses titres, un cadet de la famille, peut-être un frère ou un fils de Româ : l'extinction de la branche aînée fit passer le sacerdoce à son fils Ramsès-nakhtou. Cet événement eut lieu au plus tard vers la fin du règne de Ramsès III. Une mention perdue dans l'un des tombeaux d'El-Kab nous apprend qu'une fille du grand-prêtre prince de Nekhab Staou avait épousé un fils du grand-prêtre d'Amon Ramsès-nakhtou. ⸻. Or, le tombeau de Staou a été construit sous Ramsès III et renferme le nom de ce prince.[3] Le protocole de Ramsès-nakhtou et d'Amenhotpou est sensiblement identique à celui de Roï, en ses parties essentielles, avec quelques additions honorifiques : ⸻ pour Amenhotpou, et ⸻ pour Ramsès-nakh-

---

1. A. BAILLET, *De l'élection et de la durée des fonctions du grand-prêtre d'Ammon à Thèbes*, p. 2—3.
2. LEPSIUS, *Denkmäler*, III, 237 *a, b*; MARIETTE, *Karnak*, pl. 39, donne à Miribastit un titre mutilé qui se termine par ⸻.
3. Ce texte n'a été copié, à ma connaissance, que par CHAMPOLLION (*Notices*, t. I, p. 653), où le signe ⸻ a été passé.

tou.[1] Les variantes sont curieuses. Le grand-prêtre était d'office Grand-prêtre de Râ-Toumou, le parèdre d'Amon, à Thèbes, et portait à cette occasion le titre du grand-prêtre d'Héliopolis ☙ «chef des visions», c'est-à-dire celui qui voit le dieu face à face dans son sanctuaire. Il était *domestique de l'horizon éternel*, c'est-à-dire chapelain du tombeau de Pharaon. Il «ouvrait les portes du ciel pour voir celui qui est en lui» ou simplement «il ouvrait [les portes du ciel] dans les chapelles», c'est-à-dire qu'il avait seul, avec le roi, le droit d'ouvrir le sanctuaire de tous les temples thébains et de contempler le dieu qu'ils contenaient, que ce fût Amon, Khonsou, Montou, Phtah ou les autres. Son titre «Pur de mains» est éclairci par la glose «pur de mains pour brûler l'encens à Amon dans la Grande Salle du chef», c'est-à-dire pour remplir le principal devoir du pontife. Je suis tenté de croire que l'inscription très mutilée publiée par MARIETTE[2] aurait pu fournir des renseignements précis sur sa juridiction, de l'autre côté de Thèbes, dans la nécropole. Elle rappelait les travaux que le grand-prêtre avait fait exécuter par ordre du roi dans la chapelle funéraire de Ramsès VI : dans celle de Ramsès III et dans d'autres chapelles où son père avait travaillé avant lui (l. 6). Une autre inscription, publiée également par MARIETTE,[3] nous en

---

1. LEPSIUS, *Denkmäler*, III, 237 *a—b*.

2. MARIETTE, *Karnak*, pl. 39. J'ai collationné l'inscription à plusieurs reprises, durant mes séjours à Thèbes, et j'ai comblé certaines lacunes de la copie de MARIETTE. Voici celles des treize premières lignes; ligne 1 : ... ; ligne 2 : ... ; ligne 3 : ... ; ligne 5 : ... et au bas de la ligne : ... ; ligne 6 : ... ; ligne 7 : ... etc. et au bas de la ligne : ... ; ligne 8 : ... ; ligne 9 : ... ; ligne 10 : ... ; ligne 11 : ... et ... ; ligne 12 : ... ; ligne 13 : ...

3. MARIETTE, *Karnak*, pl. 40; E. et J. DE ROUGÉ, *Inscriptions hiéroglyphiques recueillies en Égypte*, t. III, pl. CCII—CCIII. J'ai inséré dans le texte les corrections et les additions que j'ai relevées en collationnant la copie de MARIETTE avec l'original. Le texte a été analysé et traduit en partie par E. DE ROUGÉ, *Étude des monuments du massif de Karnak*, dans les *Mélanges d'archéologie*, t. I, p. 38—39;

apprend davantage : [hieroglyphs]

[hieroglyphic text spanning multiple lines]

«Je trouvai cette maison pure des
»grands-prêtres d'Amon d'autrefois qui est dans Pa-amonrâsonthir, marchant
»vers la ruine, et ce qu'on en avait construit au temps du roi Khopirkerî Ousir-
»tasen, jusqu'à complet achèvement, et ce qu'on en avait rebâti excellemment
»en travail solide; je fis donc donner de l'épaisseur à ses murs de derrière plus
»qu'auparavant, je remaniai les fondations, je fis les piliers et les cadres de porte
»en grandes pierres de travail achevé; j'y mis de [grandes] portes en planches(?)
»d'acacia ajustées; puis je remaniai son grand mur de pierre qui regarde sur . .
». . . . . du premier prophète d'Amon qui est dans Paamon, j'y adaptai sa

M. DE ROUGÉ a pensé qu'il s'agissait du temple entier et pas seulement de la maison des grands-prêtres d'Amon.

»grande porte en bois d'acacia, avec des serrures en bronze et des pentures en
»or fin pour la [fermer], je construisis son grand pylône en pierre qui ouvre sur
»l'étang méridional . . . . pur de Paamon, et je ceignis . . . . en
»briques, je fis graver ses grands tableaux sur la pierre de ses cadres, de ses
»colonnes, et sur ses portes en acacia. Je fis [un naos?, un sanctuaire] en grandes
»pierres amenées de loin, sculptées et peintes en rouge, en . . . . garnis
»de légendes au grand nom de Pharaon mon maître; je refis un trésor en briques
»dans la grande cour qui . . . . des colonnes de pierre, des portes en cèdres
»peintes . . . .» La suite du texte est presque entièrement détruite;[1]
mais ces premières lignes nous apprennent que la partie de Karnak sur laquelle
elles ont été gravées dépendait de la maison pure des grands-prêtres d'Amon
qu'Ousirtasen avait bâtie, et qu'on avait toujours entretenue depuis. L'inscription
de Româ nous avait gardé le souvenir d'une restauration analogue un
siècle auparavant, mais sans nous donner des détails aussi précis sur la fondation
et sur l'emplacement de l'édifice. La mention du Lac méridional ne permet
plus de douter que le temple d'albâtre, où MARIETTE a trouvé une inscription
d'Amenhotpou,[2] le mur qui y aboutit et sur lequel Româ puis Amenhotpou ont
consigné le souvenir de leur restauration, n'aient formé, avec les édifices en briques
aujourd'hui détruits, mais dont on voit encore çà et là les arrasements dans
le voisinage du temple d'albâtre, la demeure et la chapelle particulière des grands-

---

1. Voici les corrections que comporte le texte de MARIETTE; ligne 12 : ▨▨▨ et ▨▨▨ ▨▨▨; ligne 13 : ▨▨▨; ligne 14 : ▨▨▨; ligne 15 : ▨▨▨; ligne 16 : ▨▨▨. Dans la copie de MARIETTE, il manque après la ligne 16, l'indication de trois lignes entièrement détruites. La ligne 17 de MARIETTE est donc en réalité la ligne 20 de l'inscription. Ligne 17 (20) : ▨▨▨; ligne 18 (21) : ▨▨▨ tout au haut de la ligne; ligne 19 (22) : ▨▨▨; ligne 20 (23) : ▨▨▨ au bas de la ligne; ligne 21 (24) tout au haut de la ligne : ▨▨▨ ▨▨▨; ligne 22 (25) : ▨▨▨ et au bas de la ligne : ▨▨▨; ligne 23 (26) : ▨▨▨ après ▨▨▨ la ligne est finie; ligne 24 (27) : ▨▨▨ après ▨▨▨ ajouter ▨▨▨, puis la ligne est finie.

2. MARIETTE, *Karnak*, pl. 39 et p. 61.

prêtres. C'est là qu'ils vivaient, c'est de là qu'ils sortirent pour entrer au palais des Pharaons.

Avec Hrihor, l'autorité du grand-prêtre de locale qu'elle était s'étend sur toute l'Égypte, [hieroglyphs], ou bien [hieroglyphs] [hieroglyphs].[1] Il n'est plus seulement commandant des troupes d'Amon, il est général et chef de bandes de l'Égypte du Midi et de l'Égypte du Nord, et les expressions même qu'il emploie sont caractéristiques de l'époque où il vit. L'ancien et le moyen empires, la XVIIIe et la XIXe dynasties, n'avaient connu que le [hieroglyph] le chef des archers ou des piétons, le général des troupes nationales, soit qu'elles fussent levées sur les domaines des nobles, soit qu'elles fussent levées sur les domaines du roi. L'épuisement de la population et la diminution de l'esprit militaire obligèrent les Pharaons à enrôler des mercenaires asiatiques, européens, surtout libyens. La façon dont [hieroglyph] est opposé à [hieroglyph] me fait croire que ce mot signifie le chef de bande mercenaire, le condottiere : Hrihor est donc général des milices et condottiere, ou, comme le dit plus tard une variante fréquente, général des milices et des chefs de bandes étrangères pour le pays d'Égypte. LEPSIUS ne lui a concédé qu'avec doute d'autres titres qui sont consignés sur une stèle, gravée à la gauche de la porte qui mène du pronaos à la salle hypostyle, dans le temple de Khonsou, et qui est par malheur si fruste que les noms ont disparu. M. WIEDEMANN, renchérissant sur LEPSIUS, a récemment attribué les titres qu'on voit sur cette stèle à un personnage qui serait non pas Hrihor mais le Pinahsi du papyrus de Turin.[2] La place même où est encore aujourd'hui la stèle ne permet point de douter qu'il s'agisse de Hrihor. Elle appartient au règne de Ramsès XII, comme le prouvent les débris du cartouche, mais c'est, avec les légendes de la porte même, le seul monument de ce roi qui soit hors de l'hypostyle[3] : le reste du pronaos appartient en entier à Hrihor roi

---

1. LEPSIUS, *Königsbuch*, pl. XLII, n° 531.
2. WIEDEMANN, *Aegyptische Geschichte*, p. 526—527.
3. C'est ce monument qui a permis à M. DÜMICHEN (*Geschichte Aegyptens*, p. 86) de dire que Ramsès XII avait mis son nom sur le pronaos du temple de Khonsou. Ce passage, interprété par M. WIEDEMANN (*Aegyptische Geschichte*, p. 525), a contribué beaucoup à confirmer celui-ci dans l'opinion qu'il exprime à propos de notre inscription.

et à ses successeurs. De plus, les débris de l'inscription sont d'un décret où le roi et le dieu dialoguent, selon le style du temps, et sont assistés dans leurs discours par un grand-prêtre d'Amon dont le nom est détruit. La stèle doit donc s'intercaler entre le moment où Hrihor, grand-prêtre, décorait l'hypostyle et celui où Hrihor, roi, décorait le pronaos : à cet endroit, et sous Ramsès XII, il n'y a pas d'autre premier prophète que Hrihor, et c'est à Hrihor qu'appartiennent les titres énumérés dans l'inscription. Ils sont fort élevés [hiéroglyphes], mais nous retrouverons celui de [hiéroglyphes] dans le protocole de Piônkhi, et ce fait joint aux considérations que je viens d'énumérer est bien de nature à montrer que le [hiéroglyphes], etc. de la ligne 2 est identique au [hiéroglyphes] de la ligne 17. Hrihor succéda probablement comme vice-roi d'Éthiopie au Pinahsi dont un papyrus de Turin nous a révélé l'existence, et qui remplissait cette fonction encore en l'an XVII de Ramsès XII.[1] Je n'insiste pas sur ces faits qui sont connus depuis E. de Rougé et je préfère examiner les problèmes que soulève le règne de Hrihor devenu Pharaon. Les procès-verbaux des cercueils de Ramsès Ier, Séti Ier, Ramsès II, nous apprennent qu'il régna au moins seize ans, et le désignent sous le nom de [cartouche] Siamon, forme abrégée de son cartouche royal [cartouche]. Or on trouve dans la Basse-Égypte nombre de monuments au nom d'un roi Siamon [cartouches] Noutirkhopirrî-sotpniamon Siamon-Mîamon, que Lepsius avait classé parmi les inconnus de la XXe dynastie,[2] et qu'on tend aujourd'hui à identifier avec Hrihor.[3] L'étude de ces monuments nous oblige à rechercher si ces deux rois sont identiques, et si on doit les comparer à Smendès, en d'autres termes, à examiner ce qu'il faut penser de la XXIe dynastie. Elle se compose de sept rois dont voici les noms et les années de règne, d'après les auteurs qui nous ont transmis les listes de Manéthon :

   Smendès [Mendîs, Amêndis]. 26
   Psousennès Ier . . . . 41 [46]
   Nephelkhérès [Nepherkhêrès]. 4

---

1. Pleyte et Rossi, *Papyrus de Turin*, pl. LXVI—LXVII, p. 85—92.
2. Lepsius, *Königsbuch*, pl. XLI, n° 523.
3. Wiedemann, *Zur 21. Dynastie Manetho's*, dans la *Zeitschrift*, 1882, p. 87, *Aegyptische Geschichte*, p. 532; Naville, *Inscription historique de Pinedjem III*, p. 16 sqq., avec beaucoup de réserve.

AMÉNÔTHIS [Aménophthis, Aménôphis] 9
OSOKHÔR [Osochôris]. 6
PSINAKHÊS [Phisinakhês] 9
PSOUSENNÈS II. 35 [14]

M. BRUGSCH avait montré que le bélier d'Osiris, 🐏 Binibdidit, était le Μέν-δης des Grecs, d'où le nom 🐏 Ἐσβένδητις.[1] ROUGÉ, adoptant son explication, s'était avancé un pas plus loin, et avait déclaré qu'à ses yeux le Smendès de la XXIe dynastie était très probablement un 🐏 NSIBINIBDIDIT;[2] sur quoi BRUGSCH, dans son *Histoire*, cita un cartouche (🐏) BIDIDI, qu'il avait découvert sur un sarcophage du Musée de Vienne, et proposa d'y reconnaître une variante de 🐏 ou de Smendès.[3] Ce Bididi de BRUGSCH était une forme royale d'Osiris, et le Nsibinibdidit de ROUGÉ n'était encore qu'une hypothèse : MARIETTE apporta bientôt des faits d'apparence positive. Il avait découvert à Tanis un grand nombre de tablettes votives en terre cuite émaillée, en bronze, en or, au nom des rois qui avaient restauré le grand temple.[4] Beaucoup d'entre elles étaient marquées aux légendes du 🐏 ; sur quelques-unes il crut lire *Meri-amen-si-Mentou*, et cette variante lui parut prouver l'identité de ce Pharaon avec Smendès. Mais la lecture *Si-mentou* n'était pas exacte. ROUGÉ ne l'admit jamais, bien qu'à son retour d'Égypte il considérât le personnage découvert par MARIETTE comme étant Smendès; il lut toujours Siamon,[5] et de fait, à bien examiner les plaquettes, on y trouve toujours la figure d'Amon 🐏, jamais celle de *Mentou* 🐏.[6] Le Simentou de MARIETTE disparut donc, comme avait fait avant lui le Bididi de BRUGSCH. Cependant la découverte de MARIETTE eut cela

---

1. BRUGSCH, *Geographische Inschriften*, t. I, p. 267—268.
2. E. DE ROUGÉ, *Étude sur une stèle égyptienne*, p. 205, note 1.
3. BRUGSCH, *Histoire d'Égypte*, p. 213—214.
4. MARIETTE, *Notice des principaux monuments*, 1864, p. 171—172, n° 412—419. Une de ces plaquettes en or, travaillée au repoussé, fut achetée par M. SALZMANN, vice-consul de Russie à Alexandrie, et passa plus tard au Louvre (PIERRET, *Catalogue de la salle historique*, p. 159, n° 644).
5. E. DE ROUGÉ, *Lettre à M. Guigniaut, secrétaire perpétuel de l'Académie des Inscriptions et Belles-Lettres*, dans la *Revue archéologique*, 1864, t. I, p. 133.
6. J'ai vérifié le fait pour celles des plaquettes qui sont encore à Boulaq; cf. NAVILLE, *Inscription historique de Pinedjem III*, p. 16, note 2. M. WIEDEMANN (*Aegyptische Geschichte*, p. 532) admet encore la lecture Simentou sur la foi de MARIETTE.

de bon qu'elle attira l'attention sur Siamon, et permit de lui restituer avec certitude un certain nombre d'inscriptions, dont l'attribution était jusqu'alors demeurée incertaine. Ainsi, les légendes ajoutées à la marge et au bas des deux obélisques d'Alexandrie, et que Burton avait publiées très exactement[1] : comme ils étaient à Héliopolis avant que les Grecs les eussent transportés à Alexandrie, la présence du nom de Siamon indique que la domination de ce prince s'étendait jusque sur cette ville. Un débris d'inscription, copié par Brugsch, provient de Memphis.[2] Les fouilles de Mariette à Tanis avaient déjà mis au jour un fragment de frise et un sphinx au nom de ce personnage[3] : les fouilles de M. Petrie ont prouvé qu'il avait travaillé longtemps à reconstruire le temple de la ville.[4] Tanis, rebâtie par Ramsès II, avait été ravagée un demi-siècle plus tard, pendant la période d'anarchie qui sépare la XIXe et la XXe dynastie. Ramsès III et ses fils semblent n'y avoir point travaillé non plus que les derniers Ramessides. Au commencement de la XXIe dynastie, le grand pylône de Ramsès II et l'immense colosse de ce prince étaient en ruine et jonchaient le sol de leurs débris.[5] Deux rois, Siamon et Psioukhânou, entreprirent la restauration de l'édifice. Siamon rebâtit en partie le sanctuaire et la colonnade qui le précédait, avec les restes du temple de Ramsès II, restaura la cour, et la porte qui y donnait accès.[6] Psioukhânou inscrivit son nom sur quelques colonnes, sur des sphinx, sur des statues, et construisit entièrement l'énorme mur en briques dont les restes entourent encore le temple. D'après la place que les deux noms occupent on ne saurait douter que Siamon-Mîamon n'ait régné avant Psioukhânou, et Psioukhânou lui-même est bien

---

1. Burton, *Excerpta Hieroglyphica*, pl. LI—LII. Les dessinateurs de la commission d'Égypte ont fort mal rendu ces légendes à moitié effacées (*Antiquités*, t. V, pl. 33); Gorringe, (*Egyptian Obelisks*, pl. XXXI, p. 59 sqq.) paraît ne pas les avoir aperçues, bien que la trace en soit très visible sur les photographies qu'il a publiées de l'obélisque.

2. Brugsch, *Recueil de monuments*, t. I, pl. IV, p. 37—38. Le cartouche est mal copié et avait été attribué par Brugsch à l'un des Ramsès. Wiedemann (*Aegyptische Geschichte*, p. 532) a corrigé la copie de Brugsch et reconnu Siamon avec toute raison.

3. Mariette, *Notice des principaux monuments*, 1re édition, p. 268, n° 23; Lepsius, *Die XXI. manethonische Dynastie*, dans la *Zeitschrift*, 1882, p. 104; Naville, *Inscription historique de Pinedjem III*, p. 16 sqq.

4. Petrie, *Tanis*, I, p. 12 sqq.

5. Petrie, *Tanis*, I, p. 12—14.

6. Petrie, *Tanis*, I, p. 16—18.

Psousennès Ier ![glyph], non pas Psousennès II, dont le nom nous est connu par une statue du Nil, conservée au British Museum ![glyph]. Il résulte de ces considérations, qu'il est inutile de développer longuement, que Siamon - Mîamon vivait au temps même où les monuments thébains ont Siamon Hrihor, et où Manéthon place Smendès premier roi de la XXIe dynastie. Tout conspire pour le moment à me persuader que ces deux noms de Siamon-Mîamon et de Siamon Hrihor appartiennent à un seul et même individu. En premier lieu, ils sont absolument contemporains et ont une partie commune. En second lieu, le Siamon de Tanis est thébain et se fait gloire de son origine. Il est *fils d'Amon* dans l'un de ses cartouches, *approuvé d'Amon* dans un autre, *aimé d'Amon* dans le reste de sa légende, et cela ne s'applique pas qu'à lui seul, mais tous ses successeurs, les rois Tanites, ont la même piété pour le dieu de Thèbes : Psioukhânou Ier est *aimé d'Amon, approuvé d'Amon* lui aussi, Aménophis est *aimé d'Amon, approuvé d'Amon, grand-prêtre d'Amon*, et porte le nom d'Amon thébain *Amenemopitou*, enfin Psousennès II est une fois de plus *aimé d'Amon*.[1] Ces titres semblent identifier la famille Tanite avec la famille pontificale de Thèbes. Il me paraît donc certain, jusqu'à nouvel ordre, que Hrihor Siamon et Siamon Mîamon ne font qu'un. La différence des cartouches s'explique par la différence des localités. A Thèbes, où le dieu était chez lui, Hrihor n'avait, pour devenir un Pharaon régulier, qu'à entourer son nom et son titre d'un cartouche : il resta le ![glyph] ![glyph] comme il avait été le ![glyph], et il n'y eut qu'une formule de plus à son protocole. C'est ainsi que vers la XIVe dynastie, un autre roi eut pour nom le titre sacerdotal du prêtre de Mendès ![glyph] Mîrmâshâou. Dans la Basse-Égypte, où Amon n'avait pas la même autorité, Hrihor dut s'attribuer un protocole nouveau et moins local : un premier cartouche avec l'allusion obligatoire à Râ ![glyph], un second cartouche où il mit toute son ardeur pour son dieu ![glyph]. Siamon et Hrihor sont donc réductibles l'un à l'autre; le sont-ils à Smendès? Jusque dans ces derniers mois, Smendès était inconnu. M. Daressy vient de nous le rendre. Il a découvert dans les carrières de Dababiéh, en face de Gébéléïn, une stèle élevée par

---

1. On trouvera tous ces titres réunis sur une des planches que Lepsius a jointes à son mémoire *Die XXI. manethonische Dynastie*, dans la *Zeitschrift*, 1882, pl. II.

ordre d'un Nsbindidit. Ce Pharaon, étant à Memphis dans le temple de Phtah, apprend d'un officier que le canal qui passe le long du temple de Louqsor et qui avait été construit par Thoutmos III, a ruiné par ses infiltrations les bâtiments voisins. Il donne ordre de réparer les dégâts, ce qu'on fait en venant chercher la pierre à Dababiéh. Le document se termine par le récit d'une audience accordée aux ingénieurs pour annoncer que le travail est accompli et que le temple est en bon état. Nsbindidit «domine sur tout le pays, puisqu'il s'occupe de réparer »le sanctuaire de Thèbes et fait graver des inscriptions à Gébéléïn.... Le ren-»versement des Ramessides devrait donc être attribué aux Tanites, et ce n'est »que plus tard que Herhor aurait rejeté l'autorité du nouveau Pharaon, et, fort »des droits qu'il tenait de ses alliances avec la famille déchue, aurait tenté de »se tailler un royaume dans la Haute-Égypte.» M. Daressy ne croit pas que cet essai ait eu un succès complet. «Victorieux un moment, Herhor s'attribue tous »les titres royaux, mais dans la suite son fils Pianχ est réduit à ses fonctions sa-»cerdotales.»[1] Le protocole du roi nouveau est instructif, 〈hiéroglyphes〉. Il annonce déjà celui des Bubastites, et il diffère de celui des grands-prêtres et des premiers Tanites par la présence de la formule 〈hiér.〉 qui appartient aux Ramessides, au lieu de 〈hiér.〉. Le même cartouche où l'on remarque cette particularité se rattache pourtant à la série des cartouches en 〈hiér.〉 que nous offrent les Tanites et les premiers grands-prêtres. 〈cartouche〉 Hazkhopirri soptniri tient donc par sa formation le milieu entre les prénoms Ramessides et les prénoms des Pharaons post-Ramessides, 〈cartouche〉 Noutirkhopirri sotpniamon, 〈cartouche〉 Akhopirri sotpniamon, 〈cartouche〉 Khâkhopirri sotpniamon; il finit la série des titres en sotpniri, et commence celle des prénoms où entre l'élément khopirri varié à chaque fois par un mot différent, Haz, noutir, khopir, aa. Il faut donc le placer d'une part après les Ramessides, d'autre part avant les rois de la série dont le prénom se termine en sotpniamon, en d'autres termes, entre Ramsès XII et la série qui commence avec Siamon-Miamon. Le

---

1. G. Daressy, *Les carrières de Gébéléïn et le roi Smendès,* dans le *Recueil,* t. X, p. 133—136.

cas ainsi posé, deux hypothèses peuvent se présenter à l'esprit : 1° Hrihor-Siamon-Miamon et Nsibindidit-miamon ne forment qu'un seul personnage; 2° ils forment deux personnes distinctes. Bien qu'on ait quelques bonnes raisons à donner en faveur de la première supposition, le cas d'un prince qui aurait eu trois batteries de cartouches différents est tellement extraordinaire que je n'ose me résoudre à le tenir pour authentique dans l'état actuel de nos connaissances. Je me rangerai donc à la seconde hypothèse, et je tiendrai Hrihor pour distinct de Nsbindidit. Mais alors comment classer ces deux Pharaons? Ils règnent l'un et l'autre sur l'Égypte entière : même Hrihor avait des relations avec les chefs de la Syrie et se vantait de recevoir d'eux tribut, comme les princes de la famille de Ramsès.[1] Je ne vois guères en ce moment qu'une seule solution au problème. Hrihor succéda directement à Ramsès XII, et occupa toute l'Égypte; mais il monta sur le trône assez vieux, régna assez longtemps, et fut probablement exposé après quelques années de règne à des compétitions dangereuses. Je considère Nsbindidit comme un usurpateur heureux qui, d'abord maître du Delta, aura possédé l'Égypte entière après la mort de Hrihor : le monument que nous avons de lui daterait du moment où Pinot'mou Ier n'était encore que grand-prêtre, à la place de son aïeul. La ressemblance qu'on remarque entre le protocole des rois-pontifes et ceux des rois Tanites, successeurs de Smendès, serait due probablement à l'alliance que l'usurpateur heureux aurait contractée, selon l'usage, avec la famille qu'il dépouillait. Il aurait épousé lui-même ou fait épouser à son héritier Psioukhânou une fille, petite-fille, nièce ou petite nièce de Hrihor, qui lui aurait apporté en dot les droits héréditaires de la légitimité ramesside : Psioukhânou aurait alors composé son prénom sur le prénom de son parent ou allié Hrihor-Siamon.

Hrihor était marié à Not'mît. Aux probabilités que j'avais indiquées plus haut,[2] M. Wiedemann a ajouté une preuve décisive de ce fait.[3] Il a montré qu'une stèle du musée de Leyde,[4] demeurée inaperçue jusqu'à lui, représente Hrihor et Not'-

---

1. Champollion, *Notices*, t. II, p. 222; Lepsius, *Denkmäler*, III, 243 *a* et 244 *a*.
2. Voir plus haut, p. 648—650.
3. Wiedemann, *Beiträge zur ägyptischen Geschichte*, dans la *Zeitschrift*, 1885, p. 82—84.
4. Leemans, *Description raisonnée des monuments égyptiens du Musée d'antiquités des Pays-Bas, à Leide*, p. 283, V, 65.

mit associés l'un à l'autre dans les conditions où les Égyptiens avaient coutume d'associer le mari et la femme aux scènes de proscynème. [hieroglyphs] [hieroglyphs]¹ Hrihor et la dame Not'-mit sont en adoration devant Osiris, Hor, Isis et la vache d'Hathor sortant de la montagne sacrée. La famille des deux époux était nombreuse : le tableau du temple de Khonsou montre une file de dix-huit princes et dix-neuf princesses, dont les noms sont malheureusement effacés pour la plupart.² Est-ce la famille entière, ou seulement la lignée de Not'mit? La question est insoluble pour le moment. Le point certain, c'est que l'aîné des fils s'appelait [hieroglyphs] Piônkhi et qu'il était d'abord [hieroglyphs], puis [hieroglyphs].³ Aucun monument de lui n'était connu jusqu'au moment où j'ai retrouvé au Musée de Boulaq une stèle qu'il avait consacrée dans le temple d'Abydos.⁴ Il est assis sur un siége devant un autel, et la barque solaire vogue au-dessus de sa tête. Un double proscynème sans nom de dieu est disposé devant lui en cinq colonnes, [hieroglyphs]. C'est le protocole complet de l'héritier, celui-là même que Hrihor avait avant son élévation. L'histoire de Piônkhi se déduit aisément de ces quelques inscriptions. Hrihor, au début de son règne, demeure encore quelque temps à Thèbes, où il continue la décoration du temple de Khonsou et conserve, comme on l'a vu, son titre de grand-prêtre : à ce moment, Piônkhi n'est encore que *Fils royal, majordome en chef du temple d'Amon, prophète de Mout et de Khonsou, directeur des haras du roi, chef de bande*. Puis, Hrihor va s'établir dans la Basse-Égypte et ne peut plus

---

1. M. Leemans a eu la bonté de m'envoyer un estampage de la stèle. Les deux signes [hieroglyph] sont cassés, mais reconnaissables, [hieroglyph] est presque intact : le nom [hieroglyph] n'a pas été atteint, mais [hieroglyph] a souffert. Les lectures et l'interprétation que M. Wiedemann a données de ce document sont donc entièrement exactes.

2. Prisse, *Monuments*, pl. XXII, 2, p. 5; Lepsius, *Denkmäler*, III, 247, *a—b*.

3. Lepsius, *Denkmäler*, III, 247 *a*, *Königsbuch*, pl. XLII—XLIII, n° 533 et 557.

4. Maspero, *Notes sur quelques points de grammaire et d'histoire*, dans la *Zeitschrift*, 1883, p. 62, *Guide du visiteur au Musée de Boulaq*, p. 47, n° 330. Cette stèle avait été publiée deux fois par Mariette, *Abydos*, t. II, pl. 57 *b*, t. III, p. 282, n° 1057, mais le nom mal lu [hieroglyphs] et le monument attribué au règne d'Amenhotpou II. Le texte de l'inscription se retrouve dans E. et J. de Rougé, *Inscriptions hiéroglyphiques copiées en Égypte*, t. I, pl. XLIV.

exercer par lui-même les fonctions de grand-prêtre : c'est alors que Piônkhi, fils aîné et héritier du roi, reçoit les hautes dignités que nous lui voyons sur la stèle d'Abydos, *Vice-roi d'Éthiopie, administrateur des contrées du Sud, premier prophète d'Amon, intendant du double grenier de Pharaon, chef des bandes étrangères de Pharaon.* Il mourut avant son père. Nous connaissons deux de ses enfants, une fille Faïtâatnimout[1] et un fils Pinot'mou qui lui succéda dans le pontificat, peut-être sous la double suzeraineté de Smendès et de Hrihor. L'Égypte, par la force des choses, se partageait en deux grands fiefs : celui du Nord, dont la capitale était Tanis et qui avait pour chef direct le roi reconnu officiellement dans le pays entier; celui du Sud, dont la capitale était l'ancienne capitale du pays, Thèbes, et qui était administré par le dieu Amon et par ses représentants, les grand-prêtres. Le fief méridional était vassal du fief septentrional, et nous verrons que ses maîtres reconnurent toujours, au moins extérieurement, la suzeraineté des princes de Tanis. Mais cette division était un acheminement réel au démembrement du pays et préparait les voies à une reconstitution de la féodalité au profit des chefs militaires étrangers ou nationaux et des grands seigneurs spirituels.

Lorsque Hrihor et Smendès moururent, ils laissèrent chacun un successeur légitime, Psioukhânou à Tanis, Pinot'mou à Thèbes. Il semble que Psioukhânou eut un moment quelque velléité de revendiquer pour lui-même la part de Pinot'mou, car un monument, signalé par M. Wiedemann,[2] l'intitule ⟨hieroglyphs⟩. Ce pontificat de Psioukhânou ne dut jamais être qu'un pontificat théorique, une formule destinée à établir le droit du roi de Tanis sur Thèbes. Psioukhânou est-il le mari d'une des filles de Hrihor, figurées sur le temple de Khonsou, mais dont le nom est détruit? Est-il le petit-fils de Hrihor, comme Pinot'mou? Les monuments ne fournissent pas de réponse à ces questions. Ils nous montrent seulement, à Tanis, Psioukhânou continuant les grandes constructions de Siamon, à Thèbes, Pinot'mou, achevant le temple de Khonsou. Les inscriptions de ce temple nomment un grand-prêtre Pinot'mou, fils de Piônkhi, et un roi Pinot'mou. Le premier nous apparaît dans les tableaux du pronaos et du

---

1. Voir plus haut, p. 564—565, le texte qui nous révèle le nom et la filiation de cette femme.
2. Wiedemann, *Zur XXI. Dynastie Manetho's* dans la *Zeitschrift*, 1882, p. 88; *Aegyptische Geschichte*, p. 587. Le nom est gravé sur un pommeau de canne en ivoire ayant appartenu à M. de Saurma, Consul-Général d'Allemagne au Caire.

pylône, sur le fût des colonnes, dans la légende des architraves avec le titre de grand-prêtre, puis, dans quelques scènes gravées à l'extérieur des murs du côté Est, avec les cartouches royaux. Les égyptologues de la première heure, Champollion[1] et Rosellini avaient déjà tracé le cours de sa vie avec une certitude de jugement qu'on ne saurait trop admirer. «La figure de ce personnage, dit Rosellini, a les »mêmes insignes et les mêmes caractères que celle d'Amensi-Pehôr, et se trouve »représentée sur toutes les parties secondaires et moins en vue de la salle qui »n'avaient pas été ornées de sculptures par Amensi-Pehôr. Le plus souvent, elle »n'a devant elle d'autres titres que [hiéroglyphes]
»ⲡⲓⲟⲩⲏⲃ ⲱⲉⲣ ⲛ̄ ⲁⲙⲏⲣⲓ-ⲥⲟⲩⲧⲛ̄-ⲛ̄ⲛⲓⲧⲏⲣ, ⲡⲓϣ...., ⲙⲉⲧⲁⲟⲩⲟ, ⲉⲓ (ⲛ̄) ⲡⲓⲱⲛϧ, *le grand-*
»*prêtre d'Amon-Râ, régent des dieux*, Pisc...., *véridique, fils de Pionch*, et ce »nom est écrit parfois en abrégé [hiér.], sans l'épithète ⲙⲉⲧⲁⲟⲩⲟ, *véri-*
»*dique*, et avec le seul symbole ⲁⲛⲭ qui, sans adjonction d'autre lettre signifie ⲱⲛϧ,
»*la vie*, et accompagné de l'article [hiér.], comme au cas présent, équivaut à ⲡⲓⲱⲛϧ
»Piônch, *le vivant*, employé ici comme nom propre. Le nom qu'on voit le plus »souvent écrit avec le seul caractère [hiér.] ϣ, précédé de l'article ⲡⲓ, ou ϥⲓ, n'est »qu'une abréviation : car on le rencontre ailleurs accompagné de la *chouette*
»ⲙ, [hiér.] et le tout se lit et doit, je pense, se prononcer toujours ⲡⲓϣⲁⲙ
»ou ϥⲓϣⲁⲙ, Pisciam ou Phisciam. Dans toutes ces circonstances ce Phisciam apparaît »seulement en qualité de grand-prêtre; mais dans une partie moins en vue de »la salle, derrière le montant droit de la porte, on le voit représenté avec les »mêmes vêtements et les mêmes insignes sacerdotaux, en posture de prière, et, »devant lui une inscription qui atteste qu'il fit des embellissements en cet en-»droit. Ici, comme ailleurs, son nom est écrit sans cartouches, mais l'inscription »qui lui appartient commence par une bannière royale, *L'Harphrè*
»(Horus-soleil) *vivant : le fort*, chéri? *d'Amon*, et derrière l'enseigne, il »prend le titre de [hiér.] ⲥⲟⲧⲡ̄, ⲥⲱⲧⲡ (ⲛ̄) ⲛⲓⲧⲏⲣ, *roi, approuvé*
»*des dieux*. Jusqu'ici, il ne manque à Phisciam, pour réunir toutes les »conditions du roi, que d'avoir le nom enfermé dans un cartouche »royal. Il me sembla, alors que je copiais une à une les inscriptions du »temple de Chons, que même cette condition ne devait pas manquer, et, m'a-

---

[1]. Champollion, *Notices*, t. II, p. 224, 225, 231, où sont réunis tous les passages décisifs; Champollion-Figeac, *Égypte Ancienne*, p. 356. Champollion lisait *Pihmè* le nom de *Pinot'mou*.

»visant que ce prêtre n'osait probablement pas se montrer en tout et ouverte-
»ment revêtu des prérogatives royales, je redoublai de zèle à examiner les par-
»ties les plus écartées de l'édifice. Ce n'était pas un vain pressentiment, car, sur
»la première des colonnes du second rang, à droite du pronaos, je trouvai vers
»la base une inscription, aujourd'hui entièrement martelée et ruinée, qui, dispo-
»sée en colonnes verticales, embrasse le fût entier de la colonne : de cette ins-
»cription, si maltraitée qu'elle soit du marteau qui s'efforça de la détruire, je pus
»tirer quelques renseignements dont je devrai faire usage dans la description du
»monument. Ce qui importe pour le moment, c'est un petit cartouche qu'on y
»distingue clairement et qui contient le nom de Phisciam, avec le titre ⲁⲙⲛⲙⲁⲓ,
»l'aimé d'Amon, précédé du mot roi . Plus tard, étant monté
»sur le toit du temple pour examiner le haut des parties externes, je découvris
»une inscription en hiéroglyphes de forte taille, sculptée sur le faîte du mur qui
»regarde l'Occident, au point où ce mur rejoint l'une des grandes tours qui flan-
»quent la porte. L'inscription est située de telle manière qu'on ne peut l'aper-
»cevoir facilement d'en bas. Or, elle raconte que Phisciam *restaura en pierre*
»*blanche et bonne* cette partie de l'édifice; et là, comme s'il avait vaincu toute
»honte et avait été encouragé par le site, il prit les cartouches, nom et prénom,
»avec les deux titres du roi , ⲥⲱⲧⲛ̅ (......
»ⲁⲙⲛ-ⲥⲱⲧⲛ̅) ⲥⲓⲣⲏ (ⲁⲙⲛ-ⲙⲁⲓ ⲫⲓⳃ[ⲙ]), *roi* (......, *l'approuvé d'Amon*), *fils du*
»*soleil (le chéri d'Amon*, Phisciam*)*. *Le commencement du cartouche-prénom*
»*a été martelé*.»[1] Plus loin, il cite les deux princesses Makerî et Honttoouï, et
dit qu'elles sont filles du roi grand-prêtre, Phisciam.[2] Lepsius sépara le grand-
prêtre du roi et obtint de la sorte deux Pinot'mou, dont l'un était fils de Piônkhi
et était demeuré sa vie durant confiné dans sa dignité sacerdotale, tandis que le
second, fils de Psioukhânou, aurait toujours été roi.[3] Rougé resta fidèle à l'interprétation que Champollion et Rosellini avaient donnée des monuments,[4] mais les
autres égyptologues se rangèrent à l'opinion de Lepsius plus ou moins légèrement modifiée et la gardèrent, jusqu'au jour où Lepsius lui-même la renia,

---

1. Rosellini, *Monumenti storici*, t. II, p. 54—58.
2. Rosellini, *Monumenti storici*, t. II, p. 61—62.
3. Lepsius, *Ueber die XXII. Königsdynastie*, pl. I; *Königsbuch*, pl. XLIII, n°s 558, 563.
4. E. de Rougé, *Étude sur une stèle*, p. 198—200.

entraîné par les mêmes motifs qui avaient décidé ses prédécesseurs. «Le fils de
»*Piānχ, Pinet'em (II)* fut grand-prêtre et roi effectif. D'abord il apparaît sans
»cartouche comme grand-prêtre et se déclare en général «fils de *Piānχ*». Il a
»presque partout les droits régaliens; il orne les battants de la porte, comme il
»est dit sur la face intérieure du pylône.[1] En différents endroits il fait l'offrande
»aux dieux de Thèbes..... Ajoutez que le titre qu'il porte, comme son grand-
»père Hour-Hor,[2] *Grand (our) du pays du Midi et du Nord*, équivalait à une
»prise de possession de l'Égypte entière. Son couronnement comme roi n'est
»mentionné ou représenté nulle part. On pouvait donc se demander si le grand-
»prêtre et le roi étaient un même personnage. L'identité résulte de ce que le
»*grand-prêtre Pinet'em, fils de Piānχ*, avait déjà pris les droits réservés aux rois
»et jusqu'au nom de bannière, *Ka neχt mī Amen*,[3] et par conséquent, se consi-
»dérait lui-même comme étant roi : car aucun autre prêtre que le fils de *Piānχ*
»n'a fait la même chose ou quelque chose de semblable sur les monuments thé-
»bains.... Le fils de *Piānχ* fut donc couronné. Il apparaît souvent avec deux
»cartouches et les autres titres royaux, par exemple, sur le côté ouest du pro-
»naos du temple de Chonsou, où il mentionne une restauration par lui entre-
»prise.» LEPSIUS finit par remarquer, comme ROSELLINI, que la présence de Mâkerî
et de Tiouhathor-Honttoouï auprès de Pinot'mou, le grand-prêtre, et de Pinot'mou,
le roi, est un dernier argument en faveur de l'identité des deux Pinot'mou.[4] Toutes ces preuves résumées par lui ont été généralement admises. C'est en vain qu'il
changea d'opinion quelques mois plus tard[5] : les égyptologues qui ont exprimé
leur avis sur ce sujet dans ces derniers temps, ont admis l'identité des deux Pinot'mou.[6]

1. CHAMPOLLION, *Notices*, p. 220; LEPSIUS, *Denkmäler*, III, 249, *b—e*.

2. LEPSIUS, *Denkmäler*, III, 251, *d*.

3. CHAMPOLLION (*Notices*, t. II, p. 220) lit : *ka neχt semen* . BRUGSCH, *Recueil de Monuments*, t. II, pl. LVIII, 2, lit : , ce qui identifierait la bannière de Pinot'mou à celle de Hrihor, et me porterait à croire, comme le reste de l'inscription, que Pinot'mou s'est approprié cette bannière au moment où il aspirait aux honneurs royaux sans encore oser les prendre. Il pouvait de la
sorte répudier au besoin l'accusation d'usurpation.

4. LEPSIUS, *Die XXI. manethonische Dynastie*, dans la *Zeitschrift*, 1882, p. 109—110.

5. LEPSIUS, *Die XXI. manethonische Dynastie*, dans la *Zeitschrift*, 1882, où le tableau de la page 158
résume cette dernière évolution de sa pensée.

6. WIEDEMANN, *Aegyptische Geschichte*, p. 535.

Pinot'mou eut donc la même carrière que son grand-père Hrihor, simple grand-prêtre d'abord, puis grand-prêtre avec titres royaux, puis roi; mais il n'est pas facile de dire quelles circonstances favorisèrent ce développement de sa puissance. Le parallèle avec Hrihor me porte à croire qu'il ne prit le titre de roi qu'au moment où il n'y avait plus d'autre que lui qui eût droit à le porter, c'est-à-dire, après la mort de Psioukhânou : on aurait donc provisoirement, en cette hypothèse, le cadre suivant pour l'histoire de l'époque :

Pinot'mou, grand-prêtre à la mort de Piônkhi, pendant les dernières années de Hrihor ... Hrihor

grand-prêtre pendant la durée entière du règne de son cousin ou allié ... Psioukhânou

roi, à la mort de Psioukhânou

Que cette intronisation se soit accomplie du consentement du Tanite qui régnait après Psioukhânou, l'introuvable Neferkhèrès de Manéthon, ou que Pinot'mou se soit considéré comme l'héritier légitime de Psioukhânou, au moins en Thébaïde, le fait me paraît être prouvé par une circonstance toute matérielle que Naville a déjà relevée.[1] Les rois d'une même dynastie aimaient à reproduire avec une légère variante le cartouche-prénom de leur prédécesseur, et l'on trouve à plusieurs reprises des séries entières de princes, dont le prénom ne diffère que par la substitution d'une épithète à une autre ou d'un pluriel à un singulier dans le cartouche solaire. Ainsi à la XIIe dynastie (⬚), puis (⬚), (⬚), (⬚); dans la XVIIIe (⬚), (⬚), (⬚), puis (⬚), (⬚), (⬚), puis, après une interruption dans la série (⬚), (⬚), (⬚), (⬚). Dans la XIXe, après le fondateur Ramsès Ier qui forme son prénom (⬚) sur celui du fondateur de la XVIIIe (⬚), nous trouvons (⬚), (⬚). Les trois cartouches de Hrihor, de Psioukhânou et de Pinot'mou présentent une progression analogue (⬚), (⬚), (⬚) qui achève de prouver qu'ils appartenaient tous les trois à la même famille, et semble montrer qu'ils se sont succédés à peu de distance l'un de l'autre. Une nouvelle série commence après eux, comme le prouvent les cartouches d'Aménophis, de Ââarekrî...., et de Psioukhânou II, les seuls que nous

---

1. Naville, *Inscription historique de Pinodjem III*, p. 17—18.

connaissions en ce moment. La momie de Pinot'mou était dans la cachette de Déir el-Baharî. Que ce prince fût encore roi au moment de sa mort c'est ce qu'indiquent suffisamment les titres royaux qu'on lit sur ses figurines, sur ses coffres funéraires, sur son papyrus et sur son linceul.[1] Ces objets ne portent malheureusement aucune indication sur le nom de sa mère ou de ses femmes, ni sur le nombre de ses enfants. Jeune encore, il avait effacé dans un des tableaux du temple de Khonsou le nom d'un de ses oncles, pour y substituer celui d'un de ses propres enfants 〈...〉 Nsipanofirho.[2] C'est la seule trace qui nous soit restée de ce personnage, mais d'autres monuments nous font connaître deux autres des enfants de Pinot'mou, Masaharti et Menkhopirrî, ce qui nous permet d'établir comme il suit, le tableau de la famille, pendant ces premières générations. (Voir le tableau, p. 685.)

Psioukhânou, résidant à Tanis, fut probablement enterré dans la nécropole de cette ville et nous n'avons guères l'espoir de jamais découvrir son tombeau. Hrihor lui-même ne fut peut-être pas enseveli à Thèbes, et n'a pas été retrouvé. La momie de Pinot'mou Ier était accompagnée, à Déir el-Baharî, de celles de ses femmes Mâkerî et Honttoouï.

Mais étaient-elles réellement ses femmes? Elles sont mises l'une et l'autre en rapport direct par les représentations qui couvrent la façade du temple de Khonsou à Karnak. Pinot'mou Ier, après s'être attribué la paroi presque entière,[3] leur a réservé une petite place contre terre sur chacun des deux massifs qui composent le pylône. Elles sont figurées toutes deux sur le massif de gauche. A l'endroit qui porte le n° 31 dans la description de Champollion,[4] devant un naos où se tiennent Amonrâ et Khonsou hiéracocéphale,[5] Mâkerî est debout, la tête surchargée d'une curieuse coiffure où l'uræus royale joue un grand rôle, et agite les deux sistres : 〈...〉.[6] Au n° 29, près

---

1. Voir plus haut, p. 570—571, 590—591.
2. Lepsius, *Denkmäler*, III, 247 *b*.
3. Voir la description qu'en donne Champollion, *Notices*, t. II, p. 212 sqq.
4. Cf. la figure donnée par Champollion, *Notices*, t. II, p. 213.
5. Les figures sont dans Lepsius, III, 250 *b*.
6. Champollion, *Notices*, t. II, p. 215; Lepsius, *Denkmäler*, III, 250 *b*.

```
                        Le prêtre MIRIBASTIT
                                │
                        Le grand-prêtre RAMSÈS-NAKHTOU
                                │
                ┌───────────────┴───────────────────┐
        Le grand-prêtre AMENHOTPOU         Le père divin d'Amon MIRIBARISIT [1]

        Le grand-prêtre-roi HRIHOR-SIAMON-MIAMON ────── La reine NOT'EMIT
                                │
```

Le grand-prêtre PIÔNKHI — PRÂS-MENE-NAMOUN — PANO-FIR[HO] — TEFA-MOUN — AMEN-HIOU-NAMIF — TE-KHOUI HARTI — MASA-HARTI — MASAQA-KHONSOU — PSHED-KHONSOU — AMENRÂ-HARSHAPI — HARMA-KHIBIOU — HAR-NOUTRI(?) — GA-NEM(?) — HARGAM-SOUNA(?) — OUAHIOU-NAMIF(?) — MADONNIE plus d'autres filles et fils dont les noms ne sont plus lisibles

La dame FAÏTĂAT-NIMOUT — Le grand-prêtre-roi PINOT'MOU Ier

NSIPANOFIRHO — Le grand-prêtre MASAHARTI — Le grand-prêtre MENKHOPIRRÎ

1. Le nom de ce personnage n'est qu'une variante théologique de celui de son grand-père Miribastit : Barisit est en effet une forme de Bastit.

de la porte d'entrée, la reine Honttoouï, coiffée moins richement, agite de même les sistres derrière Pinot'mou, qui fait l'offrande à Khonsou : [hieroglyphs].² Sur le massif de droite, il ne reste plus que la partie où Mâkerî joue le rôle principal : [hieroglyphs].³ Il faut noter que Pinot'mou n'a ici d'autres titres que ceux qui accompagnent la charge de premier prophète d'Amon. Dans l'épaisseur de la porte, où le dieu Amon lui adresse la parole comme à un roi, les noms des deux reines apparaissent encore, mais le mauvais état des inscriptions ne permet pas de dire de prime abord quel rapport le sculpteur avait établi entre elles. Pinot'mou offre des fleurs à Amon Mout et Khonsou, ces deux derniers debout. «Entre la »déesse Mouth et Chons (de fort petite proportion et presque détruite) était repré- »sentée une reine coeffée (comme dans le tableau 31), tenant un [hiero] à la main; de- »vant la légende [hieroglyphs]. Derrière cette épouse d'Ammon, la légende [hieroglyphs] ».⁴ Les dessins de Lepsius complètent cette notice.⁵ Ils nous montrent Mâkerî dans la posture où Champollion l'a décrite, mais ajoutent de nouveaux débris d'inscription à ceux que nous possédions déjà. La légende [hieroglyphs] est en effet devant la reine, à la hauteur de la coiffure, mais serrée entre la cuisse de la déesse Mout, la main et le sceptre de Khonsou, les deux sistres de la reine elle-même. Sous les sistres, commence une légende nouvelle que Champollion n'avait pas copiée, et dont l'inscription tracée derrière la reine semble n'être que la suite : [hieroglyphs]. Nous avons là les débris d'une inscription identique à celles que j'ai citées plus haut, et qui se rétablit aisément dans ses traits principaux malgré les lacunes et les fautes de copie :

---

1. ⌐ est une mauvaise transcription de la forme hiératique de ∽.
2. Champollion, *Notices*, t. II, p. 215; Lepsius, *Denkmäler*, III, 250 c.
3. Champollion, *Notices*, t. II, p. 216; Lepsius, *Denkmäler*, III, 248 g.
4. Champollion, *Notices*, t. II, p. 218. Champollion insère dans son texte les coiffures que je n'ai pu faire reproduire ici.
5. Lepsius, *Denkmäler*, III, 250 a.

[hieroglyphs]. Cette restitution, qui est à peu près certaine, diffère des inscriptions citées précédemment en ce que la reine annoncée Mâkerî, au lieu de faire la prière à Amon pour elle-même, comme c'est le cas ordinairement quand une reine ou une prêtresse agite le sistre, la fait pour Honttoouï. Je crois que les faits matériels expliquent suffisamment cette anomalie. Le sculpteur avait négligé d'intercaler les deux reines à leur place, et soit paresse, soit faute d'espace, il n'a plus tard introduit qu'une seule d'entre elles, entre Mout et Khonsou. Cette figure unique a, pour ainsi dire, servi de corps aux deux femmes; c'est pour cela qu'une partie de la légende l'appelle Mâkerî, tandis que l'autre dit qu'elle est Honttooui.

Le temple de Khonsou n'est pas le seul endroit où l'on trouve la mention de Honttooui. Elle a laissé un souvenir de sa vie au temple de Mout, dont elle était prophétesse en chef : une des Sokhit dédiées par Amenhotpou III porte au dos une ligne d'hiéroglyphes qu'y fit inscrire [hieroglyphs] Honttooui, en monument d'elle-même à sa mère Mout, quand le roi Pinot'mou eut apporté à Thèbes les béliers-sphinx qui rejoignent le temple de Mout au premier pylône d'Harmhabi. De tous ces documents, il ressort avec évidence que Honttooui a été mariée au grand-prêtre, plus tard roi, Pinot'mou, fils de Pîônkh[5] : E. DE ROUGÉ[6] fut le premier à émettre cette opinion qui ne fut adoptée que beaucoup plus tard par LEPSIUS.[7] La trouvaille de Déir el-Baharî, tout en la confirmant,

---

1. [hieroglyph] équivaut à [hieroglyphs] des trois autres textes.
2. J'ai mis ici la formule qui m'a paru convenir aux dimensions de la lacune : il va de soi que toute autre formule de même longueur et de sens analogue conviendrait aussi bien que celle-là.
3. Les traces lues [hieroglyph] par LEPSIUS indiquent la présence d'un oiseau. D'autre part, les débris de signes discernés par CHAMPOLLION me paraissent représenter le haut de [hieroglyph] et les courbes décrites par la tête de [hieroglyph] et par le [hieroglyph], soit [hieroglyphs]. De plus les dimensions de la lacune ne permettent guères d'y introduire [hieroglyph]. J'ai donc rétabli la formule donnée plus haut pour Mâkerî.
4. CHAMPOLLION, *Notices*, t. II, p. 263—264; LEPSIUS, *Denkmäler*, III, 249 *f.*
5. CHAMPOLLION n'a exprimé aucune opinion à cet égard; mais ROSELLINI (*Monumenti storici*, t. II, p. 61—62) la considère comme ayant été la fille de Pinot'mou.
6. E. DE ROUGÉ, *Étude sur une stèle égyptienne appartenant à la Bibliothèque impériale*, p. 200.
7. LEPSIUS dans son mémoire : *Ueber die XX. ägyptische Königsdynastie*, et dans son *Königsbuch*, pl. XLIII, n° 564, admet que Honttooui est la femme du roi Pinot'mou, mais il distingue ce roi Pinot'-

nous a fourni les moyens de la développer. Le premier monument qu'elle nous ait rendu, le papyrus funéraire de la reine, fut pris par Abderrassoul dans l'Osiris en bois qui le contenait et cédé par lui à un drogman syrien qui le vendit à Mariette.[1] Mariette le publia en 1876,[2] et Naville ne tarda pas à signaler l'intérêt des données nouvelles que les légendes apportaient à l'étude des dynasties d'Amon.[3] La filiation de Honttooui y est tout au long, sous plusieurs formes : [hiéroglyphes],[4] ou bien [hiéroglyphes],[5] ou simplement [hiéroglyphes][6] et [hiéroglyphes].[7] Cette généalogie a été interprétée par Lepsius comme s'appliquant à trois générations successives : 1° Honttooui, née de 2° Tentamon, née à son tour du 3° scribe Nibsoni.[8] Mais dans l'usage égyptien, deux noms, l'un de femme, l'autre d'homme, précédés respectivement de [hiér.] et de [hiér.], désignent non pas la mère et le père de la mère, mais le père et la mère d'un individu. C'est donc avec toute justice que Naville a reconnu dans le scribe Nibsoni et dans la reine Tentamon le père et la mère de Honttooui.[9] Le cercueil de Nibsoni était dans la cachette, mais la momie qu'il renferme me paraît être celle d'un roi de la grande lignée pharaonique[10] : Nibsoni lui-même porte le titre de [hiéroglyphes] ou [hiéroglyphes], et a pour père [hiéroglyphes] Pihiri,

mou du grand-prêtre Pinot'mou, fils de Piônkh. Il ne parait avoir adopté décidément l'opinion de Rougé que dans son mémoire : *Die XXI. manethonische Dynastie* (*Zeitschrift*, 1882, p. 112); Brugsch s'y était conformé dès la première édition de son *Histoire d'Égypte*, p. 216—217. Il suffit de mentionner en passant l'hypothèse de Lauth, *Aegyptische Chronologie*, p. 201 (cf. Lauth, *Aus Aegyptens Vorzeit*, p. 400), d'après laquelle Honttooui serait la sœur de Mâkerî, la fille de Psioukhânou et la femme de Salomon.

1. Voir plus haut, p. 512—513 du présent volume.
2. Mariette, *Les papyrus du Musée de Boulaq*, t. III, pl. 12—21.
3. Naville, *Trois reines de la XXIe dynastie*, dans la *Zeitschrift*, 1878, p. 31—32.
4. Mariette, *Papyrus de Boulaq*, t. III, pl. 17.
5. Mariette, *Papyrus de Boulaq*, t. III, pl. 16.
6. Mariette, *Papyrus de Boulaq*, t. III, pl. 16.
7. Mariette, *Papyrus de Boulaq*, t. III, pl. 12, 13, 16, 17.
8. Lepsius, *Die XXI. manethonische Dynastie*, II, dans la *Zeitschrift*, 1882, p. 153—154, 158.
9. Brugsch, dans le tableau de la famille de Hrihor qu'il a joint à son Histoire (*Geschichte Aegyptens*, p. 644) fait de Tentamon la femme de Piônkhi et la mère de Pinot'mou, ce qui est en contradiction complète avec les données du papyrus de Boulaq.
10. Voir plus haut, p. 575—576 du présent volume.

pour mère la dame ⟨hier.⟩ Tamosou.[1] La filiation de Honttoouï s'établit donc comme il suit :

          Le docteur Pihiri   La dame Tamosou
La royale épouse Tentamon   Le docteur Nibsoni
           La royale épouse Honttoouï

On peut se demander si la royale épouse Tentamon n'est pas identique à la Tentamon du papyrus T. 3 de Leyde[2] : c'est une question que j'examinerai plus loin. Il suffit pour le moment de montrer que Honttoouï était fille d'un simple particulier, et qu'elle tenait de sa mère ce qu'elle avait de titres souverains. Ils sont insérés en détail dans son papyrus, et méritent un examen sérieux, car ils forment le protocole régulier des princesses royales de la branche thébaine. Ils sont énumérés plusieurs fois d'une seule venue avec quelques variantes : ⟨hier.⟩,[3] ou bien ⟨hier.⟩,[4] ou encore ⟨hier.⟩.[5] Il y a là trois sortes de titres : des titres de filiation, des titres de fonctions sacerdotales, des titres de fonctions politiques. Le protocole débute souvent par une formule religieuse qui assure à la princesse la bonne volonté des dieux nationaux : elle est ⟨hier.⟩, la favorite d'Amon thébain, ou d'une autre forme d'Amon, ⟨hier.⟩[6] également thébain, ou d'un dieu dont je ne puis déchiffrer le nom ⟨hier.⟩,[7] ou des maîtres de Thèbes, ⟨hier.⟩

---

1. Cette indication généalogique nous oblige à écarter toute comparaison de notre Nibsoni avec le Nibsoni du papyrus de Londres qui avait pour père ⟨hier.⟩ ou ⟨hier.⟩ et pour mère ⟨hier.⟩.

2. Leemans, *Description raisonnée des monuments du Musée égyptien*, p. 232.

3. Mariette, *Papyrus de Boulaq*, t. III, pl. 12, 13. — 4. Mariette, *Papyrus de Boulaq*, t. III, pl. 19. — 5. Mariette, *Papyrus de Boulaq*, t. III, pl. 14. — 6. Mariette, *Papyrus de Boulaq*, t. III, pl. 21. — 7. Mariette, *Papyrus de Boulaq*, t. III, pl. 21.

[hieroglyphs] Amon, Mout, Khonsou.[1] Viennent ensuite les titres de filiation, qui se suivent toujours dans l'ordre chronologique : la princesse commence par être [hieroglyphs] *Fille royale,* puis elle devient [hieroglyphs] *Épouse royale,* et finit dans la condition de [hieroglyphs] *Mère royale.* Ces titres ne sont pas, comme le voudrait Naville,[2] des titres sacerdotaux : ils montrent une filiation princière, mais sans indiquer d'une manière absolue que les femmes qui les portent aient été réellement filles, femmes ou mères de rois. Tentamon a épousé un simple particulier Nibsoni : elle n'en est pas moins appelée [hieroglyphs] *la royale épouse* Tentamon, avec le cartouche. Honttooüi est fille d'un simple particulier et de Tentamon : elle est pourtant la [hieroglyphs] *royale fille* et prend, elle aussi, le cartouche, même au temps où son mari n'est encore que premier prophète d'Amon. La petite Moutemhît, fille de Mâkerî, morte presque en naissant, sinon mort-née,[3] reçoit le titre de [hieroglyphs] *royale épouse.* Dans tous ces cas, la princesse n'a droit à l'épithète [hieroglyphs] *royale* qu'en vertu d'une hérédité plus ou moins lointaine : c'est en elle-même et en sa mère, non point en son père, en son mari ou en son enfant, qu'elle trouve la légitimité de son titre. Chacun des éléments de son protocole général se développe dans le même sens. Honttooüi est non-seulement *fille royale,* elle est encore [hieroglyphs],[4] *fille du roi de son flanc, fille de la royale épouse,* bien que son père fût un simple particulier. Comme mère royale, elle énumère les titres de ses enfants et devient, par le fait de son fils, [hieroglyphs],[5] par le fait de sa fille, mariée à son fils, [hieroglyphs],[6] [hieroglyphs],[7] [hieroglyphs],[8] [hieroglyphs],[9] [hieroglyphs],[10] si bien que chacun des titres du fils ou de la fille semble supposer un individu différent dont elle serait la mère. Comme femme, elle est [hieroglyphs].[11] Les titres religieux qu'elle porte sont ceux qui revenaient, d'après le droit féodal de l'Égypte, à la femme d'un prince souverain.[12] Nous verrons, plus tard, s'il n'y

---

1. Mariette, *Papyrus de Boulaq,* t. III, pl. 19.
2. Naville, *Trois reines de la XXIe dynastie,* dans la *Zeitschrift,* 1878, p. 31.
3. Voir plus haut, p. 577 du présent volume.
4. Mariette, *Papyrus de Boulaq,* t. III, pl. 21. — 5. Mariette, *Papyrus de Boulaq,* t. III, pl. 21.
6. Mariette, *Papyrus de Boulaq,* t. III, pl. 19. — 7. Mariette, *Papyrus de Boulaq,* t. III, pl. 19, 20, 21.
— 8. Mariette, *Papyrus de Boulaq,* t. III, pl. 14. — 9. Mariette, *Papyrus de Boulaq,* t. III, pl. 20.
10. Mariette, *Papyrus de Boulaq,* t. III, pl. 20. — 11. Mariette, *Papyrus de Boulaq,* t. III, pl. 16.
— 12. Voir à ce sujet, Maspero, *La grande inscription de Beni-Hassan,* dans le *Recueil,* t. I, p. 180.

a pas lieu de tirer parti de ces titres sacerdotaux pour fixer les limites de la principauté de Thèbes : il nous suffira pour le moment d'indiquer ceux qu'avait Honttoouï. Elle n'était plus à la tête du culte d'Amon au moment de sa mort: la femme ou les femmes du grand-prêtre vivant étaient de droit 〖...〗 ou 〖...〗 du dieu. Mais il lui était resté le titre de 〖...〗¹ qui pouvait appartenir à d'autres qu'aux femmes du grand-prêtre vivant, et elle avait encore la haute main sur le culte d'Amon, maître de Roudit 〖...〗.² Elle était 〖...〗 〖...〗,³ 〖...〗; ⁵ enfin elle avait le sacerdoce du nome Thinite 〖...〗.⁶ Le seul titre politique que nous lui connaissions est celui de 〖...〗.

Les inscriptions des cercueils et de la momie confirment les données du papyrus et y ajoutent quelques détails.⁷ Ainsi, Honttoouï est qualifiée 〖...〗 «la royale mère choisie du maître des deux mondes», ou 〖...〗; enfin elle est 〖...〗. Le fragment de bandelette trouvée sur sa momie, et qui porte le nom du 〖...〗, nous fournit la solution du petit problème soulevé par tous ces titres. Il nous prouve que Honttoouï mourut au plus tôt pendant le pontificat de Menkhopirrî. Or les inscriptions de la momie, des cercueils et du papyrus, ont été tracées dans l'intervalle qui sépare la mort de l'enterrement, c'est-à-dire dans les trois ou quatre mois nécessaires aux rites de l'embaumement. Les notions qu'elles renferment s'appliquent donc à la condition de Honttoouï pendant les derniers jours de sa vie. Le premier prophète d'Amon dont elle est mère est Menkhopirrî, fils du roi Pinot'mou. La 〖...〗 dont elle est mère est la femme de Menkhopirrî, soit une sœur de ce prince, soit Isimkhobiou qui était fille de Masahirti, fils lui-même de Pinot'mou, et par conséquent pouvait être la petite fille de Honttoouï. Nous gagnons donc par là un degré certain dans la généalogie des grands-prêtres :

1. Mariette, *Papyrus de Boulaq*, t. III, pl. 19. — 2. Mariette, *Papyrus de Boulaq*, t. III, pl. 21.
— 3. Mariette, *Papyrus de Boulaq*, t. III, pl. 21. — 4. Mariette, *Papyrus de Boulaq*, t. III, pl. 21.
— 5. Mariette, *Papyrus de Boulaq*, t. III, pl. 20. — 6. Mariette, *Papyrus de Boulaq*, t. III, pl. 12, 21. — 7. Voir plus haut, p. 578—579 du présent volume.

	Le roi HRIHOR	La reine NOT'MIT		Le docteur PIHIRI	La dame TAMOSOU
	Le grand-prêtre PIÔNKHI			Le docteur NIBSONI	La royale épouse TENTAMON
La dame FAÎTÂATNIMOUT		Le roi PINOT'MOU Ier			La royale épouse HONTTOOUI
		MENKHOPIRRI			

La date à laquelle mourut Honttoouï explique la nature de ses statuettes, dont le type est intermédiaire entre celui des statuettes de Pinot'mou Ier, Mâkerî, Masahirti, Taiouhirit, et celui de Pinot'mou II, Nsikhonsou, etc.

Que faire maintenant de Mâkerî? ROSELLINI[1] et LEPSIUS[2] en font la fille d'un Pinot'mou, E. DE ROUGÉ[3] et BRUGSCH[4] proposent de reconnaître en elle une femme de ce prince, WIEDEMANN concilie les deux opinions en supposant qu'elle fut à la fois sa fille et sa femme.[5] Si on se reporte à l'endroit où j'ai décrit les tableaux où elle est représentée, et qu'on les compare à ceux où est représentée Honttoouï,[6] on verra que les deux princesses sont traitées partout de la même manière, sauf en ce qui concerne la coiffure : Mâkerî a l'uræus royale que n'a pas Honttoouï. Nous reviendrons bientôt sur ce détail qui a son importance : pour le reste, l'égalité entre les princesses est si complète que le graveur a pu les représenter en un seul corps.[7] J'adopterai donc l'opinion de ROUGÉ et je verrai dans Mâkerî une épouse de Pinot'mou Ier, grand-prêtre, puis roi. Sa momie a été malheureusement pillée par les Arabes, et ne conserve plus aucun fragment d'écriture : quant au *Livre des Morts*, les rubriques ne nous apprennent rien sur elle que nous ne sachions déjà d'autre part. A défaut de document écrit, l'aspect des boîtes funéraires et des figurines trouvées dans la cachette avec le cercueil, nous ramène aux mêmes conclusions que nous a suggérées l'étude du temple de Khonsou. Les boîtes de Mâkerî ressemblent beaucoup pour le style

---

1. ROSELLINI, *Monumenti storici*, t. II, p. 62.
2. LEPSIUS, *Ueber die XXII. ägyptische Königsdynastie*, pl. I, et *Königsbuch*, pl. XLIII, no 559.
3. E. DE ROUGÉ, *Étude sur une stèle*, p. 200.
4. BRUGSCH, *Histoire d'Égypte*, 1re éd., p. 216.
5. WIEDEMANN, *Aegyptische Geschichte*, p. 533—536.
6. Voir plus haut, p. 684—686.
7. Voir plus haut, p. 686—687, l'explication du tableau où une même princesse représente à la fois Honttoouï et Mâkerî.

des hiéroglyphes à celles de Pinot'mou Ier. Les figurines sont un peu plus grandes, un peu plus aplaties; la coiffure est d'un violet presque noir, sans rayures, la teinte du bleu turquois est plus claire. La mode n'avait pas eu le temps de changer entre la mort de Mâkerî et celle de Pinot'mou, comme elle a changé plus tard au temps de Honttooui.[1] Mâkerî disparut probablement la première. Elle mourut, sinon en couches, du moins bientôt après ses couches, comme le prouve la taille de l'enfant qui partage son cercueil.

En 1874, MARIETTE découvrit sur la face Nord du pylône n° VII de Karnak, une longue inscription, malheureusement très mutilée, où il était question de ⊙𓊽𓉴𓏏𓎺 (𓍹𓉻𓎡𓋴𓇳𓏤𓎺𓏤𓎺𓎺𓎺𓍺) Mâkerî, fille royale du maître des deux mondes Psioukhânou Mîamoun.[2] BRUGSCH lut ce nom Karamât,[3] afin de l'identifier avec la femme de Sheshonq Ier : mais il suffit de jeter un coup d'œil sur l'orthographe des deux noms pour juger qu'un Égyptien n'a jamais pu songer à écrire 𓎺𓉴𓏏𓎺 ou 𓎺𓉴𓅓𓂝𓏏 un nom comme celui de ⊙𓊽𓎺, et que KAROAMÂ n'a rien de commun qu'avec Mâkerâ ou Mâkerî. LAUTH et WIEDEMANN,[4] qui rejettent à bon droit l'hypothèse de BRUGSCH, pensent qu'il s'agit ici de la princesse enregistrée par LEPSIUS[5] sous le n° 566 𓊃𓏏𓉴 ou 𓊃𓉻𓊪𓎺𓋴𓇳 (𓍹𓉻𓎡𓋴𓇳𓏤𓍺) : mais ils auraient dû prouver par des faits que les deux cartouches (𓍹𓉻𓎡𓋴𓇳𓏤𓍺) et (𓍹𓉻𓎡𓋴𓇳𓏤𓎺𓍺) appartiennent à un seul roi et non à deux rois différents. J'admettrai jusqu'à nouvel ordre l'arrangement proposé par LEPSIUS qui voit dans le premier d'entre eux Psousennès Ier, dans le second Psousennès II de Manéthon.[6] Mâkerî, fille de Psioukhânou Ier, peut-être petite fille de Hrihor,[7] serait sur la même ligne généalogique que Pinot'mou Ier, fils de Piônkhi, petit-fils de Hrihor, et rien ne s'opposerait à ce qu'elle fût identique à Mâkerî, femme de Pinot'mou : la

---

1. Voir plus haut, p. 590—592, ce que j'ai dit de la division en groupes de ces figurines. Le jugement que je porte ici résulte non pas de la vue de trois ou quatre figurines isolées, mais de l'examen des deux cents figurines de Pinot'mou Ier et de Mâkerî qui faisaient partie de la trouvaille.

2. MARIETTE, *Karnak, Texte*, p. 61—62.

3. BRUGSCH, *Histoire d'Égypte*, p. 65, *Geschichte Aegyptens*, p. 657; à la p. 667, il la donne pour mère au prince Aoupout ou Ioupout.

4. LAUTH, *Aus Aegyptens Vorzeit*, p. 399—400; WIEDEMANN, *Aegyptische Geschichte*, p. 541, 553—554.

5. LEPSIUS, *Königsbuch*, pl. XLIII, n° 566, pl. XLIV, n° 578, 579.

6. LEPSIUS, *Die XXI. manethonische Dynastie*, dans la *Zeitschrift*, 1882, p. 114, 158.

7. Voir plus haut, p. 677, du présent volume.

petite-cousine aurait épousé le petit-cousin, et les droits héréditaires de la branche Tanite auraient été réunis de nouveau à ceux de la branche thébaine. Cette manière d'envisager la question expliquerait pourquoi Mâkerî porte l'uræus, quand Honttoouï ne la porte pas sur les tableaux du temple de Khonsou[1] : elle était la fille d'un roi authentique, tandis que Honttoouï n'était que la fille d'un particulier. L'inscription elle-même n'ajoute presque rien à ce que je viens de dire. Elle a été publiée par MARIETTE,[2] puis traduite par BRUGSCH,[3] par LAUTH en partie[4] et par moi.[5] Je la donne ici avec les corrections que j'ai pu apporter au texte de MARIETTE par une comparaison rigoureuse de la copie avec l'original, et avec les restitutions que commandent le sens du morceau et le style de l'époque.[6]

1. Voir plus haut, p. 684 sqq., du présent volume.

2. MARIETTE, Karnak, pl. 41.

3. BRUGSCH, Geschichte Aegyptens, 1877, p. 657—659. M. BRUGSCH dit en note avoir eu à sa disposition un décret analogue copié par lui à Thèbes, en 1851, et qui porte le nom et les titres de Sheshonq Ier.

4. LAUTH, Aus Aegyptens Vorzeit, 1879, p. 399—400.

5. Revue critique, 1877 (28 avril), t. I, p. 269—271.

6. Il est impossible de dire combien de lignes manquent au début : l'exemple de l'inscription de Pinot'mou II, que j'ai publiée dans la Zeitschrift (1883, p. 72—74), et qui sera reproduite plus bas, montre que les inscriptions de ce genre pouvaient être fort longues.

LES MOMIES ROYALES DE DÉIR EL-BAHARÎ.

[hieroglyphic text] On reconnaît sur le champ le style des décrets de Nsikhonsou. L'examen des deux derniers articles, les seuls qui soient à peu près complets, nous montre qu'ils reproduisent l'un et l'autre la même idée, mais sous deux formes différentes : le premier de façon impérative [hieroglyphs], le second de façon affirmative [hieroglyphs]. Ce qui subsiste des deux articles précédents prouve qu'il en était de même pour eux. Je restitue donc :
« Disent Amonrâsonthîrou, le très grand dieu de la création, Mout, Khonsou, les
» dieux grands : « Déclarez à tout roi, tout premier prophète d'Amon, tout général et
» chef de bandes, tous individus de toute sorte que ce soit, hommes ou femmes, ceux

»*qui ont le pouvoir aujourd'hui et ceux qui l'auront par la suite,*[1] — *à l'effet de ga-*
»*rantir les biens de toute sorte que Mâkerî, fille du roi Psioukhânou, a apportés avec*
»*elle lorsqu'elle est passée au midi, et les biens de toute sorte que* lui ont donné
»les gens du pays, pour qu'elle prît [sa part] de leurs pauvres richesses,[2] — que
»vous lui avez garanti tous les biens héréditaires *pour qu'ils soient aux mains de*
»*ses fils, de ses filles et des enfants de* ses enfants jusqu'à la consommation des
»temps et de l'éternité!» DISENT AMONRÂSONTHIROU, LE TRÈS GRAND DIEU DE LA CRÉA-
»TION, MOUT, KHONSOU, LES DIEUX GRANDS : «*Nous déclarons* à tout roi, tout premier
»prophète d'Amon, tout général et chef de bandes, tous individus de toute sorte
»que ce soit, hommes ou femmes, ceux qui ont le pouvoir aujourd'hui et ceux qui
»l'auront par la suite, — à l'effet de garantir les biens de toute sorte que Mâkerî,
»fille du roi Psioukhânou a apportés avec elle *lorsqu'elle est passée au midi*......
»..... du pays, et les biens de toute sorte que lui ont donné les gens du pays,
»pour qu'elle prît [sa part] de leurs pauvres richesses, afin de les affermir en sa
»main, — vous les affermirez en la main de son fils, du fils de son fils, de sa fille,
»de la fille de sa fille, et des enfants de ses enfants, jusqu'à la consommation des
»temps et de l'éternité.» DISENT ENCORE AMONRÂSONTHIROU, LE TRÈS GRAND DIEU DE LA
»CRÉATION, MOUT, KHONSOU, LES DIEUX GRANDS : «Exterminez tout individu de quel-
»que sorte que ce soit de l'Égypte entière, homme ou femme, qui contestera en
»paroles quoi que ce soit des biens de toute sorte que Mâkerî, la fille royale du
»roi Psioukhânou a rapportés avec elle lorsqu'elle est passée au midi, et les
»biens de toute sorte que lui ont donné les gens du pays, afin qu'elle prît [sa
»part] de leurs pauvres richesses; et, ceux qui raviront quelque chose de ces
»biens jour après jour,[3] nous appesantirons nos esprits sur eux, et nous ne leur
»serons point favorables, *mais ils seront châtiés(?)* fortement, fortement, de par
»ce dieu grand, Mout, Khonsou et les dieux grands.» DISENT AMONRÂSONTHIROU, LE
»TRÈS GRAND DIEU DE LA CRÉATION, MOUT, KHONSOU, LES DIEUX GRANDS : «Nous exter-
»minerons[4] tous individus de quelque sorte que ce soit de l'Égypte entière, hommes
»ou femmes, qui contesteront en paroles quoi que ce soit des biens *qu'elle a ap-*

---

1. Litt. : « ceux qui ont fait les plans au commencement et ceux qui font les plans par la suite ».
2. Litt. : « de la petitesse de leurs choses ».
3. Litt. : « de matin après matin ».
4. L'égyptien dit d'une façon plus énergique : *Nous avons exterminé,* considérant le futur comme déjà passé.

»*portés avec elle lorsqu'elle est passée* au midi, et les biens de toute sorte que lui
»ont donné les gens du pays, afin qu'elle prît [sa part] de *leurs pauvres richesses;*
»*et, ceux qui raviront quelque chose de ces biens* jour après jour, nous appesan-
»tirons nos esprits sur eux, et nous ne leur serons pas favorables, mais nous les
»jetterons nez contre terre, et ils *seront châtiés (?) fortement, fortement, de par*
»*ce dieu grand,* Mout, Khonsou, et les dieux grands.» L'ensemble du texte nous
montre une Égypte où le pouvoir est partagé entre le roi [hiéro.], le premier prophète d'Amon [hiéro.] et les chefs de milices et de mercenaires [hiéro.]
[hiéro.], c'est-à-dire l'Égypte de la XXIe dynastie, mais sans nous dire quel était
le premier prophète d'Amon, contemporain de Psioukhânou. Du moins, il nous
renseigne sur la condition de ces princesses qui représentaient seules la royauté
héréditaire de l'Égypte et sur les contrats qu'on rédigeait pour elles au moment de
leur établissement. Il est peu probable que l'on consultât beaucoup leur inclination
lorsqu'il s'agissait de les marier, et on ne se faisait point scrupule de les envoyer
du Nord au Sud [hiéro.], quand la politique l'exigeait; mais on prenait des
précautions minutieuses pour sauvegarder leurs biens et en assurer la transmission à leur descendance. Ces biens se composaient de deux parts : une part
qu'elles apportaient avec elles, en passant comme Mâkerî du Nord au Sud; une
part que le mari et sa famille constituaient à chacune d'elles «sur la petitesse de
leurs biens», pour qu'elle les joignît à son apport personnel. Cet apanage était mis
solennellement sous la protection des dieux de Thèbes, qui prenaient l'engagement
de punir quiconque en enlèverait la moindre parcelle à elle-même ou à leur postérité : le décret, rendu en pompe sur ce qu'on appelait le Sol d'Argent du temple,
probablement le parvis qui précédait le pylône de la Salle hypostyle, était affi-
ché bien en vue sur une muraille, dans une des parties de l'édifice où la foule
avait accès. Je ne crois pas qu'on déployât tant de pompe pour toutes les princesses de sang royal, entre autres pour celles dont le père n'était pas roi : mais
celles dont le mariage avait une importance exceptionnelle, comme Mâkerî, fille
du Pharaon régnant, recevaient les honneurs de l'affiche monumentale. En résumé, tous les documents que nous possédons semblent favoriser plutôt que
contredire l'identification de la reine Mâkerî, femme de Pinot'mou Ier avec Mâkerî,
fille de Psioukhânou Ier, et m'engagent à rétablir quelques noms nouveaux sur
notre table généalogique :

	Le roi	Le roi	La reine	Le docteur	La dame
X	NSBINDIDI MIAMOUN	HRIHOR	NOT'EMIT	PIHIRI	TAMOSOU
	Le roi PSIOUKHÂNOU MIAMOUN	Le grand-prêtre PIÔNKH		Le docteur NIBSONI	La reine TENTAMON
	La reine MÂKERÎ	La dame FATÂITNIMOUT	Le roi PINOTMOU Ier		La reine HONTTOOUI
		La reine MOUTEMHÎT		Le grand-prêtre MENKHOPIRRÎ	

L'histoire de Mâkerî se résume donc en quelques lignes. Fille de Psousennès Ier, elle fut mariée à son parent Pinot'mou, alors que celui-ci n'était encore que grand-prêtre d'Amon. Elle mourut probablement avant lui, en donnant le jour à une fille Moutemhît qui fut ensevelie avec elle.

Deux des fils de Pinot'mou, 𓀀𓀁𓀂 Masaharti et 𓀃𓀄 Menkhopirrî, lui succédèrent dans la dignité de grand-prêtre. Masaharti était inconnu avant qu'on eût retrouvé son cercueil et sa momie à Déir el-Baharî. Le nom qu'il porte paraît être d'origine sémitique,[1] et avait déjà appartenu à l'un de ses grand-oncles 𓀀𓀁𓀂𓀃𓀄, septième fils de Hrihor.[2] Comme souvent, en Égypte, les petits enfants portent le nom du grand-père, on peut se demander si Masaharti, fils du roi Pinot'mou, n'avait pas pour mère une fille de Masaharti, fils du roi Hrihor? Le seul point qui soit certain c'est qu'il était plus âgé que Pinot'mou et le précéda au pontificat : sa fille, ou l'une de ses filles, Isimkhobiou, épousa Menkhopirrî, ce qui semble bien montrer qu'il était plus âgé que celui-ci, et le second des procès-verbaux consignés sur le cercueil d'Amenhotpou Ier paraît être écrit de la même main qui traça le premier sous Pinot'mou,[3] ce qui ne nous permet guères de mettre entre Pinot'mou et Masaharti la régence de Menkhopirrî. Deux monuments de valeur différente nous ont conservé son nom. Le plus anciennement connu est une statue colossale, en granit porphyritique jaune, de Khonsou à tête d'épervier, qui est à Bruxelles, dans les écuries du roi, et que M. WILBOUR m'a signalée, il y a quelques années.[4] Elle porte, à côté du genou gauche, l'inscrip-

---

1. BRUGSCH, *Geographische Inschriften*, t. I, p. 65. Cf. סָהַר, *circumdedit, rotundus fuit*, racine inusitée en hébreu, d'où סַהַר, *rotunditas*, סֹהַר, *turris rotunda*.

2. PRISSE, *Monuments*, pl. XXII, 2 ; LEPSIUS, *Denkmäler*, III, 247 a, *Königsbuch*, pl. XLII, n° 539.

3. Voir plus haut, p. 536, le fac-simile des inscriptions.

4. MASPERO, *Notes sur quelques points de grammaire et d'histoire*, dans la *Zeitschrift*, 1882, p. 134.

tion suivante en une seule colonne verticale : [hieroglyphs] [hieroglyphs]. L'autre est un tableau, taillé vers l'angle ouest de la muraille méridionale du petit temple reconstruit, au Nord du premier pylône d'Harmhabi, avec les débris d'un édifice d'Amenhotpou II. Deux Amon, grossièrement sculptés, [hieroglyphs] à gauche, [hieroglyphs] à droite, sont assis dos à dos. Ce dernier reçoit l'offrande d'un personnage debout, qu'une inscription presque illisible, gravée en deux colonnes verticales, nous dit être Masaharti : [hieroglyphs] [hieroglyphs].[1] Les titres qu'il porte sur son cercueil nous fournissent le protocole ordinaire des grands-prêtres d'Amon, avec quelques variantes intéressantes : il est non seulement [hieroglyphs] ou [hieroglyphs], mais encore [hieroglyphs] ou [hieroglyphs].[2] Malgré ces épithètes pompeuses le peu que nous savons de lui nous donne l'idée d'un personnage effacé plutôt que d'un prince ayant joué un rôle important dans les affaires du temps. Je pense qu'il eut, près de Pinot'mou, le rôle que Piônkhi avait eu auprès de Hrihor. Pinot'mou devenu roi, céda le pontificat à Masaharti, comme Hrihor l'avait cédé à Piônkhi : Masaharti n'eut que le second rang à Thèbes, et mourut probablement vers le même temps que son père. L'étude de ses statuettes funéraires est des plus instructives à cet égard. Elles ressemblent tellement à celles du roi Pinot'mou et de la dame Taïouhirit qu'il est difficile de les en distinguer : c'est même taille, même forme, même écriture, même bleu intense, même couverte étincelante, sauf, bien entendu, les exemplaires assez nombreux qui ont été gâtés à la cuisson. La seule différence matérielle qu'on remarque est dans la coiffure : la *coufièh* de Pinot'mou est rayée perpendiculairement, celle de Masaharti et de Taïouhirit parallèlement au front. Ces figurines ont été fabriquées évidemment sur le même modèle, probablement par les mêmes mains, et forment un groupe compact de trois personnes qui ont dû mourir presque au même moment. Nous savons[3] qu'il laissa une fille Isimkhobiou, mariée à son successeur et frère Menkhopirrî : mais aucun document ne nous révèle le nom de ses femmes. Peut-être est-il permis de faire une conjecture à cet égard. La seule des momies féminines de cette époque

---

1. MASPERO, *Notes sur quelques points de grammaire et d'histoire,* dans la *Zeitschrift,* 1882, p. 133 à 134.

2. Voir plus haut, p. 571 du présent volume.

3. Voir plus haut, p. 584—589, les légendes de la tente en cuir.

que nous n'arrivions pas à classer sûrement est celle de Taïouhirit.[1] Sa momie, qui avait été mise dans un cercueil d'occasion, a été de plus dépouillée par les Arabes. Ses titres ne nous disent pas si elle avait du sang royal dans les veines, et sont ceux d'une personne de bon rang dans la hiérarchie sacerdotale [hieroglyphs] et [hieroglyphs] : ce sont ceux d'Isimkhobiou, par exemple. Je l'ai rapprochée[2] d'une «*prêtresse d'Amon-Râ, le roi des dieux, la chanteuse de . .* ». . . . nommée Taéïouihra, *la fille du spondiste d'Amon*, nommé Chonsmes, *et »de la dame, prêtresse d'Amon-Râ, le roi des dieux*, Tentamon», dont le papyrus funéraire est conservé à Leyde.[3] Cette identification a été acceptée par Wiedemann;[4] il considère Tentamon comme étant la reine Tentamon, mère de Honttoouï, Khonsoumos comme étant un second mari de cette reine et Taïouhirit comme étant une sœur utérine de Honttoouï. En revenant sur la question j'ai été amené à changer d'avis. En premier lieu, la Tentamon de Leyde n'a pas le cartouche, comme celle de Leyde. En second lieu, le papyrus a été acheté à l'une des ventes Anastasi, longtemps avant la découverte du puits de Déir el-Baharî, et ce fait me paraît conclure jusqu'à nouvel ordre contre l'identité de la Taïouhirit qui y est nommée avec la Taïouhirit de Boulaq. La ressemblance des noms et des titres n'est pas malheureusement un argument assez fort pour prévaloir contre les deux raisons que je viens d'indiquer : il peut y avoir eu parmi les prêtresses d'Amon de cette époque plus d'une Taïouhirit. Si donc on écarte les renseignements que le papyrus de Leyde paraissait fournir, nous n'avons plus qu'un seul témoignage, celui des figurines, et j'ai déjà dit qu'elles ressemblent à celles de Pinot'mou Ier et de Masaharti, à celles-ci un peu plus qu'à celles-là. Je m'arrêterai donc, pour le moment, à l'hypothèse que Taïouhirit a dû être la femme ou l'une des femmes de Masaharti, peut-être la mère d'Isimkhobiou : c'est, à mon avis, la seule manière probable d'expliquer sa présence à Déir el-Baharî.

La filiation de Menkhopirrî n'avait pas échappé à Champollion.[5] Il la signala

1. Voir plus haut, p. 578 du présent volume.
2. Maspero, *La trouvaille de Déir el-Baharî*, p. 29—30.
3. Leemans, *Description raisonnée des monuments égyptiens du Musée d'antiquités des Pays-Bas à Leyde*, p. 232, t. 3.
4. Wiedemann, *Aegyptische Geschichte*, p. 528 et 535.
5. Rosellini n'avait pas d'abord reconnu la valeur des inscriptions qu'il avait vues, comme Champollion, et ne les mentionne pas au second volume de ses *Monumenti storici*, lorsqu'il parle des grands-

dans les restes de deux inscriptions gravées, la première sur une colonne du temple de Khonsou,[1] la seconde sur un mur voisin du premier pylône d'Harmhabi;[2] mais la mort l'empêcha de tirer partie de sa découverte. LEPSIUS se servit plus tard des mêmes textes,[3] et l'arrangement qu'il proposa fut adopté longtemps par presque tous les égyptologues.[4] La trouvaille de Déir el-Baharî compléta et rectifia les données antérieures : elle remit Menkhopirrî à sa place réelle entre son père le roi Pinot'mou, son frère le grand-prêtre Masaharti et son fils le grand-prêtre Pinot'mou.[5] Le nom de sa mère ne nous est pas donné, mais j'incline à croire qu'il était né de Honttoouï,[6] et je trouve une confirmation de cette hypothèse dans le nom Honttoouï qu'il imposa à l'une de ses filles : la petite fille aurait été nommée d'après l'aïeule.[7] Son nom est accompagné souvent d'un autre nom Isimkhobiou, qu'on prit d'abord pour son prénom[8] ou pour son nom royal[9] : mais on découvrit bientôt que c'était une princesse, et ROUGÉ en fit la sœur, peut-être la femme de Menkhopirrî,[10] rattachée aux dynasties thébaines

prêtres d'Amon (p. 52 sqq.) : il y fait une allusion au quatrième volume (p. 147), mais sans citer le nom de Menkhopirrî.

1. CHAMPOLLION, *Notices*, t. II, p. 225.

2. CHAMPOLLION, *Notices*, t. II, p. 178. C'est l'inscription publiée dans la *Zeitschrift*, 1881, p. 72 à 75 et reproduite plus bas, p. 704 sqq.

3. LEPSIUS, *Ueber die XXII. ägyptische Königsdynastie*, p. 283 et *Königsbuch*, pl. XLIII, n° 560. Je rappelle que LEPSIUS faisait deux personnages distincts du grand-prêtre Pinot'mou, fils de Piônkhi et du roi Pinot'mou : il considérait Menkhopirrî comme étant le fils du grand-prêtre et, par conséquent, antérieur au roi.

4. E. DE ROUGÉ, *Étude sur une stèle*, p. 200; BRUGSCH, *Geschichte Aegyptens*, p. 664, table généalogique.

5. MASPERO, *La trouvaille de Déir el-Baharí*, p. 28 sqq.; NAVILLE, *Inscription historique de Pinodjem III*, p. 2, 19; WIEDEMANN (*Aegyptische Geschichte*, p. 537 sqq.) propose un arrangement spécial.

6. Voir plus haut, p. 698 du présent mémoire.

7. MASPERO, *Notes*, dans la *Zeitschrift*, 1883, p. 75; cf. plus bas, p. 707.

8. NESTOR LHÔTE, *Lettres écrites d'Égypte*, p. 30—31.

9. PRISSE D'AVENNES, *Lettre à M. Champollion-Figeac*, dans la *Revue archéologique*, 1845, p. 724 à 725 : «...... cet *Isemhêt* était le fils et le successeur de Pihmé, pontife souverain sur lequel j'ai »recueilli quelques documents intéressants»; dans les *Monuments égyptiens*, p. 5 et pl. XXIII, PRISSE hésite entre les deux lectures Iséhemhêt ou Iséhemkheb. E. DE ROUGÉ a donné (*Mémoire sur l'inscription du tombeau d'Ahmès*, p. 117) les preuves de la lecture que j'ai adoptée et la variante qu'il cite d'après CHAMPOLLION, ne laisse subsister aucun doute : la prononciation Hestemsekhet de M. WIEDEMANN (*Aegyptische Geschichte*, p. 538) est donc à écarter pour le moment.

10. E. DE ROUGÉ, *Mémoire sur l'inscription du tombeau d'Ahmès*, p. 119, note.

par un lien inconnu.[1] Enfin les documents découverts à Déir el-Baharî prouvèrent qu'elle était fille de Masaharti, et, par conséquent, petite-fille du roi Pinot'mou et nièce de son mari. Le dais de cuir, qui recouvrit sa momie le jour de l'enterrement, porte qu'elle était [hieroglyphs] et est décoré des légendes de [hieroglyphs] Masaharti et de Pinot'mou[2] : Menkhopirrî nous a laissé plusieurs monuments. Il fit quelques restaurations au temple de Louqsor, comme le prouve une inscription mise au jour en 1886, sur la paroi extérieure du mur d'enceinte de la salle hypostyle : [hieroglyphs]. Il reconstruisit en partie le mur d'enceinte de Karnak, celui de Louqsor,[3] celui de Gébéléïn,[4] celui de el-Hibé,[5] et cette ville marque probablement l'extrémité nord du territoire sur lequel s'étendait son autorité. Une inscription de l'an XXV, que j'examinerai plus loin, nous le montre arrivant à Thèbes au milieu de la joie générale[6] : nous verrons qu'il accorda aux bannis une amnistie générale, et je tâcherai de montrer quelles conséquences on peut tirer de ces faits pour l'histoire du temps. Son protocole officiel est celui du grand-prêtre d'Amon [hieroglyphs]. Sa femme paraît avoir été associée étroitement à son autorité, et figure à côté de lui sur les briques : les titres nous montrent qu'elle avait le rang et les sacerdoces ordinaires aux femmes des grands-prêtres d'Amon qui ne sont pas reines [hieroglyphs] et [hieroglyphs]. Fils et petite-fille de roi, Menkhopirrî et Isimkhobiou devaient nécessairement aspirer à la royauté. La dignité pontificale n'avait été pour Hrihor et Pinot'mou qu'un acheminement à la royale : Menkhopirrî manifesta certainement

---

1. E. DE ROUGÉ, *Étude sur une stèle*, p. 200.

2. Voir plus haut, p. 584—589, la description et le fac-simile du dais funéraire.

3. PRISSE, *Lettre à M. Champollion-Figeac* dans la *Revue archéologique*, 1843, t. II, p. 725, note 1, et *Monuments égyptiens*, p. 5, pl. XXIII; LEPSIUS, *Denkmäler*, pl. 251, k. J'en ai moi-même recueilli une douzaine en 1883, dans le voisinage du premier pylône d'Harmhabi : elles sont dans les magasins du Musée de Boulaq.

4. Le musée de Boulaq en possède deux qui ont été trouvées à Gébéléïn en 1885—1886.

5. NESTOR LHÔTE, *Lettres écrites d'Égypte*, p. 30—31 ; PRISSE, *Lettre*, p. 724—725 et *Monuments*, p. 5, pl. XXIII; LEPSIUS, *Denkmäler*, pl. 251, i; MASPERO, *Guide du Visiteur*, p. 302, n° 4710.

6. Inscription Maunier, longtemps conservée à Louqsor dans la *Maison de France*, aujourd'hui au Louvre. Elle a été publiée deux fois par BRUGSCH, *Recueil de monuments*, t. I, pl. XXII et p. 39 sqq.; *Reise nach der grossen Oase el-Khargeh*, pl. XXII, et p. 84—88; cf. *Aegyptische Geschichte*, p. 645—650.

l'intention de faire comme eux. Les grands-prêtres enfermaient d'ordinaire leur nom dans des cartels carrés, ceints d'une ligne profondément creusée. Quelques-unes des briques de Menkhopirrî et d'Isimkhobiou[1] ont ce cartel, mais ailleurs,[2] deux ovales sont inscrits dans le carré. Les titres de la royauté ne tardèrent pas à remplacer le nom d'Isimkhobiou dans un de ces pseudo-cartouches,[3] ou bien ceux du premier prophète d'Amon formèrent une sorte de prénom analogue à celui qu'avait pris d'abord Hrihor.[4] Enfin, les pseudo-cartouches furent remplacés par des cartouches véritables.[5] De son côté, Isimkhobiou s'arroge au moins une fois le protocol royal 〈hiéroglyphes〉: il est vrai que c'est dans les inscriptions de son cercueil.[6] La tendance à usurper les titres royaux et la royauté existe donc; mais, comme elle ne se manifeste guères qu'en cachette, sur des briques destinées à être enfouies dans un mur ou sur un cercueil, nous devons en conclure qu'elle n'eut pas l'occasion de se développer au grand jour, et que le roi de Tanis sut faire respecter ses priviléges. Le corps et le cercueil de Menkhopirrî ne se sont pas retrouvés dans la cachette de Déir el-Baharî, mais ceux d'Isimkhobiou y étaient déposés. Les Arabes les avaient ouverts, et aucune des bandelettes subsistantes ne porte de trace d'écriture, à l'exception du premier linceul. Il est certain pourtant qu'Isimkhobiou mourut après son mari, car on la voit figurer sur les briques à côté de son fils Pinot'mou de la même façon qu'elle figurait déjà à côté de Menkhopirrî. Si un

---

1. PRISSE, *Monuments*, pl. XXIII, 11; LEPSIUS, *Denkmäler*, III, pl. 251, *i*.
2. PRISSE, *Monuments*, pl. XXIII, 6—7; LEPSIUS, *Denkmäler*, III, pl. 251, *k*.
3. PRISSE, *Monuments*, pl. XXIII, 5, mais sans les bases des cartouches.
4. PRISSE, *Lettre à M. Champollion-Figeac*, p. 725, B, et *Monuments*, pl. XXIII, 4, mais sans les bases des cartouches.
5. PRISSE, *Lettre à M. Champollion-Figeac*, p. 725, B. LEPSIUS, *Die XXI. manethonische Dynastie* dans la *Zeitschrift*, 1882, p. 110, remarque : « Auf den von mir besichtigten Originalen fehlte immer der untere Abschluss derselben, und ich glaube daher, dass PRISSE die Linie unrichtig zugesetzt hat. » L'observation de LEPSIUS est certainement vraie en ce qui concerne la plupart des cas; mais j'ai vu moi-même plusieurs briques, où les cartouches sont complets comme ceux que PRISSE a figurés dans sa *Lettre*, p. 725, B. WIEDEMANN possède un scarabée acheté par lui à Memphis, et où les noms de Menkhopirrî et d'Isimkhobiou sont également entourés du cartouche *(Zur XXI. Dynastie Manetho's* dans la *Zeitschrift* 1882, p. 88 et *Aegyptische Geschichte*, p. 538). Le même savant attribue dubitativement à ce personnage les cartouches 〈cartouches〉, LEPSIUS, *Königsbuch*, pl. LXX, n° 911.
6. Voir plus haut, p. 577 du présent mémoire.

monument que, M. Wiedemann cite comme étant d'elle,[1] lui avait appartenu réellement, elle aurait été à un moment de sa vie en contact avec un roi réel, portant officiellement cartouche [hieroglyphs].[2] Le nom et le prénom du roi sont détruits, mais la bannière royale subsiste, et c'en est assez pour reconnaître qu'il ne saurait être ici question d'Isimkhobiou, femme de Menkhopirrî et mère de Pinot'-mou. La bannière [hieroglyphs] appartient en effet à Osorkon II[3] : l'Isimkhobiou en question, dont le nom doit se compléter [hieroglyphs], est donc identique à l'Isimkhobiou, [hieroglyphs] des canopes Champion,[4] seconde ou troisième femme d'Osorkon II.

La postérité d'Isimkhobiou et de Menkhopirrî était nombreuse. On connaît depuis longtemps son fils Pinot'mou, premier prophète d'Amon après Menkhopirrî, mais ses autres enfants sont restés inconnus jusqu'en ces derniers temps. Ils sont énumérés dans une inscription très longue, mais malheureusement très endommagée, que Champollion signala le premier[5] : « Voici, dit-il, ce qu'il est pos-
» sible de tirer de ce texte si mutilé. Il y est principalement question d'une épouse
» d'Amon [hieroglyphs], de sa mère et de ses enfants, pour dons pieux à Ammon-Râ, Mouth
» et Chons. L. 1. [hieroglyphs]
» [hieroglyphs] L. 2. [hieroglyphs], souvent
» mentionnée à propos de constructions et de dons d'argent, etc. L. 3. [hieroglyphs]
» L. 4. [hieroglyphs] L. 5. [hieroglyphs]

---

1. Wiedemann, *Aegyptische Geschichte*, p. 538.
2. Brugsch, *Recueil de Monuments*, t. II, pl. LII, 6.
3. Lepsius, *Königsbuch*, pl. XLIV, n° 588.
4. Mariette, *Renseignements sur les soixante-quatre Apis*, dans le *Bulletin archéologique de l'Athénæum français*, 1855, p. 93 sqq.; Lepsius, *Denkmäler*, III, 255 e-h, et *Königsbuch*, pl. XLV, n° 597. C'est peut-être le scarabée funéraire de cette princesse qui est reproduit dans Dorow et Klaproth, *Collection d'antiquités égyptiennes*, pl. XI, n° 594. Elle y a le titre de [hieroglyphs].
5. Champollion, *Notices*, t. II, p. 178 sqq. Rosellini y fait allusion (*Monumenti storici*, t. II, p. 178—179). Elle a été publiée dans la *Zeitschrift*, 1883, p. 72—74.

»L. 6. 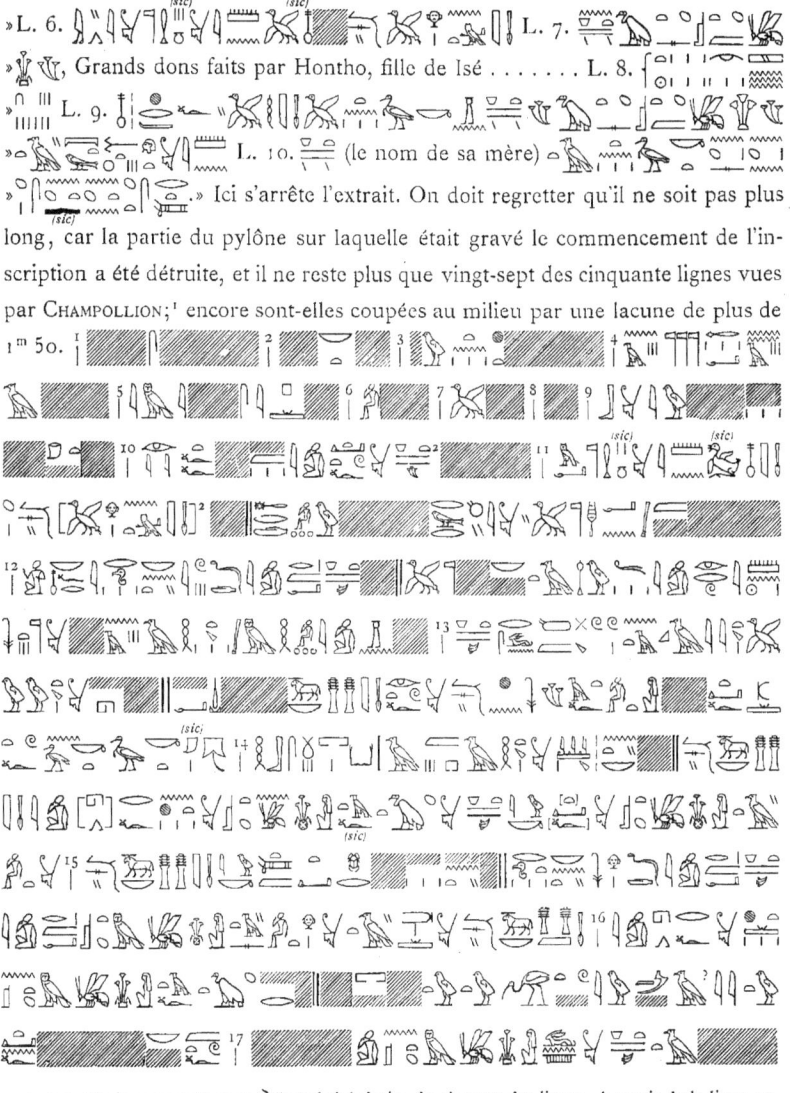, Grands dons faits par Hontho, fille de Isé .... L. 8.

L. 9.

L. 10. (le nom de sa mère)

». » Ici s'arrête l'extrait. On doit regretter qu'il ne soit pas plus long, car la partie du pylône sur laquelle était gravé le commencement de l'inscription a été détruite, et il ne reste plus que vingt-sept des cinquante lignes vues par Champollion;[1] encore sont-elles coupées au milieu par une lacune de plus de 1^m50.

---

1. Les débris conservés sont à l'extrémité droite de chacune des lignes. A partir de la ligne 11, ils se prolongent sur toute la longueur de la paroi : la grande lacune du milieu est indiquée par un double trait ‖.

2. Ce nom est complété d'après le passage que Champollion avait copié et que j'ai cité plus haut.

L'inscription n'a jamais

été terminée, bien que la place ne fît pas défaut : est-ce simple négligence des employés chargés de veiller à l'exécution, ou quelque événement politique survint-il qui arrêta tous les travaux? Je pense que le moment arrivera où nous posséderons assez de textes de cette nature pour pouvoir rétablir avec certitude toutes les formules dont ils se composaient. C'est dans cet espoir que j'ai recueilli et publié les moindres lettres qui sont encore visibles : elles serviront comme de jalons pour rattacher chaque clause. Dès maintenant on y remarque une grande analogie avec le décret en l'honneur de Makerî et les décrets en l'honneur de Nsikhonsou : seulement, dans les derniers, il s'agit de la vie d'outre-tombe, dans ceux de Mâkerî et de Honttooui, il est question des intérêts de cette vie. Le texte, perdu qu'il est de lacunes, contient des renseignements sur les héritages et le partage des successions : il nous fournit surtout des données généalogiques précises, ce qui est plus important pour le sujet qui nous occupe. Deux enfants d'Isimkhobiou y jouent le rôle principal, une fille ⸺ Honttooui, que j'appellerai provisoirement Honttooui II pour la distinguer de Honttooui, fille de Tentamon et femme du roi Pinot'mou, un fils ⸺ Nsbinbdidi, Smendès : la filiation est prouvée par les expressions plusieurs fois répétées ⸺ ⸺ (L. 7, 8, 10, 10), ⸺ (L. 22), ⸺ (L. 25) pour Honttooui, et ⸺ (L. 14, 15—16) pour Smendès. Deux autres femmes sont reliées à ces deux personnages : une ⸺ Nsikhonsou qui est fille de Smendès, ⸺ (L. 13) et une seconde Isimkhobiou qui est appelée fille de Smendès, ⸺ (L. 14—15), et de Honttooui II ⸺ (L. 15). Smendès avait donc épousé sa sœur Honttooui et en avait eu cette Isimkhobiou II, qui est indiquée (L. 15—16), comme héritant de lui de compte à demi avec sa mère : «Quiconque disputera avec Honttooui et avec »Isimkhobiou [II], sa fille, au sujet de cette moitié [de biens] de Smendès qui lui »vient d'Isimkhobiou [Ière], sa mère à lui . . . . .» La généalogie de la famille s'établit donc comme il suit :

Le grand-prêtre MENKHOPIRRI   ISIMKHOBIOU Ière
Le grand-prêtre PINOT'MOU   NSBINBDIDI   HONTTOOUI II
                    NSIKHONSOU   ISIMKHOBIOU II

Le texte ne dit pas que Nsikhonsou fût fille de Honttooui II : nous verrons en effet qu'elle était la demi-sœur d'Isimkhobiou et avait pour mère une seconde femme de Smendès.

Peut-être Pinot'mou n'était-il pas encore majeur lorsque son père mourut. On trouve en effet, à el-Hibèh et à Gébéléïn, des briques où le nom d'Isimkhobiou figure à côté du sien, ce qui pourrait indiquer une régence. Il exerça l'autorité souveraine au même titre que ses prédécesseurs, et fut comme eux 〈hiéroglyphes〉.[1] Nulle part on ne voit trace d'une usurpation des titres royaux semblable à celle dont Menkhopirrî s'était rendu coupable. La vanité ne l'entraîna qu'à citer fréquemment le nom de son aïeul qu'il pouvait légitimement entourer d'un cartouche : il s'appela le plus souvent qu'il put 〈hiéroglyphes〉,[2] puis, comme le roi Pinot'mou avait épousé Mâkerî, fille du roi Tanite Psioukhânou, il se déclara également 〈hiéroglyphes〉, fils royal de Psioukhânou.[3] Il y a longtemps déjà que Lepsius découvrit ce fait à Turin, sur un bout de bretelle en cuir estampé[4] : M. Wiedemann a depuis lors acquis, à Thèbes, deux autres bretelles qui portent la même représentation que celle de Turin et ajoutent à ce que celle-ci nous apprenait un renseignement de la plus haute importance. Un roi, l'uræus au front 〈hiéroglyphes〉, tend les bras vers Amon ityphallique, au-dessus duquel se termine la légende royale, 〈hiéroglyphes〉. Sous ce tableau, une inscription en deux lignes : 〈hiéroglyphes〉.[5] M. Wiedemann affirme que ces deux monuments «proviennent du puits de Déir el-Baharî, et, d'après la description très exacte »qu'on lui a faite des circonstances de la découverte, de la poitrine de la momie »du grand-prêtre Pinot'mou». J'écarte d'abord de la discussion cette assertion de plusieurs égyptologues, que les bouts de bretelles proviennent de la momie des personnages dont elles portent le nom : l'usage, à Thèbes, était de mettre à l'extrémité des bretelles de momies une patte en cuir, sur laquelle étaient estampés

---

1. Voir plus haut, p. 571 du présent mémoire.
2. Voir plus haut, p. 572 du présent mémoire, un bon exemple de cette filiation.
3. Voir plus haut, p. 579 du présent mémoire.
4. Lepsius, *Ueber die XXII. ägyptische Königsdynastie*, p. 284.
5. Wiedemann, *Zur XXI. Dynastie Manetho's*, dans la *Zeitschrift*, 1882, p. 86—88. Dans cet article M. Wiedemann dit de ces deux monuments qu'ils sont *in Privatbesitz*; un passage de son *Histoire d'Égypte*, p. 537, note 6, nous apprend qu'ils sont dans sa collection particulière.

une scène d'adoration et parfois le nom du grand-prêtre ou du roi régnant. Cette mode, qui date des derniers temps de la XXe dynastie, ne paraît pas s'être prolongée beaucoup au-delà de la XXIIe : du moins je n'en ai trouvé aucune trace sur les momies assez nombreuses d'époque saïte que j'ai eu l'occasion d'ouvrir. Cela dit, je ne nierai point que les deux bouts de bretelles de M. WIEDEMANN puissent venir de la cachette de Déir el-Baharî. Je ferai observer seulement que les Arabes ont découvert dans ces dix dernières années quantité de momies, appartenant à la XXIe et à la XXIIe dynastie, dont ils ont vendu la parure, les papyrus et les figurines funéraires comme objets dérobés aux momies royales[1] : c'est un moyen de donner plus de valeur à leur marchandise et d'affriander le touriste. Mais admettons, si l'on veut, que les deux bouts de bretelles aient été enlevés à l'une des momies de la cachette, comment les frères Abderrassoul et leurs compagnons ont-ils pu savoir que cette momie était celle de Pinot'mou? Je n'accepterai donc avec certitude que le fait révélé par le monument lui-même, à savoir qu'un grand-prêtre d'Amon Pinot'mou, contemporain du roi Aménophis de la XXIe dynastie, s'intitule fils royal de Psioukhânou. On l'a expliqué de deux manières. LEPSIUS voit dans ce Pinot'mou un Pinot'mou Ier, antérieur à Hrihor, et qu'il classe au commencement de la XXIe dynastie.[2] WIEDEMANN le met au milieu de la dynastie, entre le roi Pinot'mou et Menkhopirrî : «sa momie serait celle »du grand-prêtre Pinet'em trouvée à Déir el-Baharî, dans trois cercueils couverts »d'inscriptions.[3]» La première hypothèse de LEPSIUS tombe avec tout le système de LEPSIUS. La seconde est détruite par les faits que nous a révélés l'ouverture de la momie désignée par M. WIEDEMANN comme représentant le nouveau grand-prêtre Pinot'mou : les inscriptions du linceul et celles des bandelettes nous prouvent que les trois cercueils renfermaient non pas un Pinot'mou nouveau, différent du Pinot'mou, fils de Menkhopirrî, mais Pinot'mou, fils de Menkhopirrî, petit-fils du roi Pinot'mou.[4] Ces considérations m'avaient déjà poussé à n'admettre qu'un seul et même grand-prêtre Pinot'mou qu'un sentiment de vanité

---

1. Voir pour les figurines émaillées en bleu, MASPERO, *Rapport à l'Institut Égyptien sur les Fouilles et Travaux exécutés en Égypte pendant l'hiver de 1885—1886*, p. 5—6.
2. LEPSIUS, *Die XXI. manethonische Dynastie* dans la *Zeitschrift*, 1882, p. 114.
3. WIEDEMANN, *Aegyptische Geschichte*, p. 537.
4. Voir plus haut, p. 571—572 du présent volume.

710   G. MASPERO.

aurait poussé à rappeler sa double origine royale du côté de Pinot'mou Ier et de Psioukhânou Ier, quand une découverte inattendue est venue me confirmer dans cette pensée. La momie de la princesse Nsikhonsou porte, sur une bandelette, le nom du [hiéroglyphes]. et, sur un ornement en cuir, celui du [hiéroglyphes].[1] Nous savons que Nsikhonsou était la femme de Pinot'mou, fils d'Isimkhobiou,[2] par conséquent de Menkhopirrî. Elle fut enterrée en l'an V, et son mari alla la rejoindre en l'an XVI.[3] Sa momie était encore intacte, et tous les objets qu'on y a trouvés se trouvaient encore à la place où les embaumeurs les avaient déposés. Il en résulte qu'en l'an V, on mettait indifféremment sur la momie de la femme de Pinot'mou des inscriptions où Pinot'mou s'appelle tantôt le fils de Menkhopirrî, tantôt le fils royal de Psioukhânou. C'est, je crois, une preuve décisive en faveur de l'identité des deux soi-disant Pinot'mou.

Nsikhonsou [hiéroglyphes], var. [hiéroglyphes] était fille de la dame Tahonouthouti, [hiéroglyphes].[4] Elle avait eu quatre enfants au moins de son mariage avec Pinot'mou, le grand-prêtre : [hiéroglyphes] Atooui, [hiéroglyphes] Nsitanibashrou, [hiéroglyphes] Masaharti, [hiéroglyphes] Zaouinofir.[5] Une Nsikhonsou apparaît dans le décret monumental dont je viens de donner le texte, une Nsikhonsou dont le père est Smendès et dont la mère n'est pas nommée. J'avais d'abord distingué les deux Nsikhonsou l'une de l'autre et j'avais fait de la Nsikhonsou du décret monumental une Nsikhonsou II.[6] Tout bien considéré, il me semble que j'ai eu tort d'en agir de la sorte, et que Mademoiselle AMELIA B. EDWARDS a eu raison d'identifier les deux princesses l'une avec l'autre.[7] Tahonouthouti, mère de Nsikhonsou, était donc la femme, ou du moins l'une des femmes de ce deuxième Smendès. Remarquons maintenant que Nsikhonsou, fille de Tahonouthouti, était morte en l'an V, et que les faits principaux

1. Voir plus haut, p. 578—579 du présent volume.
2. Voir p. 594 sqq. du présent mémoire, le décret d'Amonrâ relatif à cette princesse.
3. Voir p. 520—521, les inscriptions tracées au fond du puits de Déir el-Bahari.
4. Cfr. *Recueil de travaux*, t. II, p. 13—14 et plus haut, p. 599, 600, 602, 603, etc. de ce mémoire.
5. Cfr. *Zeitschrift*, 1883, p. 71—72 et plus haut, p. 608—609 de ce mémoire.
6. *Notes sur quelques points de Grammaire et d'Histoire* dans la *Zeitschrift*, 1883, p. 75.
7. LEPSIUS, *Die XXI. manethonische Dynastie*, dans la *Zeitschrift*, 1882, p. 158; A. B. EDWARDS, *Relics from the Tomb of the Priest-Kings at Dayr el-Baharee*, dans le *Recueil de travaux*, t. IV, p. 83.

dont il est question dans le décret se sont passés en l'an VI. Ce décret est, comme nous l'avons vu, analogue au décret rendu en faveur de Makerî et marque, par conséquent, une sorte de consécration solennelle des droits et avantages conférés à la princesse, pour elle-même et pour sa descendance. Pareille cérémonie ne s'accomplissait que dans les actes importants de la vie. Nous possédons, grâce à Nsikhonsou, les formules employées par Amonrâ après la mort, grâce à Makerî, les formules employées au mariage, lorsque la princesse passe au pays du Sud et qu'on lui constitue son douaire : si mutilé que soit le texte d'Isimkhobiou II, on ne saurait méconnaître qu'il ressemblait étroitement au texte de Mâkerî, et, par suite, qu'il avait trait au mariage et au douaire de cette princesse. Mais des actes de cette nature n'auraient pas été affichés dans un temple, s'ils n'avaient point touché directement à la personne du chef de la religion et de l'État thébain : les princesses étaient si nombreuses dans le harem des membres de la famille sacerdotale que les murailles de Karnak auraient été bientôt couvertes, si on avait donné pareille publicité au contrat de chacune d'elles. La raison pour laquelle on a conféré à Isimkhobiou II l'honneur du décret, c'est, je pense, qu'elle épousait le grand-prêtre d'Amon, Pinot'mou II : comme sa grand' mère Isimkhobiou Ière, elle devenait la femme de son oncle paternel, et cela en l'an VI, un an plus ou moins après l'enterrement de Nsikhonsou, fille de Tahounouthouti. Or le passage où il est question de Nsikhonsou, fille de Smendès, est introduit comme point de comparaison entre ce que Smendès avait fait pour Nsikhonsou sa fille, et ce qu'il fait pour Isimkhobiou II son autre fille, et semble par conséquent se référer à un mariage conclu par Nsikhonsou dans des conditions analogues à celles où se conclut celui d'Isimkhobiou II, c'est-à-dire lorsqu'elle épousa, elle aussi, son oncle Pinot'mou.[1] On comprendra mieux ces alliances si l'on classe les noms sur la table chronologique :

---

[1]. M. WIEDEMANN (*Aegyptische Geschichte*, p. 539) admet également que Nsikhonsou, fille de Smendès, épousa son oncle Pinot'mou, et lui attribue les cercueils et la momie de Boulaq; mais il croit (*Ibid.* note 6) que Nsikhonsou, fille de Tahounouthouti, est différente de Nsikhonsou, fille de Smendès, et ne lui reconnaît la possession que des deux décrets ROGERS-BEY et HAMILTON. Comme les deux décrets sur papyrus et sur bois de Boulaq (cfr. plus haut p. 594) ont été trouvés avec les cercueils et la momie, il est inutile de maintenir la distinction qu'il propose d'établir.

712   G. MASPERO.

Le grand-prêtre MENKHOPIRRÎ   ISIMKHOBIOU Iʳᵉ
                                   épouse son oncle Menkhopirrî

le grand-prêtre PINOT'MOU II   TAHONOUTHOUTI   NSBINBDIDI   HONTTOOUI II
épouse ses deux nièces, l'une   NSIKHONSOU   ISIMKHOBIOU II
après l'autre   épouse son oncle Pinot'mou épouse son oncle Pinot'mou en
                              meurt en l'an V   l'an VI, après la mort de sa sœur

la princesse ATOOUI, la princesse NSITANIBASHROU, MASAHARTI III, ZAOUINOFIR.

Quoi qu'il en soit de ce classement, Nsikhonsou tenait un rang considérable dans l'État. Elle n'était pas 𓏤𓆇 ou 𓏤★, mais les titres qu'elle porte prêtent à des observations intéressantes pour l'histoire du temps.

Ils sont répartis inégalement sur sa stèle, sur ses canopes, sur ses cercueils et sur son linceul. Ses canopes, achetés à Thèbes, en 1874, par M. ANDREW MAC-CALLUM, sont aujourd'hui entre les mains de M. PARRISH : ils ont été découverts et publiés par Mademoiselle AMELIA BLANDFORD EDWARDS.[1] Nsikhonsou est appelée sur l'un d'eux ³⟨hiéroglyphes⟩, et sur un autre ²⟨hiéroglyphes⟩. La stèle a été achetée à Louxor en 1874 et publiée par Mademoiselle A. B. EDWARDS.[2] La princesse est debout devant Osiris et l'adore. Elle ajoute quelques titres à ceux qu'elle avait déjà sur les canopes. ⁴⟨hiéroglyphes⟩ ⁶⟨hiéroglyphes⟩. C'est la première fois que nous rencontrons une princesse de la famille des grands-prêtres appelée *Vice-roi d'Ethiopie* et *Administrateur des contrées du midi* : le titre était d'ordinaire réservé aux hommes. Les deux sacerdoces méridionaux de Khnoumou et de Nibhotpit se rattachent naturellement à cette première série de fonctions. Les charges énumérées sur le linceul couvrent une plus grande étendue de terrain : Nsikhonsou était ⟨hiéroglyphes⟩ puis ⟨hiéroglyphes⟩,³ sans compter les dignités qui l'alliaient aux dieux thébains. On peut dire d'une manière générale qu'on n'a pas jusqu'à présent attaché assez d'importance aux fonctions pontificales que

---

1. A. B. EDWARDS, *Relics from the Tomb of the Priest-Kings*, dans le *Recueil*, t. IV, p. 80—81.
2. A. B. EDWARDS, *Relics*, dans le *Recueil de travaux*, t. IV, p. 81—85.
3. Voir plus haut, p. 578 du présent mémoire.

remplissaient les femmes des seigneurs féodaux dans l'antique Égypte. De même que le prince était chef des sacerdoces masculins compris sur l'étendue de son territoire, et, en général, ⸻, administrateur des prophètes de sa circonscription, la princesse était investie de tous les sacerdoces féminins. Ainsi dans la principauté de Béni-Hassan, si le mari est, par exemple ⸻ etc., la femme est ⸻.[1] La principauté de Thèbes n'échappait pas à cette loi. La reine, qui en était princesse héréditaire quand le roi résidait à Karnak, avait tous les grands sacerdoces thébains : quand les grands-prêtres succédèrent aux rois, les femmes des grands-prêtres prirent la place des reines, et cela avec d'autant plus de raison que, descendant des Pharaons, elles étaient de ce chef les héritières légitimes des seigneurs féodaux qui avaient gouverné à Thèbes avant que cette ville devînt la capitale de l'Égypte. Ce qui était vrai de la capitale l'était des villes principales de la principauté : si bien qu'on peut jusqu'à un certain point juger de l'étendue d'un fief par les sacerdoces qu'exerçaient les princes et les princesses qui le gouvernaient. Je ne nie pas que la vanité n'eût souvent part à la rédaction du protocole et ne poussât les seigneurs à allonger la liste des villes qu'ils possédaient du nom des villes que leurs ancêtres avaient possédées ou qu'eux-mêmes se flattaient de posséder un jour : mais, partout où le contrôle a été possible, je me suis convaincu que l'exagération n'est point poussée à l'extrême, et qu'on peut se fier à peu près aux énumérations de titres pontificaux. En commençant par le Sud, le pontificat de ⸻ Khnoumou, seigneur de la cataracte, indique la suzeraineté sur le premier nome de l'Égypte, et celui de ⸻, la suzeraineté sur le troisième. Au nord de Thèbes, la liste des sacerdoces nous montre les grands-prêtres en possession du nome Thinite, c'est-à-dire d'Abydos ⸻ et de Thinis ⸻, du nome d'Akhmîm ⸻, du douzième nome ⸻, du quatorzième ⸻, enfin du seizième nome celui de Beni-Hassan, au moins dans sa moitié orientale, ⸻.[2] Des deux autres princesses dont nous con-

---

1. CHAMPOLLION, *Notices*, t. II, p. 434; cfr. MASPERO, *La Grande Inscription de Beni-Hassan* dans le *Recueil de Travaux*, t. I, p. 160.

2. BRUGSCH, *Dict. géographique*, p. 466—467. Je n'ai pas trouvé la justification de ce que dit

naissions les sacerdoces, la première, Honttooui Ière, était attachée également aux cultes du seizième nome [hieroglyphs], et du nome Thinite et l'autre, Isimkhobiou Ière, certainement aux cultes d'Akhmîm [hieroglyphs], très probablement à tous les cultes que Nsikhonsou pratiquait.[1] Il ne faut pas oublier, en effet, que le cercueil où Nsikhonsou repose avait été fait à l'origine pour Isimkhobiou : le nom seul a été changé au moment de l'usurpation, mais rien d'autre. Tous les titres que je viens d'étudier comme étant ceux de Nsikhonsou avaient donc été écrits pour Isimkhobiou Ière et appartenaient à cette princesse. On pourrait être tenté de croire que ces sacerdoces n'indiquent qu'une autorité fictive, mais la présence de briques au nom de Menkhopirrî, de Pinot'mou II, d'Isimkhobiou, dans les murs d'El-Hibèh au Nord et de Gébéléïn au Sud, les proscynèmes que Pinot'mou II, mari d'Isimkhobiou, et son père Menkhopirrî ont laissé, le premier sur les rochers de Sehel, [hieroglyphs],[2] le second sur ceux de Béghéh, [hieroglyphs],[3] nous montrent qu'au moins à l'époque de ces personnages, c'est-à-dire au temps même où vivait Nsikhonsou, la principauté thébaine s'étendait jusqu'au seizième nome au Nord, au Sud jusqu'à la cataracte. S'il en était ainsi sous des princes qui n'osèrent pas aspirer ouvertement à la royauté, à plus forte raison devait-il en être de même au temps de Honttooui Ier, sous le roi Pinot'mou. Le titre de *Vice-roi de Koush, administrateur des contrées du midi*, indique-t-il une domination réelle sur la Nubie? On se rappelle que Hrihor et Piônkhi le portèrent à une époque où il avait sa valeur réelle, et on se demande si ce n'est pas une survivance de leur protocole. Cependant, on doit re-

---

M. Brugsch à l'endroit de Lepsius, *Denkmäler*, III, 39, où il renvoie son lecteur. Je le regrette d'autant plus que M. Brugsch semble s'appuyer sur le passage qu'il cite pour attribuer au culte d'Amon dans cette localité une antiquité assez reculée. J'ai cherché en vain à retrouver le texte mal indiqué. La seule place dans les tombes de Beni-Hassan où la localité soit mentionnée est Lepsius, *Denkmäler*, II, pl. 121, l. 5, dans une inscription du tombeau d'Amoni, où ce personnage s'attribue le sacerdoce de [hieroglyphs] Khnoumou, seigneur d'Aroud. Le titre de [hieroglyphs] qu'on serait tenté d'appliquer, d'après le contexte de M. Brugsch, à l'Ancien ou du moins au Moyen Empire, est tiré probablement d'une tombe de l'Assassif de la XXe ou XXIe dynastie.

1. Voir plus haut, p. 576—579 du présent mémoire.
2. Mariette, *Monuments divers*, pl. 73, n° 73.
3. Champollion, *Notices*, t. I, p. 161. M. Wiedemann (*Aegyptische Geschichte*, p. 396) place cette inscription et le grand-prêtre Menkhopirrî qu'elle cite sous Amenhotpou III.

marquer que, sous toutes les dynasties, le Vice-roi d'Éthiopie avait la Nubie dans son gouvernement. Or la Nubie, de la première à la seconde cataracte, est une dépendance si naturelle de l'Égypte qu'en tout temps, sous tous les régimes, elle a suivi, au moins en partie, les destins de cette contrée. Le Dodécaschéne sous les Grecs, le Commilitonium sous les Romains, la circonscription de Derr sous les Turcs étaient rattachés aux pays situés au Nord d'Assouân; jusqu'en ces dernières années encore, la contrée située entre Assouân et Ouady-Halfah était comprise dans la moudiriéh d'Esnèh. Il est donc probable que les grands-prêtres, maîtres d'Éléphantine, gouvernaient aussi la Nubie, ce qui leur permettait de porter eux-mêmes ou de donner à leurs enfants mâles ou femelles la dignité de Vice-roi d'Éthiopie.

Il ne suffit pas d'avoir déterminé à peu près quelles étaient les provinces qui obéissaient aux grands-prêtres; il faut expliquer pourquoi certaines autres ne sont pas nommées qui relevaient peut-être d'eux. Il nous manque au Sud le second nome, celui d'Edfou et d'Esnèh, au Nord les cinquième, sixième et septième nomes, ceux de Coptos, de Dendérah et de Diospolis Parva. Je ne doute pas que ces trois derniers dépendissent de Thèbes comme les autres : je pense que, s'ils ne figurent pas dans l'énumération, c'est qu'ils formaient le territoire primitif de la principauté thébaine, le domaine originel d'Amon. Géographiquement en effet, Coptos, Dendérah, Erment sont la dépendance naturelle de Thèbes : Thèbes, devenue grande ville, n'aurait pu vivre si sa domination ne s'était étendue dès le début sur les territoires avoisinants. Quant à Diospolis Parva, qui semble ne pas être aussi nécessairement entraînée dans l'orbite de Thèbes que les précédentes, une connaissance intime du pays prouve que la possession en était indispensable à la sécurité de la ville. Les gorges qui s'ouvrent dans la montagne, au delà du Bab-el-Molouk, conduisent en une vingtaine d'heures à Hou et à Farshout, c'est-à-dire en plein nome Diospolitain. Le chemin s'appelle *sikkèt el-harami*, la route des voleurs, et mérite ce nom : il ne se passe pas de mois que les gens de Farshoût ne viennent par là surprendre les habitants de Gournah et de la plaine thébaine, pour leur enlever leur bétail ou leurs esclaves. J'ai été moi-même, en février 1884, le témoin involontaire d'une de ces razzias, à la suite de laquelle un Sheikh de Gamolèh perdit cinq chameaux, une vingtaine de moutons et trois négresses esclaves. Les brigands comptaient enlever un voyageur autrichien dont l'arrivée, annoncée à grand fracas, avait ému tout le pays : on devait l'entraîner dans la montagne et le rançonner, comme avaient fait des bandits d'Anatolie dont les journaux arabes d'Égypte avaient récemment conté les exploits. L'affaire manqua, et le complot se termina par une dizaine d'exécutions capitales. Les premiers princes de Thèbes dont nous ayons souvenir, les Entouf et les Montouhotpou, fondèrent probablement la grandeur de leur patrie en soumettant les seigneurs de Kous, de Coptos et de Chenoboskion : depuis la XIe dynastie, on ne voit plus dans ces endroits trace de princes féodaux. Pour le deuxième nome, il me semble qu'on peut expliquer l'absence de son nom par des raisons matérielles. Toute la vie de cette région s'était portée sur la grande forteresse d'Eilithyia; Eilithyia était, après Syène et Éléphantine, la ville importante de l'Extrême Sud. Elle avait été, pendant le Moyen Empire et les premiers temps du Nouvel Empire, le siége d'une principauté puissante, dont les inscriptions des tombeaux d'El-Kab nous racontent en partie l'histoire. La famille qui la possédait paraît s'être éteinte peu après l'époque de Ramsès III; la famille moins puissante qui dominait en face à Hiéraconpolis survécut au moins jusqu'à Ramsès XII, vers le commencement de la XXIe dynastie. J'ai montré plus haut qu'une fille de la maison d'El-Kab avait épousé un fils de Ramsèsnakhtou :[1] c'est peut-être grâce à cette union que le deuxième nome finit par entrer dans la famille des grands-prêtres d'Amon. Englobé dans les domaines de la famille d'El-Kab, il suivit leurs destinées; l'indication des sacerdoces de Khnoumou et de Nekhab au protocole des prêtresses suffisait à marquer leur autorité religieuse sur lui comme sur le troisième nome. L'ensemble des sept premiers nomes de la Haute Égypte était donc à cette époque l'apanage des grands-prêtres d'Amon, et continua de l'être sous les dynasties qui suivirent : quand Asarhaddon et Ashshourbanipal conquirent l'Égypte, ils ne mentionnèrent pour le Sud que deux principautés, celle de Thini et celle de Thèbes,[2] ce qui nous ramène encore aux limites que j'ai assignées au domaine propre des grands-prêtres thébains. Les autres villes

---

1. Voir plus haut, p. 667 du présent mémoire.
2. Oppert, *Mémoire sur les rapports de l'Égypte et de l'Assyrie*, p. 57, 94, 111. Le nom de Khimounou, où MM. Oppert et E. de Rougé avaient cru reconnaître Akhmîm-Panopolis, se rapporte à Khmounou-Eshmounéïn.

étaient des acquisitions postérieures qui n'entraînaient peut-être pas la possession du nome entier où elles étaient situées, et qui se séparèrent souvent de la principauté de Thèbes pour se rattacher à d'autres principautés ou pour former des principautés indépendantes. Le nome d'Abydos appartenait aux princes de Thèbes sous Menkhopirrî : c'est du moins ce qu'on peut conclure du décret par lequel ce grand-prêtre rappelle les exilés de l'oasis, dépendance séculaire de Thini. Sous Ashshourbanipal, Thini était redevenue libre. Le nome Panopolite paraît avoir suivi les destinées du nome Thinite, dont il est voisin, mais nous ne savons rien de précis à son égard, non plus qu'à propos du nome de Douf : peut-être restèrent-ils aux mains des maîtres de Thèbes, tandis que Thini leur échappait. Jusqu'ici les territoires énumérés sont contigus l'un à l'autre; mais au delà de Douf, nous sautons jusqu'au quatorzième nome avec Qousit, jusqu'au seizième avec Aroud. Devons-nous en conclure que les nomes intermédiaires ne reconnaissaient pas directement l'autorité des grands-prêtres? Si nous examinons la suite de l'histoire d'Égypte, tout y favorise cette hypothèse. Ces nomes sont l'Aphroditopolite (X^e), l'Hypsélite (XIIe), le Lycopolite (XIIIe), les deux premiers situés à l'Occident du Nil, le dernier à cheval sur les deux rives, tous trois formant une plaine d'une seule venue de Sohag à Siout. La ville principale de cette région, Siout, était, dès la fin de l'Ancien Empire, la capitale d'une principauté puissante, dont les chefs nous ont laissé leurs tombeaux dans la montagne autour du Stabl Antar. Au moment de la conquête assyrienne, Siout était la capitale d'un petit état, indépendant de Thèbes, et dont la domination devait s'étendre sur les deux nomes Hypsélite et Aphroditopolite, jusqu'aux frontières de la principauté de Thini. L'absence au protocole des princesses d'aucune fonction sacerdotale applicable aux dieux de Siout me porte à croire qu'il en était déjà ainsi sous la XXIe dynastie. Je pense, pour les mêmes motifs, que la principauté d'Eshmounêin s'interposait entre le nome de Kousit et le canton d'Aroud. Sous Piônkhi l'Éthiopien, elle était gouvernée par un roi du nom de Nimroti; sous Ashshourbanipal, elle subsistait encore. Le nom d'Aroud marque l'extrême limite nord des possessions thébaines. M. Brugsch a vu que ce nom s'appliquait à une localité voisine de Beni-Hassan et propose Derout ou Raudah. Il est mentionné, en effet, dans l'inscription d'Ameni-Amenemhît, avec un dieu Khnoumou. Les rois thébains y fondèrent un temple d'Amon, que Ramsès III enrichit de ses dons, et dont les femmes des grands-prêtres étaient prophétesses de droit. Le site n'en est pas déterminé malheureusement, car, des deux noms arabes cités par M. Brugsch, l'un, celui de Raudah, est purement arabe, l'autre, celui de Dérout, répond au bourg antique de Tiroti 〰〰.[1] Je ne crois pas m'avancer beaucoup en disant que el-Hibèh marquait la frontière au Nord, et que c'est pour cette raison qu'elle fut fortifiée par Menkhopirrî et Pinot'mou II. En résumé, un territoire compact jusque vers Akhmîm et Sohag sur les deux rives, puis s'allongeant sur la rive orientale jusqu'à la hauteur d'Aboutig, puis une première enclave sur la rive occidentale à Kousit, puis une seconde sur la rive orientale entre Beni-Hassan et Feshn, voilà le domaine direct des derniers grands-prêtres : peut-être faut-il y joindre la suzeraineté sur les princes de Siout et d'Eshmounêin. La moitié de l'Égypte était entre les mains d'Amon et de ses représentants.

Le décret publié par Naville[2] nous laisse comprendre dans quel esprit ils exerçaient le pouvoir. Plus encore que sous les derniers Ramessides, Amon était maître dans l'état : il décidait de tout, même des questions de péculat, soit par le geste, soit par la voix, soit par un mode de divination probablement analogue à l'*Urim* et au *Tummim* des Hébreux. Pinot'mou II mourut en l'an XVI, et il est difficile de savoir exactement ce qui se passa après son décès. Peut-être tous ses fils étaient-ils morts avant lui : nous ne connaissons que la destinée d'une de ses filles, Nsitanibashrou, qu'il avait eue de Nsikhonsou. La momie de cette princesse était dans la cachette de Déir el-Baharî, et n'y fut point déposée avant l'an XIII, puisqu'on lit cette date sur une de ses bandelettes. Aucun document ne nous apprend le nom de son mari : je suis tenté d'admettre qu'elle épousa Zodphtahefonkh. Celui-ci n'est pas pour nous le moins curieux de la bande. Il était 〰 (var. 〰) 〰〰〰 (var. 〰) 〰 (var. 〰) 〰. Cette mention de 〰 *fils royal de Ramsès,* m'avait porté, dès le début[3], à le rapprocher de deux personnages portant ce même titre, et que Brugsch avait signa-

---

1. Maspero, *Egyptian Documents relating to the Statues of the Dead*, p. 18, note 43; J. Dümichen, *Geschichte des alten Aegyptens*, p. 190.

2. E. Naville, *Inscription historique de Pinodjem III, grand-prêtre d'Ammon à Thèbes*, Paris, 1883, Maisonneuve, grand in-8°.

3. G. Maspero, *La Trouvaille de Déir el-Bahari*, p. 31.

lés quelques années auparavant.[1] Le premier d'entre eux est mentionné sur une plaque de terre émaillée bleue, qui appartenait jadis à M. Posno.[2] L'inscription est tracée sur les deux faces, en quatre lignes : [hieroglyphs]. Le second nous a laissé une statue que Reinisch a décrite et publiée[3] : il était [hieroglyphs], ou bien [hieroglyphs], ou enfin [hieroglyphs]. Un fragment de vase en albâtre, encore inédit, du Musée de Boulaq, est dédié au fils d'un de ces fils de Ramsès, [hieroglyphs], Hor, fils du fils royal de Ramsès, commandant de toute l'infanterie, Aououapouati. Enfin M. Stern a signalé sous Sheshonq III un [hieroglyphs] sans nom,[4] dont j'aurai à parler un peu plus loin.[5] Reinisch crut qu'il s'agissait simplement de deux frères, Ramsès et Namrouti. Brugsch découvrit sur le champ qu'il était question d'officiers de haut rang qui se disaient *fils royal de Ramsès*, et en conclut qu'il y avait encore au temps de Sheshonq Ier un ou plusieurs Ramsès inconnus, descendants de la XXe dynastie, qui régnaient sur un coin de l'Égypte, et que nos deux personnages Namrouti et Zodharefônkh étaient les fils de l'un d'eux. Plus tard, il pensa avoir démontré que ce dernier asile des Ramessides avait été la grande Oasis.[6] Les conclusions de M. Brugsch me paraissent dépasser singulièrement les prémisses. De même que la famille des Ramessides se perpétuait en des reines qui transmettaient à leurs enfants des droits héréditaires,

---

1. H. Brugsch, *Ramses und Scheschonq*, dans la *Zeitschrift*, 1875, p. 163—165.

2. *Antiquités Égyptiennes, Gréco-romaines et Romaines, — Collection de M.* Posno, le Caire, 1874, in-8°, p. 12, n° 20; publié dans Mariette, *Monuments divers*, pl. 63, *a*.

3. S. Reinisch, *Die ägyptischen Denkmäler in Miramar*, p. 244—245, pl. XXXI—XXXIII; E. von Bergmann, *Hieroglyphische Inschriften*, pl. III—IV et p. 4—6. La légende en était connue à Lepsius, qui l'a insérée au *Königsbuch*, pl. LXVIII, n° 784—785, mais sans savoir où placer Namroti; sa copie diffère un peu de celle de Reinisch, et est plus correcte sur quelques points. J'en dirai autant de celle de Krall, *Die Composition und die Schicksale des manethonischen Geschichtswerkes*, p. 74.

4. L. Stern, *Die XXII. manethonische Dynastie*, dans la *Zeitschrift*, 1883, p. 19.

5. L'exemple de [hieroglyph] cité par Wiedemann (*Aegyptische Geschichte*, supplément, p. 63—64) n'a rien de commun avec notre titre, comme j'espère le montrer plus loin.

6. Brugsch, *Geschichte Aegyptens*, p. 644 sqq.; cfr., pour les *fils royaux de Ramsès*, p. 660.

elle se perpétuait en des princes qui avaient quelques-uns des titres et des honneurs de la royauté. Même en admettant que le père de Namrouti et de Zodharefônkh se fût appelé réellement Ramsès, s'il appartenait à la lignée Ramesside, il n'avait pas besoin de ceindre la double couronne pour que ses fils fussent qualifiés *fils royaux*.[1] Le titre de *fils royal* [glyphes] est propre à la hiérarchie égyptienne, non-seulement dans les expressions de [glyphes], [glyphes], [glyphes], mais dans d'autres conditions jusqu'à présent inconnues. Il est mentionné au Papyrus Hood[2] dans la série suivante [glyphes], où l'on voit par la position de [glyphes] le rang que les personnages de cette classe tenaient à la cour. Un des exemples les plus curieux des erreurs où l'on est tombé, faute d'observer cet emploi de [glyphes], nous est fourni par un certain Amenhotpou. Il a été considéré pendant longtemps soit comme étant Thoutmos II, qui aurait changé de nom en montant sur le trône,[3] soit comme étant un fils aîné de Thoutmos Ier, mort avant son père.[4] M. Wiedemann, examinant les inscriptions dont son nom est accompagné, observa qu'il est dit fils de Thotsenti et de la dame Tahroud, ce qui ne permettait pas de le rattacher directement à la lignée royale; il en fit du moins un fils adoptif du roi.[5] Dans un des tableaux de sa tombe, Amenhotpou fait une offrande à Thoutmos Ier, divinisé et introduit simplement par son cartouche [glyphes] : il est [glyphes].[6] Dans les autres tableaux, il est appelé explicitement [glyphes].[7] Du moment que les circonstances ne permettent pas de faire d'Amenhotpou un fils de Thoutmos Ier, une seule solution reste possible : le titre [glyphes] signifie *fils royal de la ville de Akhopirkerî*, c'est-à-dire *prince ou gouverneur* de cette ville, que je ne sais où placer, si l'on ne doit pas y reconnaître le temple funéraire du roi dans la nécropole thébaine, et le quartier qui l'environnait. On est donc en droit de se demander si [glyphes] ne signifie pas

---

1. Maspero, *La Trouvaille de Déir el-Baharî*, p. 31.
2. *Papyrus Hood*, pl. I, l. 13, dans Maspero, *Études Égyptiennes*, t. II, p. 15 sqq.
3. Rosellini, *Monumenti storici*, t. I, p. 204.
4. Lesueur, *Chronologie des rois d'Égypte*, p. 146; Lepsius, *Königsbuch*, pl. XXIV, n° 341.
5. Wiedemann, *Aegyptische Geschichte*, p. 328.
6. Lepsius, *Denkmäler*, III, 9, c.
7. Lepsius, *Denkmäler*, III, 9, b, d, f.

simplement *Prince ou gouverneur de la ville de Ramsès* : c'est la solution à laquelle se sont arrêtés M. DANIEL HAIGH[1] et M. LAUTH.[2] Il ne me paraît pas cependant que la ville de Ramsès eût encore au commencement de la XXIIᵉ dynastie assez d'importance pour conserver un prince : du moins n'est-elle mentionnée comme chef-lieu de principauté ni dans l'inscription de Piônkhi l'Éthiopien, ni dans les inscriptions assyriennes. L'indication d'une filiation réelle de Namrouti, de Zodharefônkh, de Zodphtahefônkh, d'Aououapouati et du grand-prêtre d'Amon à un Ramsès me paraît être plus vraisemblable que l'indication d'un gouvernement. Nous avons vu plus haut qu'il n'était pas rare que l'on conférât le titre de 𓊃 à des femmes qui n'étaient pas filles de roi ou de reine,[3] pourvu qu'il y eût un roi ou une reine en quelque partie éloignée de leur généalogie. Cet usage n'est pas confiné à la fin de la XXᵉ dynastie, ni aux temps qui suivirent. M. WIEDEMANN a montré récemment qu'il était pleinement en vigueur pendant la XIIIᵉ et la XIVᵉ dynastie.[4] C'était, en effet, une époque de divisions et d'agitations féodales analogues à celles qui amenèrent la destruction de l'empire des Ramessides. Le seul point où l'on puisse hésiter, c'est le degré de parenté qui existait entre Ramsès et les personnages qui s'intitulent fils royaux de Ramsès : étaient-ils ses fils ou simplement ses descendants? L'échange de la formule 𓊃 et 𓊃 dans les légendes de Zodphtahefônkh[5] semble bien indiquer qu'on a voulu indiquer par Ramsès un roi ayant régné, et quoique Ramsès XII, le dernier des Pharaons-Ramsès, fût mort depuis un siècle et plus au moment où fut écrit le papyrus de Zodphtahefônkh, il est probable qu'on doit identifier ce *Ramsès, maître des deux mondes*, avec Ramsès XII ou l'un de ses prédécesseurs. Je crois donc que nous avons ici un cas analogue à celui qui se présentait pour Pinot'mou II : de même que celui-ci se vantait d'être 𓊃,[6] bien qu'il fût au plus le petit-fils de ce roi, Zodphtahefônkh, Zodharefônkh, Aououapouati et Namrouti se vantaient d'être 𓊃, bien qu'ils fussent au plus les arrière-petits-fils par les

---

1. D. HAIGH, *Ramesses, Messen, Horus, Horemheb*, dans la *Zeitschrift*, 1879, p. 154 sqq.
2. LAUTH, *Aus Aegyptens Vorzeit*, p. 408.
3. Voir plus haut, p. 687—691, l'exemple significatif de Honttoouï Iʳᵉ.
4. WIEDEMANN, *Beiträge zur Aegyptischen Geschichte*, dans la *Zeitschrift*, 1885, p. 78—80.
5. Voir plus haut, p. 718 du présent volume.
6. Voir plus haut, p. 708—710 du présent volume.

femmes du dernier Ramsès qui avait régné, et qu'ils se rattachassent peut-être simplement à quelqu'un des Ramsès antérieurs à celui-ci.

Ce n'est pas tout d'avoir éclairci dans la limite du possible l'origine de ces personnages, il faut déterminer le lien de parenté qu'ils avaient entre eux, et expliquer la présence de l'un d'eux à Thèbes. La forme des noms de la famille rattache tous ceux de ses membres que nous connaissons à Memphis ou au Delta : [hiéroglyphes]. Je ne sais pas, si, comme le veut Brugsch, la princesse Zodânnoubasonkh est la sœur de Zodharefônkh. Elle est appelée [hiéroglyphes] seulement, et non [hiéroglyphes], et peut-être pourrait-on tirer de la réunion sur le même monument du titre [hiéroglyphes] et du nom de Sheshonq Ier la conclusion qu'elle était une fille de ce prince, mariée à Zodharefônkh, si d'autre part l'absence de toute formule comme [hiéroglyphes] devant son nom ne nous empêchait d'admettre cet arrangement. Il importe peu ici qu'elle fût ou ne fût pas la sœur de Zodharefônkh : le point à retenir, c'est que Zodharefônkh, fils royal de Ramsès, était contemporain de Sheshonq Ier. Peut-on en dire autant de Namrouti? D'après Brugsch, il serait petit-fils d'un monarque assyrien Pallaschar-nes, dont le nom rappellerait en sa première partie la seconde partie des noms Ninip-pallasar et Tiglath-phalasar.[1] On sait de reste ce qu'il faut penser de l'hypothèse assyrienne. Quant au nom que Brugsch lit Pallascharnes [hiéroglyphes], quelle qu'en fût l'origine, et je ne crois pas qu'il fût sémitique, les Égyptiens, par l'orthographe qu'ils lui ont attribuée et qui semble lui prêter la valeur de [hiéroglyphes] « Notre joie est à elle », devaient le prononcer à peu près Pan-resh-nas, Pen-rash-nas, ce qui n'a rien de commun avec l'assyrien pal-êsharra; d'ailleurs la formule [hiéroglyphes] doit se traduire non pas *Sa mère, la fille du Grand-chef des régions étrangères Panreshnas*, ce qui ne nous apprendrait pas le nom de la mère, mais, selon l'usage constant des généalogies, *Sa mère, Panreshnas, la fille du grand prince*, sans nommer le prince et en nommant la mère. Le titre de ce chef, malheureusement innommé, nous ramène au temps où la famille Bubastite n'exerçait pas encore la royauté, mais avait déjà la haute main sur les affaires de l'état, c'est-à-dire au temps de Namrouti, père de Sheshonq Ier, ou de Sheshonq Ier avant son couronnement. Si nous

---

1. Brugsch, *Geschichte Aegyptens*, p. 644—645.

songeons que, souvent en Égypte, le petit-fils prend le nom du père, nous serons tentés de reconnaître dans le [hieroglyph] inconnu, le [hieroglyph] Namrouti, père de Sheshonq Ier,[1] dans Panreshnas une sœur de Sheshonq Ier, et dans le Royal fils de Ramsès Namrouti un neveu de Sheshonq Ier. On comprend que la famille nouvelle ait cherché à s'allier non-seulement avec la royauté Tanite, mais avec les descendants des Ramessides. Si l'on consent à admettre provisoirement cette hypothèse, on comprendra mieux pourquoi Zodharefônkh et Zodânnoubasônkh sont mis en rapport avec Sheshonq Ier et pourquoi Zodphtahefônkh se trouve à Thèbes parmi les momies de Déir el-Baharî. Il mourut sous Sheshonq Ier, car les bandelettes trouvées sur son corps ont les cartouches de ce roi et des dates de son règne, ainsi que le nom d'Aoupouti, grand-prêtre d'Amon. Nous venons de voir que les fils royaux de Ramsès étaient très probablement apparentés aux Bubastites, et nous savons avec quel soin les rois, surtout les rois chefs de race, recherchaient l'alliance des femmes de la famille précédente. Quand Aoupouti, fils de Sheshonq, arriva à Thèbes pour être grand-prêtre d'Amon, Zodphtahefônkh faisait probablemeut partie de sa suite. Aoupouti épousa certainement quelque fille de son prédécesseur Pinot'mou, peut-être une de celles qui sont nommées sur la tablette de Nsikhonsou, peut-être une de celles que Pinot'mou eut de sa seconde femme Isimkhobiou II;[2] il donna à son parent Zodphtahefônkh, une autre fille de Pinot'mou, la Nsitanibâshrou qui est mentionnée sur la tablette de Nsikhonsou, et dont la momie est aujourd'hui au musée de Boulaq.

Telle est la classification que je propose pour les momies de Boulaq, et, d'une manière générale, pour la généalogie des grands-prêtres d'Amon, de Hrihor au dernier Pinot'mou. Il me reste maintenant à rechercher comment les données s'en accordent avec ce que nous connaissons de la dynastie Tanite et des premiers règnes de la dynastie Bubastite. Le travail serait des plus faciles, si les scribes avaient joint aux dates qu'ils inscrivirent sur les cercueils ou sur les bande-

---

1. Le Namrouti de l'inscription d'Abydos; cf. BRUGSCH, *An den Herausgeber*, dans la *Zeitschrift*, 1871, p. 85—86 et MARIETTE, *Abydos*, t. II, pl. 36—37.

2. L'Isimkhobiou III des canopes Champion, femme d'Osorkon II (LEPSIUS, *Königsbuch*, pl. XLV, n° 597) pourrait être alors une fille de cette princesse inconnue et d'Aoupouti, qui aurait porté le nom de sa grand-mère.

lettes des membres de la famille, le nom du roi qui régnait alors sur l'Égypte. J'ai cru d'abord qu'elles étaient comptées à partir de l'accession de chacun des grands-prêtres[1] et Lepsius avait adopté cette opinion.[2] Elle ne me semble plus possible à soutenir. En premier lieu, je ne pense plus que, si l'année XVI, pendant laquelle Pinot'mou fut enterré,[3] avait appartenu à son pontificat, on l'eût mise en tête de l'inscription : on aurait mentionné l'an Ier de son successeur. En second lieu, le protocole n'est jamais rédigé pour le grand-prêtre, comme il l'est pour le roi, ou même pour les princes féodaux qui nous ont laissé des dates de leur principat. Les inscriptions du roi Siamon disent «L'année XVI *du* roi Siamon»,[4] celle du grand-prêtre Hrihor insère la date seule sans autre indication de personne, et celles des grands-prêtres qui vinrent ensuite sont formées sur le même modèle. Le nom du grand-prêtre est intercalé dans le texte courant, comme celui des fonctionnaires moindres qui sont chargés d'examiner les momies royales; il n'est pas réuni à la date par une préposition, comme ~~~, qui lui adjugerait d'une manière certaine le nombre des années indiquées dans le protocole qui précède. Une seule date attribuée à un roi autre que Siamon se rencontre sur les bandelettes et elle tombe sous le prêtre Aoupouti, dans le règne de Sheshonq Ier.[6] C'est donc au règne des rois Tanites et Bubastites qu'il convient de référer toutes les dates non au pontificat des grands-prêtres. Les voici classées par ordre de chiffres :

Hrihor { Grand-prêtre . . . . L'an VI,[7]
{ Roi . . . . L'an XVI,[8]

---

1. Maspero, *Notes sur quelques points de Grammaire et d'Histoire*, dans la *Zeitschrift*, 1882, p. 134—135; j'avais même cru pouvoir conclure de l'exemple des grands-prêtres que le règne nominal d'un souverain se continuait au-delà de la mort, jusqu'au jour de l'enterrement, et que celui de son successeur commençait le jour de l'enterrement, non le jour de la mort.

2. Lepsius, *Die XXI. manethonische Dynastie*, dans la *Zeitschrift*, 1882, p. 154—155.

3. Voir plus haut, p. 522—523 du présent mémoire, les deux inscriptions en écriture hiératique tracées à l'entrée du caveau de Déir el-Baharî.

4. *Deuxième inscription du cercueil de Séti Ier et de Ramsès II*, p. 553—557 du présent mémoire.

5. *Première inscription du cercueil de Séti Ier*, p. 553 du présent mémoire.

6. Voir plus haut, p. 573 du présent mémoire.

7. *Cercueil de Séti Ier*, p. 553; *Cercueil de Ramsès II*, p. 557.

8. *Cercueil de Ramsès Ier*, p. 551; *Cercueil de Séti Ier*, p. 553; *Cercueil de Ramsès II*, p. 557.

Pinot'mou Ier	Grand-prêtre	L'an VI,[1] VII,[2] IX,[3] X,[4] XIII,[5] XVII,[6]
	Roi	L'an VIII,[7]
Masaharti	Grand-prêtre	L'an XVI,[8]
Menkhopirri,	Grand-prêtre	L'an VI, VII,[9] XXV,[10]
Pinot'mou II,	Grand-prêtre	L'an I,[11] II,[12] III,[13] V,[14] VI,[15] VII, IX,[16] XIII,[17] XVI,[18]
Aoupouti	Grand-prêtre	L'an V, X, XI de Sheshonq Ier.[19]

1. *Cercueil d'Amenhotpou Ier*, p. 536—537; *Cercueil de Thoutmos II*, p. 545—546.

2. *Linceul de Sitkamos*, p. 541; cette date pourrait se rapporter à la rigueur, au règne de Pinot'-mou roi, au lieu d'être placée dans le temps de Pinot'mou encore grand-prêtre. *Linceul de Ramsès XII*, p. 568; bien que la date ne soit accompagnée d'aucun nom, je n'hésite pas à l'attribuer au pontificat de Pinot'mou Ier, comme celle du linceul de Sitkamos.

3. *Bandelette de la momie de Ramsès III*, p. 564.

4. *Cercueil de Séti Ier*, p. 554; *Bandelette de la momie de Séti Ier*, p. 555; *Cercueil de Ramsès II*, p. 559—560; *Bandelette de la momie de Ramsès III*, p. 564. A la page 554 du présent mémoire, j'ai rapporté la date de l'an X, que porte le cercueil de Séti Ier, au pontificat de Pinot'mou II, mais la bandelette de la page 555, qui a la même date, donne le nom de Pinot'mou Ier. C'est donc à Pinot'mou Ier qu'il convient de rapporter l'inspection, faite en l'an X, des momies de Séti Ier et de Ramsès II.

5. *Linceul de la momie de Ramsès III*, p. 563—564. C'est par erreur d'impression que la transcription hiéroglyphique de la page 563 donne ⌒ | au lieu de ⌒ | | |.

6. *Linceul de la momie de Ramsès II*, p. 560.

7. *Cercueils d'Ahmos Ier et de Siamon*, p. 534, 538.

8. *Cercueil d'Amenhotpou Ier*, p. 536—537.

9. *Linceul et bandelette de la momie de Séti Ier*, p. 554—555.

10. *Stèle du Louvre* dans Brugsch, *Recueil de monuments*, t. I, pl. XXII, p. 39—40, et *Reise nach der Grossen Oase*, pl. XXII, p. 85—88.

11. *Bandelette de la momie de Pinot'mou II*, p. 572.

12. *Bandelette de la momie de Pinot'mou II*, p. 572; *Bandelette de la momie de Nsikhonsou*, p. 579; Naville, *Inscription historique de Pinodjem III*, p. 8 (l. 12).

13. Naville, *Inscription historique de Pinodjem III*, p. 8 (l. 8); *Bandelette de la momie de Pinot'mou II*, p. 572.

14. *Inscription du caveau de Déir el-Baharî*, p. 520—521; *Tablette Rogers*, dans le *Recueil*, t. II, p. 13—18; Naville, *Inscription historique de Pinodjem III*, p. 9 (l. 13); *Inscription du pylône d'Harmhabi*, p. 704.

15. *Linceul de la momie de Nsikhonsou*, p. 567, au cas où on n'admettrait pas la correction que j'ai proposée.

16. *Bandelettes de la momie de Pinot'mou II*, p. 572.

17. *Bandelette de Nsitanibashrou*, p. 579.

18. *Inscriptions du caveau de Déir el-Baharî*, p. 522—523.

19. *Bandelettes de Zodphtahefônkh*, p. 573.

Avant d'aller plus loin, je dois rappeler que l'ordre indiqué pour les dates qui tombent dans le pontificat de chaque grand-prêtre n'est pas nécessairement l'ordre véritable dans lequel elles se sont suivies. Supposons, en effet, qu'un grand-prêtre ait été intronisé en l'an XVIII d'un roi et soit mort en l'an VI du roi suivant, après douze ans de pontificat : comme il a vécu de l'an XVIII à l'an XXIV du premier, puis de l'an Ier à l'an VI du second, toutes les dates des années I—VI qui accompagnent son nom doivent être classées après les années XVIII—XXIV. Cela posé, il me paraît évident que l'an VI, pendant lequel Hrihor était grand-prêtre, appartient au règne de Ramsès XII. Mais la date de l'an XVI lui appartient en tant que roi, comme l'indique la formule employée à cette occasion : elle assure donc à son règne une longueur minimum de seize ans. Si on admet, comme je l'ai fait,[1] que les débuts du règne de Smendès sont contemporains des dernières années de Hrihor, les dates VI, VII, IX, X, XIII, XVII mentionnées au sujet de Pinot'-mou Ier, grand-prêtre, fils de Piônkhi, tombent partie sous Smendès, partie sous Psioukhânou Ier, auquel Manéthon attribue un règne de quarante-six ans; la date de l'an VIII nous prouve qu'il fut roi huit ans au moins. Passant à la fin de la dynastie, on voit que Pinot'mou II mourut en l'an XVI d'un règne qui ne saurait être que celui de Psioukhânou II ou de Sheshonq Ier. On doit éliminer dès à présent l'hypothèse d'après laquelle cet an XVI aurait appartenu à Sheshonq, car la momie de Zodphtahefònkh nous a fourni des bandelettes qui portent à la fois l'an Ier de Sheshonq et le nom de Aoupouti, successeur immédiat de Pinot'mou dans le pontificat. Puisque Aoupouti était déjà grand-prêtre en l'an Ier de Sheshonq, l'an XVI, date de la mort de Pinot'mou, tombe non pas dans le règne de Sheshonq, mais dans celui de son prédécesseur Psioukhânou II. Si les résultats ainsi obtenus nous donnent avec quelque degré de certitude la correspondance des premiers et derniers grands-prêtres avec les premiers et derniers Tanites, la concordance est plus difficile à établir pour les personnages qui vécurent dans l'intervalle. Manéthon place entre Psousennès (Psioukhânou) Ier et Psousennès (Psioukhânou) II, quatre rois, dont les règnes sont très courts sur ses listes : NEPHELKHERIS (quatre ans), AMENOPHIS (neuf ans), OSOKHOR (six ans), PSINAKHIS (neuf ans). Or nous avons des dates avec deux grands-prêtres, l'an XVI avec Masaharti, l'an XXV avec Menkhopirrî, qui

---

[1]. Voir plus haut, p. 677 du présent mémoire.

ne peuvent entrer dans aucun de ces règnes. BRUGSCH[1] a supposé que l'année XXV tombe dans le règne de Pinot'mou Ier. Quand il proposa cette solution, on ne connaissait pas encore l'existence de Masaharti, qui s'intercale entre Pinot'mou et Menkhopirrî. Il me semble quant à moi que l'an XXV appartient à Psioukhânou Ier. Dans cette hypothèse en effet, les dates qu'on lit avec Masaharti et Menkhopirrî s'expliquent naturellement. Masaharti était déjà grand-prêtre en l'an XVI. Il exerça le pontificat jusqu'en l'an XXIV ou XXV de son père, puis serait mort; son jeune frère Menkhopirrî lui aurait succédé. D'autre part les années de Menkhopirrî qui portent les numéros VI, VII, ne peuvent pas appartenir au règne de Psioukhânou Ier, puisque Menkhopirrî n'aurait commencé à pontifier qu'en l'an XXV de ce prince : on devait donc les mettre après l'an XXV, par conséquent dans le règne du successeur de Psioukhânou Ier, ou de l'un des rois Tanites dont l'autorité fut reconnue à Thèbes après la mort de Psioukhânou. Ce roi n'était pas Psousennès II, puisque l'on trouve dans le pontificat de Pinot'mou II la date de l'an XVI, qui se rapporte forcément à ce prince. Les dates de l'an VI et de l'an VII appartiennent donc à l'un des quatre rois Tanites mentionnés ci-dessus, mais auquel? Si l'on repasse les particularités connues du règne de Pinot'mou Ier, on ne peut s'empêcher d'observer qu'elles semblent indiquer un roi local plutôt qu'un Pharaon universellement reconnu en Égypte. Ses monuments sont tous à Thèbes ou sur le territoire de la principauté thébaine, enfin, ce qui est décisif en la matière, il a sa sépulture à Thèbes, comme les autres grands-prêtres. De même que plus tard, au temps de la XXIIIe dynastie, il y eut en Égypte quatre rois légitimes, ayant droit aux cartouches, sous la XXIe il y eut parfois deux rois appartenant à la même famille et ayant droit aux cartouches. Pinot'mou Ier régnait à Thèbes, tandis que ses cousins, les fils de Smendès, régnaient à Memphis. Je ne pense pas que cela ait été considéré comme une usurpation. Les rois de Tanis pouvaient trouver tout naturel que leur allié de Thèbes, après un long pontificat, prît, sous leur suzeraineté, le titre de roi. Eux, de leur côté, en vertu des droits que leur conféraient la parenté et la suprématie sur Thèbes s'attribuaient parfois le titre de grand-prêtre d'Amon : c'est ainsi qu'on voit un Psioukhânou, le

---

1. BRUGSCH, *Geschichte Aegyptens*, p. 645 sqq.; *Reise nach der Grossen Oase*, p. 85. Cette opinion n'est point partagée par NAVILLE, *Inscription historique*, p. 12.

premier probablement intitulé sur un petit monument [hieroglyphs], bien qu'en réalité il n'ait jamais été premier prophète d'Amon. On sait par un des linges de Ramsès II que Pinot'mou Ier n'avait que le titre pontifical en l'an XVII d'un Tanite. Celui-ci n'est pas Psioukhânou Ier, puisqu'en l'an XVI de ce prince, c'est Masaharti qui était grand-pontife : l'an XVII, pendant lequel Pinot'mou Ier était grand-prêtre, tombe donc, comme je l'ai dit plus haut,[2] sous Smendès. Je pense que Pinot'mou ne prît la couronne qu'après la mort de ce dernier, peut-être à la suite de son mariage avec Mâkerî, et alors les huit années connues de son règne tombent entre l'an I de Psioukhânou Ier et l'an XVI où nous trouvons Masaharti grand-pontife. D'autre part, il résulte des observations consignées ci-dessus, que le pontificat de Masaharti s'étend jusqu'à l'an XXV ou peut-être seulement jusqu'à l'an XXIV : il me semble qu'à ce moment Psioukhânou ait songé à prendre pour lui la principauté de Thèbes, et c'est à cette velléité que je suis tenté d'attribuer la légende du monument où il enferme dans son cartouche le titre de premier prophète d'Amonrâ. Le début de la stèle du Louvre nous montre Thèbes sans grand-prêtre et une partie de la population exilée aux Oasis, peut-être à la suite d'une révolte contre les prétentions du Tanite. Un personnage nommé Nsihiri adresse des remontrances à Amon et le dieu rétablit l'ancien état de choses. En l'an XXV, Menkhopirrî arrive du Nord, c'est-à-dire de la cour Tanite où peut-être il était prisonnier, rappelle les exilés et est proclamé premier-prophète. Si maintenant on songe qu'une bretelle en cuir estampé nous montre côte à côte le roi [hieroglyphs] Tanite, Aménophis, et le grand-prêtre [hieroglyphs] Pinot'mou II, fils du roi Psioukhânou,[3] on commence à entrevoir la possibilité d'établir une concordance relativement exacte entre les quatre petits rois Tanites et les prêtres thébains. J'ai dit plus haut que Pinot'-mou II se faisait appeler fils de Psioukhânou à cause du mariage de son grand-père Pinot'mou Ier avec une fille de Psioukhânou.[4] Le rapprochement des trois noms de Pinot'mou II, d'Amenemopit et de Psioukhânou Ier, nous montre combien peu de temps s'était écoulé entre la mort de Psioukhânou Ier et l'intronisa-

---

1. WIEDEMANN, *Zur XXI. Dynastie Manetho's*, dans la *Zeitschrift*, 1882, p. 88; *Geschichte*, p. 537.
2. Voir plus haut, p. 726 : j'attribue à Smendès les ans IX, X, XIII, XVII.
3. WIEDEMANN, *Zur XXI. Dynastie Manetho's*, dans la *Zeitschrift*, 1882, p. 90; *Geschichte*, p. 537.
4. Voir plus haut, p. 579, 708 sqq. du présent mémoire.

tion de Pinot'mou II, et nous prouve que la jeunesse de Pinot'mou II est sur la même ligne de temps que la vieillesse de Psioukhânou Ier. Nous comprenons désormais pourquoi Pinot'mou II pouvait, sans risquer d'être mal compris, se déclarer fils de Psioukhânou Ier, quand il n'était que petit-fils : l'aïeul et le petit-fils furent contemporains pendant une partie de leur existence. On peut même fixer à un an près le moment où Pinot'mou II succéda à son père. Menkhopirrî restaura la momie de Séti Ier en l'an VII, avec des bandelettes fabriquées en l'an VI.[1] Or des trois règnes Tanites sur lesquels son pontificat chevauche, celui de Psioukhânou Ier n'avait plus d'an VI et VII pour Menkhopirrî, et celui de Nephelkhêrês ne se prolongea pas plus de quatre ans. Les dates des ans VI et VII appartiennent donc au règne d'Amenemopit; c'est entre l'an VII et l'an IX de ce Pharaon que Pinot'mou II prit la place de son père, et que fut fabriqué le petit morceau de cuir sur lequel Amenemopit roi figure à côté de Pinot'mou II grand-prêtre. Ces considérations diverses nous permettent donc de fixer la double série, comme il suit :

À Tanis :		À Thèbes :
Smendes (26 ans)	au début, Hrihor, roi et Piônkhi, grand-prêtre, puis, après la mort de Piônkhi, son fils Pinotmou Ier devient grand-prêtre.	Piônkhi
Psioukhânou Ier (46 ans)	Pinot'mou Ier, d'abord grand-prêtre, devient roi à son tour, entre l'an I et l'an XVI de Psioukhânou et règne au moins huit ans. Masaharti est grand-prêtre de l'an XVI au moins à l'an XXIV ou à l'an XXV. En l'an XXV Menkhopirrî succède à Masaharti, comme premier prophète d'Amon	Pinot'mou Ier Masaharti
Nephelkérés (4 ans)	Menkhopirrî, grand-prêtre sous Nephelkhérês.	Menkhopirrî
Amenemopit (9 ans)	Menkhopirrî restaure en l'an VI ou VII d'Amenemopit la momie de Séti Ier; il a pour successeur, en l'an VIII ou IX, Pinot'mou II, qui est grand-pontife pendant la fin du règne d'Amenemopit.	
Osokhor (6 ans)	Pinot'mou II grand-prêtre sous Osokhor.	Pinot'mou II
Psinakhês (9 ans)	Pinot'mou II grand-prêtre sous Psinakhés.	
Psioukhânou II (16 + x ans)	Pinot'mou II meurt en l'an XVI de Psioukhânou II et a pour successeur Aoupouti, fils de Sheshonq.	
Sheshonq Ier	Aoupouti, grand-prêtre sous Sheshonq Ier.	Aoupouti

Le pontificat de Menkhopirrî aurait donc duré environ trente-deux ans, de la

1. Voir p. 554—555 du présent mémoire.

92*

fin du règne de Psioukhânou Ier à la fin du règne d'Amenemopit, celui de Pinot'mou II de trente à trente-cinq ans, de la fin du règne d'Amenemopit à l'an XVI de Psioukhânou II. Si, au lieu de donner à Psioukhânou Ier quarante-six ans de règne, comme Africain, on ne lui en donne que quarante et un, comme Eusèbe, le détail du tableau change un peu, mais l'ordonnance générale reste la même.

IV. — LA PRINCIPAUTÉ DE THÈBES
SOUS LES DERNIERS DESCENDANTS DES GRANDS-PRÊTRES.

Je pourrais arrêter ici ce mémoire : l'examen des momies royales est terminé et leur ordre réglé aussi exactement qu'on peut le faire pour le moment. Il me semble pourtant qu'après avoir rectifié, grâce à leur témoignage, l'histoire de la principauté de Thèbes entre la XXe et la XXIIe dynastie, il ne sera pas inutile de rechercher ce que cette principauté devint par la suite, et les changements que les révolutions de l'Égypte apportèrent à sa constitution. Les rois, puis les grands-prêtres, avaient si bien travaillé à transformer en état théocratique le fief militaire, dont les monuments de la XIe et de la XIIe dynastie nous font connaître les princes, que leur œuvre dura longtemps encore après eux. Pinot'mou II avait eu plusieurs enfants mâles de sa femme Nsikhonsou;[1] aucun d'eux ne lui succéda. Le grand-prêtre ⸺ Aoupouti, Ioupouti (Aououapouti) que nous rencontrons immédiatement après lui, était fils de Sheshonq Ier. Pinot'mou avait été enterré en l'an XVI d'un roi qui ne peut être que Psioukhânou II comme nous avons dit.[2] Il n'est pas malaisé de deviner les motifs qui ont amené un fils de Sheshonq sur le trône des grands-prêtres. Bien que Psioukhânou II eût seul le protocole des Pharaons, Sheshonq était dès lors le maître réel de l'Égypte : il tenait le Nord par lui-même, il voulut tenir le Sud par un de ses fils. Nous ne savons point quel motif il donna pour écarter les fils de Pinot'mou II : peut-être un mariage antérieur avec une princesse de la famille d'Amon donnait-il des droits à Aoupouti, peut-être se borna-t-il à légitimer l'usurpation par un mariage entre Aoupouti et une princesse, après la mort de Pinot'mou. De toute façon,

---

1. Voir plus haut, p. 608—609 et 710 du présent mémoire.
2. Voir plus haut, p. 726 du présent mémoire.

Aoupouti fut revêtu de la dignité de grand-prêtre, et la garda de longues années, depuis l'an XVI de Psioukhânou II, probablement jusque sous le règne de son frère Osorkon Ier. Nous avons déjà relevé sur les linges de Zodphtahefônkh les dates des années V, X et XI de Sheshonq Ier, celle de l'an XXI nous est fournie par une stèle de Silsilis[1] : le pontificat de Aoupouti a donc été de longue durée. L'étude des quelques monuments que nous en avons conservés nous apprend dans quelles conditions il l'exerça. Le plus important à ce point de vue est la stèle de Silsilis de l'an XXI. Elle fut gravée par un fonctionnaire du temple d'Amon, dans des circonstances qu'il a pris soin de nous faire connaître : «L'an XXI, le deuxième mois de Shomou, ce jour-là, tandis que Sa Majesté était » à Thèbes dans le temple d'Isis, lui le grand double d'Harmakhis, Sa Majesté » ordonna qu'on prescrivît au père divin d'Amonrâ, roi des dieux, le chef des » secrets du temple d'Harmakhis, le chef des travaux des monuments du Seigneur » des deux mondes, Harmsaf, de mettre en train tous les travaux et de disposer » de la meilleure pierre de Silsilis pour faire les très grands monuments de la mai-» son de son père auguste Amon-Râ, le maître de Karnak; car Sa Majesté a prescrit » qu'on bâtît de grands pylônes en pierres de taille pour embellir la ville, qu'on » en dressât les portes à des millions de coudées de hauteur, qu'on fît une salle » hypostyle de fête à la maison de son père Amonrâ, roi des dieux, et qu'on l'en-» tourât de grandes colonnes. Au revenir en paix à la ville du midi, au lieu où » était Sa Majesté, le père divin d'Amonrâ, roi des dieux, chef des secrets du » temple d'Harmakhis, chef des travaux dans le Palais de Sheshonq en Thèbes, » grand ami par-devant son maître, le souverain seigneur des deux mondes, Harm-» saf dit : «Toutes tes paroles s'accomplissent, monseigneur excellent! Plus de » sommeil pendant la nuit, plus de sieste pendant le jour, mais tes travaux se » construisent sans arrêt.» La récompense fut proportionnée à l'effort et Harmsaf reçut beaucoup d'or et d'argent.[2] Bien que, dans cette inscription, il reporte tout l'honneur de sa mission sur le Pharaon, dans le reste de la stèle Aoupouti joue un rôle presque aussi considérable que l'est celui de son père. Au centre, Mout amène Sheshonq devant Amon, Harmakhis et Phtah, mais c'est Aoupouti

---

1. CHAMPOLLION, *Monuments*, t. II, pl. CXXII *bis*; LEPSIUS, *Denkm.*, III, 254 *c*; E. DE ROUGÉ, *Inscriptions*, pl. CCLXVII. CHAMPOLLION donnait par erreur *L'an XXII*.

2. L'inscription a déjà été traduite par BRUGSCH, *Geschichte Aegyptens*, p. 663—664.

[hiéroglyphes] qui, derrière, présente l'encens au dieu. Sur les côtés on lit le protocole de Sheshonq, mais on voit, sur une ligne parallèle, celui d'Aoupouti, qui a exécuté les travaux : [hiéroglyphes] (var. [hiéroglyphes]). Dans la formule gravée sous le tableau, les deux personnages ont un rôle également important. Les deux premières lignes de protocole sont consacrées exclusivement à Sheshonq, « le
»dieu bon, au jour de la formation duquel c'est Harmakhis qui est né [hiéroglyphes]
»[hiéroglyphes], celui qu'Amon a mis sur son siége pour exécuter le des-
»sein qu'il avait arrêté de gouverner l'Égypte une seconde fois, [hiéroglyphes]
»[hiéroglyphes].[1] » Amon avait été roi d'Égypte au temps des dynasties divines, il reparaissait sur terre en la personne de Sheshonq. Les cinq lignes suivantes sont divisées en deux portions, dédiées la première au roi, la seconde à son fils. « On
»a ouvert une carrière neuve au commencement des travaux qu'a faits le roi
»Sheshonq, pour faire [hiéroglyphes][2] des monuments à son père Amon-râ, maître de
»Karnak, afin qu'il obtienne du dieu les panégyries de Râ,[3] les années de Toumou,
»vivant à jamais.» Ici, le roi, qui avait adopté modestement la troisième personne, [hiéroglyphes] «Il a fait ouverture, on a ouvert», passe brusquement à la première et demande la faveur du dieu : «O mon excellent maître, donne que mes paroles
»aillent ici pour des millions d'années : ce qu'on fait à Amon est utile [hiéroglyphes]
»puisse la rétribution que tu me donnes [hiéroglyphes] pour ce que j'ai fait, être une grande
»royauté!» Voici pour le père; le fils est honoré presque dans les mêmes termes.
«On a ouvert une carrière neuve au commencement des travaux qu'a faits le pre-
»mier prophète d'Amonrâ, roi des dieux, le général en chef des soldats, le com-
»mandant Aoupouti qui est le chef de toutes les nombreuses troupes du pays du
»midi, tous tant qu'ils sont, le fils royal de Sheshonq, à son père Amon-Râ, roi
»des dieux, pour qu'il obtienne la vie, la santé, la force, une longue existence,
»la victoire et la bravoure, une longue vieillesse en Thèbes ! — O mon excellent

---

1. Litt. : «pour exécuter ce qu'il avait prédestiné [hiéroglyphes] et pour gouverner l'Égypte une »seconde fois.»

2. [hiéroglyphe] A variante saÿdique de [hiéroglyphe] AR, comme le montrent plusieurs exemples souvent cités. Cfr. p. 601, note 10, du présent mémoire.

3. [hiéroglyphe], litt. : «pour qu'*il fasse* les panégyries de Râ», etc.

»maître, donne que mes paroles aillent ici pendant des millions d'années : ce
»qu'on fait à Amon est utile, puisse la rétribution que tu me donnes, pour ce que
»j'ai fait, être la victoire!»[1] En résumé le père et le fils sont à peu près sur le
pied d'égalité. Les constructions mentionnées dans cette inscription furent commencées aussitôt. Elles devaient embrasser, selon le plan de Harmsaf, l'ensemble
des bâtiments qui se trouvent aujourd'hui en avant de la grande salle hypostyle,
y compris le pylône. Les circonstances politiques ne permirent pas qu'on les
achevât : on se contenta de réunir le mur sud de la salle hypostyle au temple de
Ramsès III par une paroi percée d'une porte monumentale, et de construire,
sur le prolongement des murs nord et sud, les longues colonnades connues
aujourd'hui sous le nom de *Portiques des Bubastites*.[2] La décoration de ces portiques a été à peine commencée, ce qui montre que le roi fondateur ne dut pas
survivre très longtemps à l'ordre qu'il avait donné de les construire. Ce n'est
pas qu'on ne trouve son nom à Karnak, mais c'est sur des édifices antérieurs à
son règne, et qu'il remania plus ou moins. Ainsi le tableau commémoratif de sa
campagne contre les juifs a été sculpté sur les portions restées nues du mur de
Séti Ier. Dans la partie du portique qui est située entre le pylône et le temple de
Ramsès III, une architrave porte ses cartouches.[3] Les tableaux voisins nous le
montrent lui-même en adoration devant quelques dieux, mais accompagné de son
fils. Il salue Montou-rî, maître de Thèbes, et Aoupouti offre l'encens derrière lui;[4] il
se présente à Hathor et Aoupouti 𓏞𓏤𓇋𓏏𓋴𓀀 agite le sistre;[5]
Aoupouti récite des prières et accomplit des fonctions diverses quand son père
paraît devant Amon.[6] Toutes ces circonstances réunies nous permettent de définer
assez exactement quelle était la position d'Aoupouti auprès de son père. Successeur des grands-prêtres, il avait leur protocole presque entier, avec cette restriction
pourtant qu'il ne s'appelle pas comme la plupart d'entre eux 𓏞𓏤𓈖𓀀,

---

1. Voir une traduction de cette inscription dans Brugsch, *Geschichte Aegyptens*, p. 664—666.
2. Mariette, *Karnak* (Texte), p. 18—19, 38.
3. Champollion, *Notices*, t. II, p. 16—17; Lepsius, *Denkm.*, III, 254, *a*, *b*.
4. Champollion, *Notices*, t. II, p. 17—18; Lepsius, *Denkm.*, III, 253, *b*.
5. Lepsius, *Denkm.*, III, 253, *c*.
6. Champollion, *Notices*, t. II, p. 17, 18; Rosellini, *Monumenti reali*, pl. CXLIX, 1; *Mon. stor.*, t. IV, p. 161; Lepsius, *Denkm.*, III, 255, *a*, *b*.

Général en chef des troupes du midi et du Nord, mais seulement 𓏤𓏤𓏤, Général en chef des troupes du midi : son autorité militaire est restreinte à la région méridionale de l'Égypte. Son domaine était probablement aussi étendu vers le Sud que celui de Pinot'mou II, à en juger du moins par la manière dont Harmsaf parle de lui dans la stèle de Silsilis : pour les limites septentrionales, nous n'avons encore aucun document qui nous permette de rien décider. A Thèbes même, il est toujours le maître réel et son nom est gravé sur les monuments. Est-ce à dire pour cela qu'il n'y ait aucune différence entre sa situation et celle de Pinot'mou II? Sous Pinot'mou, le roi ne paraît jamais à Thèbes : on compte d'après les années de son règne, mais on ne le nomme point et le grand-prêtre seul exécute tout. Sous Aoupouti, le roi est nommé, figure sur les monuments, et le grand-prêtre ne vient qu'après lui. L'autorité, très grande encore, est donc amoindrie ; le suzerain n'est plus nominal, mais effectif. C'était la position d'Amenhotpou et de Hrihor auprès des Ramessides : le pontificat l'avait alors emporté sur la royauté, ne pouvait-on pas penser qu'il avait de fortes chances de l'emporter une fois encore ?

Il est assez probable qu'Aoupouti survécut à son père, et qu'il conserva le pontificat pendant une partie au moins du règne de son frère Osorkon Ier, mais les monuments qu'on a découverts jusqu'à présent ne nous apprennent rien sur ses dernières années ; ils nous font seulement connaître un nouveau grand-prêtre du nom de Sheshonq qui était fils d'Osorkon Ier et, par conséquent, neveu d'Aoupouti. Ce Sheshonq succéda-t-il directement à son oncle ? Rien ne le prouve jusqu'à présent ; néanmoins il est assez probable que, si Aoupouti laissa des enfants mâles, Osorkon Ier jugea plus prudent de ne pas rétablir en leur faveur l'hérédité du pontificat. Il préféra donner à l'un de ses propres fils une charge qui conférait au titulaire l'autorité effective sur toute la partie méridionale de l'Égypte. Ce grand-prêtre Sheshonq consacra, dans le temple de Karnak, une statue du dieu Nil qui mesure environ deux mètres de haut ; acquise par SALT, elle fut vendue en 1821 au Musée Britannique, où elle est encore.[1] Le dieu, debout,

---

[1]. La première mention que j'en trouve est dans YORKE et LEAKE, *Les principaux monuments égyptiens du Musée Britannique*, 1827, pl. I, 3, p. 11 de la traduction française ; elle a été citée ensuite par LEEMANS, *Lettre à Salvolini*, 1840, p. 109—112, puis publiée dans ARUNDALE et BONOMI, *Gallery of Antiquities*, 1842, pl. 13, p. 25—26, et les inscriptions dans LEPSIUS, *Auswahl*, pl. XV, a—g.

marchant, tient à deux mains devant lui une table d'offrandes, sur la tranche de laquelle on lit [hieroglyphs][1] «L'a fait le grand prêtre d'Amonrâ, roi des dieux, SHESHONQ MIAMON à son maître Amonrâ, maître de Karnak, résidant à Thèbes pour obtenir . . . . . » Sheshonq lui-même est représenté derrière la jambe gauche du dieu, debout, les deux bras levés en signe d'adoration, la peau de panthère sur le dos, coiffé de la perruque courte à petites boucles, sans uræus, malgré le cartouche qui enveloppe son front. On lit au-dessus de sa tête la légende : [hieroglyphs]. Deux colonnes gravées sur le dos contiennent la même formule, mais avec des indications nouvelles qui complètent l'état civil du donateur. [hieroglyphs] «L'a fait le premier prophète d'Amonrâ, roi des dieux, SHESHONQ-MIA-
»MON, à son maître Amonrâ, maître de Karnak, résidant à Thèbes, pour obtenir
»la vie, la santé, la force, une longue existence, une vieillesse prolongée et bonne,
»la victoire contre toute terre, contre toute région étrangère, la fois où il a manié
»le sabre, c'est un maître de vaillance, qui conduit sa terre, lui le maître du Midi
»et du Nord, le général SHESHONQ MIAMON des grands généraux de l'Égypte tous
»tant qu'ils sont, le fils royal du roi OSORKON MIAMON dont la mère MAKERI est
»la fille royale du roi HARPSIOUKHÂ MIAMON.» Sur les quatre faces de la base, une inscription mutilée répétait la même formule, et sur le côté droit de la figure, le Nil adressait un discours en une ligne au [hieroglyphs] «premier prophète d'Amonrâ, roi des dieux, SHESHONQ MIAMON». Je passe sur les conclusions étranges que les premiers égyptologues ont tirées de l'étude de ces légendes; la place véritable de ce grand-prêtre Sheshonq dans la XXIIe dynastie a été fixée pour la première fois par LEPSIUS.[2] Toutefois MARIETTE et BRUGSCH

---

1. La partie brisée de la table portait évidemment une légende analogue à celles qu'on voit sur le dos et qui renferment ces mêmes signes [hieroglyphs], dont LEPSIUS a signalé la présence sur le bord de la cassure (*Auswahl*, pl. XV, *d*).

2. LEPSIUS, *Ueber die XXII. ägyptische Königsdynastie*, 1856, p. 281—282.

n'admirent point sa démonstration et crurent devoir reconnaître dans l'Osorkon et le Sheshonq de notre statue, Osorkon II et Sheshonq II :[1] Brugsch revint plus tard à l'opinion de Lepsius,[2] qui paraît être aujourd'hui celle de tous les égyptologues,[3] Lieblein excepté,[4] qui pense y voir Osorkon III de la XXIIIe dynastie et son fils mentionné sur la stèle de Piônkhi l'Ethiopien. Les titres de ce Sheshonq, la façon dont il prend le cartouche, sans oser cependant se parer de l'uræus, nous rappellent invinciblement les titres et la conduite des grands-prêtres de la XXIe dynastie, Pinot'mou Ier avant son avènement au trône, et Menkhopirrî. Une situation analogue a dû produire des faits analogues dans les deux cas : très probablement, le grand-prêtre Sheshonq se sentait plus maître de la situation que son oncle Aoupouti, et affichait des prétentions plus hautes. Fils du roi régnant, petit-fils du dernier roi Tanite, représentant par sa mère Makerî II les droits de la descendance féminine des Ramessides, il avait le titre de *Général en chef de toute l'Égypte*, et non plus comme Aoupouti celui de *Général en chef des troupes du Midi*. S'il prend le cartouche, c'est déjà commencement d'usurpation, facilitée peut-être par les embarras d'Osorkon Ier et de Takeloti Ier. En tout cas, le sacerdoce thébain semble avoir recouvré avec lui la puissance complète qu'il avait avant Sheshonq Ier.

Je ne serais pas étonné que notre statue datât du temps de Takeloti Ier et qu'il fallût faire courir le pontificat de notre Sheshonq parallèlement au règne de son frère. Nous connaissons une des femmes et un des fils de notre grand-prêtre. Denon avait publié dans son *Voyage*[5] deux papyrus ayant appartenu à un certain Osorkon

---

1. Mariette, *Renseignements* dans le *Bulletin archéologique de l'Athenæum français*, 1855, Tableau, p. 96; Brugsch, *Histoire d'Égypte*, p. 230.

2. Brugsch, *Geschichte Aegyptens*, p. 667.

3. Wiedemann, *Aegyptische Geschichte*, p. 553—554; Lauth, *Aus Aegyptens Vorzeit*, p. 410—412.

4. Lieblein, *Études chronologiques de la XXIIe dynastie* dans la *Revue archéologique*, 1868, t. II, p. 284, 288—289; *Recherches sur la chronologie égyptienne*, 1873, p. 139—141. Son opinion a été adoptée par Wald. Schmidt, *Indlening til Syriens Historie i Oldtiden*, 1872, p. 336.

5. Denon, *Voyage dans la Haute-Égypte*, pl. 137, 138. Ces deux papyrus ont été achetés par la Russie et se trouvent aujourd'hui à la Bibliothèque Impériale de St Pétersbourg, où Lieblein les a retrouvés, *Die ägyptischen Denkmäler in St Petersburg, Helsingfors, Upsala und Copenhagen*, 1873, p. 56—61.

«Prophète d'Amonrâ roi des dieux Osorkon, fils du premier prophète d'Amonrâ roi des dieux, Sheshonq, fils du roi Osorkon Miamon». Dans le second de ces papyrus «sa mère Nsitaouzakhouit» est introduite à plusieurs reprises. Champollion avait connu ces papyrus et avait attribué les noms à Sheshonq Ier et à Osorkon Ier.[1] Lepsius identifia notre Sheshonq avec le Sheshonq de la statue du Nil, et son opinion a été adoptée par l'école.[2] Il lui attribue aussi un second fils, «le prophète d'Amonrâ roi des dieux, Harsiîsi».[3] Comme Lepsius n'indique pas ses sources, j'ai cherché longtemps le monument qui lui avait fourni ce nom. Je crois l'avoir trouvé à Turin: c'est une cassette funéraire qui porte le nom du et de la dame ainsi que de leur fils qui s'appelle .[4] Les titres de ce Sheshonq ne coïncident pas avec ceux du prince Sheshonq: on doit considérer ce personnage comme étant l'un des nombreux Sheshonq étrangers à la famille royale que nous connaissons pour cette époque, et retrancher son fils Harsiîsi du tableau généalogique des Bubastites. Nous ne savons ni quand mourut notre Sheshonq ni qui lui succéda dans le pontificat. Le premier grand-prêtre que nous rencontrons après lui est un certain Namroti, fils d'Osorkon II. La longueur des règnes d'Osorkon Ier, de Takeloti Ier et d'Osorkon II n'est pas connue exactement. Les listes de Manéthon attribuent quinze ans à Osorkon Ier, puis vingt-cinq ou peut-être vingt-neuf ans en bloc à ses trois successeurs Takeloti Ier, Osorkon II, Sheshonq II. Si l'on suppose que Sheshonq ait été élevé au pontificat, immédiatement après la mort d'Aoupouti, vers le milieu à peu près du règne de son père Osorkon Ier, rien n'empêche d'admettre qu'il ait vécu parallèlement aux trois successeurs d'Osorkon, et même pendant une partie du règne de Takeloti II. Sept ou huit années d'Osorkon Ier, vingt-cinq ou vingt-neuf ans des trois rois qui suivirent, dix années de Takeloti II, lui feraient un pontificat de quarante-cinq ans plus ou moins, dont la

---

1. Champollion le jeune, *Précis du système hiéroglyphique*, 2e édition, p. 206—211.

2. Lepsius, *Ueber die XXII. ägyptische Königsdynastie*, pl. 280, 282. Lieblein, tout en adoptant l'identification avec l'Osorkon de la statue du Nil, proposée par Lepsius, soutient que l'Osorkon est Osorkon III (*Die ägyptischen Denkmäler*, p. 58 à 61).

3. Lepsius, *Königsbuch*, pl. XLIV, 582.

4. Lieblein, *Dictionnaire*, p. 334, n° 1082; l'objet qui porte le n° 274 n'est pas mentionné de manière à être reconnu dans le catalogue d'Orcurti.

longueur n'aurait rien d'exagéré. Mais c'est là une évaluation maximum, que le témoignage des monuments nous oblige à restreindre. Nous savons en effet qu'en l'an X de Takeloti II, Osorkon, fils du roi et petit-fils par sa mère d'un grand-prêtre Namroti dont nous discuterons les titres, se rendit à Thèbes pour exercer les fonctions de grand-prêtre. La durée du pontificat de Namroti doit donc être comprise dans les quarante-cinq années dont je viens de parler et en diminuer le nombre d'une manière appréciable. La seule mention positive qu'on ait jusqu'à présent de Namroti se trouve à Karnak dans les inscriptions de son petit-fils,[1] Osorkon [hiéroglyphes] : il est «premier prophète d'Amonrâ roi des dieux, commandant les soldats de Hnês, général Namroti, fils royal d'OSORKON SI-BASTIT MIAMON». Il eut une fille qui épousa son cousin Takeloti II; elle s'appelait Keromâmaït et avait non-seulement des titres fort élevés, mais le cartouche royal [hiéroglyphes][3] Osorkon fils de cette princesse et de Takeloti II était déjà homme fait en l'an X du règne de son père; en ne lui donnant que vingt ans à cette époque, on n'en est pas moins obligé de reculer le mariage de sa mère vers les premiers temps du règne de Sheshonq II, par suite, de placer à ce moment le pontificat de Namroti, et de diminuer d'autant celui de notre Sheshonq qui, en ce cas, se trouvera réduit à vingt ou vingt-cinq ans. Évidemment, ces calculs ne renferment aucun élément certain : ils ont pourtant quelque valeur en ce qu'ils nous montrent qu'il n'y a pas d'impossibilité matérielle à donner Namroti pour successeur immédiat de Sheshonq. Le tableau des grands-prêtres d'Amon de la XXIIe dynastie pourrait donc s'établir provisoirement de la sorte :

1° AOUPOUTI	HARPSIOUNIKHÂ
	SHESHONQ Ier
	OSORKON Ier

---

[1]. CHAMPOLLION, *Monuments*, pl. CCLXXIX et *Notices*, t. II, p. 20—22; ROSELLINI, *Mon. Reali*, pl. CXLIX; LEPSIUS, *Auswahl*, t. XV et *Denkm*. III, 257 a.

[2]. CHAMPOLLION, *Notices*, t. II, p. 21; LEPSIUS, *Denkm*. III, 256 a, où l'inscription est moins correcte qu'elle n'est dans CHAMPOLLION.

[3]. LEPSIUS, *Königsbuch*, pl. XLV, n°s 601—602, et *Denkm*. III, 257, a, où il faut corriger [hiéroglyphe] en [hiéroglyphe].

		Osorkon Ier
2° Sheshonq	{	Takeloti Ier
		Osorkon II
3° Namroti		Sheshonq II
		Takeloti II
4° Osorkon		Sheshonq III

S'il est exact, comme je le crois, il nous permet de saisir du premier coup d'œil la politique suivie par les rois de la XXIIe dynastie. Aucun d'eux ne laisse l'hérédité s'établir à Thèbes dans une même branche de la famille, mais donne la charge à l'un de ses propres enfants. L'examen des tables généalogiques nous montre qu'au moins deux des grands-prêtres étaient nés de princesses royales, se rattachant à la famille thébaine, Sheshonq et Osorkon; il est probable que les mères des deux autres étaient dans le même cas, et que c'est en vertu de leurs droits héréditaires qu'Aoupouti et Namroti furent choisis pour exercer le sacerdoce d'Amon.

Peut-on pousser plus loin la recherche, et préciser un peu plus l'histoire de ces personnages? Une des stèles du Sérapéum[1] nous a fait connaître la généalogie d'une des branches de la famille bubastite qui gouverna pendant longtemps la principauté de Hnès. Cette stèle, célèbre à juste titre dès le moment de la découverte, fournit pour l'époque qui nous intéresse les renseignements suivants. Le roi Osorkon II avait eu d'une de ses femmes nommée 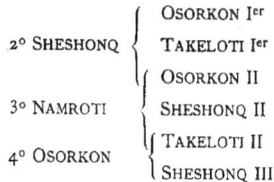 Moutoutônkhis, un fils Namroti qu'il fit «Chef, »commandant du Midi, chef des prophètes des dieux dans Hnès, général des soldats» qui y étaient cantonnés, en d'autres termes, prince de Hnès. Hnès avait repris son importance depuis la chute des Ramessides. Nous avons vu plus haut[2] que le domaine des grands-prêtres, et par suite l'influence thébaine, s'étendait jusque dans le voisinage de Minièh. Hnès devint comme le boulevard des rois de Memphis contre les seigneurs de Thèbes. Placée un peu en avant du Fayoum, elle en couvrait les approches contre toute attaque venant du midi. Les rois de la XXIIe dynastie y entretenaient des troupes et Osorkon II la donna en apanage à l'un de ses fils. La famille de celui-ci l'occupa pendant six générations consécutives au moins, jusqu'en l'an XXXVII de Sheshonq IV, et s'y perpétua pro-

---

1. Mariette, *Renseignements* dans l'*Athénæum*, 1855, p. 98—99, et *Le Sérapéum*, III, pl. 30.
2. Voir p. 712—718 du présent mémoire.

bablement longtemps après cette date. Lepsius, le premier si je ne me trompe, a identifié le fondateur de cette dynastie locale Namroti avec le Namroti qui fut grand-prêtre d'Amon thébain,[1] et cette identification me paraît être indiscutable. Namroti le grand-prêtre est fils d'Osorkon II et prince de Hnès, comme le Namroti de la stèle du Sérapéum : il serait bien étrange que le roi Osorkon II eût eu deux fils, tous les deux nommés Namroti, tous les deux gouverneurs de Hnès. Si le Namroti du Sérapéum ne reçoit pas le titre de grand-prêtre thébain, c'est qu'il s'agissait ici d'un monument élevé par un de ses descendants qui commandait à Hnès et n'avait rien de commun avec Thèbes. Son histoire se rétablit donc comme il suit : Namroti, fils d'Osorkon II et de la dame Moutoutônkhis, probablement d'origine thébaine comme l'indique son nom, épousa Tentsephi, qui était probablement d'origine héracléopolitaine et qui lui donna un fils Phtahoutônkhf, qui lui succéda comme prince de Hnès. Élevé à la dignité de grand-prêtre d'Amon-râ, il eut, soit de la même femme, soit plutôt d'une autre femme appartenant à la famille thébaine, une fille Keromâmâït, qui épousa son cousin Takeloti II. On sait que les grands-prêtres joignent à leur titre sacerdotal un titre militaire, tantôt général en chef de toutes les troupes de l'Égypte, tantôt général en chef de toutes les troupes du midi : Namroti a pour fonction militaire celle de commandant les troupes de Hnès. Faut-il voir dans ce fait une preuve que le pouvoir du grand-prêtre avait diminué? Loin de là : Namroti avait en plus du domaine ordinaire des Thébains la principauté de Hnès qui ne leur avait jamais appartenu. Ce n'est point probablement sans raison qu'il reçut cet accroissement d'apanage : l'histoire de son gendre Takeloti II et de son petit-fils Osorkon nous montre à quel point le Saïd était déchiré par des révoltes et par des guerres intestines. Les troubles avaient déjà commencé sans doute quand Namroti fut intronisé, et c'est, je crois, pour ce motif qu'Osorkon II confia à son fils non seulement la principauté de Thèbes, mais la principauté de Hnès qui était le rempart du Delta contre la Thébaïde, et dont la possession lui assurait une base d'opérations solide, en cas de rébellion des nomes méridionaux. Osorkon, fils de Takeloti II, petit-fils de Namroti, est le dernier des grands-prêtres de la famille bubastite qui nous soit connu de façon indiscutable. M. Lieblein en a bien signalé un autre qui s'appellerait Osorkon comme celui-ci, aurait Takeloti II pour père comme

---

1. Lepsius, *Ueber die XXII. ägyptische Königsdynastie*, pl. I.

celui-ci, mais aurait pour mère [hiéroglyphes] «la princesse Hor-sit Pacht-hun-ta-ti» :[1] il a emprunté, dit-il, ces indications aux notes manuscrites de Brugsch. On voit sur le champ que le document copié par Brugsch n'est autre que le bas-relief connu depuis Champollion et que j'ai cité plus haut : M. Brugsch a interprété comme étant le nom de la mère d'Osorkon, les signes mutilés qui précèdent le cartouche de Keromâmâït [hiéroglyphes], a lu [hiér.] au lieu de [hiér.], [hiér.] au lieu de [hiér.], [hiér.] au lieu de [hiér.]. La princesse Hor-sit Pacht-hun-ta-ti doit être rayée des listes généalogiques et l'Osorkon de M. Lieblein est l'Osorkon, petit-fils de Namroti. Celui-ci joua un rôle politique important : les inscriptions qui nous restent de lui, malheureusement très mutilées, nous parlent de son arrivée à Thèbes en l'an XI de Takeloti II, de ses fondations et de ses dons au temple de Karnak qui, paraît-il, avait été pillé quelque temps auparavant, d'une révolte en l'an XV et des succès remportés sur les révoltés.[2] Osorkon a le protocole complet des grands-prêtres d'autrefois, [hiéroglyphes].[3] Nous connaissons une de ses femmes, la dame [hiér.] et une de ses filles, la dame [hiér.] Shopitnouopit, Shopenouopit.[4] Il est mentionné sur un monument où l'on ne s'est pas encore avisé, que je sache, d'aller chercher son nom. C'est une inscription très endommagée, qui porte plusieurs dates du règne de Sheshonq III, le successeur immédiat de Takeloti II, celles de l'an XXII, de l'an XXVI, de l'an XXVIII, de l'an XXIX.[5] Elle contient la mention d'une série d'offrandes et de fondations pieuses faites en l'honneur d'Amon et des dieux adorés à Karnak. Le passage, important pour la question qui nous occupe en ce moment, est à la ligne 12, et se présente comme il suit, dans la copie de Lepsius [hiéroglyphes] ; il se rétablit lisiblement sur l'original [hiéroglyphes]. D'après l'ensemble du contexte, il s'agit là de

---

1. Lieblein, *Études chronologiques de la XXIIe dynastie* dans la *Revue archéologique*, 1868, t. II, p. 284—285.

2. Les inscriptions de cet Osorkon se trouvent dans Lepsius, *Denkmäler*, III, pl. 255—258.

3. Lepsius, *Königsbuch*, pl. XIV, n° 602.

4. Lieblein, *Études chronologiques*, p. 285 et *Dictionnaire*, p. 334, n° 1020; Orcurti, *Catalogo*, t. II, p. 28, n° 27. Personne, à ma connaissance, n'a songé jusqu'à présent à rapprocher le grand-prêtre Osorkon, mentionné dans cette inscription, du grand-prêtre Osorkon, fils de Takeloti II.

5. Champollion, *Notices*, t. II, p. 22—23; Lepsius, *Denkm.* III, 258, a.

donations ou de restaurations exécutées par «le premier prophète d'Amonrâ, roi »des dieux Osorkon, de l'an XXII à l'an XXVI sous le roi Sheshonq III». La mention d'objets qui appartiennent au grand-prêtre d'Amon, sans indication de nom, se retrouve aux lignes 9 [hiéroglyphes] (au lieu de [hiéroglyphes]), 18 et 20, où la disposition des signes [hiéroglyphes] me fait croire à la présence des groupes [hiéroglyphes]. Le début de l'inscription[1] renferme une longue généalogie où sont mentionnés des parents et même une fille de Menkhopirrî, [hiéroglyphes]. Osorkon était donc encore grand-prêtre en l'an XXVI de Sheshonq III. Une stèle du Musée de Berlin que M. STERN a signalée et qui est de l'an XXVIII du même roi, cite un [hiéroglyphes] sans nom;[2] la date de l'an XXVIII est assez rapprochée de celle de l'an XXVI où Osorkon était encore grand-prêtre, pour que nous puissions à bon droit reconnaître dans cet anonyme notre Osorkon qui, de par sa naissance, appartenait à la lignée Ramesside des pontifes d'Amon. Il aurait eu un pontificat de plus de trente ans; c'est un chiffre qui n'a rien d'extraordinaire. Après lui, on ne connaissait plus aucun grand-prêtre : j'ai eu la chance d'en découvrir un nouveau. Il nous a laissé un scarabée en lapis-lazuli dont une moitié a été achetée par moi à Thèbes, et dont l'autre moitié a été donnée au musée de Boulaq par M. CHTCHÉGLOFF, attaché au Consulat-Général de Russie au Caire. L'objet, qui a le numéro d'inventaire 26378, porte la légende suivante [hiéroglyphes] «Le premier prophète d'Amonrâ-sonthîr, SHESHONQ, fils de PIMI»;[3] c'est donc un Sheshonq II à joindre à notre liste. Il est malheureux que le titre de Pimi ne soit pas mentionné. L'absence de cartouche ne permet pas de voir en lui le roi Pimi; d'autre part, s'il avait été grand-prêtre, comme son fils, on aurait d'autant moins négligé de le dire, que la place ne manquait pas et qu'une partie du scarabée n'a pas d'inscription. C'est la première fois sous les Bubastites qu'un grand-prêtre d'Amon thébain

---

1. LEPSIUS, Denkm. III, 258, c.

2. L. STERN, Die XXII. Manethonische Dynastie dans la Zeitschrift, 1883, p. 19. M. STERN, qui n'avait point relevé les passages et les dates de la grande inscription de Thèbes, a fait du grand-prêtre innommé un personnage différent d'Osorkon.

3. J'avais craint d'avoir commis une erreur de copie : M. DARESSY, conservateur-adjoint au musée de Boulaq, a constaté qu'il y avait bien [hiéroglyphes]. Je dois dire que M. DARESSY me propose de reconnaître dans nos deux personnages le roi Pimi et son fils Sheshonq Ier.

n'est pas fils d'un roi. Est-ce à dire qu'il fût étranger à la dynastie régnante? Je ne le crois nullement. Les monuments et les objets découverts à Thèbes nous montrent qu'il y avait encore à Thèbes sous Pimi, par exemple, des parents des Pharaons Bubastites : ainsi un cercueil de Déir el-Baharî, sur lequel est nommé un petit-fils de Takeloti II,[1] un second, découvert à l'Assassif, et où fut ensevelie une petite-fille du même prince.[2] Je pourrais en citer d'autres : je me borne à ceux-là d'autant plus volontiers que je rattache notre grand-prêtre Sheshonq II à la famille mentionnée sur le premier d'entre eux :[3]

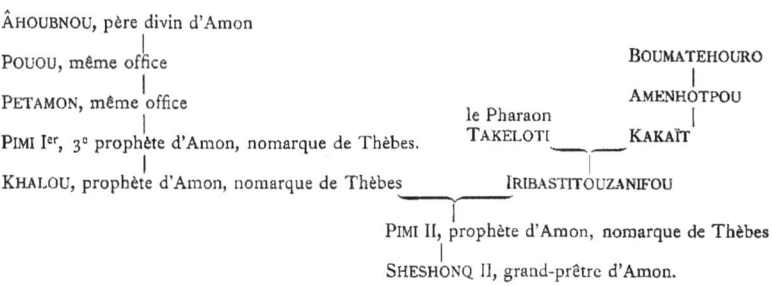

ÂHOUBNOU, père divin d'Amon
|
POUOU, même office   BOUMATEHOUROU
| |
PETAMON, même office   AMENHOTPOU
| le Pharaon |
PIMI Ier, 3e prophète d'Amon, nomarque de Thèbes.   TAKELOTI   KAKAÏT
|
KHALOU, prophète d'Amon, nomarque de Thèbes   IRIBASTITOUZANIFOU
                        PIMI II, prophète d'Amon, nomarque de Thèbes
                        |
                        SHESHONQ II, grand-prêtre d'Amon.

D'après cet arrangement, notre Sheshonq II serait le petit-fils d'une fille du Pharaon Takeloti et cette descendance justifierait ses droits au pontificat. Mais de quel Takeloti est-il question en cet endroit? Si c'est du premier, notre Sheshonq II put succéder directement à Osorkon comme grand-prêtre vers l'an XXX du Pharaon Sheshonq III. Si c'est du second Takeloti, comme l'ont pensé presque tous les égyptologues qui ont donné leur avis à ce sujet,[4] il faudrait presque certainement intercaler un grand-prêtre au moins entre Osorkon et Sheshonq II. Je pencherai plutôt vers la première hypothèse, sans pourtant oser rien affirmer à cet égard. Il me semble en effet que l'occupation éthiopienne de la Haute-Égypte dut commencer sous Pimi. Or le pontificat était, chez les Bubastites, une institution

---

1. MARIETTE, *Monuments divers*, pl. 76—77.
2. MASPERO, *Sur quelques points de grammaire et d'histoire* dans la *Zeitschrift*, 1885, p. 11.
3. Le tableau a été reconstruit d'après les généalogies des cercueils du Louvre, publiés par DÉVÉRIA, *Quelques personnages d'une famille pharaonique de la XXIIe dynastie*, et du cercueil de Boulaq, publié par MARIETTE, *Monuments divers*, pl. 76—77.
4. DÉVÉRIA, *Quelques personnages*, p. 7 sqq.; LIEBLEIN, *Études chronologiques de la XXIIe dynastie*, p. 285 sqq.; WIEDEMANN, *Aegyptische Geschichte*, p. 557.

traditionnelle que les rois devaient essayer de maintenir à tout prix, car, elle leur fournissait le moyen de doter richement leurs enfants mâles et de maintenir Thèbes en leur pouvoir, tout en satisfaisant le penchant à l'indépendance que cette ville manifestait. On peut donc dire avec grande apparence de vérité qu'il y eut des pontifes à Thèbes aussi longtemps que Thèbes appartint aux Bubastites. D'autre part, les rois d'Éthiopie appartenaient eux-mêmes à la famille de Hrihor et de Ramsès; chefs d'une théocratie, dès qu'ils reparurent à Thèbes, ils n'eurent aucune raison de maintenir à côté d'eux un pontife allié à une famille rivale. La question paraît donc se borner ici à constater qui des Bubastites ou des Éthiopiens posséda la Thébaïde pendant les derniers règnes de la XXIIe dynastie. Jusqu'à présent on n'a découvert aucun acte de suzeraineté de Pimi et de Sheshonq IV sur ce pays. Deux inscriptions des rochers de Sehel semblent, il est vrai, montrer que l'autorité de Sheshonq IV s'étendait encore jusqu'à la première cataracte :[1] elles portent l'une et l'autre le cartouche ⌈○|⌉ qui appartient en effet à ce souverain, et lui ont été attribués par M. WIEDEMANN.[2] Je ne crois pas pourtant qu'elles soient de lui. La première (n° 8) est un proscynème ainsi conçu [hieroglyphs]. Le même personnage, portant le même titre, a gravé un autre proscynème (n° 5) :[3] [hieroglyphs] qui nous permet de corriger et de compléter le premier de la sorte : [hieroglyphs]. Suivant le n° 5, Khâmoïs aurait vécu sous Amenhotpou II, ÂKHOPROURI; suivant le n° 8, il aurait vécu sous Sheshonq IV ÂKHOPIRRI. M. WIEDEMANN[4] nous apprend que le Khâmoïs de l'inscription 5 est sans doute le même dont on a une statue au Vatican, et qui était attaché à l'autel d'Amenhotpou II. Cette information nous autorise à trancher la question en faveur d'Amenhotpou II, et à penser que MARIETTE aura mal copié le cartouche de l'inscription n° 8 et aura passé les trois traits du pluriel. Le proscynème est probablement peu lisible, comme le prouvent les lacunes et les autres fautes qu'on a relevées dans la publication [hieroglyph] pour [hieroglyph], [hieroglyph] pour [hieroglyph].

---

1. MARIETTE, *Monuments divers*, pl. 70, n°[s] 8, 10.
2. WIEDEMANN, *Aegyptische Geschichte*, p. 559.
3. MARIETTE, *Monuments divers*, pl. 70, n° 5.
4. WIEDEMANN, *Aegyptische Geschichte*, p. 376, note 8.

Il reste donc l'inscription n° 10; mais la faute de l'inscription n° 8 me rend très douteuse l'authenticité du cartouche ⟨⊙|⊕⟩, et me porte à croire qu'il y avait ⟨⊙|⊕⟩, et que Mariette a passé une fois encore le ı ı ı du pluriel. Les inscriptions de Sehel ne me paraissent donc pas démontrer que Sheshonq IV était encore reconnu aux extrémités de l'Égypte et par suite à Thèbes.

A partir de Sheshonq III, l'histoire de Thèbes et du pontificat nous est donc inconnue pour soixante ou quatre-vingts ans. Quand nous en resaisissons le fil, la XXIIe dynastie est morte et la XXIIIe règne en sa place; l'Égypte est aux mains de quatre rois et d'une vingtaine de princes qui s'en disputent les lambeaux. Un chef saïte, Tafnakhti, a imposé sa suzeraineté à la plupart d'entre eux et ceux qui restent encore indépendants n'ont plus d'espoir que dans l'intervention d'une puissance étrangère, l'Éthiopie. Le roi de Napata, Piônkhi, se résout à les secourir, et la guerre commence. Les premières lignes de l'inscription qui nous en a conservé le récit nous enseignent quel était la situation des belligérants. La ville d'Hermopolis venait d'être prise par Tafnakhti et le Saïd était désormais ouvert à toute invasion du Nord. «Les princes, les chefs, »et les capitaines d'armée qui sont dans leurs districts 𓏏𓏤𓎛𓊪𓏏𓇋𓏏𓍿𓏏, »𓇋 envoient chaque jour à Sa Majesté disant : «Si tu restes coi à ce sujet, »c'en est fait du pays du midi et des nomes de la Haute-Égypte, 𓊪𓏺𓇋𓏏𓎛 » 𓎛𓅱𓏏𓈖; Tafnakhti, lorsqu'il marchera en avant, ne trouvera plus qui lui »résiste.» Tous les princes des nomes indépendants encore implorent donc l'Éthiopien et celui-ci exauce leurs prières. «Voici que Sa Majesté manda aux chefs et »aux capitaines d'armée qui sont sur l'Égypte 𓎛𓏏𓇋𓏏𓍿, le général »Pouaroma, et le général Râmisakni, avec tout général de Sa Majesté qui est »sur l'Égypte 𓎛𓏏𓇋𓏏𓍿, d'aller mettre le siége devant Hermopolis. Puis, comme ces forces n'auraient pas suffi, il rassemble une nouvelle armée en Éthiopie, et l'expédie au Nord, avec recommandation de respecter Thèbes et son dieu Amon. «Quand ceux-ci eurent descendu le fleuve en barque, »ils arrivèrent à Thèbes, firent tout ce que Sa Majesté leur avait dit,» puis repartirent dans la direction d'Héracléopolis. Le texte que je viens d'analyser définit très nettement l'état du pays. Les princes 𓀀𓏤, les chefs 𓎛𓏤, les commandants militaires 𓀀𓏤, qui étaient dans le Saïd, non-seulement reconnaissaient l'autorité de Piônkhi, mais avaient à côté d'eux deux généraux éthiopiens avec des troupes éthiopiennes : l'occupation était effective et devait durer depuis quelques années déjà.[1] Elle s'étendait jusqu'à Hermopolis, c'est-à-dire sur la plus grande partie de la principauté de Thèbes, telle que je l'ai décrite plus haut,[2] et sur la principauté de Siout. Piônkhi régnait à Thèbes comme à Napata, et attachait à la possession de cette ville une importance spéciale : il réserve au temple d'Amon thébain une partie du butin qu'il avait fait à Hermopolis,[3] et parle longuement des fêtes qu'il compte y célébrer, mais sans mentionner aucun grand-prêtre d'Amonrâ, roi des dieux. Vers la fin de l'inscription, quand la guerre est achevée, il maintient les deux rois d'Hermopolis et d'Héracléopolis, leur assure leurs possessions et reste maître direct de toute la région méridionale, y compris Thèbes. On ne doit pas oublier que les rois de Napata n'étaient pas des étrangers pour les gens de Thèbes. Ils se rattachaient soit en réalité, soit par quelque fiction que nous ne connaissons pas encore, à la lignée des grands-prêtres d'Amon thébain, et le nom de Piônkhi porté par plusieurs d'entre eux était comme un héritage de famille.[4] Si jamais quelque monument nous fait mieux connaître l'histoire de l'Égypte sous les derniers règnes de la XXIIe dynastie, peut-être verrons-nous que la suppression du pontificat est due à leur intervention. Les grands-prêtres bubastites n'avaient en effet d'autres droits que ceux qu'ils tenaient de leurs mères et de leurs femmes; les rois d'Éthiopie, au contraire, se targuaient d'appartenir à l'ancienne famille pontificale, non-seulement du côté des femmes, mais du côté des hommes. Napata, la *Montagne Sainte*, où ils avaient installé une royauté théocratique, plus stricte que celle de Hrihor et de ses successeurs thébains, avait aussi son temple d'Amon thébain, où le roi tenait lieu de grand-prêtre, et où les fonctions purement pontificales paraissent avoir été

---

1. E. DE ROUGÉ, *Inscription historique du roi Pianchi Meriamoun*, p. 24.
2. Voir plus haut, p. 712 sqq. du présent mémoire.
3. E. DE ROUGÉ, *La stèle du roi éthiopien Piankhi-Meriamen*, p. 35.
4. E. DE ROUGÉ, *Inscription historique de Pianchi-Mériamon*, p. 24 : « Une famille de princes, qui » devait se rattacher à la race royale et sacerdotale de Thèbes, s'était très certainement rendue indé- » pendante en Nubie pendant le règne des Bubastites et peut-être même aussitôt que l'autorité de ces » princes eut triomphé en Thébaïde. » Peut-être le fondateur de la dynastie éthiopienne, est-il un de ces fils de Pinot'mou II dont nous ne trouvons plus mention sur les monuments égyptiens, à partir de l'intronisation d'Aoupouti.

dévolues au *Deuxième prophète d'Amonrâ, taureau de Nubie*, 〈hiero〉. Les rois de Napata, en prenant Thèbes, devaient nécessairement y agir comme en Éthiopie : ils étaient grands-prêtres de droit, et ne tolérèrent à côté d'eux que des *Deuxièmes prophètes d'Amon Thébain*. Un monument paraît pourtant contredire cette assertion, c'est une stèle de Londres que M. Lieblein a citée, et qu'on pourrait être tenté de mettre vers l'époque éthiopienne.[1] Elle est au nom de deux prophètes d'Amon 〈hiero〉 et son frère 〈hiero〉. L'expression 〈hiero〉 a été considérée comme étant un titre d'honneur[2] et a paru rappeler le titre de 〈hiero〉 : il faut lire 〈hiero〉 et voir dans 〈hiero〉, 〈hiero〉, une de ces additions que Chabas a signalées 〈hiero〉 pour 〈hiero〉, etc., et qui nous obligent à mettre ces deux grands-prêtres vers le règne de Ramsès II. Il n'y a plus désormais de grand-prêtre,[3] et nous ne voyons plus, dans le temple d'Amon, d'autre autorité que celle des *deuxièmes et troisièmes prophètes*, dont les fonctions prirent une importance inconnue jusqu'alors, dans l'état thébain, d'autre personnage à côté du roi que les princesses du sang pontifical 〈hiero〉, 〈hiero〉, l'épouse divine d'Amon. Piônkhi n'est probablement pas le premier Pharaon de Napata qui ait possédé Thèbes : la grand-prêtrise d'Amon avait probablement déjà cessé d'exister avant qu'il montât sur le trône. Ses successeurs Kashto, Shabakou, Shabitkou, Piônkhi, Taharqou, réunirent, comme lui, le caractère sacerdotal au caractère politique, et par conséquent n'admirent point de grand-prêtre à côté d'eux : quand les Saïtes succédèrent aux Éthiopiens, ils prirent la situation telle qu'ils la trouvèrent, et, sans prétendre eux-mêmes au rôle pontifical, profitèrent de l'importance toujours croissante que l'absence d'un grand-prêtre officiellement intronisé avait attribuée aux *Épouses divines d'Amon* pour affirmer leur autorité sur Thèbes et sur la principauté thébaine. Le système de gouvernement que leurs monuments nous font connaître est très différent en apparence, dérivé en réalité, de ce qui avait existé auparavant.

---

1. Lieblein, *Dictionnaire*, p. 326, n° 1002.
2. Wiedemann, *Aegyptische Geschichte*, supplément, p. 63—64.
3. Le titre ne reparaît que fort tard à l'époque grecque, sur le papyrus n° 3090 du Louvre, par exemple (Dévéria, *Catalogues des manuscrits égyptiens*, p. 101); ce papyrus appartient au fils d'un Nsipaouttoouï (Spotous) qui est 〈hiero〉.

Les femmes ont toujours joué un grand rôle dans la transmission du pouvoir.[1] Depuis la chute des Ramessides leur descendance féminine formait, à Thèbes, comme une réserve de reines en disponibilité où chaque usurpateur, chaque roi nouveau de la famille régnante venait chercher une ou plusieurs femmes pour légitimer son pouvoir et assurer à ses enfants le droit héréditaire. Les reines avaient toujours été prêtresses par le fait de leur naissance et de leur charge: elles accompagnaient le roi dans les cérémonies publiques, secouaient le sistre derrière lui quand il présentait certaines offrandes ou certaines prières, étaient l'épouse d'Amon, comme lui-même était le fils d'Amon. Cette fiction d'union divine était poussée si loin qu'on peut lire et voir encore, dans le temple de Louxor, des inscriptions et des tableaux qui nous montrent comment le dieu Amon vint trouver la nuit la reine Moutemoua, femme de Thoutmos IV, s'unit à elle et engendra Amenhotpou III. Le titre d'épouse divine 𓏞 est le synonyme fréquent de celui d'épouse royale 𓏞, surtout pour les reines-mères, pour les sultanes-validés de l'antique Égypte. Ce caractère religieux des princesses royales s'accrut encore quand les grands-prêtres d'Amon remplacèrent les Ramessides et mêlèrent leur sang au sang des Pharaons : le protocole d'Isimkhobiou et de Nsikhonsou[2] nous a montré déjà de combien de sacerdoces divers elles étaient revêtues. Lorsque la XXIe dynastie cessa d'exister, la XXIIe suivit la même politique à leur égard : non-seulement les grands-prêtres, mais les Pharaons prirent les principales d'entre elles pour les mettre dans leur harem. Les monuments contemporains, si incomplets pourtant, nous en font connaître un assez grand nombre que leurs titres rattachent au temple d'Amon 𓏞 (𓏞) Mihitouskhou mimout,[3] 𓏞 (𓏞) Karoāmā mimout,[4] une Isimkhobiou qu'on maria à Osorkon II;[5] elle eut de lui une fille

---

1. C'est E. de Rougé, qui, le premier, si je ne me trompe, a bien défini leur rôle (*Notice de quelques textes hiéroglyphiques*, p. 43 sqq.); cfr. J. de Rougé, *Textes géographiques du Temple d'Edfou*, p. 59—63.

2. Voir plus haut, p. 712 sqq. du présent mémoire.

3. Prisse d'Avennes, *Notice sur le Musée du Caire*, p. 29; Lepsius, *Königsbuch*, pl. XLIV, n° 574, *Denkm.*, III, 256, *d*.

4. Lepsius, *Königsbuch*, pl. XLIV, n° 575, *Denkm.*, III, 256, *b*, *c*, Canopes venant de Gournah.

5. Mariette, *Renseignements*, dans le *Bulletin de l'Athénæum*, 1855, p. 95, sqq.; Lepsius, *Ueber die XXII. ägyptische Königsdynastie*, p. 278—279, *Königsbuch*, pl. XLIV, n° 597, *Denkm.*, III, 255, *e-h*.

T'asbastitpirou qui épousa un Takeloti, peut-être Takeloti II.[1] Karomâmâ dont nous avons déjà rencontré le nom plus haut, appartient, elle aussi, à cette catégorie.[2] La condition de la plupart de ces princesses est indiquée par le protocole qui accompagne leur nom. Le cartouche simple ou double leur était accordé lorsqu'elles étaient reines, mais les titres qui précèdent les cartouches ou les remplissent sont empruntés au culte thébain. Elles sont presque toutes 〈hiero〉; l'une d'elles, Karoâmâ, traite même ce titre comme Hrihor avait fait le titre correspondant de 〈hiero〉 : elle le prend comme cartouche prénom et se déclare 〈hiero〉. Karomâmâ (Karomâmâït) joint à son nom l'épithète 〈hiero〉 Mimout, *aimée de Mout*, comme sa grand'-mère, et tire son cartouche prénom des dogmes thébains, 〈hiero〉.[3] Ces distinctions extrêmes nous permettent probablement de nous rendre compte de leur origine. Leurs cousines sans honneurs royaux Isimkhobiou, T'asbastitpirou, n'appartiennent pas à la grande lignée. La première est une concubine d'Osorkon II, la seconde une concubine de Takeloti II : elles ne sont ni l'une ni l'autre 〈hiero〉, *Grande épouse royale*, dont on peut conclure légitimement que, tout en ayant du sang princier dans les veines, elles n'en avaient pas assez pour avoir droit aux premières places dans le harem. A la XVIIIe dynastie et sous les dynasties suivantes, les *épouses principales*, les reines sont celles qui ont pour père un roi et pour mère une princesse habile à succéder au trône, par exemple la fille du Pharaon précédent et de sa sœur légitime née d'une reine réelle, non d'une concubine. Sous la XXIIe dynastie, la tradition subsiste encore, et on peut conclure qu'une femme comme Karomâmâ doit avoir pour mère une reine et pour père un roi,

---

1. Mariette, *Renseignements*, 1855, p. 95 sqq.; Lepsius, *Ueber die XXII. ägyptische Königsdynastie*, p. 278—279, *Königsbuch*, pl. XLIV, n° 598 et pl. XLV, n° 603, *Denkm.*, III, 255, e-h.

2. Cfr. p. 738 sqq. du présent mémoire; Lepsius, *Königsbuch*, pl. XLIV, n° 601, *Denkm.*, III, 256, h.

3. Ce protocole se trouve sur la jolie statue de bronze que possède d'elle le Musée du Louvre (Pierret, *Inscriptions*, I, p. 37—44). Dans un autre endroit Karomâmâ prend les mêmes cartouches que Karoâmâ 〈hiero〉. Cette statue n'est pas comme le pense M. Wiedemann (*Aegyptische Geschichte*, p. 555) originaire du Sérapéum. Les inscriptions montrent qu'elle provient de Thèbes; M. Pierret a donné de fort bonnes raisons pour croire qu'elle fut acquise en Égypte par Champollion. La statue du Sérapéum à laquelle Mariette fait allusion (*Renseignements*, dans le *Bulletin de l'Athenæum*, 1855, p. 96) est en pierre et non en bronze.

ou, puisque nous sommes à une époque de suprématie sacerdotale, une des princesses qui représentaient la lignée directe de la famille pontificale et un grand-prêtre d'Amon. Dans le cas présent, nous savons que le père de Keromâmâ est en effet un grand-prêtre, Namroti;[1] appliquant ce que je viens de dire à sa mère, encore inconnue, on peut en conclure que celle-ci était comme elle une 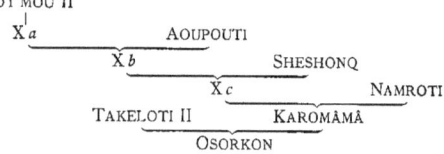 c'est-à-dire, la princesse héréditaire de Thèbes, fille du dernier prince de Thèbes qui avait précédé Namroti, soit du grand-prêtre Sheshonq. Ce n'est là jusqu'à présent qu'une conjecture : s'il était permis de la pousser plus loin, on pourrait supposer que la mère de cette fille de Sheshonq, qui transmettait à son fils à elle et à sa petite-fille des droits si élevés, était fille elle-même d'une princesse investie des mêmes droits qu'elle et d'un grand-prêtre d'Amon, soit d'Aoupouti et d'une fille de Pinot'mou II. La généalogie s'établirait alors :

```
            Pinot'mou II
                 |
            X a            Aoupouti
              ─────────────────
                X b             Sheshonq
                  ──────────────────
                    X c                Namroti
                      ────────────────────
            Takeloti II       Karomâmâ
                      ────────────
                         Osorkon
```

et cette accumulation de droits héréditaires expliquerait à la fois et les titres élevés qu'on donne à Keromâmâ et la transmission par les femmes du pontificat de Pinot'mou II à Osorkon pendant un siècle. J'ajouterai ici une circonstance qu'on n'a pas remarqué, je crois, jusqu'à présent. Nous possédons des Oushbiti de Keromâmâ, de Mihitouoskhiou et de Karoâmâ,[2] des canopes de Karoâmâ,[3] une statue, où Karomâmâ est nommée;[4] ces monuments ont été découverts à Thèbes, ce qui prouve que les femmes en question ont été enterrées à Thèbes. N'y a-t-il pas lieu de rapprocher ce fait de ce que nous savons des princesses thébaines de la XXVIe dynastie, qui, mariées aux Pharaons Saïtes, ré-

---

1. Voir plus haut, p. 738 sqq. du présent mémoire.

2. Lepsius, *Denkm.*, III, 256, *d-g*; Pierret, *Catalogue de la Salle Historique*, p. 46—47, n°s 219 à 221.

3. Lepsius, *Denkm.*, III, 256, *b-c*.

4. Lepsius, *Denkm.*, III, 256, *h*; l'inscription, malheureusement peu distincte, montre que Keromâmâ avait une fille dont le nom a disparu, à moins qu'il ne faille le reconnaître dans ce dernier groupe, Honttoouï.

sidaient pourtant à Thèbes et y avaient leur tombeau? Le roi, leur mari, les visitait ou elles visitaient le roi, elles gardaient de ce commerce passager un ou plusieurs enfants qui perpétuaient la race. N'y eut-il pas déjà quelque chose d'analogue sous la XXIIᵉ dynastie, et les rois Bubastites n'avaient-ils pas, comme les Saïtes, une ou plusieurs épouses thébaines, vivant à Thèbes la plus grande partie de leur vie, dont la possession leur assurait l'autorité légitime sur Thèbes, et dont les enfants mâles étaient destinés à revêtir, s'il y avait lieu, la charge de grand-prêtre? Ici encore, c'est une simple hypothèse que je mets en avant.

Ces femmes reparaissent sous les Éthiopiens, au moment où nous commençons à ressaisir le fil de l'histoire de Thèbes. Elles touchent d'un côté aux Bubastites et aux Tanites, de l'autre aux Éthiopiens et aux Saïtes, et elles servent de lien entre les différentes dynasties qui se succédèrent en Égypte à cette époque. Leur généalogie s'établit de la sorte pendant deux cent cinquante ans environ :

```
    OSORKON III         ?                    PIÔNKHI MIAMOUN
       SHAPENOUOPIT II              KASHTO                X
SHABAKOU, frère d'Amenertas     AMENERTAS              PIÔNKHI
              PSAMITIK Iᵉʳ           SHAPENOUOPIT III
           Néchao II    NITOQRIT
           Psamitik II   TAKHOTI
             ONKHNASNOFIRIBRI, adoptée par Nitoqrit.
```

Je suis tenté d'y joindre Mihitnouoskhit 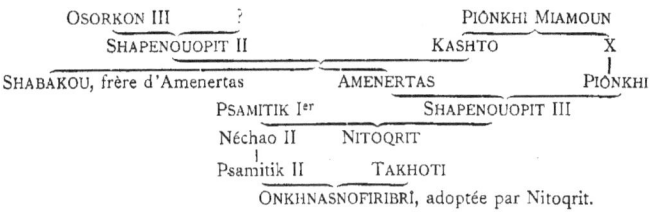 qui est nommée à Médinét-Habou,[1] à côté d'Amenertas et de Shapenouopit, et qui, pour cette raison, a été considérée par LEPSIUS comme ayant été mariée à Psamitik Iᵉʳ.[2] Elle est mentionnée comme ![], mais peut-être faut-il lui attribuer les figurines funéraires que PRISSE D'AVENNES a signalées le premier,[3] et qu'on attribue d'ordinaire avec LEPSIUS à une princesse de la XXIIᵉ dynastie : là, elle est nommée ![] et ![]. Étant donnée la place qu'elle occupe à Médinet-Habou, en face des légendes de Shapenouopit et d'Amenertas, on peut se demander si elle ne serait pas plutôt la mère que la femme de Psamitik Iᵉʳ. Les inscriptions sont

---

1. CHAMPOLLION, Notices, t. I, p. 330.
2. LEPSIUS, Ueber die XXII. ägyptische Königsdynastie, p. 304; Königsbuch, pl. XLVIII, n° 639.
3. PRISSE D'AVENNES, Notice sur le Musée du Caire, p. 24—25.

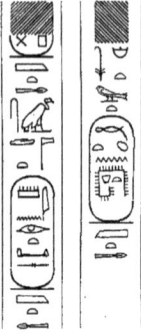 en effet disposées comme ci-contre. Les deux légendes sont affrontées; le faire montre qu'elles ont été exécutées en même temps et appartiennent à un même ensemble décoratif. Celle de gauche renferme la filiation de Shapenouopit; le cartouche d'Amenertas répond à celui de Mihitnouoskhit, et ce parallélisme peut nous faire supposer qu'en face du cartouche de Shapenouopit à moitié détruit était celui d'un descendant ou d'une descendante de Mihitnouoskhit. Mais il est plus naturel de mettre en face du nom de Shapenouopit le nom de son mari Psamitik : on aurait ainsi d'un côté « SHAPENOUOPIT dont la mère est AMENERTAS », et de l'autre « PSAMITIK dont la mère est la reine MIHITNOUOSKHIT. » Cet arrangement serait naturel si vraiment cette Mihitnouoskhit était identique à la Mihitouoskhou Mimout, prêtresse d'Amon; Néchao Ier aurait de la sorte épousé une femme de la race sacerdotale. Quoi qu'il en soit de cette hypothèse, le mérite d'avoir reconnu les premières générations de la famille appartient tout entier à M. LIEBLEIN.[1] Une statue d'Osiris, conservée au Musée de l'Hermitage à St Pétersbourg, lui a donné la série suivante : puis où les noms mutilés ont pu être rétablis d'une façon certaine. M. LIEBLEIN a fort bien vu qu'il s'agissait ici d'Osorkon III, le second Pharaon de la XXIIIe dynastie Tanite, celui-là même qui figure sur la stèle de Piônkhi Miamoun, comme un des deux rois du Delta reconnus comme légitimes par les Éthiopiens. Nous savons que le nom de Shapenouopit avait été porté déjà par une princesse thébaine, fille du grand-prêtre Osorkon :[2] notre Shopenouopit II est-elle une arrière-petite-fille de Shopenouopit Ière? En tout cas, le nom et la fonction de qu'elle a trahissent une origine thébaine, et indiquent que les Tanites de la XXIIIe dynastie, et probablement aussi leurs compétiteurs, suivaient la même politique que les Bubastites et recherchaient comme eux des alliances avec la famille pontificale. Osorkon maria sa fille à Kashto qu'on a toujours considéré comme étant un roi d'Éthiopie, et qui est peut-être, comme le veut M. LAUTH, le ZIT des listes manéthoniennes.[3] Une fille

---

1. LIEBLEIN, *Die ägyptischen Denkmäler*, p. 6—11, pl. 1—2.
2. Voir plus haut, p. 741 du présent mémoire.
3. LAUTH, *Aus Aegyptens Vorzeit*, p. 426—427, qui corrige Ζήτ en Σήτ, Kshato.

d'Osorkon III devait être contemporaine à quelques années près d'un fils de Piônkhi : Kashto aurait été fils de Piônkhi Miamoun que je n'en serais pas surpris. S'il en était ainsi, les Éthiopiens n'auraient fait que suivre la tradition constante des dynastes égyptiens : Kashto, délégué au gouvernement de Thèbes après l'an XXI de son père, aurait consolidé sa position par son mariage avec une princesse qui unissait aux droits des princesses thébaines ceux des rois Bubastites et Tanites. Il n'eut pas le pouvoir à titre de grand-prêtre, mais probablement à titre civil et militaire. Le cartouche qui entoure son nom montre qu'il eut à un moment le pouvoir royal : ce fut sans doute après la mort de Piônkhi, vers le temps où la dynastie Saïte reprit, avec Bocchoris, l'ascendant sur les Éthiopiens, moins sans doute par sa puissance réelle que par des troubles survenus à Napata. Shabakou et Amenertas naquirent du mariage de Kashto avec Shapenouopit II.[1] Le mari d'Amenertas est appelé Piônkhi et avait le cartouche comme son beau-père : son nom ferait croire qu'il était le petit-fils de Piônkhi Miamoun et par suite cousin de sa femme, mais on ne sait rien de positif sur lui, si ce n'est qu'il fut le père de Shapenouopit III. La chronologie de cette petite branche de la famille éthiopienne ne s'agence pas sans difficulté avec la chronologie des autres familles princières du même temps. Psamitik Ier régna certainement cinquante-quatre ans de 666 à 612 : en admettant qu'il eût vingt-cinq ans environ quand il monta sur le trône, il serait né vers 691. D'autre part Amenertas était déjà et pourvue du cartouche en l'an XII de Shabakou, c'est-à-dire entre 720 et 710 probablement :[2] l'absence du nom de Piônkhi pourrait nous faire penser qu'à ce moment elle n'avait pas encore de mari et était par conséquent très jeune, entre quinze et vingt ans. Sa fille Shapenouopit III, qui paraît avoir été le seul de ses enfants qui ait survécu, n'était pas probablement l'aînée : supposons, en effet, qu'elle l'eût été et qu'elle fût née vers 710, elle aurait eu dix-neuf ans au temps de la naissance de Psamitik, et, par suite, aurait été bien vieille au moment où

---

1. E. DE ROUGÉ (*Étude sur quelques monuments du règne de Tahraka,* dans les *Mélanges,* t. I, p. 87 à 88) avait déjà remarqué que Kashto devait être père de Shabakou, d'après la façon dont le nom unique du roi, auquel Shabakou avait dédié le petit temple de Médinét-Habou, et qu'il dit être son père, avait été martelé comme l'est toujours le nom unique de Kashto. Un des passages est donné en entier par CHAMPOLLION, *Notices,* t. I, p. 712 : ; un autre, incomplètement, par CHAMPOLLION, *Notices,* t. I, p. 322 et par LEPSIUS, *Denkm.* V, 1 d. — 2. LEPSIUS, *Denkm.,* V, 1 e.

Psamitik l'aurait épousée. Supposons, au contraire, qu'elle ait été un des derniers enfants d'Amenertas : Amenertas, âgée d'environ vingt ans vers 710, en avait environ quarante en 691 à la date où Psamitik naquit. Shapenouopit pouvait donc ou bien avoir le même âge que son mari ou n'avoir que quatre ou cinq ans de plus que lui. D'autre part, Psamitik ne l'épousa pas probablement l'année même où il monta sur le trône : la Thébaïde était alors au pouvoir des Assyriens, et dans les années qui suivirent, elle appartint aux Éthiopiens, qui l'occupèrent au moins jusque vers 662, puisqu'on a trouvé à Thèbes une inscription de l'an III de Tonouatamon.[1] En plaçant le mariage vers 660, vers l'époque où Shapenouopit avait environ trente-cinq ans, je pense qu'on ne commettra pas trop forte erreur. L'effet de ce mariage fut double. D'un côté, il valut à Psamitik la suzeraineté sur la principauté thébaine : de l'autre, il permit à ce prince de se présenter comme le successeur légitime des Éthiopiens, et surtout de Shabakou, dont Shapenouopit était la petite nièce, dans un pays qui avait toujours eu des sympathies pour les rois de Napata descendants des grands-prêtres d'Amon thébain. Psamitik tint à marquer cette alliance entre le sang saïte et le sang éthiopien par des manifestations particulières. Un monument, provenant d'Athribis et conservé aujourd'hui au Musée de Boulaq, porte gravé sur la corniche les cartouches alternés de Psamitik Ier et de Shabakou;[2] un manche de sistre, acheté à Tell Bastah, et déposé aujourd'hui au Musée de Berlin, présente la même combinaison de cartouches.[3] Il y eut donc un instant où le nouveau roi d'Égypte afficha officiellement, en Basse-Égypte, sa liaison avec les Éthiopiens. Plus tard, il est vrai, le nom de Shabakou fut martelé avec soin, mais nous ne savons pas à quelle époque cette réaction se produisit.

Nitoqrit naquit du mariage de Psamitik Ier avec Shapenouopit III. Sa vie ne présente pas moins de difficultés à résoudre que celle de sa mère. Les monuments que nous avons d'elle nous la montrent comme reine souveraine avec les deux cartouches et le protocole complet , ou bien

---

1. Champollion, *Monuments*, t. IV, pl. CCCXLIX; aujourd'hui à Berlin, *Verzeichniss der ägyptischen Altertümer*, 1886, p. 51, n°s 223—224.
2. Mariette, *Notice* (1864), p. 57, n° 4; Maspero, *Guide*, p. 381, n° 5563.
3. Stern, *Die XXII. manethonische Dynastie*, dans la *Zeitschrift*, 1883, p. 23, note 1.

ou enfin [hieroglyphs],[2]

L'hypogée qui nous a conservé ces légendes date du règne de Psamitik Ier : les cartouches de ce prince en décorent la porte et y sont placés en vedette de façon telle qu'on ne peut admettre qu'un autre prince, Néchao II par exemple, régnât au moment où le tombeau fut décoré. D'autre part, la mère de Nitocris, Shapenouopit n'est nommée qu'incidemment à titre généalogique : les cartouches de Psamitik Ier sont placés parallèlement à ceux de sa fille, et l'on voit, à la manière dont les légendes sont disposées, que les deux souverains sont considérés comme étant égaux en autorité. Nous sommes donc à une époque où Shapenouopit ayant disparu soit par mort, soit par abdication, sa fille Nitoqrit était reine en sa place, à Thèbes et sur les territoires qui formaient la principauté thébaine. La rédaction de son protocole nous révèle une fois de plus l'origine du droit de ces femmes : elle est fille d'Amon, aimée de Mout, Mout dame de beauté, le Râ femelle qui a Tafnouit en ses membres. Elle se réclame donc des grands-prêtres, et, par les grands-prêtres, fait remonter son droit jusqu'aux Ramessides. D'un autre côté, sa qualité de fille de roi lui vaut un protocole royal complet, que n'ont pas celles de ses ancêtres qui n'avaient point pour père un souverain régnant. Le texte déclare de plus qu'elle est [hieroglyphs] *épouse divine*, [hieroglyphs] et même [hieroglyphs] *unie au dieu*.[3] Une autre tombe, peut-être antérieure à celle dont je viens de parler, lui attribue des titres moindres, [hieroglyphs][4] où [hieroglyphs] paraît encore. [hieroglyphs] ne sont pas nécessairement des titres de femmes mariées :[5] toutefois l'accouplement des cartouches de Psamitik et de Nitoqrit au tombeau d'Abi est tel qu'on est tenté de croire avec M. Wiedemann que Psamitik Ier, à la mort de Shapenouopit III, aura épousé la fille qu'il avait eue de cette femme, pour empêcher qu'elle ne portât ses droits héréditaires à un autre que lui.[6] D'ordinaire, on évitait ces

---

1. Champollion, *Notices*, t. I, p. 856; Rosellini, *Mon. stor.*, t. II, p. 137—139; Lepsius, *Denkm.* III, 270 c.
2. Champollion, *Notices*, t. I, p. 855; Lepsius, *Denkm.* III, 270 b.
3. Lepsius, *Denkm.* III, 271 a.
4. Lepsius, *Denkm.* III, 272 a.
5. Voir plus haut, p. 577 du présent mémoire, l'exemple décisif de la petite reine Moutemhâït.
6. Wiedemann, *Aegyptische Geschichte*, p. 622.

unions bizarres en mariant la princesse à l'un de ses frères; s'il n'en a pas été ainsi dans le cas de Nitoqrit, c'est très probablement que Psamitik Ier n'avait pas d'enfant mâle en âge d'être marié quand sa fille devint nubile. Si nous plaçons la naissance de Nitoqrit vers 659, d'après la date de 660 qui a été supposée pour l'époque du mariage de Shapenouopit III,[1] le mariage de Nitoqrit peut être intercalé entre 645 et 639, entre la quatorzième et la vingtième année de la princesse. Néchao ou bien n'aurait pas existé encore à cette époque, ou aurait eu quelques années à peine : Psamitik Ier, déjà cinquentenaire ou peu s'en faut, aurait cru plus prudent de ne pas laisser sans mari une princesse qui avait des droits si considérables, et aurait jugé préférable de la prendre pour lui, puisqu'il ne pouvait la garder pour son fils. Eut-il des enfants d'elle? La réponse à cette question dépend de la réponse qu'on fera à une autre question : la Nitocris de Psamitik Ier est-elle identique à la Nitocris qui est mère d'Onkhnasnofiribrî, femme d'Amasis? Deux hypothèses sont en présence à ce sujet. D'après le plus grand nombre d'égyptologues, il y eut deux Nitoqrit,[2] d'après E. DE ROUGÉ, à l'opinion de qui je me range, ainsi que M. ERMAN, il y en eut une seule.[3]

La place de cette seconde Nitoqrit dans la série serait déterminée par les légendes du sarcophage de sa fille, la reine, Onkhnasnofiribrî. Celles de ces légendes qui contiennent la généalogie complète se lisent : [hieroglyphs] et [hieroglyphs]. Deux ou trois siècles plus tard, le sarcophage fut usurpé par un prêtre Amenhotpou dont M. BUDGE a, le premier, publié la légende.[4] Ce personnage avait pour père un prêtre du même rang que lui [hieroglyphs] MENKOURI, et pour mère la dame [hieroglyphs] SHERITPIMONTOU, dont il intro-

---

1. Voir plus haut, p. 754 du présent mémoire.

2. LEPSIUS, *Ueber die XXII. manethonische Königsdynastie*, p. 303 sqq.; BRUGSCH, *Histoire d'Égypte*, p. 252, 256; WIEDEMANN, *Aegyptische Geschichte*, p. 634, 640; LAUTH, *Aus Aegyptens Vorzeit*, p. 458.

3. E. DE ROUGÉ, *Notice de quelques textes hiéroglyphiques*, p. 51 sqq., où, tout en admettant l'existence d'une seule Nitoqrit, il la donne pour femme à Psamitik II; cfr. ERMAN dans SCHWEINFURTH, *Alte Baureste und hieroglyphische Inschriften in Uadi Gasus*, p. 21—22.

4. E. W. BUDGE, *Inscription of the Royal Scribe Amenhotep*, dans les *Études dédiées à M. Leemans*, p. 43—44.

duisit par vanité le nom dans les cartouches des deux reines et du roi. L'une des légendes que j'ai citées, développée par lui, se lit : [hieroglyphs] «La »défunte épouse divine Ônkhnas[pimentou]nofiribri, fille du roi P[men]sami[nkouri] »tik, dont *la* ([hieroglyph] en surcharge sur [hieroglyph]) mère est Nit[sheritpimontou]oqrit.» L'usurpation est flagrante, et l'existence d'une Nitoqrit-shiritpimontou, distinguée de la première par l'addition de l'épithète Shiritpimontou, ne saurait être admise plus longtemps :[1] il n'y a plus une reine Nitoqrit-shiritpimontou, mais deux personnes différentes, une reine Nitocris et une dame Shiritpimontou qui vivait longtemps après la reine. Ce premier point vidé, la question principale n'en reste pas moins entière : la Nitocris, mère de Onkhnasnofiribrî, est-elle la même que la Nitocris, fille de Psamitik Ier? La légende du sarcophage présente une difficulté d'interprétation qui a exercé à plusieurs reprises la sagacité des égyptologues. E. de Rougé faisait de Takhoti la fille d'Amasis et de la reine Onkhnasnofiribrî, d'Onkhnasnofiribrî la fille de Psamitik II et de Nitocris : Takhoti aurait épousé Psamitik III.[2] Pour Hincks, Takhoti était la fille de Psamitik Ier et de Shapenouopit; elle épousa Néchao dont elle eut Nitocris. Nitocris à son tour eut de Psamitik II Onkhnasnofiribrî, qui eut successivement pour maris Apriès et Amasis : ce dernier eut d'elle Psamitik III.[3] Lepsius tient Takhoti pour femme de Néchao II parallèlement avec Nitokris Ière, Nitocris II pour femme de Psamitik II et mère d'Onkhnasnofiribrî qu'il marie avec Apriès.[4] Brugsch[5] et la plupart des égyptologues ont adopté à quelques détails près l'opinion de Lepsius. Wiedemann[6] admet deux Takhoti, la première femme de Néchao II,

---

[1]. Cette insertion de plusieurs signes dans les cartouches avait été remarquée, dès 1833, par Champollion-Figeac, *Notice sur un sarcophage royal nouvellement découvert en Égypte, et transporté de Thèbes à Paris* (Extrait du *Moniteur* du 25 juillet 1833).

[2]. E. de Rougé, *Notice de quelques textes*, p. 54—55.

[3]. Hincks, *On the Chronology of the XXVIth Dynasty and of the commencement of the XXVIIth*, p. 431, et le tableau de la page 436.

[4]. Lepsius, *Ueber die XXII. manethonische Königsdynastie*, p. 304—308.

[5]. Brugsch, *Histoire d'Égypte*, p. 255—256, sauf pour Onkhnasnofiribrî qu'il fait femme d'Amasis (p. 264) à l'exemple de Rougé.

[6]. Wiedemann, *Aegyptische Geschichte*, p. 604, où l'arbre généalogique de la famille permet de réunir les notions éparses dans le texte. J'ajouterai que le prince Katauiab, donné au même endroit comme fils de Piônkhi et d'Amenertas, n'existe pas : Katauiab est une variante d'une fausse lecture

mère de Psamitik II et de Nitokris II, la seconde fille d'Amasis et d'Onkhnasnofiribrî, femme de Psamitik III; deux Nitocris, la première fille de Psamitik Ier et femme de Néchao, la seconde sœur et femme de Psamitik III; enfin, Onkhnasnofiribrî serait la femme d'Amasis et la mère de Takhoti II. M. ERMAN, le premier, a donné le véritable sens de la formule qui a servi de point de départ à toutes ces interprétations : Onkhnasnofirabrî est pour lui «la fille »du roi Psamitik II, dont la mère est Nitokris, et qui est née de la royale »épouse Takhoti»; Nitokris n'est que la mère adoptive, Takhoti est la mère réelle.[1] Je ne vois pas moyen pour mon compte de traduire autrement que ne l'a fait M. ERMAN, et j'adopte d'autant mieux sa traduction que les résultats historiques auxquels elle conduit concordent exactement avec tous les calculs que j'ai alignés plus haut. Avant tout, il convient d'établir quel est le roi de qui Takhoti fut la femme et Onkhnas la fille. C'est bien certainement Psamitik II; le cartouche ⊙ 𓊖 ♀ ne laisse aucun doute à cet égard, et la fille a reçu un nom formé du prénom du père à qui elle devait la vie 𓊖 𓈖 . Or, Psamitik II régnait de 596 à 591 environ. Si on admet, comme je l'ai supposé plus haut, que Nitokris soit née vers 659, elle aurait eu entre soixante et soixante-dix ans pendant le règne de Psamitik II, et ce n'est pas là une durée de vie invraisemblable en Égypte, loin de là. Les données chronologiques cadrent donc, comme on voit, avec l'interprétation de M. ERMAN : Nitokris, n'ayant plus d'enfants à elle, si jamais elle en avait eu, adopta une petite-fille de son père Psamitik Ier. La raison de cette adoption me paraît ressortir de ce que nous apprennent les monuments thébains contemporains : depuis Amenertas, la lignée ramesside et pontificale s'était amoindrie progressivement et n'avait plus reproduit un nombre suffisant d'enfants pour assurer sa propre continuité. Il ne semble pas qu'il y ait eu à Thèbes d'autre enfant d'Amenertas que Shapenouopit III; celle-ci n'eut qu'une fille qui arriva à l'âge adulte, Nitokris, et Nitokris à son tour n'eut pas d'enfant. Le seul moyen de procurer la perpétuité de la race était donc de prendre une fille du roi régnant et de l'adopter : c'est ce que Nitokris fit en faveur d'Onkhnasnofiribrî. En lui donnant le sein comme

---

Katohet pour Kashta. Katauiab est emprunté aux premiers égyptologues, qui, interprétant mal des légendes de cônes et de scarabées, faisaient du personnage nommé par eux Katohet (ainsi PRISSE, *Notice sur le Musée du Caire*, p. 14, où cependant la parenté réelle est définie pour la première fois) le fils d'Amenertas. — 1. ERMAN, dans SCHWEINFURTH, *Alte Baureste*, p. 22.

les déesses font pour les rois qu'elles adoptent, elle devint sa mère, et justifia le protocole d'après lequel cette princesse est appelée «fille de Psamitik, dont la »mère ⟨⟩ est Nitokris, et qui a été faite ⟨⟩ par la royale épouse principale »Takhoti». Il n'y eut donc qu'une Nitokris qui exerça l'autorité pontificale à Thèbes de Psamitik Ier à Psamitik II au moins, et qui, peut-être, prolongea sa vie et son pouvoir jusque dans le règne d'Apriès.

La destinée de Onkhnasnofiribrî n'est pas moins curieuse que celle de sa mère adoptive. Sa mère réelle Takhoti n'avait probablement aucune attache à la famille thébaine, puisqu'une adoption fut jugée nécessaire pour transmettre à sa fille Onkhnasnofiribrî les droits de Nitokris. D'autre part le nom complet d'Onkhnas renferme le cartouche prénom de son père ⟨⟩, comme partie intégrante et nécessaire au sens; Onkhnas naquit donc quand Psamitik II était déjà roi, soit au plus tôt vers 596, au plus tard vers 591,[1] ou, en admettant qu'elle fût posthume, en 590. Elle était donc âgée d'une vingtaine d'années plus ou moins quand Apriès fût détrôné vers 572. Comme elle avait été adoptée dans l'intervalle par Nitokris, il est probable qu'Apriès l'épousa dès qu'elle fut nubile, afin de s'attribuer les droits qu'elle avait sur la principauté de Thèbes, mais rien jusqu'à présent ne prouve qu'il le fit. En tout cas Amasis la prit certainement pour femme, soit dès son avènement, soit un peu plus tard. Même en admettant qu'il ne se pressa pas de conclure cette union, on ne saurait admettre qu'il tarda assez longtemps pour qu'elle fût arrivée, au moment où le mariage s'accomplit, à un âge tellement avancé qu'elle eût cessé de pouvoir devenir mère. On ne connaît pourtant aucun enfant d'Amasis et d'Onkhnas, et si l'on se rappelle que déjà Nitokris n'eut pas de postérité, on peut se demander si cette sterilité n'était pas voulue, et si Amasis, comme ses prédécesseurs, n'avait pas le désir de laisser s'éteindre la race pontificale et de prendre pleine possession de la Thébaïde. Qu'il eût ou non cette intention, le fait n'en est pas moins certain, et après Onkhnas on ne trouve plus à Thèbes aucune princesse héréditaire : la lignée féminine des Ramessides, entretenue avec tant de soin pendant six siècles par les grands-prêtres, par les Bubastites, par les Éthiopiens, par les Saïtes, s'éteignit avec elle, au moins en Égypte.

1. HINCKS, *On the Chronology of the XXVIth Dynasty*, p. 433, prend la moyenne 594 pour la date de la naissance.

Ces quatre femmes AMENERTAS, SHAPENOUOPIT III, NITOQRIT, ONKHNASNOFIRIBRÎ représentent le gouvernement officiel de Thèbes pendant le dernier siècle de l'indépendance égyptienne; mais par qui le pouvoir effectif était-il exercé? Le moindre coup d'œil jeté sur les monuments nous montre qu'à côté de chacune d'elles il y avait un ou plusieurs hommes qui exerçaient la réalité du pouvoir. A côté d'Amenertas, deux rois nous apparaissent, Shabakou et Piônkhi, dont il s'agit de déterminer la position. Tous les deux appartiennent à la dynastie éthiopienne, mais les monuments nous montrent entre les deux une différence sensible : Amenertas se vante d'être fille royale de Kashto, sœur royale de Shabakou, puis ⟨hieroglyphs⟩, c'est-à-dire qu'elle prend le protocole complet des princesses thébaines mariées, comme aussi Shapenouopit, Nitoqrit, Onkhnasnofiribrî, qui ne s'appellent jamais ⟨hieroglyphs⟩, préférant le titre pontifical *Divine épouse*, au titre laïque *Royale épouse*.[1] Or dans ses premiers monuments, elle n'a à côté d'elle d'autre nom que ceux de son frère, et l'inscription de l'an XII, gravée sur les rochers de Hammamât, est conçue de telle sorte que la date s'applique à elle comme à son frère :[2] la conclusion de ces observations, c'est que, selon l'usage, elle avait épousé son frère et lui avait apporté les droits qu'elle tenait de sa mère sur la principauté thébaine. Elle n'eut pas d'enfants de ce mariage; ou, si elle en eut, ils ne vécurent pas longtemps et nous sont demeurés inconnus. A la mort de Shabakou, il ne semble pas que Shabitkou l'ait épousée, du moins, on ne la rencontre nulle part en rapport avec lui,[3] bien que les souvenirs de Shabitkou soient relativement

---

1. M. DE ROUGÉ, faute d'avoir observé ce fait particulier à nos princesses thébaines, avait conclu de l'absence du titre ⟨hieroglyphs⟩ que Shabakou n'avait pas épousé sa sœur (*Études sur quelques monuments du règne de Tahraka*, dans les *Mélanges*, t. I, p. 88).

2. LEPSIUS, *Denkm.*, V, 1 e; cfr. p. 753 du présent mémoire. L'inscription de l'Ouady-Gasous nous fournit une date d'Amenertas et une autre de Shapenouopit (SCHWEINFURTH-ERMAN, *Alte Baureste*, pl. II, et p. 19, 21). Elle est mentionnée à côté de Shabakou dans MARIETTE, *Karnak*, pl. 45, c-e.

3. La stèle de Turin que PLEYTE a signalée, le premier je crois, est fausse, comme j'ai pu le constater par moi-même : elle sort des ateliers de Louxor, très probablement de ceux du prêtre Mikhaïl, chez qui j'ai vu des stèles fausses de même style. Le registre supérieur, qui contient des serpents et la figure d'Hor-Sit, est copié sur les bas-reliefs du tombeau de Séti Ier; les figures royales reproduisent la scène qu'on trouve sur un certain nombre de stèles représentant la famille d'Ahmos Ier et de Nofritari, seulement, pour en rehausser la valeur, les faussaires ont pris soit au *Königsbuch*, soit aux planches de l'*Histoire* de BRUGSCH, dont il y a plusieurs exemplaires à Louxor, les cartouches de la XXVe dynastie, mais en oubliant les marques de filiation (cfr. PLEYTE, *Ueber zwei Darstellungen des Gottes Horus-Set*, dans la *Zeitschrift*, 1876, p. 49—52).

nombreux à Thèbes. Le règne de Shabitkou paraît du reste avoir été troublé, au moins vers la fin, par des révoltes soit en Égypte, soit en Éthiopie : c'est sans doute à ce moment qu'un prince d'origine éthiopienne, Piônkhi épousa Amenertas. Le cartouche dont il enveloppe son nom montre qu'il était de rang royal : on voit en effet, par la stèle de Piônkhi Miamoun, que les princes les plus puissants, comme Tafnakhti, n'avaient pas droit au cartouche, s'ils n'appartenaient pas à la famille des Pharaons régnants. La race royale à laquelle ce Piônkhi se rattachait est l'éthiopienne; on n'en saurait douter, d'après le nom qu'il porte, et il était probablement petit-fils du conquérant Piônkhi. Il vivait et régnait à Thèbes entre 705 et 690, comme l'indiquent les calculs que j'ai établis plus haut pour déterminer approximativement la date de la naissance de sa fille Shapenouopit III.[1] Il dut avoir un moment d'indépendance réelle, dans les dernières années du règne de Shabitkou, avant la conquête de l'Égypte par Taharqou de 700 à 692. Si vraiment le roi de la stèle C 100 du Louvre et du fragment de Boulaq s'était appelé Piônkhi, comme le veulent la plupart des égyptologues, il était identique au Piônkhi d'Amenertas,[2] on pourrait croire qu'il prit le prénom de Menkhopirrî, moins peut-être en souvenir de Thoutmos III que du grand-prêtre de la XXIᵉ dynastie qui s'était appelé de la sorte. Il aurait eu alors pour femme ou pour fille une Moutertas, qui était déjà grande à en juger par la manière dont il parle de ses charmes,[3] mais qui n'était certainement pas de la famille des prêtresses d'Amon; elle ne porte aucun des titres familiers à ces femmes, mais ceux de *Fille royale, prêtresse de Mout, prêtresse d'Hathor*, qui appartiennent aux princesses ordinaires. Je dois avouer toutefois que la lecture Piônkhi n'est rien moins que certaine, non plus que celles de Séti[4] et de Pepi[5] qui ont été proposées. Après avoir de nouveau examiné la pierre, je crois reconnaître les traces d'un ⊙ et d'un ⚋ très effacées dans le second car-

---

1. Voir plus haut, p. 753—754 du présent mémoire.

2. E. DE ROUGÉ, *Notice de quelques textes hiéroglyphiques*, p. 43—46, *Notice sommaire des Monuments égyptiens*, 1855, p. 39; GREENE, *Fouilles exécutées à Thèbes dans l'année 1855*, p. 9 sqq.; MARIETTE, *Lettre à M. le Vicomte de Rougé sur une stèle trouvée au Gebel-Barkal*, p. 57 sqq., et *Karnak, Texte*, p. 70; WIEDEMANN, *Aegyptische Geschichte*, p. 588.

3. Stèle C 100 du Louvre dans PRISSE D'AVENNES, *Monuments*, pl. IV, a.

4. MARIETTE, *Lettre à M. le Vicomte de Rougé*, p. 8—9, où l'identification est proposée de ce Séti avec le Zῆτ de Manéthon; cfr. HINCKS, *On the Assyrian Sacking of Thebes*, dans la *Zeitschrift*, 1866, p. 2.

5. MASPERO, *Notes sur quelques points de Grammaire et d'Histoire*, dans la *Zeitschrift*, 1879, p. 53 sqq.

touche : notre roi se serait donc appelé 𓉗𓏏𓏏 et ce serait à lui qu'il faudrait rapporter les scarabées où le nom de 𓉗𓏏𓏏 est accolé à celui de 𓉗𓁷.[1] Peut-être ce Râminî ou Menirî fut-il contemporain des premières années de Taharqou; peut-être faut-il le placer un peu plus haut entre Piônkhi Miamoun et Shabakou. Quoi qu'il en soit de ces hypothèses, on ne sait ce qu'Amenertas devint pendant le règne de Taharqou. Ce Pharaon fut assisté à la dédicace du temple qu'il construisit à Karnak par une 𓇓𓏏 qui est qualifiée 𓇓𓏏𓇓𓏤𓏤, de 𓇓𓏏𓇓𓈖, et qui, par conséquent, est de la famille sacerdotale. C'est peut-être Amenertas ou sa fille Shapenouopit, mais le nom est effacé.[2] Deux ou trois circonstances m'inclinent pourtant à croire que nous sommes plutôt en face d'Amenertas : les allusions perpétuelles au couronnement et à l'avènement de Taharqou, puis la présence d'un gouverneur de Thèbes, Harmhabi, différent de celui qui commandait à Thèbes dans les dernières années du règne, Mentoumhît.[3]

C'est qu'en effet à côté des rois, des reines et des princesses sacerdotales, il y avait toujours un grand seigneur qui administrait les affaires de la ville et de la principauté. Ce personnage, commandant militaire et administrateur civil, véritable prince au moyen-Empire, puis simple gouverneur sous les premières dynasties thébaines, effacé par les grands-prêtres d'Amon, avait repris son influence après la suppression du pontificat. Jusqu'à présent, on connaît deux de ces régents pour la partie du pontificat d'Amenertas ou de Shopenouopit III qui correspond au règne de Taharqou, 𓅂𓎛𓃀 Harmhabi que je viens de mentionner et 𓏠𓈖𓏏𓎛 Montoumhît. Le premier est 𓊽𓂝 et a plusieurs fonctions sacerdotales, malheureusement mutilées,[4] le second est beaucoup plus connu que le premier; c'est le Mantimiahe des documents assyriens, qu'Asshourbanipal considéra comme roi *(sharrou)* de Thèbes, ce qu'il était en fait sinon en titre. Il avait

---

1. Maspero, *Notes*, dans la *Zeitschrift*, p. 69; cfr. Wiedemann, *Aegyptische Geschichte*, p. 537, note 8.
2. M. de Rougé a pensé qu'il s'agissait de la mère de Taharqou (*Étude sur quelques monuments*, dans les *Mélanges*, t. I, p. 16); mais la mère de Taharqou a un protocole tout différent de celui des 𓇓𓏏 𓇓𓏏, où elle est appelée «Royale sœur, palme d'amour, royale mère» etc.
3. La reine Pkersali de la stèle de Bologne (Kminek-Szedlo, *Saggio Filologico*, pl. IX, 5 et p. 79—80; Wiedemann, *The Queen Pekersala of the beginning of the Saitic Period* dans les *Proceedings*, 1885 à 1886, p. 31—35, et *Aegyptische Geschichte*, p. 599) est peut-être une femme de Taharqou.
4. Prisse d'Avennes, *Monuments*, pl. XXXII, 2.

eu pour père un Nsimin, [hieroglyphs] qui était, comme on voit, gouverneur de Thèbes.[1] Nsimin eut, outre Montoumhît, deux filles au moins dont l'une s'appelait Amenertas[2] comme la princesse et dont l'autre, Bibiout, épousa un prêtre de Montou thébain, fils et petit-fils de gouverneurs de Thèbes,[3] si bien que, grâce à ces généalogies, on peut établir assez exactement la série suivante de hauts fonctionnaires :

Prophète d'Amon, nomarque HARSIISI
|
Prophète d'Amon, nomarque KHAMA   Prophète d'Amon, nomarque NSIMIN.
| _____
Prophète de Montou PETEMEN   BIBIOUT   AMENERTAS   MONTOUMHÎT
      la dame TSIZAT.   nomarque
                                                             de Thèbes

L'exemple de Mentoumhît montre quel rôle jouaient les gouverneurs de Thèbes. Ils pouvaient consacrer des chapelles et y mettre leur nom; ils avaient assez d'autorité pour que les Assyriens les traitassent en véritables princes vassaux. Sous Psamitik et sous ses successeurs, ils paraissent avoir partagé le pouvoir avec des personnages d'autre sorte. Les prêtresses d'Amon avaient une maison princière, remplie d'un personnel nombreux de [hieroglyph] «gens admis au harem», administré par un «gouverneur des gens admis au harem». On en connaît déjà un au moins qui fut attaché à la personne d'Amenertas, HAROUA qui s'intitule [hieroglyphs] [hieroglyphs] fils du scribe Pétémout.[4] Les inscriptions nous font connaître la plupart de ceux de ces personnages qui assistèrent Shapenouopit, Nitoqrit et Onkhnasnofiribrî. Sous Psamitik Ier, on trouve le [hieroglyphs], [hieroglyphs] ABI, qui s'intitule également [hieroglyphs], ce qui montre des attaches au roi Psamitik aussi bien qu'à la princesse;[5] sous Néchao et ses successeurs on a le [hieroglyphs]

---

1. LIEBLEIN, *Dictionnaire*, p. 358, n° 1094; p. 366, n°s 1119, 1120; p. 367, n° 1121.
2. LIEBLEIN, *Dictionnaire*, p. 366, n°s 1119, 1120; p. 367, n° 112.
3. LIEBLEIN, *Dictionnaire*, p. 358, n° 1094.
4. Sur ce personnage voir GREENE, *Fouilles exécutées à Thèbes*, p. 11; EBERS, *Die naophore Statue des Harual*, dans la *Zeitschrift der deutschen morgenl. Gesellsch.*, 1873, p. 13 sqq.; PIEHL, *Une inscription de l'époque Saïte* (extrait du *Journal Asiatique*, 1881). Sa tombe dans CHAMPOLLION, *Notices*, t. I, p. 551—552.
5. Son tombeau, dans CHAMPOLLION, *Notices*, t. I, p. 553—556, 855—858.

Ouhibrî, dont le fils Psamitik fut simplement attaché à la reine, mais dont le petit-fils [hieroglyphs] Peténit et l'arrière petit-fils [hieroglyphs] Sheshonq héritèrent l'emploi.[1] Je ne fais que signaler ces personnages qui furent pourtant les véritables maîtres de Thèbes à cette époque : on les voit derrière la princesse, sur les murs des monuments qu'elle consacre, et ils avaient sans doute en mains les pouvoirs nécessaires pour empêcher toute velléité de mariage ou de révolte contraire aux intérêts du roi. Une étude de leurs fonctions m'entraînerait trop loin.

J'arrête ici ce mémoire. La dernière partie au moins ne se rattache pas directement à l'étude des momies de Déir el-Baharî : j'ai cru pourtant qu'on me saurait gré de l'entreprendre. L'histoire des fiefs de l'Égypte a été si peu étudiée, malgré les documents nombreux dont on dispose pour le faire, que j'ai pensé qu'il y aurait profit, sinon à réunir tout ce que nous connaissons de la principauté thébaine, au moins à en retracer les destinées pendant tout le temps qu'elle resta entre les mains des grands-prêtres et de leur famille. J'ai tâché d'établir le cadre : j'espère que d'autres réussiront à le remplir.

Paris, le 2 juillet 1887.

---

1. La généalogie de cette famille dans Lepsius, *Königsbuch*, t. XLVII, n°s 621—627. L'aïeule Moutiritis n'est certainement pas, comme le voudrait Lepsius, la même que la fille royale Moutiritis mentionnée sur la stèle C 100 du Louvre.

APPENDICE.

I.

PROCÈS-VERBAL DE L'OUVERTURE DES MOMIES DE RAMSÈS II ET RAMSÈS III.

L'an 1886 et le 1er juin, correspondant au 28 de Chaaban 1303 de l'hégire, à 9 heures du matin,

Par ordre et en présence de S. A. Mohammed-Pacha-Thewfik, khédive d'Égypte,

Et en présence de LL. Exc. Moukhtar-Pacha-Ghazi, haut-commissaire de S. H. le Sultan; Henry Drummond Wolf, haut-commissaire de Sa Majesté Britannique; Nubar-Pacha, président du Conseil des ministres; Abd-el-Kader-Pacha-Hilmy, ministre de l'intérieur; Moustapha-Pacha-Fehmy, ministre des finances; Abdourrahman-Pacha-Rouchdy, ministre des travaux publics et de l'instruction publique; de Khitrowo, agent et consul général de Russie; Khairi-Pacha, directeur de la Maïeh de S. A. le Khédive; Zoulfikar-Pacha, grand maître des cérémonies de S. A. le Khédive; Salem-Pacha, médecin de S. A. le Khédive; Abdallah-Bey-Fawzy et Ahmed-Bey-Hamdy, aides de camp de S. A. le Khédive; Chouki-Bey, Daninos-Bey, Takla-Bey, Walpole, Abaza;

Par les soins de MM. Gaston Maspero, directeur général des fouilles et antiquités de l'Égypte; Émile Brugsch-Bey, conservateur, et Urbain Bouriant, conservateur adjoint du Musée de Boulaq, il a été procédé, dans la salle dite *des momies royales*, au dépouillement des deux momies qui portent au catalogue imprimé les n°s 5229 et 5233, et proviennent de la cachette de Déïr el-Baharî.

La momie n° 5233, extraite la première de sa cage en verre, est celle de Ramsès II Sésostris, comme en font foi les procès-verbaux des années VI du grand-prêtre d'Amon, Hrihor, et XVI du Pharaon Siamon; X, sous le grand-prêtre d'Amon, Pinotmou Ier, tracés à l'encre noire sur le couvercle en bois du cercueil;

XVI, sous le grand-prêtre d'Amon, Pinotmou Ier, tracé sur un premier linceul à l'endroit de la poitrine. La présence de cette dernière inscription une fois constatée par S. A. le Khédive et par les hautes personnes réunies dans la salle, la première enveloppe fut enlevée, et l'on découvrit successivement une bande d'étoffe, large d'environ 20 centimètres, enroulée autour du corps, puis un second linceul cousu et maintenu d'espace en espace par des bandes étroites, puis deux épaisseurs de bandelettes et une pièce de toile fine tendue de la tête aux pieds. Une image de la déesse Nouït, d'environ un mètre, y est dessinée en couleur rouge et noire, ainsi que le prescrivait le rituel : le profil de la déesse rappelle, à s'y méprendre, le profil pur et délicat de Séti Ier, tel que nous le font connaître les bas-reliefs de Thèbes et d'Abydos. Une bande nouvelle était placée sous cette amulette, puis une couche de pièces de toile pliées en carré et maculées par la matière bitumineuse dont les embaumeurs s'étaient servis. Cette dernière enveloppe écartée, Ramsès II apparut. Il est grand,[1] bien conformé, parfaitement symétrique. La tête est allongée, petite par rapport au corps. Le sommet du crâne est entièrement dénudé. Les cheveux, rares sur les tempes, s'épaississent à la nuque et forment de véritables mèches lisses et droites, d'environ cinq centimètres de longueur : blancs au moment de la mort, ils ont été teints en jaune clair par les parfums. Le front est bas, étroit, l'arcade sourcilière saillante, le sourcil blanc et fourni, l'œil petit et rapproché du nez, le nez long, mince, busqué comme le nez des Bourbons, légèrement écrasé au bout par la pression du maillot, la tempe creuse, la pommette proéminente, l'oreille ronde, finement ourlée, écartée de la tête, percée d'un trou comme celle d'une femme pour y accrocher des pendants, la mâchoire forte et puissante, le menton très haut. La bouche, largement fendue, est bordée de lèvres épaisses et charnues; elle était remplie d'une pâte noirâtre, dont une partie, détachée au ciseau, a laissé entrevoir quelques dents très usées et très friables, mais blanches et bien entretenues. La moustache et la barbe, peu fournies et rasées avec soin pendant la vie, avaient crû au cours de la dernière maladie ou après la mort; les poils, blancs comme ceux de la chevelure et des sourcils, mais rudes et hérissés, ont une longueur de deux ou trois millimètres. La peau est d'un jaune terreux, plaquée de noir. En résumé, le masque de la

---

[1]. Même après le tassement des vertèbres et la rétraction produite par la momification, il mesure encore 1^m 72.

momie donne très suffisamment l'idée de ce qu'était le masque du roi vivant : une expression peu intelligente, peut-être légèrement bestiale, mais de la fierté, de l'obstination et un air de majesté souveraine qui perce encore sous l'appareil grotesque de l'embaumement. Le reste du corps n'est pas moins bien conservé que la tête, mais la réduction des chairs en a modifié plus profondément l'aspect extérieur. Le cou n'a plus que le diamètre de la colonne vertébrale. La poitrine est ample, les épaules sont hautes, les bras croisés sur la poitrine, les mains longues, fines, et rougies de henné, les ongles très beaux, taillés à la hauteur de la chair et soignés comme ceux d'une petite-maîtresse; la plaie par laquelle les embaumeurs avaient ôté les viscères s'ouvre béante au flanc gauche. Les parties génitales ont été enlevées à l'aide d'un instrument tranchant, et probablement, selon un usage assez répandu, ensevelies à part dans le creux d'un Osiris en bois. Les cuisses et les jambes sont décharnées, les pieds longs, minces, un peu plats, frottés de henné comme les mains. Les os sont faibles et fragiles, les muscles sont atrophiés par dégénérescence sénile : on sait, en effet, que Ramsès II régna nombre d'années avec son père Séti Ier, soixante-sept ans seul, et dut mourir presque centenaire.

Le dépouillement de la momie de Ramsès II n'avait pas exigé plus d'un quart d'heure. Après un repos de quelques instants, vers 10 heures moins 10 minutes, la momie n° 5229 fut retirée à son tour de la cage en verre. Elle avait été trouvée dans le grand sarcophage n° 5247, ainsi qu'une autre momie sale et déguenillée. Comme le sarcophage porte le nom de Nofritari, femme du roi Ahmos Ier de la dix-huitième dynastie, on en avait conclu que la momie n° 5229 était celle de cette reine. L'autre momie aurait appartenu à une princesse encore inconnue et aurait été placée à côté de Nofritari par les prêtres chargés de cacher les cercueils royaux dans le trou de Déir el-Baharî. Reléguée aux magasins du Musée, elle acheva de s'y corrompre, et répandit bientôt une telle odeur qu'il devint nécessaire de s'en débarrasser. On l'ouvrit donc, et on reconnut qu'elle était emmaillottée avec soin, mais le cadavre fut à peine exposé à l'air qu'il tomba littéralement en putréfaction et se mit à suinter un pus noirâtre d'une puanteur insupportable. On constata que c'était une femme d'âge mûr et de taille moyenne, appartenant à la race blanche. Les bandelettes n'avaient aucune trace d'écriture, mais un lambeau d'étoffe découvert dans le sarcophage n° 5247 avait une scène d'adoration du roi Ramsès III à deux formes d'Amon. Une courte légende, mi-partie en hiéroglyphes cursifs, mi-partie en hiératique, nous apprit que le linge ainsi décoré était un don du chef blanchisseur de la maison royale, et on pensa que la momie anonyme était celle d'une des nombreuses sœurs, femmes ou filles de Ramsès III.

La momie n° 5229 était enveloppée proprement d'une toile de couleur orange, fixée par des bandelettes de toile ordinaire. Elle ne portait aucune inscription apparente; on voyait seulement autour de la tête un bandeau couvert de figures mystiques. M. Maspero rappela à S. A. le Khédive que Nofritari est représentée peinte en noir dans certains tableaux, mais que d'autres monuments lui attribuent le teint jaune et les cheveux lisses des femmes égyptiennes. De là des discussions interminables entre les égyptologues, les uns prétendant que la reine était une négresse, les autres affirmant que la couleur noire de son visage et de son corps était une simple fiction des prêtres : son culte, très répandu à Thèbes, en faisait une forme d'Athor, la déesse noire, la déesse de la mort et des ténèbres. L'ouverture de la momie n° 5229 allait probablement résoudre à tout jamais ce problème d'histoire. La toile orange détachée, on aperçut, sur le linceul en toile blanche qui venait immédiatement au-dessous, une inscription en quatre lignes : «L'an XIII et le second mois de Shomou, le 28, ce jour-là, le premier prophète d'Amon, roi des dieux, Pinotmou, fils du premier prophète d'Amon, Piônkh, le scribe du temple Zosersoukhonsou, et le scribe de la nécropole Boutehamon, allèrent restaurer le défunt roi Ousirmarî-Mîamoun et l'établir pour l'éternité.» Ce qu'on avait pris jusqu'alors pour Nofritari était donc le cadavre de Ramsès III, et la momie anonyme était sans doute Nofritari. Ce point constaté, Ramsès III fut dressé sur ses pieds et photographié dans son costume de bandelettes. Si courte que fût la pause, elle parut longue encore au gré des spectateurs. La péripétie qui substituait un des grands conquérants de l'Égypte à la reine la plus vénérée de la XVIIIe dynastie les avait surpris et excités au plus haut degré : le dépouillement recommença au milieu de l'impatience générale. Tous avaient quitté leurs places et se pressaient pêle-mêle autour des opérateurs. Trois épaisseurs de bandelettes disparurent rapidement, puis on fut arrêté par un maillot de canevas cousu et enduit de poix; puis, cette gaîne fendue à coups de ciseau, de nouvelles couches de linge se firent jour à travers l'ouverture; la momie semblait fondre et se dérober sous nos doigts. Quelques-unes des toiles portaient des tableaux et des légendes à l'encre noire : le dieu Amon est assis sur son trône, et, au-dessous, une ligne d'hiéroglyphes nous apprend que cette bandelette a été fabriquée et offerte par un dévot du temps ou par une princesse de sang royal, «par la dame-chanteuse d'Amon-Râ, roi des dieux, Faïtâatnimout, fille du premier prophète d'Amon Piônkh, pour que le dieu Amon lui accordât vie, santé et force.» Deux pectoraux se dissimulaient sous les plis de l'étoffe : le premier, en bois doré, n'avait que la représentation ordinaire d'Isis et Nephthys adorant le Soleil; mais l'autre, en or pur, était au nom de Ramsès III. Une dernière gaine de canevas poissé, un dernier linceul de toile rouge, un désappointement vivement ressenti par l'assistance : la face était noyée dans une masse compacte de goudron qui empêchait d'en distinguer les traits. A 11 heures 20 minutes, S. A. le Khédive quitta la salle.

Les opérations furent reprises dans l'après-midi du même jour et dans la matinée du 3 juin. Un nouvel examen des bandelettes permit de reconnaître des inscriptions sur deux d'entre elles : la première est datée de l'an IX, la seconde de l'an X, sous le grand-prêtre d'Amon, Pinotmou Ier. Le goudron, attaqué prudemment au ciseau par M. ALEXANDRE BARSANTI, sculpteur adjoint au Musée, se détacha peu à peu. Les traits sont moins bien conservés que ceux de Ramsès II; on peut cependant recomposer, jusqu'à un certain point, le portrait du conquérant. La tête et la face sont rasées de près et ne montrent aucune trace de cheveux ou de barbe. Le front, sans être ni très large, ni très haut, est mieux proportionné que celui de Ramsès II; l'arcade sourcilière est moins forte, les pommettes sont moins saillantes, le nez moins arqué, le menton et la mâchoire moins lourds. Les yeux étaient peut-être plus grands, mais on ne peut rien affirmer à cet égard : les paupières avaient été arrachées, la cavité avait été vidée, puis remplie de chiffons. L'oreille est moins écartée du crâne que celle de Ramsès II; elle est percée pour recevoir des pendants. La bouche est démesurément grande, les lèvres minces laissent apercevoir des dents blanches et bien rangées; la première molaire de droite semble s'être brisée à moitié ou s'être plus vite usée que les autres. Le corps, vigoureux et bien musclé, est celui d'un homme de soixante ou soixante-cinq ans. La peau ridée forme derrière la nuque, sous le menton, aux hanches, aux articulations, des plis énormes imbriqués l'un sur l'autre : le roi était obèse au moment de la mort. Bref, Ramsès III est comme une imitation réduite et floue de Ramsès II; la physionomie est plus fine et, somme toute, plus intelligente; mais la taille est moins haute, les épaules sont moins larges, la vigueur était moindre. Ce qu'il était lui-même à la personne, son règne l'est au règne de Ramsès II : des guerres, non plus à distance, en Syrie ou en Éthiopie, mais aux bouches du Nil et sur les frontières de l'Égypte; des constructions, mais de mauvais style et d'exécution hâtive; une piété aussi fastueuse, mais avec des ressources moindres, une vanité aussi effrénée, et un désir tel de copier en tout son illustre prédécesseur, qu'il donna à ses fils les noms des fils de Ramsès II et presque dans le même ordre.

Les deux momies, replacées dans leurs cages après une légère préparation, seront désormais exposées à visage découvert comme celle du prêtre Nibsoni.[1]

Fait à Boulaq, le 3 juin 1886.

G. MASPERO.

II.

PROCÈS-VERBAL DE L'OUVERTURE DES MOMIES DE SOQNOUNRÎ-TIOUAQEN ET DE SÉTI Ier.

L'an 1886 et le 9 juin, correspondant au 7 de Ramadhan 1303 de l'hégire, à 9 heures du matin,

En présence de MM. le Général STEPHENSON, commandant l'armée anglaise d'occupation, GARNIER DE HELDEWIER, agent et consul-général de Belgique en Égypte, le Général COMTE DELLA SALA PACHA et madame DELLA SALA, EUGÈNE GRÉBAUT, directeur des fouilles et antiquités de l'Égypte, Dr FOUQUET de la Faculté de Médecine de Paris, INSINGER, HERVÉ BAZIL;

Par les soins de MM. GASTON MASPERO, ancien directeur général des fouilles et antiquités de l'Égypte, ÉMILE BRUGSCH-BEY, conservateur et URBAIN BOURIANT,

---

[1]. La minute originale de ce procès-verbal, revêtue de la signature de S. A. le Khédive, a été déposée sur le bureau de l'Académie dans la séance du vendredi 16 juillet, et est conservée aux archives de l'Institut.

conservateur adjoint du Musée de Boulaq, il a été procédé, dans la salle dite *salle copte*, au dépouillement des deux momies qui portent au catalogue imprimé les n°ˢ 5227 et 5232, et qui proviennent de la cachette de Déir el-Baharî.

La momie n° 5227, extraite la première de sa cage en verre, est celle du roi Soqnounrî-Tiouâqen de la XVIIᵉ dynastie thébaine, ainsi qu'il résulte de l'inscription tracée sur le couvercle du cercueil à l'encre rouge, puis retouchée à la pointe. Deux grands linceuls en toile grossière, mal attachés, la revêtaient des pieds à la tête, puis on rencontra quelques pièces de linge négligemment roulées et des tampons de chiffons maintenus par des bandelettes, le tout gras au toucher et pénétré d'une odeur fétide. Ces premières enveloppes une fois levées, il nous resta entre les mains une sorte de fuseau d'étoffe, long d'environ 1ᵐ 82 et tellement mince qu'il semblait impossible qu'un corps humain pût y trouver place. Les deux dernières épaisseurs de toile étaient collées l'une à l'autre par les parfums et adhéraient étroitement à la peau : on les fendit au couteau et le corps entier parut au jour. La tête était renversée en arrière et inclinée fortement sur la gauche, de longues mèches de cheveux éparses sur le front cachaient à demi une large plaie qui traversait la tempe droite un peu au-dessus de l'arcade sourcilière. Les lèvres, grand ouvertes, étaient rétractées de manière à former un anneau presque rond à travers lequel sortent les dents de devant et les gencives; la langue était prise et mordue entre les dents. Les traits, contractés violemment, portaient encore une expression d'angoisse très reconnaissable. Un examen minutieux révéla l'existence de deux autres blessures. L'une, faite par une masse ou par une hache d'armes, avait entamé la joue gauche et brisé la mâchoire inférieure; les dents de côté étaient à découvert. L'autre, dissimulée par les cheveux, s'ouvre au sommet de la tête un peu au-dessus de la blessure du front; un coup de hache, dirigé de haut en bas, avait détaché un énorme copeau d'os et produit dans la boîte du crâne une longue fente par laquelle partie du cerveau avait dû s'écouler. La position et l'aspect des blessures permettent de rétablir d'une manière presque certaine la scène finale de la vie du roi. Tiouâqen, atteint une première fois à la mâchoire, tombe étourdi : les ennemis se précipitent sur lui, et deux coups portés tandis qu'il est à terre, l'un de hache au sommet du crâne, l'autre de lance ou de dague au-dessus de l'œil, l'achèvent presque aussitôt. Nous savions qu'il avait fait la guerre aux Pasteurs, nous ne savions pas qu'il fût mort sur le champ de bataille. Les Égyptiens sortirent vainqueurs du combat qui s'engagea autour de leur chef, puisqu'ils réussirent à le relever et à l'emporter. Le corps, momifié rapidement sur place, fut expédié à Thèbes où il reçut la sépulture. Ces détails nous expliquent et l'aspect saisissant qu'il présente, et les irrégularités qu'on remarque dans l'embaumement. La poitrine et les côtes, serrées à outrance par des gens pressés, se sont brisées et ne forment plus qu'un paquet de débris noirâtres, au milieu duquel les vertèbres sont éparses. Le bassin est en pièces, les bras et les jambes sont désarticulés. La décomposition avait dû commencer déjà au moment où les embaumeurs se mirent à l'œuvre : une large plaque blanchâtre entoure la plaie du front et semble n'être qu'un épanchement de cervelle mortifiée. La momie, préparée à la hâte, n'a pas bien résisté aux influences destructrices du dehors, les vers en ont percé l'enveloppe et des larves de nécrophore ont laissé leurs coques par centaines dans les tresses de cheveux et dans les replis du bras. Tiouâqen avait environ quarante ans quand il succomba. Il était grand, élancé, d'une vigueur remarquable à en juger par ce qui reste des muscles de l'épaule et du thorax. Il avait la tête petite et allongée en tonneau, bien garnie de cheveux noirs, minces, ronds, frisés en longues mèches; l'œil était grand et enfoncé, le nez droit et large à la racine, les pommettes proéminentes, la mâchoire forte, la bouche moyenne, un peu avancée, garnie de dents saines et d'un bel émail. L'oreille a disparu et l'on ne voit aucune trace de barbe, ni de moustache. Tiouâqen devait ressembler singulièrement aux Barabras d'aujourd'hui, et tout en lui semble indiquer une race mélangée de moins d'éléments étrangers que celle de Ramsès.

Le cercueil n° 5232 renfermait la momie de Séti Ier, troisième roi de la XIXe dynastie et père de Ramsès II, comme en font foi les procès verbaux de l'an VI, de l'an XVI de Siamon et de l'an X enregistrés sur le couvercle. L'appareil de bandelettes et de linceuls qui la cachait était disposé de la même façon que sur la momie de Ramsès II; à moitié environ de l'épaisseur totale, une inscription hiératique en deux lignes, tracée à l'encre noire, nous apprit que «l'an IX, le deu-»xième mois de Pirit, le 16, fut le jour où on rhabilla le roi Menmârî, v. s. f.». Une autre inscription tracée sur une des bandelettes ajoute que le linge employé à l'emmaillottement avait été fabriqué par le premier prophète d'Amonrâ Menkhopirrî, en l'an VI, ce qui nous fournit la date de la dernière restauration subie par la momie du conquérant. Le corps présente à peu près le même aspect que celui de Ramsès II, long, décharné, jaune-noir, les bras croisés sur la poitrine; les parties génitales ont été détachées à l'aide d'un instrument tranchant. La tête était couverte d'un masque épais de toile fine, noirci par le goudron, et qu'on dut enlever au ciseau. M. ALEXANDRE BARSANTI, chargé de cette délicate opération, tira de cette masse informe la plus jolie tête de momie qu'on eût jamais vue au Musée. Les sculpteurs de Thèbes et d'Abydos ne flattaient pas notre Pharaon quand ils lui donnaient ce profil délicat, doux et souriant que les voyageurs admirent : la momie a conservé, après trente-deux siècles, la même expression qu'avait le vivant. Ce qui frappe tout d'abord quand on la compare à celle de Ramsès II, c'est la ressemblance étonnante du père et du fils : nez, bouche, menton, les traits sont les mêmes, mais plus fins, plus intelligents, plus humains chez le père; Séti Ier est comme le type idéalisé de Ramsès II. Il dut mourir vieux : la tête est rase, les sourcils sont blancs; l'état du corps accuse la soixantaine, et bien passée, ce qui confirme l'opinion des savants qui lui attribuent un très long règne. Le corps est sain, vigoureux; pourtant les doigts noueux portent des traces évidentes d'arthristisme. Les deux dents qu'on aperçoit sous la pâte qui emplit la bouche sont blanches et bien entretenues.

Fait à Boulaq, le 12 juin 1886.

G. MASPERO.

III.
NOTES SUR LES MOMIES DES PHARAONS RAMSÈS II ET RAMSÈS III.
PAR LE
Dr FOUQUET.

1° RAMSÈS II. — La momie de Ramsès II est une des plus belles que l'on connaisse. Elle n'est pas surchargée de bandelettes agglutinées ou de couches de bitume; en plusieurs points on reconnaît encore la couleur blanche de la peau. A part le ventre ouvert au niveau de la fosse iliaque gauche, toutes les parties sont admirablement conservées. Le corps est étendu, la tête légèrement inclinée en avant, les bras sont croisés devant la poitrine à une petite distance du thorax, les poignets un peu fléchis sur les avant-bras.

Ramsès II était grand. Après la rétraction causée par la momification son corps mesure encore 1^{m}72. Il est bien conformé et parfaitement symétrique. Le système osseux est médiocrement développé, les dépressions et les tubercules au niveau des insertions musculaires ne sont pas très accentués. Au moment de la mort les muscles étaient très atrophiés par dégénérescence sénile. Malgré son grand âge, que l'on peut évaluer à 85 ou 90 ans, Ramsès II avait conservé une partie de ses dents blanches et sans carie, mais usées presque jusqu'au milieu de la couronne, caractère important à noter. L'intégrité de la peau du crâne, dans sa presque totalité, ne m'a pas permis d'inspecter complétement les sutures, mais le peu que j'en ai vu me permet d'affirmer qu'elles étaient depuis longtemps ossifiées et parfaitement en rapport avec l'âge de 90 ans que j'ai indiqué.

Les cheveux blancs, fins, ondulants, longs de 8 à 9 centimètres, recouvrent les tempes, le dessus des oreilles et la nuque. Le front et le sommet de la tête sont chauves.

La barbe, clair-semée en collier, et les moustaches avaient été rasées deux ou trois jours seulement avant la mort. On pourrait peut-être conclure de ce fait que le grand roi a succombé après une courte maladie.

Le crâne, régulièrement ovale, est allongé; il a pour indice céphalique 74. Celui des anciens Égyptiens, d'après Broca, était en moyenne de 75·58, celui des Égyptiens modernes (Coptes) 76·39. Ramsès était donc un dolichocéphale vrai et son crâne, à ce point de vue, doit être comparé à celui des Arabes.

D'autres caractères semblent militer en faveur de cette hypothèse. Le front est assez étroit, comprimé dans le sens transversal (diamètre frontal minimum 0^{m}092), ce qui fait paraître les pommettes saillantes bien que le diamètre bizygomatique soit exactement celui du Parisien moderne, d'après Broca (0^{m}133).

Le nez, très busqué, bien dans l'axe, rappelle celui des Berbères et de certaines tribus bédouines, sa longueur totale est de 0^{m}062. Les yeux sont assez rapprochés du nez, la bouche est grande, les lèvres sont charnues.

Les oreilles, dont le lobule percé portait des boucles, sont grandes, minces, peu ourlées, très détachées du crâne; le tragus est charnu, remarquablement développé, fait une saillie que l'on ne rencontre pas chez les autres momies que j'ai pu observer. Le menton est pointu.

Les bras et les jambes sont régulièrement proportionnés, sans traces de rachitisme. Les attaches sont fines, les articulations peu volumineuses. Pas d'indices de rhumatisme.

Les mains longues, aux doigts fins, fusiformes, ornés d'ongles très beaux, très soignés, taillés à la hauteur de la chair, sans bosselures ni sillons ou déformations, sont remarquables. Sur les parties où la peau est bien conservée je n'ai rencontré aucune trace de cicatrices.

Les pieds longs, très cambrés, ne présentent aucune déformation des orteils dont les ongles, aussi soignés que ceux des mains, diffèrent par leur forme plate et par des saillies assez marquées dans le sens de la longueur.

L'angle facial n'a pas été mesuré exactement. — Ramsès II, dolichocéphale et orthognathe, se rapproche par son type de l'Arabe et du Berbère, c'est donc un sémite. — Un examen plus approfondi des différentes parties du corps ne pourra que confirmer, je crois, cette assertion.

2° Ramsès III. — *Taille* : 1^m 683, et, en tenant compte de la rétraction, 1^m 72 à 1^m 73, par conséquent au-dessus de la moyenne de la taille humaine.

Ramsès III était bien musclé; d'après la forme des cuisses on peut supposer qu'il était cavalier. L'examen de la momie démontre qu'il était gras et même très gras au moment de sa mort. Par l'aspect des dents on peut dire qu'il avait de 60 à 68 ans environ.

Il portait les cheveux et la barbe ras; celle-ci était médiocrement fournie.

Le nez était busqué et gros, la bouche remarquablement grande.

L'indice céphalique 74·2 classe Ramsès III dans les dolichocéphales comme Ramsès II (sémite).

La mâchoire droite, les oreilles rondes, bien ourlées, au lobule largement percé. Les boucles d'oreilles devaient être en place au moment de la momification, car en ce point le cartilage n'a pas subi de déformation, ni de rétraction.

Plus tard les boucles ont été enlevées, mais avec plus de soin que n'en prenaient habituellement les détrousseurs de momies, qui arrachaient le lobule pour avoir l'ornement.

L'angle facial est sensiblement droit; il n'a pas été pris exactement. Comme chez Ramsès II, les parties génitales ont été coupées, avec un instrument tranchant, après la mort.

IV.
NOTES SUR LA MOMIE DE SOQNOUNRÎ.
PAR LE
Dr FOUQUET.

La momie de ce roi est en très mauvais état de conservation. Tué sur le champ de bataille, Soqnounrî fut très probablement transporté à Thèbes pour y être momifié. Le voyage dura plusieurs jour, et le cadavre était en pleine décomposition quand on le remit aux mains des embaumeurs.

Les procédés employés ne réussirent pas à arrêter la décomposition; aussi tout le tronc se putréfia entièrement et nous voyons les vertèbres, les côtes, les os du bassin et tout le bras gauche absolument dénudés de leurs parties molles, presque comme les os que l'on trouve dans nos sépultures modernes.

Grâce à cette circonstance j'ai pu constater un fait assez intéressant au point de vue anthropologique : la cavité olécranienne de l'humérus gauche est perforée, celle de droite ne l'est pas, mais elle n'est fermée que par une mince couche d'os translucide.

Les conditions dans lesquelles le roi a été massacré peuvent être établies par l'examen des lésions que le crâne porte encore, d'une façon très nette.

Au niveau de l'os malaire, du côté gauche, à son point d'union avec le maxillaire supérieur, on observe une plaie contuse, large d'un centimètre, longue de trois, dirigée de haut en bas et de dedans en dehors, très peu obliquement; elle intéressait les téguments et l'os qui est brisé. J'ai retrouvé plusieurs esquilles dans la plaie.

Au niveau de la partie moyenne de l'os frontal, à gauche de la ligne médiane et perpendiculairement à elle, une large plaie faite par un instrument tranchant et contondant à ouvert l'os sur une longueur de 54 millimètres et une largeur moyenne de 11 millimètres. Le tranchant de l'arme, après avoir coupé la peau, a enlevé un copeau de l'os avant de produire l'enfoncement de la boîte cranienne.

A la partie externe de la plaie on observe une fissure intéressant non seulement le frontal, mais encore empiétant sur le pariétal, ces deux os étant complétement soudés entre eux.

Cette énorme blessure a été causée par une hache d'arme, dans le genre de celles que l'on voit figurer au Musée de Boulaq. Je reviendrai sur ce fait en indiquant de quelle façon les coups ont été portés.

La troisième blessure siége au-dessus de l'arcade sourcilière droite, parallèlement à cette arcade, à dix-sept millimètres au-dessus de l'orbite.

En dégageant l'os des fragments de peau qui recouvraient en partie la plaie, j'ai constaté que la boîte osseuse était ouverte sur une longueur de 36 millimètres et sur une largeur maximum de 11 millimètres. La perte de substance de l'os a la forme d'un triangle isocèle dont la base est légèrement oblique par rapport à l'axe du corps (de haut en bas et de dehors en dedans), les bords sont comme taillés à l'emporte-pièce, plusieurs esquilles osseuses adhèrent à la peau. Les bords de la plaie sont recouverts d'un enduit blanchâtre qui n'est autre que la masse cérébrale ramollie par la putréfaction et qui s'est échappée du crâne par les blessures. Cela atteste une fois de plus que les manœuvres de l'embaumement ont été faites d'une façon très peu correcte. L'ouverture de l'arcade sourcilière est due à l'action d'une lance courte ou dague de forme triangulaire.

De l'examen des blessures, de leur forme, de leur direction, etc., il résulte que le roi Soqnounrî s'est trouvé pris au milieu de la mêlée, frappé par au moins trois agresseurs, l'état de décomposition du corps n'ayant pas permis de voir s'il y avait d'autres blessures.

Le premier coup, celui du visage, dû à une hache d'arme peu tranchante, a été porté par un agresseur arrivant sur la gauche et presque en face. Soqnounrî fut renversé par la violence du choc et c'est à terre, la tête plus bas que le corps et appuyée sur un plan résistant, que les deux autres blessures ont été faites, celle de gauche par une hache vigoureusement maniée, l'agresseur étant à gauche, celle de droite par une dague, comme il a été dit plus haut, l'agresseur se trouvant en face et un peu sur la droite. Il est fort probable que le corps de Soqnounrî était renversé sur son char, la tête portant à terre. La barbe fraîchement rasée indique que ce n'est pas dans la précipitation d'une défaite et après plusieurs jours de fuite que la mort est survenue. Ce qui reste de la momie nous montre que le roi était bien musclé, qu'il avait de 40 à 45 ans. Les dents étaient excellentes, au nombre de trente-deux, bien rangées. La chevelure était épaisse, longue ondulante, les cheveux noirs, cylindriques, un peu gros. Le nez est moyen; écrasé vers la droite pendant le transport du corps, il n'a pas été touché au moment de l'embaumement. La langue est restée prise entre les dents.

V.

NOTES SUR LA MOMIE D'UN ANONYME.

PAR LE

Dr Fouquet.

Sexe masculin. Age, vingt-trois à vingt-quatre ans. Taille 1^m 75. Ce jeune homme était très remarquablement musclé et d'une force corporelle beaucoup au-dessus de la moyenne. Les saillies et les dépressions du système osseux, au niveau des insertions musculaires, ne peuvent laisser aucun doute à cet égard. Les proportions du corps sont remarquables, les attaches fines et élégantes, le pied cambré. La peau blanche a conservé sa coloration primitive, grâce au procédé d'embaumement sur lequel je reviendrai tout à l'heure.

Les cheveux sont blonds, de teinte cendrée. La barbe naissante, blonde, ne couvre que le menton et le bord du maxillaire inférieur jusqu'à l'angle. La moustache était à peine apparente : on n'en retrouve que des traces, mais qui suffisent pour nous convaincre qu'elle ne se composait que de poils follets. Les cils, très longs et bien plantés, les sourcils, fournis et bien séparés, sont d'une teinte un peu plus foncée que les cheveux. Les poils des narines, au contraire, sont peu colorés. La chevelure est composée de petites nattes sur les tempes; sur tout le reste de la tête, elle est divisée en mèches à deux brins tordus. Les cheveux sont ondulés, fins, cylindriques, d'une longueur maximum de 0^m 20, plantés bas sur les tempes. Le front, large, est découvert. Le nez était long, fin, légèrement busqué. Il a été écrasé et déformé par la pression des bandelettes, mais ne porte aucune trace des manœuvres de l'embaumement. C'est en effet par les narines que le contenu de la boîte cranienne était généralement extrait; le fait est facile à constater sur un grand nombre de momies. Dans la bouche, grand ouverte, on aperçoit la langue séchée et recroquevillée. L'orifice du pharynx est béant et l'on y voit des vestiges du voile du palais et de l'épiglotte. Les dents, petites et blanches, sont au nombre de trente, quatorze en haut, et les deux dents de sagesse manquent : elles n'étaient pas encore poussées. En bas, les deux incisives sont rentrantes. Les dents du maxillaire supérieur sont légèrement portées en avant; celles du maxillaire d'en bas sont droites : aucune ne présente de carie. Elles indiquent un âge de vingt-trois à vingt-quatre ans au plus. Les oreilles, moyennes, bien détachées de la tête, à ourlet fin, au lobule arrondi et percé pour recevoir les boucles d'oreille que j'ai encore trouvées en place, étaient parfaitement symétriques. Les boucles d'oreille sont en or, et se composent simplement d'un tube creux, effilé par ses deux extrémités et recourbé en forme d'ellipse. Celles que l'on a trouvées sur la personne du roi Pinot'mou sont absolument semblables. Le fait est bon à noter et pourra peut-ête aider à établir l'identité du personnage qui nous occupe.[1] Les organes génitaux étaient en place, mais pris dans les bandelettes qui les ont déformés en plusieurs points. Malgré cela, un examen attentif nous démontre que le gland était découvert au moment où le sujet a été emprisonné dans ses bandelettes. Il ne s'ensuit pas que l'on puisse affirmer qu'il en était toujours ainsi pendant la vie, ni surtout qu'il y ait eu circoncision. Sur les bourses, au pubis, sur les cuisses et sur les jambes, on observait des poils blonds et fins.

Au moment de la mort, ce jeune homme avait un embonpoint très caractérisé. On eût pu rétablir exactement les proportions du cadavre, en prenant la mesure de l'espace resté vide entre le corps et la couche de bandelettes et d'ingrédients conservateurs. Malheureusement, lorsque j'y ai songé, les bras et les jambes étaient déjà complétement découverts et il était à peu près impossible de reconstituer l'enveloppe de la momie. Le dépouillement ayant été fait en deux séances, dans l'intervalle plusieurs fragments avaient été détruits ou éparés. Le ventre était déprimé en bateau, les muscles contracturés; contrairement à l'habitude, le ventre ne présentait aucune ouverture latérale. Quand le développement fut complet, on put observer l'anus largement béant. Je supposai tout d'abord que les

---

[1]. On trouve jusqu'à l'époque byzantine des boucles d'oreilles en or de la forme de celles que portait la momie de Pinot'mou : il n'y a donc aucune conclusion à tirer de leur présence pour la date de notre personnage. — G. M.

viscères avaient été retirés par cet orifice; mais, dans la profondeur, on apercevait le gros intestin qui ne semblait pas déchiré. Avec l'autorisation de M. Maspero je pratiquai une fenêtre en arrière, au niveau de la région lombaire. Cette ouverture elliptique, de dix centimètres de longueur sur six centimètres et demi de largeur, à grand axe parallèle à la colonne vertébrale, fut faite au-dessous des fausses côtes sans intéresser le squelette. Elle me permit d'introduire une partie de la main et de m'assurer de la présence des reins et du foie et de l'intégrité du diaphragme. Les intestins, l'estomac, l'épiploon formaient un dépôt feuilleté très mince au-devant de la colonne vertébrale, et le lambeau détaché par mon incision me permit d'en recueillir quelques fragments. Ces tissus, parcheminés, avaient cependant une certaine souplesse. En éclairant la cavité abdominale au moyen d'une petite lampe à réflecteur, je constatai encore mieux l'intégrité du diaphragme et la présence de la vessie. La momie n'a donc pas été embaumée par les procédés habituels, puisque le crâne n'a pas été vidé et que tous les autres viscères ont été laissés en place, ce qui ne s'observe jamais.

Le mode de conservation n'était pas moins anormal. Une couche épaisse de natron, de chaux et de résine pilée recouvrait tout le corps. Les matières alcalines de cet enduit s'étaient combinées avec les matières grasses du corps et avaient formé une espèce de savon. Le fait a été contrôlé par M. Mathey, chimiste de profession, à l'obligeance duquel je dois ce renseignement. La couche avait été disposée directement sur la surface du corps, recouverte ensuite de bandelettes imbibées d'une matière agglutinante, ce qui a rendu le déroulement absolument impossible et nécessité l'emploi de la scie. Le linge était de belle qualité; il indique qu'il ne s'agissait pas d'un homme du vulgaire. Sur trois points du corps j'ai trouvé des faisceaux de bandelettes attachés par des nœufs solides et formant des liens extrêmement résistants. Le premier entourait le corps un peu au-dessous des épaules, maintenant les bras le long du thorax. On voit encore, au-dessous de l'insertion inférieure du deltoïde, de chaque côté, un sillon large et profond, qui témoigne de la vigueur avec laquelle le lien avait été appliqué. Une deuxième attache, moins forte, retenait les poignets attachés au-dessus du pubis. Les mains, étendues, recouvraient les parties génitales. Enfin, la troisième ligature, aussi forte que la première, réunissait les pieds et était appliquée au-dessus des malléoles. Le pied gauche, contracturé, tordu en dedans, recouvrait en partie le pied droit. Le corps était étendu, la tête renversée en arrière, le cou légèrement tordu de gauche à droite, la mâchoire inférieure tirée vers la gauche. La bouche béante, avec la commissure gauche des lèvres relevée, la droite abaissée, donne à toute la figure une expression très nette d'angoisse. Les dernières convulsions d'une agonie terrible sont restées constatables après des milliers d'années. Les muscles du cou sont tendus sous la peau. Le muscle peaucier était très développé; on en distingue encore tous les faisceaux contractés. La première idée qui vient à l'esprit, c'est que cet homme a dû être victime d'un empoisonnement causé par une substance convulsivante. Les membres étaient tordus, comme tout le reste du corps, et, dans l'abduction forcée, on a dû, pour les maintenir en place dans l'attitude classique des momies de cette époque, appliquer les ligatures décrites plus haut. Il fallait faire disparaître le corps, le temps pressait; mais, comme il s'agissait d'un haut personnage, on n'a cependant pas voulu le détruire, soit respect pour sa race, soit préjugé religieux. L'opération devait être tenue secrète. De là, l'absence d'embaumement régulier et l'emploi d'un moyen rapide, mais non moins sûr que l'autre, car tout le corps est admirablement bien conservé, et a même gardé plus de souplesse que les momies de la même époque. Un examen attentif de la disposition des bandelettes permet de reconstituer les différentes phases de l'opération. Le corps fut placé d'abord sur un suaire de linge fin, recouvert préalablement d'une épaisse couche du mélange destiné à empêcher la décomposition, le linceul fut fixé par quelques tours de bande, puis les bras et les jambes furent enveloppés isolément de six à sept couches de bandes, enfin les membres furent ramenés et attachés dans la position qu'ils occupent encore. De nouveaux bandages roulés, huit ou dix environ, ont recouvert le tout, en formant une muraille épaisse de douze à quatorze millimètres. La bouche, laissée ouverte, avait été recouverte d'un linge destiné à empêcher l'introduction du mélange conservateur.

Le développement méthodique n'ayant pu être fait, aucune inscription n'a été découverte. Très probablement, d'ailleurs, il n'y en avait pas, car le cercueil lui-même ne portait aucun caractère hiéroglyphique. La seule présence de la momie dans la sépulture royale de Déir el-Baharî permet d'affirmer que nous ne sommes pas en présence d'un homme du vulgaire. C'est pourquoi j'ai tenu à noter, aussi exactement que possible, tous les faits qui pourront peut-être un jour mettre sur la trace de la vérité et éclaircir un point obscur de l'histoire des Pharaons.

VI.
NOTE SUR UNE MOMIE ANONYME DE DÉIR EL-BAHARI.
PAR
M. MATHEY.

Ayant eu, grâce à M. MASPERO, la rare fortune d'assister au dépouillement de plusieurs momies royales, mon attention se porta principalement sur une momie dépourvue de prime abord de tout intérêt historique, *eu égard au manque absolu d'inscription*, mais paraissant devoir offrir, par elle-même, un vaste champ d'investigations chimiques et physiologiques. En effet, le dépouillement des bandelettes terminé, on trouva qu'elle était, pour ainsi dire, encastrée dans une couche d'une matière blanchâtre, semi-pâteuse, d'une extrême causticité, et enveloppant le sujet de la tête aux pieds, sur une épaisseur moyenne de 0·10 à 0·15 centimètres. A ce moment, les opérateurs eurent à vaincre un véritable sentiment de répulsion. En dehors de l'odeur repoussante due au dégagement des gaz méphitiques emprisonnés dans la masse, le mélange salin formant empâtement étant très hygrométrique, une fois au contact de l'air, l'hydratation marcha rapidement. Ils furent donc obligés d'enlever ce magma fragment par fragment. Enfin, grâce à leur habileté, la momie apparut intacte!

Prendre exactement l'aspect du facies mis à nu est chose difficile; qu'il suffise de dire, toutefois, que jamais visage ne retraça plus fidèlement le tableau d'une plus poignante et plus épouvantable agonie. Les traits, horriblement convulsés, indiquent d'une façon presque certaine que le malheureux a dû succomber à une asphyxie voulue et fort probablement causée par un ensevelissement de son vivant. En dehors de cette constatation dramatique, j'ai relevé les points suivants militant en faveur de cette hypothèse. Le sujet a été enseveli sans avoir subi les opérations ordinaires de l'embaumement, la masse cérébrale n'a pas été extraite; les viscères, organes internes, sont intacts. Les membres inférieurs et supérieurs sont fortement ligaturés, et ramenés parallèlement au tronc, et cela sans aucune flexion. Deux seules hypothèses me paraissent donc admissibles : *Première hypothèse*, le sujet a été enseveli vivant; *deuxième hypothèse*, le sujet a succombé à des accidents tétaniques, dus à l'absorption d'un toxique convulsivant.

La momie est celle d'un sujet mâle paraissant âgé de vingt-cinq à trente ans, fortement constitué, et sans lésions externes apparentes. La conservation générale en est parfaite, quoiqu'elle soit fortement parcheminée : la couleur dominante, acajou foncé. J'ai prélevé un échantillon moyen de la masse saline entourant la momie, et l'ai examiné aux trois points de vue suivants : 1° Composition chimique du mélange salin, son influence probable sur la conservation du cadavre; 2° recherche des toxiques végétaux et minéraux employés soit comme agents de conservation, soit dans un but criminel (principalement les Strychnées); 3° recherche des bases cadavériques, Leucomaïnes, Ptomaïnes, etc., formées aux dépens de la matière organique antérieurement ou postérieurement à l'embaumement.

Analyse du mélange salin enveloppant la momie.

Aspect semi-pâteux très hygrométrique. — Couleur jaunâtre. — Odeur cadavérique repoussante. — A l'ouverture de la masse, dégagement gazeux où dominent les composés butyriques.

Composition chimique %.

Humidité	18.00
Matières organiques	27.77
Matières minérales	54.22
	99.99

Composition des matières minérales.

Silice	0.840
Fer et alumine	0.750
Carbonate de chaux	0.310
Carbonate de magnésie	0.600
Sulfate de soude	13.090
Carbonate de soude	41.580
Chlorure de sodium	21.730
Soude combinée aux acides gras	21.100
	100.000

Composition des matières organiques.

Graisses totales 14.00
ainsi réparties :
Graisses combinées aux corps gras à l'état de savon 10.20
Graisses libres non saponifiées 3.80
                                                                    ──────
                                                                     14.00
Matières organiques animales, débris de bandelettes, bois, résines et produits ultimes de la décomposition 13.77
Total des matières organiques 27.77

Azote total . . . . 0,43 %
Point de fusion des graisses . . . . +34° centigrades.

Avant de procéder à l'analyse quantitative de cette matière complexe, j'en ai soumis une partie, environ cinquante grammes, à la distillation en ne dépassant pas 100 à 110. Maintenus à cette température pendant six heures, il n'est passé à la distillation que cinq à six centimètres cubes d'un liquide incolore sans odeur appréciable, neutre aux réactifs, et composés absolument d'eau d'hydratation.

Conclusions analytiques.

De l'ensemble de ces observations il me semble résulter les faits suivants. La matière employée à l'embaumement est du natron brut; en effet, en examinant la composition minérale du mélange et en tenant compte de l'acide carbonique déplacé par les acides gras, on obtient un produit se rapprochant absolument des natrons encore actuellement exploités en Égypte. Son action sur le cadavre quoique complexe peut être expliquée ainsi :

1° Déshydratation de la matière organique;

2° saturation des produits acides de la décomposition ultime;

3° fixation des gaz sulfurés-phosphorés;

4° préservation du contact de l'air.

Sous l'influence de cette couche minérale fortement alcaline, imperméable, la décomposition a dû marcher très lentement. Les tissus adipeux, fortement déshydratés au bénéfice de la masse extérieure, ont dû se resserrer, se tasser pour ainsi dire, ce qui explique fort bien du reste l'aspect de la momie : affaissement complet de l'abdomen, peau et muscles collés à la charpente. Pour définir ce mode d'embaumement, il peut être comparé à un salage.

A l'encontre de toutes les suppositions, la masse ne contenait que des traces d'ammoniaque (0 gr. 43 %). La matière grasse saponifiée ne peut être considérée comme du gras de cadavre, qui est un savon ammoniacal. Nous sommes en présence d'un savon à base de soude; la graisse du sujet lentement dialysée par les pores de la peau a fourni le corps gras, le natron a fourni la soude. Peut-être au début était-ce un savon ammoniacal, mais, sous l'influence du temps et de la température (durée de la réaction, plus de 3000 ans, température en été sur le sable 70°), la molécule ammoniacale a été remplacée par une molécule sodique, plus stable; il y a eu échange réciproque d'acide et de base. Le carbonate de soude a cédé son acide à l'ammoniaque, et le corps gras, abandonnant la molécule ammoniaque, a saturé la soude libre. Cette théorie, peut-être un peu téméraire, explique le chiffre si faible en ammoniaque cité plus bas, et en même temps la diffusion lente des produits ultimes de la décomposition cadavérique, carbonates d'ammoniaque, scatols, phénols, triméthylamines, etc., qui ont fait retour à l'atmosphère. Nous nous trouvons donc en présence d'un mélange de natron commun et d'un savon de soude imparfaitement saturé. La période d'activité chimique est finie, les affinités sont satisfaites, et nous avons le spectacle de la plus complète immobilité moléculaire.

Recherche des toxiques minéraux et végétaux employés soit comme agents de conservation, soit dans un but criminel.

J'ai cru intéressant de chercher à constater la présence soit de métaux toxiques, soit d'alcaloïdes *vénéneux*. Il eût été curieux de pouvoir déterminer exactement si le sujet avait succombé à une intoxication volontairement obtenue, dans un but criminel. Quel immense intérêt chimique eût présenté un alcaloïde isolé après un laps de temps aussi considérable? De même, la détermination d'un métal toxique eût pu jeter un jour nouveau soit sur la pharmacopée des anciens Égyptiens, soit sur la question si peu connue des embaumements et des antiseptiques. Malheureusement l'analyse ne m'a rien décelé de semblable. Il est toutefois bon de remarquer que, n'ayant pas eu la faculté d'examiner les organes internes de la momie, les toxiques ont pu échapper à l'investigation. En raison de leur insolubilité, ils n'ont peut-être pas pu pénétrer dans les couches externes périphériques.

Recherche des bases cadavériques, Ptomaïnes, Leucomaïnes, etc.

Malgré l'extrême satisfaction que j'éprouve en soumettant à la haute appréciation de l'Institut Égyptien cette partie de mes recherches, je lui dois la vérité, cet aveu dût-il diminuer le peu de mérite que j'aurai eu en indiquant l'existence et la conservation possibles de bases réputées jusqu'à ce jour comme extrêmement instables, et cela, après une période de temps qui confond presque l'esprit humain. En effet, si les méthodes usitées scientifiquement pour isoler et caractériser les alcaloïdes végétaux n'isolaient pas en même temps les Ptomaïnes, j'avoue que je n'aurais peut-être pas songé à les caractériser. Grand fut donc mon étonnement, en suivant la méthode de STASS pour isoler les alcaloïdes végétaux, de me trouver en présence de corps semi-huileux, offrant l'aspect, l'odeur et les réactions chimiques des Ptomaïnes. L'expérience, reprise par une méthode spéciale à ces recherches et due aux deux savants français A. GAUTIER et ETARD (*Comptes-rendus de l'Académie des Sciences*, t. XCVII, p. 264), me permit d'isoler plusieurs composés offrant les caractères et réactions suivantes :

Réaction fortement alcaline.

Odeur passagère, rappelant l'aubépine.

Odeur persistante, légèrement vireuse.

Coloration rose légère, par l'alcide sulfurique à chaud.

Précipité jaune cristallin, par le bichlorure de platine.

Réduction des sels d'or à froid.

Saturation par les acides forts et par les sels cristallines chlorhydrates, sulfates.

Réaction caractéristique : formation instantanée de bleu de Prusse par un perchlorure de fer et le ferricyanure de potassium.

Réactions physiologiques : injections sous-cutanées sur deux gerboises, dont la première succombe au bout de huit heures, la seconde au bout de onze heures.

Conclusions :

En présence de ces résultats aussi indéniables qu'inattendus, deux questions s'imposent :

1° Est-on en présence de Ptomaïnes dues à la décomposition du cadavre et existantes, toutes formées, sans décomposition, depuis un temps immémorial?

2° Ou est-on en présence de Ptomaïnes ou de composés voisins formés longtemps après la cessation de tout phénomène de décomposition?

Les produits ultimes gazeux, sous la quadruple influence du temps, de la haute température du climat, de la pression et du milieu alcalin, n'ont-ils pas concouru à la formation de corps analogues? Mystérieuse synthèse! Cette intéressante question se présentera pour moi sous un jour plus clair, quand j'aurai terminé la série de recherches que j'ai entreprises sur les embaumements des anciens Égyptiens. En tout cas, quelques faibles que soient les résultats que j'ai l'honneur d'offrir à l'Institut Égyptien, il m'a semblé utile de les signaler à l'attention des chimistes et des experts légistes. Ces corps, réputés si instables, et que l'état de nos connaissances chimiques nous permet à peine de caractériser exactement, peuvent donc, sous de certaines influences et dans certains milieux, résister indéfiniment? Une expérience d'une durée de trois mille ans et plus n'est pas chose commune, étant donnée la fragilité humaine. Les résultats fournis par la mystérieuse momie de Déir el-Baharî me semblent un fait acquis, une donnée précieuse.

Qui résiste le plus longtemps aux influences des divers milieux :

Les bases végétales?

Ou les bases cadavériques?

Je me permets, en passant, de conseiller aux habiles savants du Musée de Boulaq d'apporter dans le dépouillement des momies la plus extrême prudence; cette opération est une véritable autopsie, et les piqûres accidentelles peuvent atteindre la gravité de toute piqûre anatomique.

Le Caire, 15 novembre 1886.

ERRATUM.

Je remarque au dernier moment que le prénom de Pinot'mou est imprimé ⟨⊙🪲⌴⟩ à la page 570, à la page 591 et peut-être ailleurs : c'est une faute que je ne sais quelle distraction m'a empêché de corriger. Le prénom de ce roi est partout, sur les linges de la momie, comme sur les figurines, écrit avec le 🏠 : ⟨⊙🪲🏠⟩, avec ou sans l'adjonction de l'épithète SOTP-NI-AMON.

Paris, le 23 Mars 1889.

TABLE DES MATIÈRES.

	Page
U. Bouriant, Deux jours de fouilles à Tell el-Amarna	1—22
V. Loret, Le tombeau de l'Am-χent Amenhotep (avec trois planches)	23—32
U. Bouriant, L'Église copte du tombeau de Déga (avec deux planches)	33—50
V. Loret, La stèle de l'Am-χent Amenhotep	51—54
H. Dulac, Quatre contes arabes en dialecte Cairote	55—112
V. Loret, La tombe de Khâ-m-hâ (avec quatre planches)	113—132
G. Maspero, Trois années de fouilles dans les tombeaux de Thèbes et de Memphis (avec onze planches, dont neuf en couleur)	133—242
U. Bouriant, Les papyrus d'Akhmîm	243—304
V. Loret, Quelques documents relatifs à la littérature et à la musique populaire de la Haute Égypte	305—366
U. Bouriant, Rapport au Ministre de l'Instruction publique sur une mission dans la Haute Égypte	367—408
P. Ravaisse, Essai sur l'Histoire et sur la Topographie du Caire d'après Makrîzî (Palais des Khalifes Fatimites), 1ère partie, (avec quatre plans)	409—480
Ph. Virey, Étude sur un parchemin rapporté de Thèbes (avec quatre héliogravures)	481—510
G. Maspero, Les momies royales de Déir el-Baharî (avec vingt-sept planches, d'après les photographies prises pour le compte du Musée de Boulaq par Emile Brugsch Bey)	511—788

PAPYRUS DE CAMPBELL

PLANCHE II.

VUE DE LA MONTAGNE AU SUD DE DEIR-EL-BAHARÎ

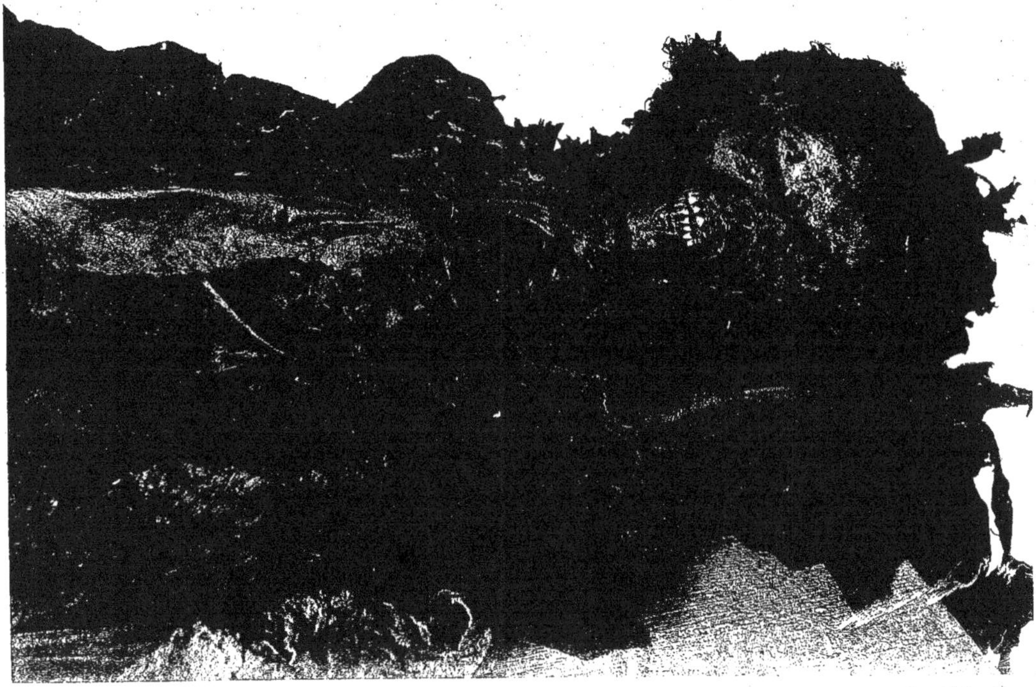

PLANCHE III.

MOMIE DE TIOUAQEN

PLANCHE IV.

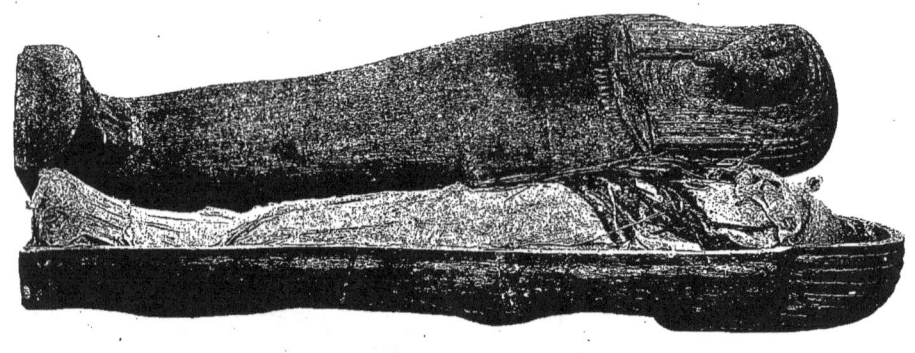

A. CERCUEIL D'AHMOS IER

B. CERCUEIL D'AMENHOTPOU IER

A. CERCUEIL DE NOFRITARI — B. CERCUEIL D'AHHOTPOU

A. MOMIE DE THOUTMOS III. — B. MOMIE DE MASAHARTI
C. MOMIE D'ISIMKHOBIOU

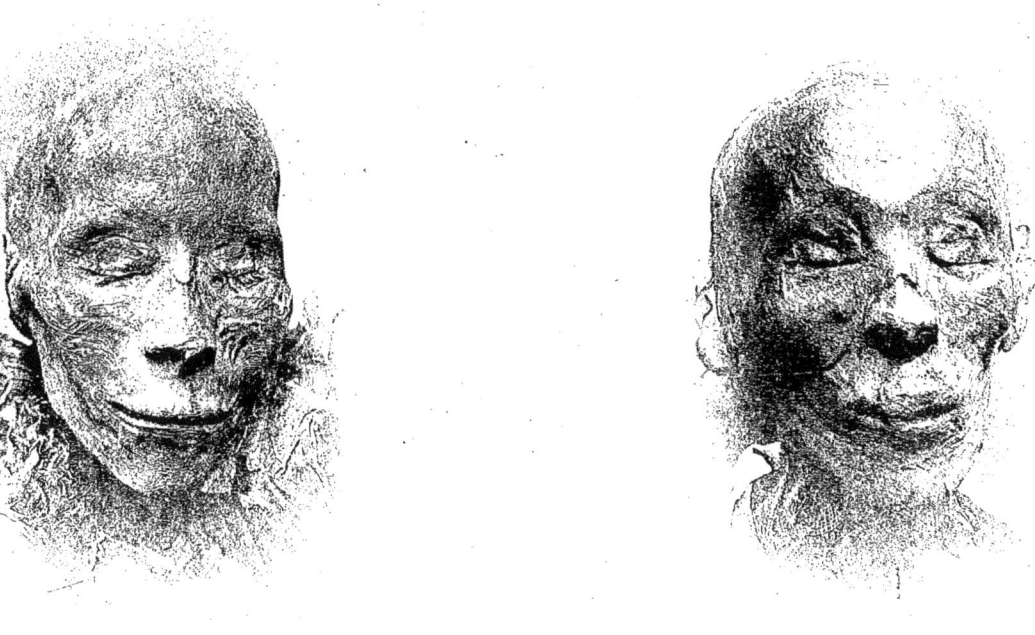

A. THOUTMOS II VU DE FACE — B. THOUTMOS Ier (?) VU DE FACE

PLANCHE VIII.

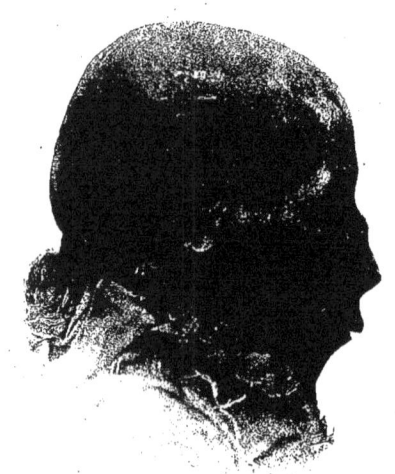

B.

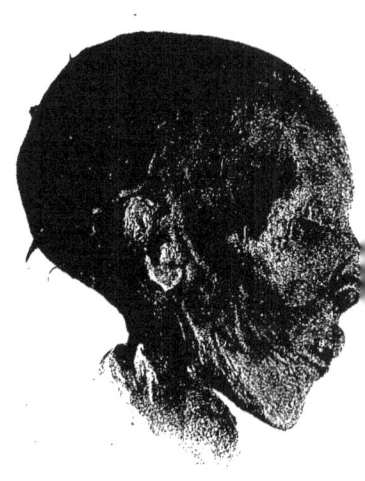

A.

A. THOUTMOS II VU DE PROFIL — B. THOUTMOS IER (?) VU DE PROFIL

PLANCHE IX.

MOMIE DU PRINCE SANS NOM

PLANCHE X.

A.

B.

A. INSCRIPTION DU CERCUEIL DE RAMSÈS IER

B. PREMIÈRE INSCRIPTION DU CERCUEIL DE SÉTI IER

PLANCHE XI.

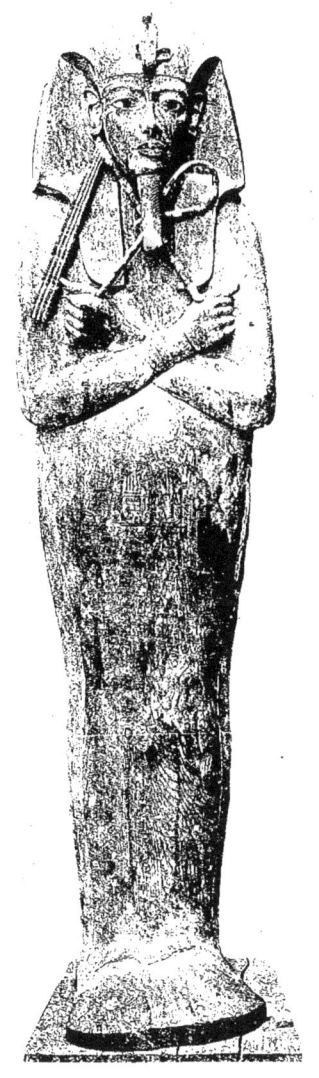

B.   A.

A. CERCUEIL DE SETI IER   B. — CERCUEIL DE RAMSES II

INSCRIPTION DU CERCUEIL DE SETI I[ER]

PLANCHE XIII.

A.

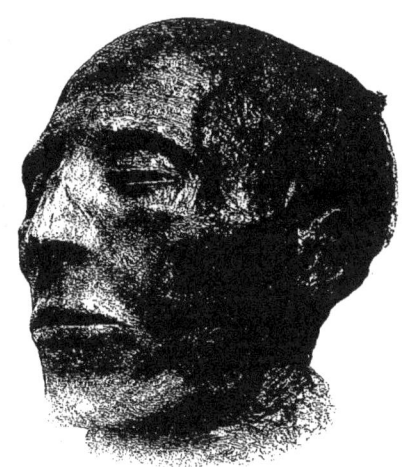

B.

TÊTE DE SETI 1ᵉʳ — A. VUE DE FACE — B. VUE DES TROIS-QUARTS

LA MOMIE DE RAMSÈS II
VUE D'ENSEMBLE

PL.XV

LA MOMIE DE RAMSÈS II.
LA TÊTE VUE DE FACE.

Pl XVI

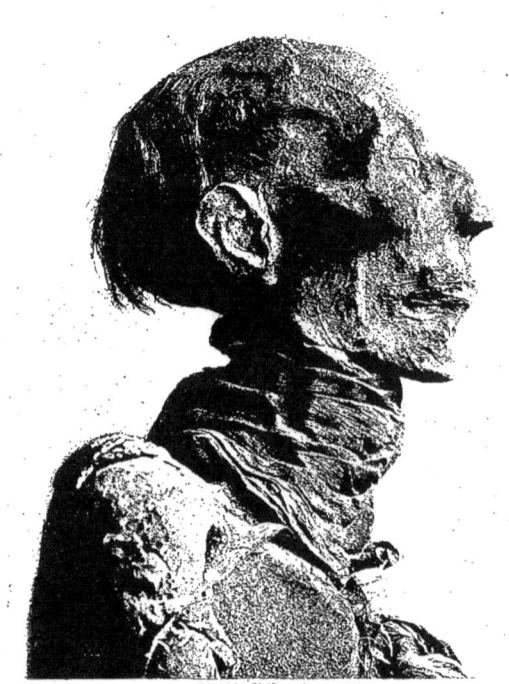

LA MOMIE DE RAMSÈS II
LA TÊTE VUE DE PROFIL.

PLANCHE XVII.

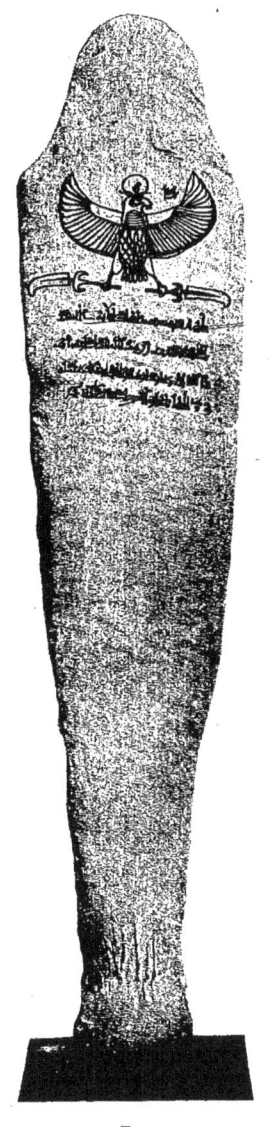
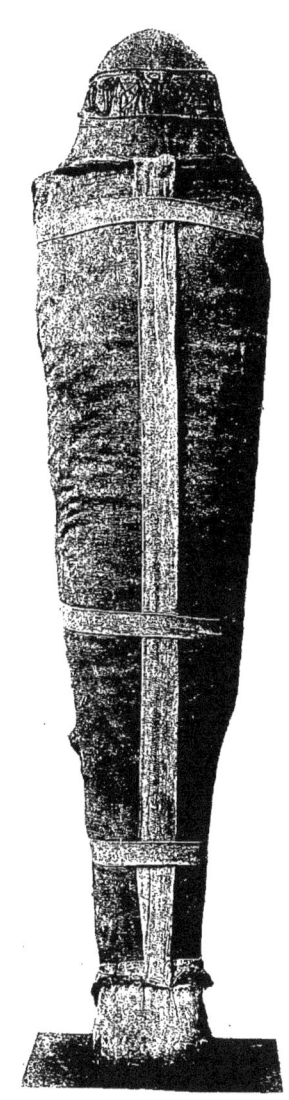

B.   A.

MOMIE DE RAMSÈS III.

A. INTACTE — B. APRÈS ENLÈVEMENT DU LINCEUL

PLANCHE XVIII.

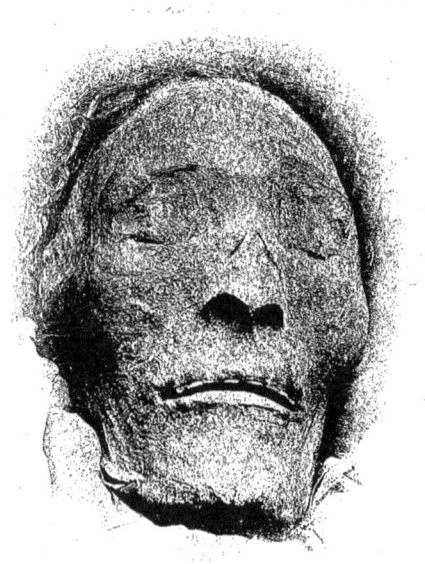 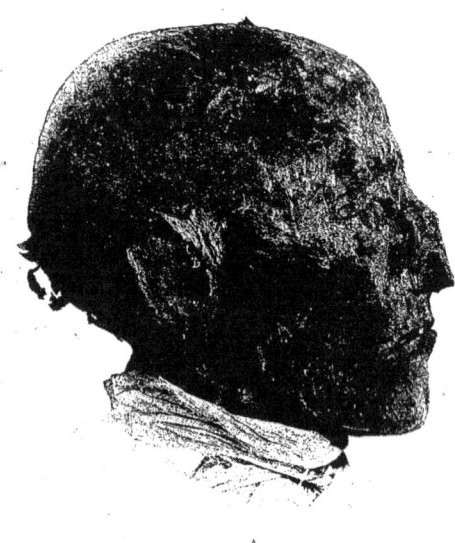

A. RAMSÈS III VU DE PROFIL — B. NIBSONI (?) VU DE FACE

PLANCHE XIX.

A. CERCUEIL DE NOTMIT

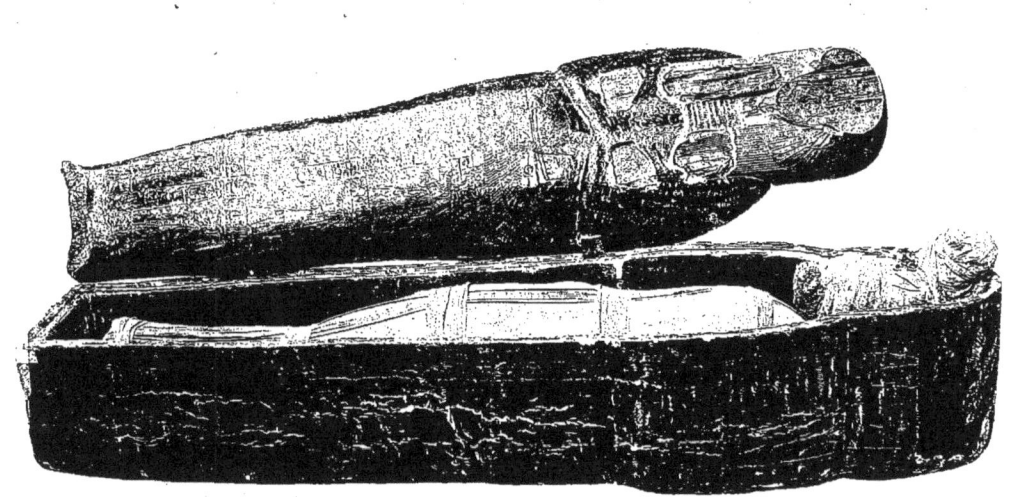

B. CERCUEIL DE MAKERI

PLANCHE XX.

A.   B.

A. LA REINE HONTTOOUI — B. LA PRINCESSE NSITANIBASHROU

PLANCHE XXI.

A. COFFRET DE NOUMIT — C. COFFRET DE HONTTOOUI

B. CERCUEIL DE LA GAZELLE — D. COFFRET DE MAKERI

PLANCHE XXII.

A.

C.

B.

A. GROUPE DE PETITS OBJETS PROVENANT DE LA CACHETTE
B. VASES A LIBATIONS D'ISIMKHOBIOU — C. PERRUQUE D'ISIMKHOBIOU

PLANCHE XXIII.

B. PANIER A PERRUQUE D'ISIMKHOBIOU   A. PANIER REMPLI D'OFFRANDES

PLANCHE XXIV.

PAPYRUS DE MAKERI

PAPYRUS DE NSIKHONSOU

PAPYRUS DE NSIKHONSOU

PLANCHE XXVII.

PAPYRUS DE NSIKHONSOU

www.ingramcontent.com/pod-product-compliance
Lightning Source LLC
Chambersburg PA
CBHW071527160426
43196CB00010B/1684